중국어의 성모

b

빠 바
爸爸 bà ba
아빠

p

풔
坡 pō
언덕

m

마오
猫 māo
고양이

f

파
乏 fá
피곤하다

d

따 미
大米 dàmǐ
쌀

t

팅
听 tīng
듣다

n

뉘
女 nǚ
여자

l

루
路 lù
길

g

끄어 거
哥哥 gēge
형, 오빠

k

쿤
困 kùn
졸리다

h

흐어
喝 hē
마시다

j

지아
家 jiā
집

q

췬 즈
裙子 qún zi
치마

x

쉬에
雪 xuě
눈

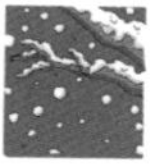

zh

쭝
中 zhōng
가운데

ch

츠
吃 chī
먹다

sh

수
书 shū
책

r

르
日 rì
날

z

짜오
早 zǎo
아침

c

차이
菜 cài
요리

s

쑤안
蒜 suàn
마늘

초보자를 위한 컴팩트

중한+한중 단어

초보자를 위한 컴팩트

중한+한중 단어

설태걸 엮음

Vitamin 비타민북 Book

머리말

중국어는 전 세계에서 가장 많은 사람들이 사용하는 언어입니다. 전 세계 인구의 1/5 정도가 모국어 혹은 제2 외국어로 중국어를 사용하고 있는데, 최근에는 중국의 경제발전으로 그 영향력이 커지면서 중국어를 배우려는 사람들이 점점 더 늘고 있습니다.

우리 기업들도 굳이 중국으로 진출하지 않더라도 그 영향력에서 벗어나지 못합니다. 그리하여 사내 교육을 통해 직원들의 중국어 능력을 향상시킬 뿐만 아니라 신입사원 채용 시부터 중국어 어학성적 보유자를 우대하고, 입사 후에도 승진 기준에 HSK나 TSC 급수가 포함되기도 합니다.

기업들의 비즈니스뿐만 아니라 명동이나 제주도를 주로 관광하던 중국인들을 이제는 일상에서 자주 마주하게 되었습니다. 외국어 공부의 궁극적인 목적은 그 나라 사람들과의 자유로운 의사소통에 있을 것입니다. 이처럼 우리 주변에서 자주 마주치는 외국인들과 의사소통이 원활하게 이루어지지 않아서 답답한 느낌을 많이 받았을 것입니다.

우리는 역사, 문화적으로 중국과 밀접한 관계가 있어서 학습하기에 장점이 많습니다. 그 하나로 한자를 들 수 있는데, 현재 중국에서 사용하고 있는 간체자는 우리가 사용하는 번체자와는 다르지만 비슷한 부분도 많아서 한자를 많이 아는 사람은 중국인들과 필담도 가능합니다.

외국어를 학습할 때 가장 기본적인 것이 바로 어휘입니다. 어휘의 중요성은 아무리 강조해도 지나치지 않은데, 문법이 틀리더라도 간단한 몇 개의 단어만으로도 의사소통을 할 수 있기 때문입니다.

이 책에서는 중국어 학습에 꼭 필요한 단어들을 중국어-한국어, 한국어-중국어로 나누어 각각 5천 단어 정도를 실었습니다. 알파벳 순서를 기본으로 난이도와 사용 빈도에 따라 배열하였습니다.

초보자가 처음부터 HSK 6급에 해당하는 어려운 단어를 접하면 학습 의지가 꺾여 쉽게 포기하게 됩니다. 때문에 알파벳 순서를 기본으로 하면서도 쉬운 단어와 실생활에서 많이 쓰이는 단어를 앞으로 배치하였습니다. 중국어 단어와 병음, 한글발음, 그리고 단어에 해당하는 예문을 수록하였고, 주제별 단어도 구성하여 처음 중국어 공부를 시작하는 분들이 쉽고, 가장 효율적으로 학습할 수 있도록 꾸몄습니다.

설태걸

목차

중국어 + 한국어 단어

한국어 + 중국어 단어

부록 | 기본 용어

◆ 중국어

· **간체자** : 한국과 대만, 홍콩 등에서 쓰는 전통 한자는 번체자(繁体字)이고, 중국에서는 필획이 복잡한 한자를 골라 간략하게 변형시켜 쉽게 쓸 수 있도록 줄인 것을 간체자(簡體字)라고 한다.

· **한어병음** : 중국어를 정확하게 발음하기 위해 만든 표기법을 한어병음이라고 한다. 성모 21개와 운모 36개, 그리고 소리의 높낮이를 나타내는 성조를 더하여 표기한다.

· **성조** : 성조는 소리의 높낮이로 4가지 성조(제1성, 제2성, 제3성, 제4성)와 경성이 있다. 발음이 같아도 소리의 높낮이, 즉 성조에 따라 의미가 달라지기 때문에 정확히 익혀두어야 한다.

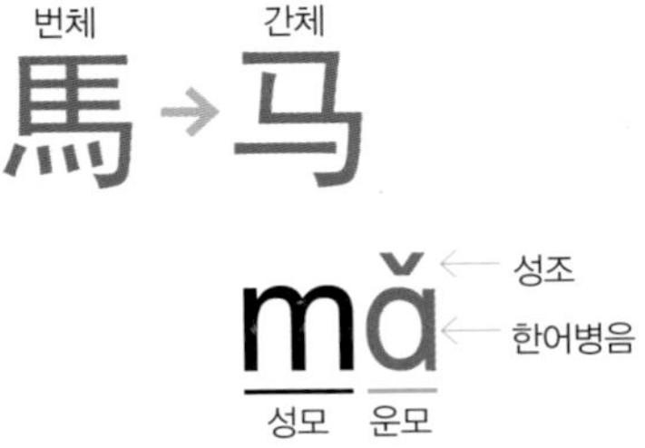

◆ 성조

중국어에는 4개의 성조가 있다. 즉, 제1성, 제2성, 제3성, 제4성, 그리고 성조가 없는 경성(輕聲)으로 나뉜다. 발음이 같아도 성조가 다르면 뜻도 달라지기 때문에 정확하게 익혀두어야 한다.

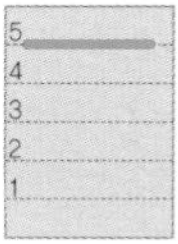

제1성

'—'로 표시하고, 고음으로 시작하여 끝까지 이어줘야 한다.

妈 mā 엄마

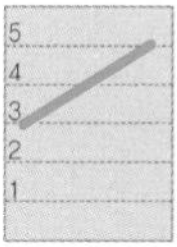

제2성

'／'로 표시하고, 중간 정도 음에서 시작하여 끝까지 올려준다.

麻 má 삼베

제3성

'∨'로 표시하고, 중간 정도 음에서 시작하여 가장 낮은 음까지 내렸다가 다시 높이 올라가야 한다.

马（馬） mǎ 말(동물)

제4성

'＼'로 표시하고, 높은 음에서 가장 낮은 음까지 빠르게 소리낸다.

骂 mà 욕하다

경성(轻声)

짧고 가볍게 소리를 내며 특별한 성조를 표시하지 않는다.

◆ 성모

쌍순음	b	p	m	f(순치음)
설첨음	d	t	n	l
설근음	g	k	h	
설면음	j	q	x	
권설음	zh	ch	sh	r
설치음	z	c	s	

성모는 우리말의 자음에 해당되는 부분으로 총 21개로 이루어져 있다.

1. 입술소리

(쌍순음, 双唇音) b, p, m

包 bāo 가방　跑 pǎo 달리다　猫 māo 고양이

2. 입술과 잇소리

(순치음, 唇齿音) f

飞 fēi 날다

3. 혀끝소리

(설첨음, 舌尖音) d, t, n, l

大 dà 크다　塔 tǎ 타워　拿 ná 가지다　辣 là 맵다

4. 혀뿌리소리

(설근음, 舌根音) g, k, h

哥 gē 형, 오빠　渴 kě 목마르다　喝 hē 마시다

5. 혓바닥소리

(설면음, 舌面音) j, q, x

借 jiè 빌리다　切 qiē 자르다　写 xiě 쓰다

6. 뒤 혀끝소리

(권설음, 卷舌音) zh, ch, sh, r

zhǐ 종이　吃 chī 먹다　是 shì 이다　日 rì 일

7. 앞 혀끝소리

(설치음, 舌齿音) z, c, s

总 zǒng 종이　从 cóng ~로부터　送 song 선물하다

◆ 운모

단운모	a	o	e	i	u	ü			
복운모	ai	ei	ao	ou	an	ang	en	eng	ong
	ia	ie	iao	iou(iu)	ian	in	ing	iang	iong
	ua	uo	uai	uei(ui)	uan	uen(un)	uang	ueng	
	üe	üan	ün		er				

· 단운모

가장 기본이 되는 운모입니다. 하나의 모음으로 처음부터 끝까지 입모양이 변하지 않습니다.

a, o, e, i, u, ü

· 복운모

두 개의 운모로 이루어진 운모입니다. 입 모양과 혀의 위치는 발음을 시작할 때와 끝날 때가 각각 다릅니다.

ai, ei, ao, ou

· 비운모

콧소리가 나는 운모로 끝이 n, ng를 결합하여 이루어집니다.

an, en, ang, eng, ong

· **권설운모**

혀가 말려서 나오는 소리입니다. er 하나뿐이고 성모와 결합하지 않고 항상 단독으로 쓰이며, 때로 단어 끝에 붙어 발음 변화를 일으키기도 합니다.

er

· **결합운모**

복운모 · 비운모에 해당되기도 합니다. 운모 i, u, ü와 다른 운모가 결합되어 이루어진 것을 말하며 i, u, ü가 성모 없이 단독으로 쓰일 경우에 yi, wu, yu로 표기하기 때문에 구분하여 설명합니다.

① i와 결합된 운모가 단독으로 쓰일 경우 yi로 표기합니다.
ia, ie, iao, iou, ian, iang, iong, in, ing

② u와 결합된 운모가 단독으로 쓰일 경우 wu로 표기합니다.
ua, uo, uai, uan, uang, uei, uen, ueng

③ ü와 결합된 운모가 단독으로 쓰일 경우 yu로 표기합니다.
üe, üan, ün

| SECTION 01 |

중국어 + 한국어 단어

A

爱	ài	아이	동 사랑하다
	我爱你。 Wǒ ài nǐ. 워 아이 니 사랑합니다.		
啊	a	아	조 문장 끝에 쓰여 긍정을 나타냄.
	好啊。就这么做吧。 Hǎo a. jiù zhè me zuò ba. 하오 아. 쪄우 즈어 므어 쭤 빠 좋아요. 이렇게 합시다.		
矮	ǎi	아이	형 (사람의 키가) 작다
爱好	ài hào	아이 하오	명 취미 동 ~하기를 즐기다
	你的爱好是什么? Nǐ de ài hào shì shén me? 니 뜨어 아이 하오 스 선 므어? 당신의 취미는 무엇입니까?		
安静	ān jìng	안 찡	형 조용하다
阿姨	ā yí	아 이	명 아주머니, 이모
爱情	ài qíng	아이 칭	명 사랑
安排	ān pái	안 파이	동 안배하다
安全	ān quán	안 취엔	동 안전하다

按时	àn shí	안 스	부 제때에, 시간에 맞추어
	你要按时吃饭。 Nǐ yào àn shí chī fàn. 니 야오 안 스 츠 판 당신은 제때에 밥을 먹어야 합니다.		
按照	àn zhào	안 자오	부 ~에 따라
爱护	ài hù	아이 후	동 소중히 여기다
爱惜	ài xī	아이 씨	동 아끼다
爱心	ài xīn	아이 씬	명 사랑하는 마음
暗	àn	안	형 어둡다
岸	àn	안	명 물가, 해안
安慰	ān wèi	안 워이	동 위로가 되다
安装	ān zhuāng	안 좡	동 설치하다
熬夜	áo yè	아오 예	동 밤새다
	你怎么又熬夜了？ Nǐ zěn me yòu áo yè le？ 니 쩐 므어 여우 아오 예 르어? 당신은 왜 또 밤을 새웠어요?		
挨	āi/ái	아이	동 인접하다, 접근하다/ ~을 받다, ~을 당하다
爱不释手	ài bú shì shǒu	아이 뿌 스 서우	너무나 좋아하여 차마 손에서 떼어 놓지 못하다
爱戴	ài dài	아이 따이	동 추대하다, 우러러 섬기다
暧昧	ài mèi	아이 머이	형 애매하다, 불확실하다

癌症	ái zhèng	아이 정	명 암
	听说他得了癌症。 Tīng shuō tā dé le ái zhèng. 팅 숴 타 뜨어 르어 아이 정 듣자하니 그는 암에 걸렸어요.		
昂贵	áng guì	앙 꾸이	형 비싸다
案件	àn jiàn	안 찌엔	명 사건, 안건
案例	àn lì	안 리	명 사례, 구체적인 예
按摩	àn mó	안 뭐	동 안마하다, 마시지하다
安宁	ān níng	안 닝	형 편하다, 안정되다
暗示	àn shì	안 스	동 암시하다
安详	ān xiáng	안 씨앙	형 침착하다, 차분하다, 점잖다
安置	ān zhì	안 즈	동 배치하다, 잘 놓아 두다
熬	áo	아오	동 오래 끓이다, 푹 삶다 / 참다, 인내하다
奥秘	ào mì	아오 미	동 신비, 비밀
凹凸	āo tū	아오 투	형 울퉁불퉁하다

B

八	bā	빠	수 8, 여덟
爸爸	bà ba	빠 빠	명 아버지
北京	běi jīng	뻬이 찡	명 베이징
	北京欢迎你。 Běi jīng huān yíng nǐ. 뻬이 찡 환 잉 니 베이징은 당신을 환영합니다.		
杯子	bēi zi	뻬이 즈	명 (술 · 물 · 차 등 음료의) 잔, 컵
本	běn	뻔	양 권
	我买了两本书。 Wǒ mǎi le liǎng běn shū. 워 마이 르어 리양 뻔 수 나는 책을 2권 샀어요.		
不	bù	뿌	부 (동사 · 형용사 또는 기타 부사 앞에서) 부정을 나타냄.
	我不是韩国人。 Wǒ bú shì hán guó rén. 워 뿌 스 한 궈 런 저는 한국인이 아닙니다.		
不客气	bú kè qi	뿌 크어 치	사양하지 않다
吧	ba	빠	조 문장 맨 끝에 쓰여, 상의·제의·청유·기대·명령 등의 어기를 나타냄.

	我们去玩儿吧。 Wǒ men qù wánr ba. 워 먼 취 왈 빠 우리 놀러 가자.		
白	bái	빠이	형 하얗다, 희다
百	bǎi	빠이	수 100
帮助	bāng zhù	빵 주	동 돕다, 원조하다
报纸	bào zhǐ	빠오 즈	명 신문
	我喜欢看报纸。 Wǒ xǐ huan kàn bào zhǐ. 워 씨 환 칸 빠오 즈 나는 신문을 즐겨 봅니다.		
比	bǐ	삐	개 비교하다, ~보다
别	bié	삐에	부 ~을 하지 마라
宾馆	bīn guǎn	삔 꽌	명 호텔
把	bǎ	빠	개 ~으로, ~을 가지고
半	bàn	빤	수 절반
	我每天晚上十点半睡觉。 Wǒ měi tiān wǎn shang shí diǎn bàn shuì jiào. 워 머이 티엔 완 상 스 띠엔 빤 수이 찌아오 나는 매일 열시 반에 잠을 잡니다.		
搬	bān	빤	동 이사하다, 옮기다
班	bān	빤	명 반, 조, 그룹
办法	bàn fǎ	빤 파	명 방법

帮忙	bāng máng	빵 망	동 돕다
	你需要帮忙吗? Nǐ xū yào bāng máng ma ? 니 쒸 야오 빵 망 마? 도움이 필요합니까?		
办公室	bàn gōng shì	빤 꿍 스	명 사무실
包	bāo	빠오	명 가방, 꾸러미 동 싸다, 싸매다
饱	bǎo	빠오	형 배부르다
被	bèi	뻬이	개 피동구에서 주어가 동작의 대상임을 나타냄
	鱼被猫吃了。 Yú bèi māo chī le. 위 뻬이 마오 츠 르어 물고기는 고양이에게 먹혔다.		
北方	běi fāng	뻬이 팡	명 북방
变化	biàn huà	삐엔 화	동 변화하다 명 변화
	北京的变化很大。 Běi jīng de biàn huà hěn dà. 뻬이 찡 뜨어 삐엔 화 헌 따 베이징의 변화가 크다.		
别人	bié ren	삐에 런	명 다른 사람
比较	bǐ jiào	삐 찌아오	동 비교하다 부 비교적
	我最近比较忙。 Wǒ zuì jìn bǐ jiào máng. 워 쭈이 찐 삐 찌아오 망 나는 요즘 비교적 바쁩니다.		
笔记本	bǐ jì běn	삐 찌 뻔	명 노트

冰箱	bīng xiāng	삥 씨양	명 냉장고
比赛	bǐ sài	삐 싸이	명 경기
	他没有参加这次比赛。 Tā méi yǒu cān jiā zhè cì bǐ sài. 타 머이 여우 찬 찌아 즈어 츠 삐 싸이 그는 이번 시합에 참가하지 않았습니다.		
必须	bì xū	삐 쉬	부 반드시
鼻子	bí zi	삐 쯔	명 코
不但	bú dàn	뿌 딴	접 ~뿐만 아니라
百分之	bǎi fēn zhī	빠이 펀 즈	퍼센트
棒	bàng	빵	명 몽둥이 형 뛰어나다
抱	bào	빠오	동 안다, 껴안다, 포옹하다
保护	bǎo hù	빠오 후	동 보호하다
	保护环境，人人有责。 Bǎo hù huán jìng, rén rén yǒu zé. 빠오 후 환 찡, 런 런 여우 쯔어 환경을 보호하는 것은 우리의 책임입니다.		
报名	bào míng	빠오 밍	동 신청하다
抱歉	bào qiàn	빠오 치엔	동 미안해하다
保证	bǎo zhèng	빠오 정	동 보증하다
	我保证他会来。 Wǒ bǎo zhèng tā huì lái. 워 빠오 정 타 후이 라이 나는 그가 올 것을 보증합니다.		
包子	bāo zi	빠오 쯔	명 (소가 든) 찐빵
倍	bèi	뻬이	양 배

笨	bèn	뻰	형 어리석다
本来	běn lái	뻰 라이	부 원래
遍	biàn	삐엔	양 ~번, ~회

请再说一遍。
Qǐng zài shuō yí biàn.
칭 짜이 쉬 이 삐엔
다시 한번 말해 주세요.

表格	biǎo gé	삐아오 끄어	명 표, 양식
表示	biǎo shì	삐아오 스	동 의미하다, 가리키다
表演	biǎo yǎn	삐아오 옌	동 공연하다, 연기하다
表扬	biǎo yáng	삐아오 양	동 칭찬하다

老师表扬了他。
Lǎo shī biǎo yáng le tā.
라오 스 삐아오 양 르어 타
선생님이 그를 칭찬했습니다.

标准	biāo zhǔn	삐아오 준	명 표준
饼干	bǐng gān	삥 깐	명 과자
并且	bìng qiě	삥 치에	게다가
比如	bǐ rú	삐 루	예를 들어
毕业	bì yè	삐 예	동 졸업하다
博士	bó shì	부어 스	명 박사
不得不	bù dé bù	뿌 뜨어 뿌	부 어쩔 수 없이

我不得不佩服你。
Wǒ bù dé bù pèi fu nǐ.
워 뿌 뜨어 뿌 페이 푸 니
당신은 탄복하지 않을 수가 없군요.

A B C D E F G H I J K L M

部分	bù fen	뿌 펀	명 부분
不管	bù guǎn	뿌 꽌	접 ~을 막론하고
不过	bú guò	뿌 꿔	접 그러나
不仅	bù jǐn	뿌 찐	접 ~뿐만 아니라
摆	bǎi	빠이	동 젓다, 흔들다, 배열하다
傍晚	bàng wǎn	빵 완	명 저녁 무렵
办理	bàn lǐ	빤 리	동 처리하다, 수속을 밟다
薄	báo	빠오	형 얇다
宝贝	bǎo bèi	빠오 뻬이	명 귀여운 아이, 보물
保持	bǎo chí	빠오 츠	동 유지하다
保存	bǎo cún	빠오 춘	동 보존하다
报到	bào dào	빠오 따오	동 도착 보고를 하다
报道	bào dào	빠오 따오	동 보도하다
报告	bào gào	빠오 까오	명 보고 동 보고하다
	你交报告了吗? Nǐ jiāo bào gào le ma? 니 찌아오 빠오 까오 르어 마? 당신은 보고서를 제출했습니까?		
宝贵	bǎo guì	빠오 꾸이	형 귀중하다
包裹	bāo guǒ	빠오 꿔	명 소포

	有您的包裹。 Yǒu nín de bāo guǒ. 여우 닌 뜨어 빠오 꿔 당신의 소포가 있습니다.		
包含	bāo hán	빠오 한	동 포함하다
包括	bāo kuò	빠오 쿼	동 포함하다
保留	bǎo liú	빠오 려우	보류하다, 남겨두다, 유지하다
报社	bào shè	빠오 스어	명 신문사
保险	bǎo xiǎn	빠오 씨엔	명 보험 형 안전하다
抱怨	bào yuàn	빠오 위엔	동 원망하다
	你不应该抱怨。 Nǐ bù yīng gāi bào yuàn. 니 뿌 잉 까이 빠오 위엔 당신은 원망하지 말아야 합니다.		
把握	bǎ wò	빠 워	동 파악하다, 장악하다
	你要把握住这次机会。 Nǐ yào bǎ wò zhù zhè cì jī huì. 니 야오 빠 워 주 즈어 츠 찌 후이 당신은 이번 기회를 잡아야 합니다.		
背	bèi	뻬이	명 등 동 외우다
悲观	bēi guān	뻬이 꽌	형 비관하다, 비관적이다
背景	bèi jǐng	뻬이 찡	명 백그라운드
被子	bèi zi	뻬이 쯔	명 이불
本科	běn kē	뻔 크어	명 학부 과정

本领	běn lǐng	뻔 링	명 능력, 재능
本质	běn zhì	뻔 즈	명 본질
便	biàn	삐엔	형 편리하다
编辑	biān jí	삐엔 찌	동 편집하다
辩论	biàn lùn	삐엔 룬	동 변론하다
鞭炮	biān pào	삐엔 파오	명 폭죽
表达	biǎo dá	삐아오 따	형 나타내다, 표현하다
标点	biāo diǎn	삐아오 띠엔	명 구두점
表面	biǎo miàn	삐아오 미엔	명 표면
表明	biǎo míng	삐아오 밍	명 밝히다
表情	biǎo qíng	삐아오 칭	명 표정
表现	biǎo xiàn	삐아오 씨엔	동 표현하다
标志	biāo zhì	삐아오 즈	명 상징, 표지
彼此	bǐ cǐ	삐 츠	대 상호, 서로, 양쪽
毕竟	bì jìng	삐 찡	부 결국, 끝내
比例	bǐ lì	삐 리	명 비례
避免	bì miǎn	삐 미엔	동 피하다, 방지하다
	我们应该避免这种失误。 Wǒ men yīng gāi bì miǎn zhè zhǒng shī wù. 워 먼 잉 까이 삐 미엔 즈어 중 스 우 우리는 이런 실수를 피해야 합니다.		
病毒	bìng dú	삥 뚜	명 바이러스

冰淇淋	bīng qí lín	삥 치 린	명 아이스크림
必然	bì rán	삐 란	형 필연적이다
必要	bì yào	삐 야오	형 필요로 하다
播放	bō fàng	뿨 팡	동 방송하다
玻璃	bō li	뿨 리	명 유리
博物馆	bó wù guǎn	뿨 우 꽌	명 박물관
脖子	bó zi	뿨 쯔	명 목
布	bù	뿌	명 천, 베, 포
不安	bù 'ān	뿌 안	형 불안하다
补充	bǔ chōng	뿌 충	동 보충하다
不得了	bù dé liǎo	뿌 드어 리아오	형 큰일났다 / 대단하다
	他们俩好得不得了。 Tā men liǎ hǎo de bù dé liǎo. 타 먼 리아 하오 뜨어 뿌 뜨어 리아오 그들 두 사람은 서로를 너무나 좋아한다. (사이가 매우 좋다.)		
不断	bú duàn	뿌 똰	형 끊임없이, 부단히
不见得	bú jiàn de	뿌 찌엔 뜨어	반드시 ~한 것은 아니다, 반드시 ~라고는 할 수 없다
部门	bù mén	뿌 먼	명 부서
不耐烦	bú nài fán	뿌 나이 판	형 귀찮다, 성가시다
	别说了,他有点不耐烦了。 Bié shuō le ,tā yǒu diǎn bú nài fán le. 삐에 쉬 르어. 타 여우 띠엔 뿌 나이 판 르어 얘기하지 마. 그가 좀 귀찮아하고 있으니까.		

不然	bù rán	뿌 란	접 아니면
不如	bù rú	뿌 루	동 ~만 못하다
不要紧	bú yào jǐn	뿌 야오 찐	형 괜찮다
步骤	bù zhòu	뿌 저우	명 절차, 순서
不足	bù zú	뿌 쭈	형 부족하다

C

菜	cài	차이	명 야채, 요리
茶	chá	차	명 차
	请喝茶。 Qǐng hē chá. 칭 흐어 차 차 드세요.		
吃	chī	츠	동 먹다
出租车	chū zū chē	추 쭈 츠어	명 택시
长	cháng	창	형 길다
唱歌	chàng gē	창 끄어	동 노래하다
	我的妹妹喜欢唱歌。 Wǒ de mèi mei xǐ huan chàng gē. 워 뜨어 머이 머이 씨 환 창 끄어 내 여동생은 노래하는 것을 좋아한다.		
出	chū	추	동 나가다
穿	chuān	촨	동 입다, 신다
次	cì	츠	양 ~번, ~회
	我去过一次中国。 Wǒ qù guo yí cì zhōng guó. 워 취 꿔 이 츠 중 꿔 나는 중국에 한번 가봤습니다.		
从	cóng	충	개 ~부터

错	cuò	취	형 틀리다
才	cái	차이	부 겨우 / 막, 이제서야 / 비로소
菜单	cài dān	차이 딴	명 메뉴, 식단
参加	cān jiā	찬 찌아	동 참가하다
草	cǎo	차오	명 풀
层	céng	청	양 층
差	chà	차	동 부족하다, 모자라다 형 나쁘다
超市	chāo shì	차오 스	명 슈퍼마켓
成绩	chéng jì	청 찌	명 성적
	他的数学成绩很好。 Tā de shù xué chéng jì hěn hǎo. 타 뜨어 수 쒸에 청 찌 헌 하오 그의 수학 성적은 좋습니다.		
城市	chéng shì	청 스	명 도시
衬衫	chèn shān	천 산	명 셔츠
迟到	chí dào	츠 따오	동 지각하다
	你怎么又迟到了? Nǐ zěn me yòu chí dào le? 니 쩐 머 여우 츠 따오 르어? 당신은 왜 또 지각했습니까?		
船	chuán	촨	명 배
除了	chú le	추 러	개 ~을 제외하고
春	chūn	춘	명 봄

词典	cí diǎn	츠 띠엔	명 사전
聪明	cōng ming	충 밍	형 영리하다, 똑똑하다
	她很聪明，也很可爱。 Tā hěn cōng ming, yě hěn kě ài. 타 헌 충 밍, 예 헌 크어 아이 그녀는 똑똑하고 귀엽습니다.		
擦	cā	차	동 닦다
猜	cāi	차이	동 추측하다, 알아맞히다
材料	cái liào	차이 리아오	명 재료
参观	cān guān	찬 관	동 참관하다
餐厅	cān tīng	찬 팅	명 식당
厕所	cè suǒ	츠어 쒀	명 화장실
差不多	chà bu duō	차 뿌 뚸	부 비슷하다
尝	cháng	창	동 맛보다, 시식하다
	你尝一下味道怎么样。 Nǐ cháng yí xià wèi dào zěn me yàng. 니 창 이 씨아 웨이 따오 쩐 므어 양 맛 좀 보세요.		
场	chǎng	창	명 장소 양 회, 번, 장
长城	cháng chéng	창 청	명 만리장성
长江	cháng jiāng	창 찌양	명 장강, 양쯔강
超过	chāo guò	차오 꿔	동 초과하다, 넘다
成功	chéng gōng	청 꿍	동 성공하다

失败是成功之母。
Shī bài shì chéng gōng zhī mǔ.
스 빠이 스 청 꿍 즈 무
실패는 성공의 어머니입니다.

诚实	chéng shí	청 스	형 성실하다
成为	chéng wéi	청 웨이	동 ~이 되다
乘坐	chéng zuò	청 쭤	동 타다, 탑승하다
吃惊	chī jīng	츠 찡	동 놀라다
重新	chóng xīn	충 씬	부 새로, 다시
抽烟	chōu yān	처우 옌	동 담배를 피우다

请勿抽烟。
Qǐng wù chōu yān.
칭 우 처우 옌
담배를 피우지 마세요.

窗户	chuāng hu	촹 후	명 창문
传真	chuán zhēn	촨 전	명 팩스
出差	chū chāi	추 차이	동 출장 가다

他明天要去美国出差。
Tā míng tiān yào qù měi guó chū chāi.
타 밍 티엔 야오 취 메이 궈 추 차이
그는 내일 미국에 출장 갑니다.

出发	chū fā	추 파	동 출발하다
厨房	chú fáng	추 팡	명 주방
出生	chū shēng	추 성	동 태어나다, 출생하다

	我是2001年出生的。 Wǒ shì 2001nián chū shēng de. 워 스 얼 링 링 이 니엔 추 성 뜨어 나는 2001년에 태어났습니다.		
出现	chū xiàn	추 씨엔	동 나타나다
词语	cí yǔ	츠 위	명 어휘
从来	cóng lái	충 라이	부 지금까지, 여태껏
	我从来没吃过这么好吃的菜。 wǒ cóng lái méi chī guo zhè me hǎo chī de cài. 워 충 라이 머이 츠 꿔 즈어 므어 하오 츠 뜨어 차이 나는 여태껏 이렇게 맛있는 음식을 먹어본 적이 없습니다.		
存	cún	춘	동 저장하다, 저축하다, 모으다
错误	cuò wù	춰 우	명 잘못
粗心	cū xīn	추 씬	형 세심하지 못하다, 부주의하다
	你太粗心了。 Nǐ tài cū xīn le. 니 타이 추 씬 르어 당신은 너무 경솔했습니다.		
踩	cǎi	차이	동 밟다
财产	cái chǎn	차이 찬	명 재산
采访	cǎi fǎng	차이 팡	동 인터뷰하다, 취재하다
彩虹	cǎi hóng	차이 홍	명 무지개
采取	cǎi qǔ	차이 취	동 채택하다, 취하다

参考	cān kǎo	찬 카오	동 참고하다
	你参考一下。 Nǐ cān kǎo yí xià. 니 찬 카오 이 씨아 참고하세요.		
惭愧	cán kuì	찬 쿠이	형 부끄럽다, 창피하다
参与	cān yù	찬 위	동 참여하다, 참가하다
操场	cāo chǎng	차오 창	명 운동장
操心	cāo xīn	차오 씬	동 신경을 쓰다, 걱정하다
册	cè	츠어	명 책자 양 권
曾经	céng jīng	청 찡	부 이전에, 일찍이, 이미
测验	cè yàn	츠어 옌	명 시험, 테스트 동 테스트하다
插	chā	차	동 끼우다, 꽂다, 삽입하다
拆	chāi	차이	동 뜯다, 떼어내다
差距	chā jù	차 쮜	명 격차, 차이
常识	cháng shí	창 스	명 상식
长途	cháng tú	창 투	명 장거리 형 장거리의
产品	chǎn pǐn	찬 핀	명 제품
产生	chǎn shēng	찬 성	동 생기다, 발생하다, 출현하다, 나타나다
炒	chǎo	차오	동 볶다
吵	chǎo	차오	형 시끄럽다, 떠들썩하다

	不要吵，请保持安静。 Bú yào chǎo， qǐng bǎo chí ān jìng. 뿌 야오 차오, 칭 빠오 츠 안 찡 떠들지 마세요. 조용히 하세요.		
朝	cháo	차오	개 ~을 향하여, ~쪽으로
抄	chāo	차오	동 베끼다
超级	chāo jí	차오 찌	형 슈퍼
吵架	chǎo jià	차오 찌아	동 말다툼하다
潮湿	cháo shī	차오 스	형 습하다, 축축하다
叉子	chā zi	차 쯔	명 포크
彻底	chè dǐ	츠어 띠	형 철저하다
车库	chē kù	츠어 쿠	명 차고
趁	chèn	천	개 ~을 틈타
称	chēng	청	동 부르다, 칭하다
承担	chéng dān	청 딴	동 맡다, 담당하다, 책임지다
程度	chéng dù	청 뚜	명 정도
成分	chéng fèn	청 펀	명 성분, 요소
成果	chéng guǒ	청 궈	명 성과
称呼	chēng hu	청 후	동 ~이라고 부르다 명 호칭
成就	chéng jiù	청 쪄우	명 성취, 성과
诚恳	chéng kěn	청 컨	형 간절하다
成立	chéng lì	청 리	동 창립하다, 설립하다

承认	chéng rèn	청 런	동 승인하다
成人	chéng rén	청 런	명 성인, 어른
承受	chéng shòu	청 서우	동 견디다, 감당하다
成熟	chéng shú	청 수	형 성숙하다 / 익다 / 숙련되다
程序	chéng xù	청 쒸	명 순서, 절차
成语	chéng yǔ	청 위	명 성어
称赞	chēng zàn	청 짠	동 칭찬하다
成长	chéng zhǎng	청 장	동 생장하다, 성장하다
沉默	chén mò	천 뭐	동 침묵하다
	你有权保持沉默。 Nǐ yǒu quán bǎo chí chén mò. 니 여우 취엔 바오 츠 천 뭐 당신은 묵비권을 행사할 권리가 있습니다.		
车厢	chē xiāng	츠어 씨양	명 (열차 · 자동차 등에 사람이나 물건을 싣는) 객실, 화물칸, 트렁크
翅膀	chì bǎng	츠 빵	명 날개
吃亏	chī kuī	츠 쿠이	동 손해를 보다
池塘	chí táng	츠 탕	명 작은 못
持续	chí xù	츠 쒸	동 지속하다
迟早	chí zǎo	츠 짜오	부 조만간, 머지않아

	他迟早会知道的。 Tā chí zǎo huì zhī dào de. 타 츠 짜오 후이 즈 따오 뜨어 그는 조만간에 알게 될 것입니다.		
尺子	chǐ zi	츠 쯔	명 자
冲	chōng/ chòng	충	동 붓다, 뿌리다, 물에 풀다 개 ~을 향하여
充电器	chōng diàn qì	충 띠엔 치	명 충전기
充分	chōng fèn	충 펀	형 충분하다
	他准备得很充分。 Tā zhǔn bèi de hěn chōng fèn. 타 준 뻬어 뜨어 헌 충 펀 그는 준비를 철저하게 했습니다.		
重复	chóng fù	충 푸	동 반복하다
充满	chōng mǎn	충 만	동 가득 차다, 충만하다
宠物	chǒng wù	충 우	명 애완동물
丑	chǒu	처우	형 추하다, 못생기다
臭	chòu	처우	형 지독하다, 구리다
抽屉	chōu ti	처우 티	명 서랍
抽象	chōu xiàng	처우 씨앙	형 추상적이다
传播	chuán bō	촨 뿨	동 전파하다, 널리 알리다
闯	chuǎng	촹	동 돌진하다, 돌격하다
窗帘	chuāng lián	촹 리엔	명 커튼
创造	chuàng zào	촹 짜오	동 창조하다, 만들다

传染	chuán rǎn	촨 란	동 전염하다, 감염하다
传说	chuán shuō	촨 숴	명 전설
传统	chuán tǒng	촨 퉁	명 전통
出版	chū bǎn	추 빤	동 출판하다
除非	chú fēi	추 페이	접 오직 ~하여야
吹	chuī	추이	동 입으로 불다
初级	chū jí	추 찌	형 초급의
出口	chū kǒu	추 커우	동 말을 꺼내다, 출구
处理	chǔ lǐ	추 리	동 처리하다
出色	chū sè	추 쓰어	형 뛰어나다, 특별히 좋다
出示	chū shì	추 스	동 포고문을 붙이다
除夕	chú xī	추 씨	명 제석(섣달그믐날 밤)
出席	chū xí	추 씨	동 출석하다, 참가하다
词汇	cí huì	츠 후이	명 어휘
刺激	cì jī	츠 찌	동 자극하다
	你不要刺激他了。 Nǐ bú yào cì jī tā le. 니 뿌 야오 츠 찌 타 르어 그를 자극시키지 마세요.		
此外	cǐ wài	츠 와이	명 이외에, 이 밖에
次要	cì yào	츠 야요	형 부차적인, 이차적인
辞职	cí zhí	츠 즈	동 사직하다, 그만두다

从此	cóng cǐ	충 츠	부 그로부터, 이후로
从而	cóng 'ér	충 얼	접 따라서, 그리하여
匆忙	cōng máng	충 망	형 매우 바쁘다
	他走得很匆忙。 Tā zǒu de hěn cōng máng. 타 쩌우 뜨어 헌 충 망 그는 매우 급하게 갔습니다.		
从前	cóng qián	충 치엔	명 이전, 옛날
从事	cóng shì	충 스	동 종사하다
醋	cù	추	명 식초
粗糙	cū cāo	추 차오	형 거칠다, 매끄럽지 않다
催	cuī	추이	동 재촉하다, 독촉하다
促进	cù jìn	추 찐	동 촉진하다, 촉진시키다
存在	cún zài	춘 짜이	동 존재하다
措施	cuò shī	춰 스	명 조치, 대책
促使	cù shǐ	추 스	동 ~하게끔 추진하다, ~하도록 하다
裁缝	cái feng	차이 펑	명 재봉사
财富	cái fù	차이 푸	명 재산, 자산
才干	cái gàn	차이 깐	명 재능, 재주, 능력
采购	cǎi gòu	차이 꺼우	동 구입하다, 구매하다
采集	cǎi jí	차이 찌	동 채집하다, 수집하다
采纳	cǎi nà	차이 나	동 받아들이다, 수락하다, 채택하다

	你应该积极采纳意见。 Nǐ yīng gāi jī jí cǎi nà yì jiàn. 니 잉 까이 찌 찌 차이 나 이 찌엔 당신은 적극적으로 의견을 받아들여야 한다.		
裁判	cái pàn	차이 판	명 심판
彩票	cǎi piào	차이 피아오	명 복권
财务	cái wù	차이 우	명 재무, 재정
裁员	cái yuán	차이 위엔	동 감원하다, 인원을 줄이다
财政	cái zhèng	차이 정	명 재정
舱	cāng	창	명 객실, 선실
苍白	cāng bái	창 빠이	형 창백하다
仓促	cāng cù	창 추	형 촉박하다, 황급하다
仓库	cāng kù	창 쿠	명 창고
残疾	cán jí	찬 찌	명 불구, 장애
残酷	cán kù	찬 쿠	형 잔혹하다, 냉혹하다
灿烂	càn làn	찬 란	형 찬란하다, 눈부시다, 빛나다
残留	cán liú	찬 려우	동 남아 있다
参谋	cān móu	찬 머우	명 참모 동 조언하다, 권하다
残忍	cán rěn	찬 런	형 잔인하다, 악독하다
参照	cān zhào	찬 자오	동 참조하다, 참고하다
草案	cǎo 'àn	차오 안	명 초안

操劳	cāo láo	차오 라오	동 수고하다, 애써 일하다
操练	cāo liàn	차오 리엔	동 훈련하다, 조련하다
草率	cǎo shuài	차오 쏴이	형 대강하다, 건성으로 하다
嘈杂	cáo zá	차오 자	형 떠들썩하다, 시끌벅적하다
操纵	cāo zòng	차오 쫑	동 조작하다, 다루다, 제어하다
操作	cāo zuò	차오 쭤	동 조작하다, 다루다
策划	cè huà	츠어 화	동 계획하다, 기획하다
测量	cè liáng	츠어 리양	동 측량하다
策略	cè lüè	츠어 뤼에	명 책략, 전략
侧面	cè miàn	츠어 미엔	명 측면, 옆면
层出不穷	céng chū bù qióng	청 추 뿌 츙	끊임없이 나타나다, 꼬리를 물고 나타나다
层次	céng cì	청 츠	명 단계, 순서, 차등
岔	chà	차	명 분기점, 갈림길 동 어긋나다, 빗나가다
差别	chā bié	차 삐에	명 차별, 차이
	这两台电脑有什么差别? Zhè liǎng tái diàn nǎo yǒu shén me chā bié ? 즈어 리양 타이 띠엔 나오 여우 선 므어 차 삐에? 이 두 컴퓨터는 무슨 차이가 있습니까?		
查获	chá huò	차 훠	동 수사하여 체포하다, 수색하여 금지 물품 등을 압수하다

柴油	chái yóu	차이 여우	명 디젤유
馋	chán	찬	동 식탐하다, 군침이 돌다
搀	chān	찬	동 부축하다, 붙잡다
刹那	chà nà	차 나	명 찰나, 순간
颤抖	chàn dǒu	찬 떠우	동 부들부들 떨다, 덜덜 떨다
倡导	chàng dǎo	창 따오	동 선도하다
场合	chǎng hé	창 흐어	명 (장소 · 상황 · 경우 · 장면) 특정한 시간
偿还	cháng huán	창 환	동 갚다, 상환하다
敞开	chǎng kāi	창 카이	동 활짝 열다
场面	chǎng miàn	창 미엔	명 장면, 정경
昌盛	chāng shèng	창 성	형 창성하다, 흥성하다
尝试	cháng shì	창 스	동 시도해 보다, 시험해 보다
场所	chǎng suǒ	창 쒀	명 장소
畅通	chàng tōng	창 퉁	형 원활하다, 막힘없이 통하다
畅销	chàng xiāo	창 씨아오	형 잘 팔리다, 판로가 넓다
	他的新书很畅销。 Tā de xīn shū hěn chàng xiāo. 타 뜨어 씬 수 헌 창 씨아오 그의 새 책은 잘 팔린다.		
倡议	chàng yì	창 이	동 제의하다, 제안하다

场所 chăng suŏ [창 쒀] 장소

公寓 gōng yù [꿍 위] 아파트

警察局 jĭng chá jú [찡 차 쮜] 경찰서

房屋(家) fáng wū(jiā) [팡 우(찌아)] 집

学校 xué xiào [쒸에 씨아오] 학교

图书馆 tú shūguăn [투 수 꽌] 도서관

电影院 diàn yĭng yuàn [띠엔 잉 위엔] 영화관

百货商店 băi huò shāng diàn [빠이 훠 상 띠엔] 백화점

药店 yào diàn [야오 띠엔] 약국

便利店 biàn lì diàn [삐엔 리 띠엔] 편의점

地铁站 dì tiě zhàn [띠 티에 잔] 지하철역

商店 shāng diàn [상 띠엔] 상점, 가게

邮局 yóu jú [여우 쮜] 우체국

宾馆 bīn guăn [삔 꽌] 호텔

医院 yī yuàn [이 위엔] 병원

缠绕	chán rào	찬 라오	동 둘둘 감다, 얽히다, 휘감다
阐述	chǎn shù	찬 수	동 상세히 논술하다
产业	chǎn yè	찬 예	명 산업
朝代	cháo dài	차오 따이	명 왕조의 연대
潮流	cháo liú	차오 려우	명 조류
钞票	chāo piào	차오 피아오	명 지폐, 돈
嘲笑	cháo xiào	차오 씨아오	동 비웃다, 조롱하다, 놀리다
巢穴	cháo xué	차오 쒸에	명 (새나 짐승의) 집
超越	chāo yuè	차오 웨	동 초월하다, 넘다, 능가하다
诧异	chà yì	차 이	동 의아해 하다, 이상해 하다 不要用诧异的眼光看我。 Bú yào yòng chà yì de yǎn guāng kàn wǒ. 뿌 야오 용 차 이 뜨어 옌 꽝 칸 워 의아한 눈빛으로 나를 보지 마세요.
插座	chā zuò	차 쭤	명 콘센트
沉淀	chén diàn	천 띠엔	동 침전하다, 가라앉다
秤	chèng	청	명 저울
橙	chéng	청	명 오렌지
乘	chéng	청	동 오르다, 타다
承办	chéng bàn	청 빤	동 맡아 처리하다
城堡	chéng bǎo	청 빠오	명 작은 성, 케슬

承包	chéng bāo	청 빠오	동 도맡다, 책임지고 떠맡다
成本	chéng běn	청 뻔	명 원가, 자본금
惩罚	chéng fá	청 파	명 징벌 동 징벌하다
称号	chēng hào	청 하오	명 칭호, 호칭
成交	chéng jiāo	청 찌아오	동 거래가 성립하다
承诺	chéng nuò	청 눠	명 승낙, 대답 동 승낙하다, 대답하다
澄清	chéng qīng	청 칭	동 분명하게 밝히다
成天	chéng tiān	청 티엔	명 하루종일, 온종일
呈现	chéng xiàn	청 씨엔	동 나타나다, 드러나다
成效	chéng xiào	청 씨아오	명 효능, 효과 新政策已经初见成效。 Xīn zhèng cè yǐ jīng chū jiàn chéng xiào. 씬 정 츠어 이 찡 추 찌엔 청 씨아오 새로운 정책은 이미 초보적 효과를 보았다.
成心	chéng xīn	청 씬	부 고의로, 일부러
成员	chéng yuán	청 위엔	명 구성원
诚挚	chéng zhì	청 즈	형 성실하고 진지하다, 진지하다
陈旧	chén jiù	천 쪄우	형 낡다, 오래되다
陈列	chén liè	천 리에	동 진열하다
沉闷	chén mèn	천 먼	형 내성적이다, 명랑하지 않다
陈述	chén shù	천 수	동 진술하다

沉思	chén sī	천 쓰	동 깊이 생각하다, 심사숙고하다
衬托	chèn tuō	천 퉈	동 부각시키다, 돋보이게 하다
称心如意	chèn xīn rú yì	천 씬 루 이	마음에 꼭 들다, 자기 마음에 완전히 부합되다
沉重	chén zhòng	천 중	형 무겁다
沉着	chén zhuó	천 줘	형 침착하다
撤退	chè tuì	츠어 투이	동 철수하다, 퇴각하다
撤销	chè xiāo	츠어 씨아오	동 없애다, 취소하다
赤道	chì dào	츠 따오	명 적도
迟钝	chí dùn	츠 뚠	형 둔하다, 느리다, 무디다
迟缓	chí huǎn	츠 환	형 느리다, 완만하다
持久	chí jiǔ	츠 쪄우	형 지속되다, 오래 유지되다
吃苦	chī kǔ	츠 쿠	동 고생하다
吃力	chī lì	츠 리	형 힘들다, 고달프다
迟疑	chí yí	츠 이	형 망설이다, 머뭇거리다, 주저하다

别迟疑，快点儿做决定。
Bié chí yí, kuài diǎnr zuò jué dìng.
삐에 츠 이, 콰이 띠알 쭤 쮜에 띵
서슴거리지 말고 빨리 결정해.

赤字	chì zì	츠 쯔	명 적자, 결손
崇拜	chóng bài	충 빠이	동 숭배하다
充当	chōng dāng	충 땅	동 맡다, 담당하다

重叠	chóng dié	충 띠에	동 중첩되다, 중복되다
冲动	chōng dòng	충 뚱	명 충동 동 충동하다, 흥분하다
崇高	chóng gāo	충 까오	형 숭고하다, 고상하다
冲击	chōng jī	충 찌	동 충격, 적진으로 돌격하다
崇敬	chóng jìng	충 찡	동 숭경하다, 존경하고 사모하다
充沛	chōng pèi	충 퍼이	형 넘쳐흐르다, 왕성하다
充实	chōng shí	충 스	형 충분하다, 넘치다
冲突	chōng tū	충 투	동 충돌하다, 싸우다 명 충돌
充足	chōng zú	충 쭈	형 충족하다, 충분하다
筹备	chóu bèi	처우 뻐이	동 기획하고 준비하다
丑恶	chǒu 'è	처우 으어	형 추악하다, 더럽다
稠密	chóu mì	처우 미	형 조밀하다, 촘촘하다
除	chú	추	동 없애다, 제거하다
串	chuàn	촨	동 꿰다 양 꼬치, 줄
船舶	chuán bó	촨 뿨	명 선박, 배
传达	chuán dá	촨 따	동 전하다, 전달하다
	他的话我已经传达给你了。 Tā de huà wǒ yǐ jīng chuán dá gěi nǐ le. 타 뜨어 화 워 이 찡 촨 따 꺼이 니 르어 그의 말은 이미 당신에게 전달했습니다.		
传单	chuán dān	촨 딴	명 전단지

床单	chuáng dān	촹 딴	명 침대보, 시트
创立	chuàng lì	촹 리	동 창립하다, 창설하다
创新	chuàng xīn	촹 씬	명 창조성 동 새것을 창조하다
创业	chuàng yè	촹 예	동 창업하다
创作	chuàng zuò	촹 쭤	동 창작하다
川流不息	chuān liú bù xī	촨 려우 뿌 씨	(행인 · 차량 등이) 냇물처럼 끊임없이 오가다, 꼬리에 꼬리를 물고 이어지다
喘气	chuǎn qì	촨 치	동 호흡하다, 숨차다
传授	chuán shòu	촨 서우	동 전수하다, 가르치다
穿越	chuān yuè	촨 웨	동 넘다, 통과하다
储备	chǔ bèi	추 뻬이	동 비축하다, 저장하다
初步	chū bù	추 뿌	형 처음 단계의, 초보적인
储存	chǔ cún	추 춘	동 모아 두다, 쌓아두다, 적립하다
触犯	chù fàn	추 판	동 저촉되다, 위반하다
处分	chǔ fèn	추 펀	동 처벌하다 명 처벌, 처분
锤	chuí	추이	동 망치, 해머 동 망치로 치다
吹牛	chuī niú	추이 녀우	동 허풍을 떨다, 큰소리치다
吹捧	chuī pěng	추이 펑	동 치켜세우다
炊烟	chuī yān	추이 옌	명 밥 짓는 연기

垂直	chuí zhí	추이 즈	형 수직의
处境	chǔ jìng	추 찡	명 처지, 불리한 상황
出路	chū lù	추 루	명 출로, 활로, 발전의 여지
出卖	chū mài	추 마이	동 배신하다, 팔아먹다
纯粹	chún cuì	춘 추이	형 순수하다
纯洁	chún jié	춘 찌에	형 순결하다, 순수하고 맑다
出神	chū shén	추 선	동 넋을 잃다
	他出神地望着窗外。 Tā chū shén de wàng zhe chuāng wài. 타 추 선 뜨어 왕 즈어 촹 와이 그는 넋을 놓고 창밖을 바라보고 있다.		
出身	chū shēn	추 선	명 출신, 신분
出息	chū xi	추 씨	명 전도, 발전성
储蓄	chǔ xù	추 쒸	동 저축하다, 비축하다
处置	chǔ zhì	추 즈	동 처치하다, 처분하다, 처벌하다
刺	cì	츠	동 찌르다, 뚫다 명 가시
磁带	cí dài	츠 따이	명 테이프
伺候	cì hou	츠 허우	동 보살피다, 돌보다, 모시다
次品	cì pǐn	츠 핀	명 질이 낮은 물건
慈善	cí shàn	츠 산	형 동정심이 많다, 자선을 베풀다
慈祥	cí xiáng	츠 씨양	형 자상하다, 자애롭다

C

别害怕，我的爷爷很慈祥。
Bié hài pà. wǒ de yé ye hěn cí xiáng.
삐에 하이 파, 워 뜨어 예 예 헌 츠 씨양
무서워하지 마. 나의 할아버지는 매우 자상해.

雌雄	cí xióng	츠 슝	명 자웅, 암컷과 수컷/승패, 승부
次序	cì xù	츠 쒸	명 차례, 순서
丛	cóng	충	명 덤불, 수풀
从容	cóng róng	충 룽	형 침착하다, 허둥대지 않다
凑合	còu he	처우 흐어	형 그런대로 ~할 만하다
窜	cuàn	촨	동 마구 뛰어다니다, 날뛰다
摧残	cuī cán	추이 찬	동 심한 손상을 주다, 학대하다
脆弱	cuì ruò	추이 뤄	형 연약하다, 취약하다
粗鲁	cū lǔ	추 루	형 거칠고 우악스럽다, 교양이 없다
搓	cuō	춰	동 비비다, 문지르다
磋商	cuō shāng	춰 상	동 반복하여 협의하다
挫折	cuō zhé	춰 즈어	명 좌절, 실패

D

大	dà	따	형 크다, 넓다
打电话	dǎ diàn huà	따 띠엔 화	동 전화하다
	别忘了给我打电话。 Bié wàng le gěi wǒ dǎ diàn huà. 삐에 왕 르어 께이 워 따 띠엔 화 잊지 말고 나한테 전화하세요.		
的	de	뜨어	조 관형어 뒤에 쓰여, 관형어와 중심어 사이가 종속 관계임을 나타냄.
	我的书是红色的。 Wǒ de shū shì hóng sè de. 워 뜨어 수 스 홍 쓰어 뜨어 내 책은 빨간색입니다.		
点	diǎn	띠엔	양 약간, 조금
电脑	diàn nǎo	띠엔 나오	명 컴퓨터
电视	diàn shì	띠엔 스	명 텔레비전
电影	diàn yǐng	띠엔 잉	명 영화
东西	dōng xi	뚱 씨	명 물건, 사물
	这是什么东西? Zhè shì shén me dōng xi ? 즈어 스 선 므어 뚱 씨? 이것은 무엇입니까?		
都	dōu	떠우	부 모두, 다, 전부

电影 diàn yǐng [띠엔 잉] 영화

电影院 diàn yǐng yuàn [띠엔 잉 위엔] 영화관

屏幕 píng mù [핑 무] 스크린

座位 zuò wei [쭤 워이] 좌석

观众 guān zhòng [꽌 쭝] 관객

爆米花 bào mǐ huā [빠오 미 화] 팝콘

售票处 shòu piào chù [서우 피아오 추] 매표소

卖品部 mài pǐn bù [마이 핀 뿌] 매점

导演 dǎo yǎn [따오 옌] 영화감독

演员 yǎn yuán [옌 위엔] 배우

女演员 nǚ yǎn yuán [뉘 옌 위엔] 여배우

悲剧 bēijù [뻬어 쮜] 비극

胶卷 jiāo juǎn [찌아오 쮜엔] 필름

摄影 shè yǐng [스어 잉] 촬영

摄像机 shè xiàng jī [스어 씨양 찌] 카메라

电影节 diàn yǐng jié [띠엔 잉 찌에] 영화제

读	dú	뚜	동 읽다
对不起	duì bu qǐ	뚜이 뿌 치	동 미안합니다
	对不起，我来晚了。 Duì bu qǐ. wǒ lái wǎn le. 뚜이 뿌 치. 워 라이 완 르어 늦어서 죄송합니다.		
多	duō	뛰	형 많다
多少	duō shao	뛰 사오	부 얼마, 몇
	这个多少钱? Zhè ge duō shao qián? 즈어 끄어 뛰 사오 치엔? 이거 얼마입니까?		
大家	dà jiā	따 찌아	대 여러분, 모두
打篮球	dǎ lán qiú	따 란 쳐우	동 농구하다
但是	dàn shì	딴 스	접 그러나, 그렇지만
到	dào	따오	동 도착하다, 이르다
得	de	뜨어	조 동사 뒤에 쓰여 가능을 나타냄
	你做得很好。 Nǐ zuò de hěn hǎo. 니 쭤 뜨어 헌 하오 당신은 매우 잘했습니다.		
等	děng	떵	동 기다리다 명 등급 조 등, 따위
	请稍等。 Qǐng shāo děng. 칭 사오 떵 잠시만 기다리세요.		

A B C D E F G H I J K L M

弟弟	dì di	띠 띠	명 남동생
第一	dì yī	띠 이	수 첫째, 제1
懂	dǒng	뚱	동 알다, 이해하다
对	duì	뚜이	형 맞다, 옳다 개 ~에 대해
带	dài	따이	동 가지다, 휴대하다
蛋糕	dàn gāo	딴 까오	명 케이크
当然	dāng rán	땅 란	부 당연하다
担心	dān xīn	딴 씬	동 걱정하다, 염려하다
打扫	dǎ sǎo	따오 싸오	동 청소하다
打算	dǎ suàn/dǎ suan	따 쏸	명 계획 조동 ~을 하려고 하다 동 계획하다
	我打算明年去中国旅行。 Wǒ dǎ suan míng nián qù zhōng guó lǚ xíng. 워 따 쏸 밍 니엔 취 중 궈 뤼 씽 나는 내년에 중국여행 갈 계획입니다.		
地	de	뜨어	조 관형어로 쓰이는 단어나 구 뒤에 쓰여, 그 단어나 구가 동사 또는 형용사와 같은 중심어를 수식하고 있음을 나타냄.
	他开心地笑了。 Tā kāi xīn de xiào le. 타 카이 씬 뜨어 씨아오 르어 그는 즐겁게 웃었다.		
灯	dēng	떵	조 등, 램프

	别忘了关灯。 Bié wàng le guān dēng. 삐에 왕 르어 꽌 떵 잊지 말고 불을 끄세요.		
电梯	diàn tī	띠엔 티	명 엘리베이터
电子邮件	diàn zǐ yóu jiàn	띠엔 즈 여우 찌엔	명 이메일, 전자 우편
地方	dì fang	띠 팡	명 곳, 장소
地铁	dì tiě	띠 티에	명 지하철
地图	dì tú	띠 투	명 지도
冬	dōng	뚱	명 겨울
东	dōng	뚱	명 동쪽
动物	dòng wù	뚱 우	명 동물
	你喜欢什么动物? Nǐ xǐ huan shén me dòng wù ? 니 씨 환 선 므어 뚱 우? 당신은 어떤 동물을 좋아합니까?		
段	duàn	똰	양 단락, 토막
短	duǎn	똰	형 짧다
锻炼	duàn liàn	똰 리엔	동 단련하다
多么	duō me	뚸 므어	부 얼마나
答案	dá 'àn	따 안	명 답, 답안
打扮	dǎ ban	따 빤	동 화장하다, 꾸미다, 단장하다

A B C D E F G H I J K L M

动物 dòng wù [똥 우] 동물

老虎 lǎo hǔ [라오 후] 호랑이

狼 láng [랑] 늑대

狐狸 hú li [후 리] 여우

熊 xióng [쓩] 곰

大象 dà xiàng [따 씨앙] 코끼리

斑马 bān mǎ [빤 마] 얼룩말

长颈鹿 chángjǐng lù [창 찡 루] 기린

骆驼 luò tuo [뤄 퉈] 낙타

鹿 lù [루] 사슴

马 mǎ [마] 말

猴子 hóu zi [허우 쯔] 원숭이

鳄鱼 è yú [으어 위] 악어

蛇 shé [서] 뱀

猪 zhū [주] 돼지

狗 gǒu [꺼우] 개

猫 māo [마오] 고양이

	她今天打扮得格外漂亮。 Tā jīn tiān dǎ ban de gé wài piào liang. 타 찐 티엔 따 빤 뜨어 끄어 와이 피아오 리양 그는 오늘 무척 예쁘게 화장했습니다.		
大概	dà gài	따 까이	부 대개, 아마도
戴	dài	따이	동 착용하다, 끼다, 차다
大夫	dài fu	따이 푸	명 의사
当	dāng	땅	동 담당하다, ~이 되다
当时	dāng shí	땅 스	명 당시, 그때
倒	dǎo	따오	형 거꾸로 되다, 넘어지다 동 뒤집다
刀	dāo	따오	명 칼
到处	dào chù	따오 추	명 도처, 곳곳
	到处都是人。 Dào chù dōu shì rén. 따오 추 떠우 스 런 여기저기 다 사람입니다.		
到底	dào dǐ	따오 띠	부 도대체
道歉	dào qiàn	따오 치엔	동 사과하다
导游	dǎo yóu	따오 여우	명 가이드
打扰	dǎ rǎo	따 라오	동 방해하다, 지장을 주다
	打扰一下。 Dǎ rǎo yí xià. 따 라오 이 씨아 실례하겠습니다.		
大使馆	dà shǐ guǎn	따 스 꽌	명 대사관

	请问，大使馆在哪儿? Qǐng wèn, dà shǐ guǎn zài nǎr? 칭 원, 따 스 관 짜이 날? 여쭤보겠습니다. 대사관은 어디에 있습니까?		
打印	dǎ yìn	따 인	동 인쇄하다, 프린트하다
大约	dà yuē	따 위에	부 대략, 대개는
打招呼	dǎ zhāo hu	따 자오 후	동 인사하다
打折	dǎ zhé	따 즈어	동 할인하다
	这家商店正在打折。 Zhè jiā shāng diàn zhèng zài dǎ zhé. 즈어 찌야 상 띠엔 정 짜이 따 즈어 이 상점은 세일하고 있습니다.		
打针	dǎ zhēn	따 전	동 주사를 맞다
得	dé	뜨어	동 얻다, 획득하다
登机牌	dēng jī pái	떵 찌 파이	명 탑승권
得意	dé yì	뜨어 이	동 득의하다, 대단히 만족하다
底	dǐ	띠	명 밑, 바닥
低	dī	띠	형 낮다
掉	diào	띠아오	동 떨어지다
调查	diào chá	띠아오 차	동 조사하다
地点	dì diǎn	띠 띠엔	명 지점, 장소
地球	dì qiú	띠 쳐우	명 지구
丢	diū	뗘우	동 잃다, 잃어버리다

	我丢了钱包。 Wǒ diū le qián bāo. 워 띠우 르어 치엔 빠오 나는 지갑을 잃어버렸습니다.		
地址	dì zhǐ	띠 즈	명 주소
动作	dòng zuò	뚱 쭤	명 동작, 행동
短信	duǎn xìn	똰 씬	명 문자 메시지
堵车	dǔ chē	뚜 츠어	동 차가 막히다
	这段路经常堵车。 Zhè duàn lù jīng cháng dǔ chē. 즈어 똰 루 찡 창 뚜 츠어 이 길은 자주 막힙니다.		
对话	duì huà	뚜이 화	명 대화 동 대화하다
对面	duì miàn	뚜이 미엔	명 맞은편
对于	duì yú	뚜이 위	개 ~에 대해
肚子	dù zi	뚜 쯔	명 복부, 배
	我肚子疼。 Wǒ dù zi téng. 워 뚜즈 텅 나는 배가 아픕니다.		
达到	dá dào	따 따오	동 달성하다, 도달하다, 이르다
大方	dà fang	따 팡	형 시원시원하다, 대범하다
打工	dǎ gōng	따 꿍	동 아르바이트하다, 일하다
呆	dāi	따이	명 머물다, 기다리다
代表	dài biǎo	따이 삐아오	동 대표하다 명 대표

贷款	dài kuǎn	따이 콴	동 대출하다
代替	dài tì	따이 티	동 대신하다, 대처하다
待遇	dài yù	따이 위	명 대우, 대접

你们公司待遇怎么样?
Nǐ men gōng sī dài yù zěn me yàng?
니 먼 꿍 쓰 따이 위 쩐 므어 양?
너희 회사의 대우은 어때?

打交道	dǎ jiāo dao	따 찌아오 따오	동 교제하다, 사귀다, 연락하다
淡	dàn	딴	형 싱겁다, 농도가 낮다
单纯	dān chún	딴 춘	형 단순하다
单调	dān diào	딴 띠아오	형 단조롭다
单独	dān dú	딴 뚜	부 단독으로, 혼자서
挡	dǎng	땅	동 막다, 저지하다

不要挡我的路。
Bú yào dǎng wǒ de lù.
뿌 야오 땅 워 뜨어 루
나의 길을 막지 마세요.

当地	dāng dì	땅 띠	명 현지, 그 지방
当心	dāng xīn	땅 씬	동 조심하다, 주의하다
担任	dān rèn	딴 런	동 맡다, 담당하다
单位	dān wèi	딴 워이	명 단위, 직장, 기관, 회사
耽误	dān wù	딴 우	동 일을 그르치다, 시간을 그르치다
胆小鬼	dǎn xiǎo guǐ	딴 씨아오 꾸이	명 겁쟁이

单元	dān yuán	딴 위엔	명 단원
到达	dào dá	따오 다	동 도달하다, 도착하다, 이르다
道德	dào dé	따오 뜨어	명 도덕, 윤리
道理	dào lǐ	따오 리	명 도리, 이치 他不讲道理。 Tā bù jiǎng dào lǐ. 타 뿌 찌양 따오 리 그는 억지를 부립니다.
倒霉	dǎo méi	따오 머이	형 재수 없다 我怎么这么倒霉。 Wǒ zěn me zhè me dǎo méi. 워 쩐 머 즈어 므어 따오 머이 나는 왜 이렇게 재수가 없니.
导演	dǎo yǎn	따오 옌	명 감독
岛屿	dǎo yǔ	따오 위	명 섬 济州岛是韩国最大的岛屿。 Jì zhōu dǎo shì hán guó zuì dà de dǎo yǔ. 찌 쩌우 따오 스 한 궈 쭈이 따 뜨어 따오 위 제주도는 한국의 제일 큰 섬입니다.
导致	dǎo zhì	따오 즈	동 초래하다, 야기하다
打喷嚏	dǎ pēn tì	따 펀 티	동 재채기를 하다
大厦	dà shà	따 사	명 빌딩, 건물
打听	dǎ ting	따 팅	동 물어보다, 알아보다
大象	dà xiàng	따 썅	명 코끼리
大型	dà xíng	따 씽	형 대형의

答应	dā ying	따 잉	동 대답하다, 응답하다
等待	děng dài	떵 따이	동 기다리다
登记	dēng jì	떵 찌	동 등기하다, 등록하다
	请在这里登记一下。 Qǐng zài zhè lǐ dēng jì yí xià. 칭 짜이 즈어 리 떵 찌 이 씨아 여기에 등록해 주세요.		
等于	děng yú	떵 위	동 ~와 같다, 맞먹다
滴	dī	띠	명 방울 동 (액체가) 한 방울씩 똑똑 떨어지다
递	dì	띠	동 건네다, 전해주다, 전송하다
电池	diàn chí	띠엔 츠	명 전지, 배터리
电台	diàn tái	띠엔 타이	명 라디오 방송국
点心	diǎn xīn	띠엔 씬	명 간식, 딤섬
钓	diào	띠아오	동 낚다, 낚시질하다
地道	dì dao	띠 따오	형 순수하다, 오리지널의
地理	dì lǐ	띠 리	명 지리
顶	dǐng	띵	양 개, 채, 장, [꼭대기가 있는 물건을 세는 단위]
地区	dì qū	띠 취	명 지역, 지구
的确	dí què	띠 취에	부 확실히, 분명히, 정말
敌人	dí rén	띠 런	명 적

地毯	dì tǎn	띠 탄	명 카펫, 융단
地位	dì wèi	띠 웨이	명 지위
地震	dì zhèn	띠 쩐	명 지진
洞	dòng	뚱	명 구멍, 굴
冻	dòng	뚱	형 얼다, 응고되다
动画片	dòng huà piàn	뚱 화 피엔	명 만화 영화, 애니메이션
逗	dòu	떠우	동 놀리다, 집적거리다
豆腐	dòu fu	떠우 푸	명 두부
断	duàn	똰	동 자르다, 끊다
度过	dù guò	뚜 꿔	동 보내다, 지내다, 넘기다
堆	duī	뚜이	동 쌓여 있다, 쌓이다
对比	duì bǐ	뚜이 삐	동 대비하다, 대조하다
对待	duì dài	뚜이 따이	동 다루다, 대응하다, 상대하다
对方	duì fāng	뚜이 팡	명 상대방
兑换	duì huàn	뚜이 환	동 환전하다, 바꾸다
对手	duì shǒu	뚜이 서우	명 상대, 적수
	我不是你的对手。 Wǒ bú shì nǐ de duì shǒu. 워 뿌 스 니 뜨어 뚜이 서우 나는 당신의 상대가 안 된다.		
对象	duì xiàng	뚜이 씨앙	명 연애 결혼의 상대, 대상
独立	dú lì	뚜 리	동 독립하다

顿	dùn	뚠	양 번, 차례, 끼, 바탕 동 잠시 멈추다
蹲	dūn	뚠	동 쪼그리고 앉다, 웅크리고 앉다
吨	dūn	뚠	양 톤(ton)
朵	duǒ	뚸	양 송이, 점

昨天他送给他女朋友一朵花。
Zuó tiān tā sòng gěi tā nǚpéng you yì duǒ huā.
쭤 티엔 타 쑹 께이 타 뉘 펑 여우 이 뚸 화
그는 어제 그의 여자친구에게 꽃 한송이를 선물했습니다.

躲藏	duǒ cáng	뚸 창	동 숨다, 피하다
多亏	duō kuī	뚸 쿠이	동 은혜를 입다, 덕택이다
多余	duō yú	뚸 위	형 여분의, 나머지의
独特	dú tè	뚜 트어	형 독특하다, 특별하다, 특이하다

这儿的咖啡味道很独特。
Zhèr de kā fēi wèi dao hěn dú tè.
절 뜨어 카 페이 워이 따오 헌 뚜 트어
여기의 커피는 맛이 독특합니다.

搭	dā	따	동 널다, 걸다 / 타다
打包	dǎ bāo	따 빠오	동 포장하다, 싸가다
答辩	dá biàn	따 삐엔	동 답변하다
大不了	dà bu liǎo	따 뿌 리아오	형 대단하다, 굉장하다
大臣	dà chén	따 천	명 대신, 중신
达成	dá chéng	따 청	동 달성하다, 도달하다

搭档	dā dàng	따 땅	동 짝이 되다 명 파트너, 짝
答复	dá fù	따 푸	동 회답하다, 답변하다
打官司	dǎ guān si	따 꽌 쓰	소송하다, 고소하다
大伙儿	dà huǒr	따 훨	대 모두들, 여러 사람
逮捕	dǎi bǔ	따이 뿌	동 체포하다, 잡다
代价	dài jià	따이 찌야	명 대가
代理	dài lǐ	따이 리	동 대리하다, 대행하다
带领	dài lǐng	따이 링	동 인솔하다, 이끌다, 영도하다
怠慢	dài màn	따이 만	동 냉대하다, 등한시하다
歹徒	dǎi tú	따이 투	명 악인, 나쁜 사람
打击	dǎ jī	따 찌	명 타격 동 타격을 주다, 공격하다
打架	dǎ jià	따 찌야	동 싸우다, 다투다
打量	dǎ liang	따 량	동 훑어보다, 관찰하다
打猎	dǎ liè	따 리에	동 사냥하다, 수렵하다
蛋白质	dàn bái zhì	딴 빠이 즈	명 단백질
担保	dān bǎo	딴 빠오	명 담보, 보증 동 보증하다, 담보하다
诞辰	dàn chén	딴 천	명 탄신, 생일
党	dǎng	땅	명 당, 정당
档案	dàng 'àn	땅 안	명 문서, 서류, 기록

当场	dāng chǎng	땅 창	부 당장, 그 자리에서
当初	dāng chū	땅 추	명 당초, 애초
档次	dàng cì	땅 츠	명 등급
当代	dāng dài	땅 따이	명 당대, 그 시대
当面	dāng miàn	땅 미엔	부 직접 마주하여, 그 자리에서
当前	dāng qián	땅 치엔	명 현재, 목전, 당면
当事人	dāng shì rén	땅 스 런	명 당사자
当务之急	dāng wù zhī jí	땅 우 즈 찌	당장 급히 처리해야 하는 일, 급선무
当选	dāng xuǎn	땅 쒸엔	동 당선되다
淡季	dàn jì	딴 찌	명 비수기, 불경기 계절
胆怯	dǎn qiè	딴 치에	형 겁내다, 쫄아들다, 무서워하다
诞生	dàn shēng	딴 성	동 탄생하다, 태어나다
淡水	dàn shuǐ	딴 수이	명 담수, 민물
倒闭	dǎo bì	따오 삐	동 도산하다
导弹	dǎo dàn	따오 딴	명 유도탄, 미사일
稻谷	dào gǔ	따오 꾸	명 벼
导航	dǎo háng	따오 항	명 내비게이션 동 인도하다, 항해나 항공을 유도하다
捣乱	dǎo luàn	따오 롼	동 교란하다, 방해하다, 소란을 피우다

	你别捣乱。 Nǐ bié dǎo luàn. 니 삐에 따오 롼 방해하지 마.		
盗窃	dào qiè	따오 치에	동 도둑질하다, 절도하다
导向	dǎo xiàng	따오 씨양	동 유도하다, 이끌다
搭配	dā pèi	따 퍼이	동 조합하다, 배합하다
大肆	dà sì	따 쓰	부 제멋대로, 함부로, 마구
大体	dà tǐ	따 티	부 대체로, 대략
大意	dà yi	따 이	형 부주의하다, 소홀하다
打仗	dǎ zhàng	따 장	동 전쟁하다, 싸우다
大致	dà zhì	따 즈	부 대개, 개략, 아마
得不偿失	dé bù cháng shī	뜨어 뿌 창 스	얻는 것보다 잃는 것이 더 많다
	你这么做得不偿失。 Nǐ zhè me zuò dé bù cháng shī. 니 즈어 므어 쭤 뜨어 뿌 창 스 당신이 이렇게 하면 잃는 것보다 얻는 게 많아요.		
得力	dé lì	뜨어 리	동 이익을 얻다 형 유능하다
瞪	dèng	떵	동 눈을 크게 뜨다
蹬	dēng	떵	동 밟다, 밀치다
等候	děng hòu	떵 허우	동 기다리다
等级	děng jí	떵 찌	명 등급
灯笼	dēng long	떵 룽	명 등롱, 초롱

登录	dēng lù	떵 루	동 등록하다, 가입하다
登陆	dēng lù	떵 루	동 상륙하다, 육지에 오르다
得天独厚	dé tiān dú hòu	뜨어 티엔 뚜 허우	동 우월한 자연 조건을 갖고 있다
得罪	dé zuì	뜨어 쭈이	동 미움을 사다, 실례가 되다
垫	diàn	띠엔	동 받치다, 깔다
颠簸	diān bǒ	띠엔 뿨	동 흔들리다, 요동하다
颠倒	diān dǎo	띠엔 따오	동 전도하다, 뒤바뀌다
奠定	diàn dìng	띠엔 띵	동 다지다, 닦다
惦记	diàn jì	띠엔 찌	동 늘 생각하다, 항상 마음에 두다, 염려하다
典礼	diǎn lǐ	띠엔 리	명 식, 행사
	不好意思，我不能参加你的毕业典礼了。 Bù hǎo yì si，wǒ bù néng cān jiā nǐ de bì yè diǎn lǐ le. 뿌 하오 이 쓰, 워 뿌 넝 찬 찌아 니 뜨어 삐 예 띠엔 리 르어 미안하지만 나는 당신의 졸업식에 참가할 수 없어요.		
典型	diǎn xíng	띠엔 씽	명 전형, 대표적인 사람이나 사물
电源	diàn yuán	띠엔 위엔	명 전원
点缀	diǎn zhuì	띠엔 쭈이	동 장식하다, 꾸미다
叼	diāo	띠아오	동 입에 물다
吊	diào	띠아오	동 걸다, 매달다
调动	diào dòng	띠아오 뚱	동 교환하다, 바꾸다, 옮기다, 이동하다

雕刻	diāo kè	띠아오 크어	동 조각하다
雕塑	diāo sù	띠아오 쑤	동 조소하다
堤坝	dī bà	띠 빠	명 댐과 둑
地步	dì bù	띠 뿌	명 정도, 지경
抵达	dǐ dá	띠 따	동 도착하다
跌	diē	띠에	동 균형을 잃어서 넘어지다, 떨어지다, 내리다
抵抗	dǐ kàng	띠 캉	동 저항하다, 대항하다
盯	dīng	띵	동 주시하다, 뚫어지게 보다
丁	dīng	띵	명 장정
定期	dìng qī	띵 치	형 정기적인 동 날짜를 정하다
定义	dìng yì	띵 이	명 정의
叮嘱	dīng zhǔ	띵 주	동 신신당부하다
敌视	dí shì	띠 스	동 적대시하다
地势	dì shì	띠 스	명 지세, 땅의 형세
丢人	diū rén	띠우 런	동 체면을 잃다, 쪽팔리다
丢三落四	diū sān là sì	띠우 싼 라 쓰	동 흐리멍덩하다, 이것저것 빠뜨리다
递增	dì zēng	띠 쯔엉	동 점점 늘어나다, 점차 증가하다
抵制	dǐ zhì	띠 즈	동 배척하다, 저지하다

地质	dì zhì	띠 즈	명 지질
栋	dòng	뚱	명 동, 채
动荡	dòng dàng	뚱 땅	동 불안하다, 뒤숭숭하다
东道主	dōng dào zhǔ	뚱 따오 주	명 주인, 주최자
动机	dòng jī	뚱 찌	명 동기
	你这么做的动机是什么? Nǐ zhè me zuò de dòng jī shì shén me? 니 즈어 므어 쭤 뜨어 뚱 찌 스 선 므어? 당신이 이렇게 하는 동기가 무엇입니까?		
冻结	dòng jié	뚱 찌에	동 얼다, 얼리다
动静	dòng jing	뚱 찡	명 동정, 동태
动力	dòng lì	뚱 리	명 동력
动脉	dòng mài	뚱 마이	명 동맥
动身	dòng shēn	뚱 선	동 출발하다, 떠나다
董事长	dǒng shì zhǎng	뚱 스 장	명 대표이사, 회장
动手	dòng shǒu	뚱 서우	동 하다, 착수하다
动态	dòng tài	뚱 타이	명 동태, 변화의 상태
动员	dòng yuán	뚱 위엔	동 동원하다
东张西望	dōng zhāng xī wàng	뚱 장 씨 왕	동 여기저기 두리번거리다
兜	dōu	떠우	명 호주머니, 주머니 동 싸다, 책임을 지다, 빙빙 돌다

陡峭	dǒu qiào	떠우 치아오	형 험준하다, 가파르다
斗争	dòu zhēng	떠우 정	동 투쟁하다, 싸우다
端	duān	똰	형 똑바로 들다 동 받들다, 받쳐들다 명 끝
短促	duǎn cù	똰 추	형 매우 짧다, 촉박하다
断定	duàn dìng	똰 띵	동 단정하다, 결론을 내리다
断绝	duàn jué	똰 쮜에	동 단절하다, 끊다, 차단하다
端午节	duān wǔ jié	똰 우 찌에	명 단오절
端正	duān zhèng	똰 정	형 단정하다, 똑바르다
	请端正你的态度。 Qǐng duān zhèng nǐ de tài dù. 칭 똰 정 니 뜨어 타이 뚜 당신의 태도를 바로잡으세요.		
赌博	dǔ bó	뚜 뿨	동 도박하다 명 도박
独裁	dú cái	뚜 차이	동 독재하다
督促	dū cù	뚜 추	동 독촉하다
对策	duì cè	뚜이 츠어	명 대책
对称	duì chèn	뚜이 천	형 대칭이다
对付	duì fu	뚜이 푸	동 대처하다, 대응하다
堆积	duī jī	뚜이 찌	동 쌓여 있다, 쌓이다
对抗	duì kàng	뚜이 캉	동 대항하다, 저항하다

D

对立	duì lì	뚜이 리	동 대립하다, 모순되다
对联	duì lián	뚜이 리엔	명 대련, 주련
队伍	duì wu	뚜이 우	명 대열, 대오
兑现	duì xiàn	뚜이 씨엔	동 약속을 실행하다/현금으로 바꾸다
	这是无法兑现的承诺。 Zhè shì wú fǎ duì xiàn de chéng nuò. 즈어 스 우 파 뚜이 씨엔 뜨어 청 눠 이것은 지킬 수 없는 약속입니다.		
对应	duì yìng	뚜이 잉	동 대응하다
对照	duì zhào	뚜이 자오	동 대조하다
杜绝	dù jué	뚜 쮜에	동 철저히 막다, 두절하다, 없애다
顿时	dùn shí	뚠 스	부 갑자기, 바로
堕落	duò luò	뚸 뤄	동 타락하다, 부패하다
哆嗦	duō suo	뚸 쒀	동 떨다
多元化	duō yuán huà	뚸 위엔 화	동 다원화하다
毒品	dú pǐn	뚜 핀	명 마약
堵塞	dǔ sè	뚜 쓰어	동 막히다, 가로막다

E

二	èr	얼/알	수 2, 둘
儿子	ér zi	얼 쯔	명 아들
	这是我朋友的儿子。 Zhè shì wǒ péng you de ér zi. 즈어 스 워 펑 여우 뜨어 얼 쯔 얘는 내 친구의 아들입니다.		
饿	è	으어	형 배고프다
	我快饿死了。 Wǒ kuài è sǐ le. 워 콰이 으어 쓰 르어 배고파 죽겠어요.		
耳朵	ěr duo	얼 뚸	명 귀
而且	ér qiě	얼 치에	접 게다가, 뿐만 아니라
而	ér	얼	접 ~하고도, 그리고
儿童	ér tóng	얼 퉁	명 아동, 어린이
恶劣	è liè	으어 리에	형 열악하다
嗯	èng	엉	감 응, 그래
耳环	ěr huán	얼 환	명 귀걸이
	你的耳环真漂亮。 Nǐ de ěr huán zhēn piào liang. 니 뜨어 얼 환 전 피아오 량 당신의 귀걸이는 정말 예쁩니다.		

A B C D E F G H I J K L M

恶化	è huà	으어 화	동 악화되다
恩怨	ēn yuàn	언 위엔	명 은원(은혜와 원한)
二氧化碳	èr yǎng huà tàn	얼 양 화 탄	명 이산화탄소
而已	ér yǐ	얼 이	조 ~뿐이다
额外	é wài	으어 와이	형 초과한, 규정된 수량이나 한도를 벗어난
恶心	ě xīn	으어 씬	동 구역이 나다, 메스껍다
遏制	è zhì	으어 즈	동 저지하다, 억제하다

F

饭店	fàn diàn	판 띠엔	명 호텔/식당
飞机	fēi jī	퍼이 찌	명 비행기
分钟	fēn zhōng	펀 중	명 분
	我再睡五分钟。 Wǒ zài shuì wǔ fēn zhōng. 워 짜이 수이 우 펀 중 저 5분만 더 잘게요.		
房间	fáng jiān	팡 찌엔	명 방
	你的房间是多少号? Nǐ de fáng jiān shì duō shao hào? 니 뜨어 팡 찌엔 스 뚸 사오 하오? 당신의 방 번호는 몇 호입니까?		
非常	fēi cháng	퍼이 창	부 대단히, 매우, 아주
服务员	fú wù yuán	푸 우 위엔	명 종업원, 웨이터
发	fā	파	동 보내다, 건네주다, 교부하다, 발급하다, 부치다, 발송하다, 치다, 내주다
放	fàng	팡	동 놓아주다, 풀어 주다, 석방하다
方便	fāng biàn	팡 삐엔	형 편리하다
放心	fàng xīn	팡 씬	동 안심하다

A B C D E F G H I J K L M

房间 fáng jiān [팡 찌엔] 방

床 chuáng [촹] 침대

被子 bèi zi [뻬이 쯔] 이불

被单 bèi dān [뻬이 딴] 침대보

枕头 zhěn tou [전 터우] 베개

梳妆台 shū zhu āng tái [수 좡 타이] 화장대

台灯 tái dēng [타이 떵] 스탠드

桌子 zhuō zi [줘 쯔] 책상

椅子 yǐ zi [이 쯔] 의자

衣柜 yī guì [이 꾸이] 옷장

抽屉 chōu ti [처우 티] 서랍장, 수납장

闹钟 nào zhōng [나오 중] 알람 시계

单人床 dān rén chuáng [딴 런 촹] 싱글베드, 1인용 침대

双人床 shuāng rén chuáng [쐉 런 촹] 더블베드, 2인용 침대

请放心。
Qǐng fàng xīn.
칭 팡 씬
안심하세요.

发烧	fā shāo	파 사오	동 열이 나다

你有点儿发烧。
Nǐ yǒu diǎnr fā shāo.
니 여우 띠알 파 사오
당신은 열이 조금 있습니다.

发现	fā xiàn	파 씨엔	동 발견하다
分	fēn	펀	동 나누다/분배하다 양 펀(중국 화폐의 단위)/분
附近	fù jìn	푸 찐	명 근처, 부근

附近有银行吗?
Fù jìn yǒu yín háng ma?
푸 찐 여우 인 항 마?
근처에 은행 있습니까?

复习	fù xí	푸 씨	동 복습하다
法律	fǎ lǜ	파 뤼	명 법률
反对	fǎn duì	판 뚜이	동 반대하다
房东	fáng dōng	팡 뚱	명 집주인(세입자와 구별됨)
方法	fāng fǎ	팡 파	명 방법, 수단, 방식

你有什么好方法吗?
Nǐ yǒu shén me hǎo fāng fǎ ma?
니 여우 선머 하오 팡 파 마?
당신은 무슨 좋은 방법이 있습니까?

方面	fāng miàn	팡 미엔	명 방면, 측, 부분
放弃	fàng qì	팡 치	동 포기하다

	不要放弃！ Bú yào fàng qì ! 뿌 야오 팡 치 포기하지 마세요!		
放暑假	fàng shǔ jià	팡 수 찌아	여름방학을 하다
放松	fàng sōng	팡 쑹	동 긴장을 풀다
方向	fāng xiàng	팡 씨양	명 방향
	你走反方向了。 Nǐ zǒu fǎn fāng xiàng le. 니 쩌우 판 팡 씨양 르어 당신은 반대 방향으로 갔어요.		
烦恼	fán nǎo	판 나오	동 걱정하다, 번뇌하다 명 고민
翻译	fān yì	판 이	동 번역하다
发生	fā shēng	파 성	동 발생하다, 생기다
发展	fā zhǎn	파 잔	동 발전하다
	韩国的发展很快。 Hán guó de fā zhǎn hěn kuài. 한 궈 뜨어 파 잔 헌 콰이 한국은 발전 속도가 빠릅니다.		
份	fèn	펀	명 부분, 몫 양 세트/조각
丰富	fēng fù	펑 푸	형 풍부하다, 넉넉하다
	水果的营养很丰富。 Shuǐ guǒ de yíng yǎng hěn fēng fù. 수이 궈 뜨어 잉 양 헌 펑 푸 과일의 영양은 풍부합니다.		
否则	fǒu zé	퍼우 쯔어	접 그렇지 않으면

富	fù	푸	형 부유하다
符合	fú hé	푸 흐어	동 부합하다
	不好意思，您不符合我们公司的条件。 Bù hǎo yì si，nín bù fú hé wǒ men gōng sī de tiáo jiàn. 뿌 하오 이 쓰, 닌 뿌 푸 흐어 워 먼 꿍 쓰 뜨어 티아오 찌엔 죄송합니다만, 당신은 우리 회사의 조건에 부합되지 않습니다.		
付款	fù kuǎn	푸 콴	동 돈을 지불하다
父亲	fù qin	푸 친	명 부친, 아버지
	你的父亲在哪儿工作? Nǐ de fù qin zài nǎr gōng zuò？ 니 뜨어 푸 친 짜이 날 꿍 쭤? 당신의 부친은 어디에서 근무하십니까?		
复印	fù yìn	푸 인	동 복사하다
复杂	fù zá	푸 짜	형 복잡하다
负责	fù zé	푸 쯔어	동 책임지다, 맡다
发表	fā biǎo	파 삐아오	동 발표하다
发愁	fā chóu	파 처우	동 걱정하다, 우려하다
发达	fā dá	파 따	형 발달하다, 흥성하다
发抖	fā dǒu	파 떠우	동 떨다
发挥	fā huī	파 후이	동 발휘하다
罚款	fá kuǎn	파 콴	명 위약금, 벌금 동 위약금을 부과하다
发明	fā míng	파 밍	동 발명하다
翻	fān	판	동 뒤집다, 전복하다

反而	fǎn 'ér	판 얼	부 도리어, 오히려
反复	fǎn fù	판 푸	동 반복하다, 되풀이하다
	我反复看了好几遍。 Wǒ fǎn fù kàn le hǎo jǐ biàn. 워 판 푸 칸 르어 하오 찌 삐엔 나는 여러 번 반복해서 봤습니다.		
方	fāng	팡	명 사각형/방, 쪽
妨碍	fáng 'ài	팡 아이	동 방해하다, 지장을 주다
方案	fāng 'àn	팡 안	명 방안
仿佛	fáng fú	팡 푸	부 마치 ~인 것 같다
方式	fāng shì	팡 쓰	명 방식, 방법, 패턴
繁荣	fán róng	판 롱	형 번영하다, 번창하다
范围	fàn wéi	판 워이	명 범위
反映	fǎn yìng	판 잉	동 반영하다
反应	fǎn yìng	판 잉	명 반응
	他的反应很快。 Tā de fǎn yìng hěn kuài. 타 뜨어 판 잉 헌 콰이 그의 반응은 빠릅니다.		
反正	fǎn zhèng	판 정	부 아무튼, 어쨌든
发票	fā piào	파 피아오	명 영수증
	您要发票吗? Nín yào fā piào ma? 닌 야오 파 피아오 마? 영수증 필요하세요?		
发言	fā yán	파 옌	동 발언하다

法院	fǎ yuàn	파 위엔	명 법원
非	fēi	퍼이	동 ~이 아니다
废话	fèi huà	퍼이 화	명 쓸데없는 말
肥皂	féi zào	퍼이 짜오	명 비누
分别	fēn bié	펀 삐에	부 각각, 따로 명 차이 동 헤어지다
分布	fēn bù	펀 뿌	동 분포하다
奋斗	fèn dòu	펀 떠우	동 분투하다
纷纷	fēn fēn	펀 펀	부 잇달아, 연달아 형 분분하다, 흩날리다
讽刺	fěng cì	펑 츠	동 풍자하다
风格	fēng gé	펑 끄어	명 성격, 스타일, 태도
风景	fēng jǐng	펑 찡	명 풍경, 경치
疯狂	fēng kuáng	펑 쾅	형 미치다
风俗	fēng sú	펑 쑤	명 풍속
风险	fēng xiǎn	펑 씨엔	명 위험, 모험
分配	fēn pèi	펀 퍼이	동 분배하다, 배급하다
分手	fēn shǒu	펀 서우	동 헤어지다, 이별하다
	他和女朋友分手了。 Tā hé nǚ péng you fēn shǒu le. 타 흐어 뉘 펑 여우 펀 서우 르어 그는 여자친구와 헤어졌습니다.		
分析	fēn xī	펀 씨	동 분석하다

A B C D E F G H I J K L M

否定	fǒu dìng	퍼우 띵	동 부정하다
否认	fǒu rèn	퍼우 런	동 부인하다
幅	fú	푸	양 폭(옷감 · 종이 · 그림 등을 세는 단위)
	这幅画画得太好了。 Zhè fú huà huà de tài hǎo le. 즈어 푸 화 화 뜨어 타이 하오 르어 이 그림 너무 잘 그렸습니다.		
扶	fú	푸	동 (넘어지지 않도록) 짚다, 지탱하다
辅导	fǔ dǎo	푸 따오	동 도우며 지도하다
妇女	fù nǚ	푸 뉘	명 부녀
复制	fù zhì	푸 즈	동 복제하다
服装	fú zhuāng	푸 좡	명 복장, 의류
发布	fā bù	파 뿌	동 선포하다, 발포하다
发财	fā cái	파 차이	동 부자가 되다, 큰돈을 벌다
发呆	fā dāi	파 따이	동 멍하다, 넋을 잃다
发动	fā dòng	파 뚱	동 시동을 걸다
发觉	fā jué	파 쮜에	동 발견하다, 알아차리다
番	fān	판	양 회, 차례, 번
反驳	fǎn bó	판 뿨	동 반박하다
反常	fǎn cháng	판 창	형 이상하다, 비정상적이다
范畴	fàn chóu	판 처우	명 범주

反感	fǎn gǎn	판 깐	명 반감, 불만 동 반감을 가지다
放大	fàng dà	팡 따	동 확대하다
放射	fàng shè	팡 스어	동 방사하다, 방출하다
防守	fáng shǒu	팡 서우	동 수비하다, 방어하다
方位	fāng wèi	팡 워이	명 방위, 방향과 위치
访问	fǎng wèn	팡 원	동 방문하다, 회견하다
方言	fāng yán	팡 옌	명 방언
防御	fáng yù	팡 위	동 방어하다
方圆	fāng yuán	팡 위엔	명 주변, 주변의 길이, 일정한 규칙과 표준
方针	fāng zhēn	팡 전	명 방침
纺织	fǎng zhī	팡 즈	동 방직하다
防治	fáng zhì	팡 즈	동 예방 치료하다
防止	fáng zhǐ	팡 즈	동 방지하다
繁华	fán huá	판 화	형 번화하다
反抗	fǎn kàng	판 캉	동 반항하다, 저항하다
反馈	fǎn kuì	판 쿠이	명 피드백 동 정보나 반응이 되돌아오다
泛滥	fàn làn	판 란	동 범람하다
贩卖	fàn mài	판 마이	동 판매하다
繁忙	fán máng	판 망	형 일이 많고 바쁘다

反面	fǎn miàn	판 미엔	명 반면, 부정적이거나 소극적인 면, 다른 면
反射	fǎn shè	판 스어	동 반사하다
凡是	fán shì	판 스	부 모든, 다
反思	fǎn sī	판 쓰	명 반성 동 반성하다
繁体字	fán tǐ zì	판 티 쯔	명 번체자
反问	fǎn wèn	판 원	동 반문하다
反之	fǎn zhī	판 즈	접 이와 반대로, 바꾸어 말하면
繁殖	fán zhí	판 즈	동 번식하다
法人	fǎ rén	파 런	명 법인
发射	fā shè	파 스어	동 쏘다, 발사하다
发誓	fā shì	파 스	동 맹세하다
	我发誓我没说谎。 Wǒ fā shì wǒ méi shuō huǎng. 워 파 스 워 메이 쉬 황 맹세할게요, 나는 거짓말을 하지 않았습니다.		
发行	fā xíng	파 씽	동 발행하다, 발매하다
发炎	fā yán	파 옌	동 염증이 생기다
发扬	fā yáng	파 양	동 발양하다, 발전시키다, 발휘하다
发育	fā yù	파 위	동 발육하다, 자라다, 성장하다
肺	fèi	퍼이	명 폐

诽谤	fěi bàng	퍼이 빵	동 비방하다, 비난하다, 헐뜯다
废除	fèi chú	퍼이 추	동 폐지하다, 취소하다
非法	fēi fǎ	퍼이 파	형 불법적인
废寝忘食	fèi qǐn wàng shí	퍼이 친 왕 스	침식을 잊다, 전심전력하다
飞禽走兽	fēi qín zǒu shòu	퍼이 친 쩌우 서우	명 조수, 금수
沸腾	fèi téng	퍼이 텅	동 비등하다
肥沃	féi wò	퍼이 워	형 비옥하다
飞翔	fēi xiáng	퍼이 씨양	동 비상하다, 하늘을 날다
废墟	fèi xū	퍼이 쉬	명 폐허
飞跃	fēi yuè	퍼이 웨	동 비약하다
分辨	fēn biàn	펀 삐엔	동 분별하다, 구분하다
分寸	fèn cùn	펀 춘	명 분수, 한계, 한도 你放心，我自有分寸。 Nǐ fàng xīn，wǒ zì yǒu fēn cùn. 니 팡 씬, 워 쯔 여우 펀 춘 안심하세요, 나도 나름대로 분수가 있어요.
吩咐	fēn fù	펀 푸	동 분부하다, 명령하다
逢	féng	펑	동 만나다, 마주치다
风暴	fēng bào	펑 빠오	명 폭풍, 폭풍우
封闭	fēng bì	펑 삐	동 폐쇄하다, 봉하다
风度	fēng dù	펑 뚜	명 매너, 품격

风光	fēng guāng	펑 꽝	명 풍경, 경치
封建	fēng jiàn	펑 찌엔	명 봉건제도 형 봉건적인
锋利	fēng lì	펑 리	형 날카롭다, 예리하다
丰满	fēng mǎn	펑 만	형 풍만하다
风气	fēng qì	펑 치	명 기풍, 풍조
风趣	fēng qù	펑 취	형 유머스럽다, 재미있다
	他是一个风趣幽默的人。 Tā shì yí ge fēng qù yōu mò de rén. 타 스 이 끄어 펑 취 여우 뭐 뜨어 런 그는 유머스러운 사람입니다.		
丰盛	fēng shèng	펑 성	형 풍성하다
丰收	fēng shōu	펑 서우	동 풍작을 이루다, 풍년이 들다
封锁	fēng suǒ	펑 쒀	동 폐쇄하다, 봉쇄하다, 끊다
风土人情	fēng tǔ rén qíng	펑 투 런 칭	명 풍토와 인심, 지방의 특색과 풍습
风味	fēng wèi	펑 워이	명 풍미, 맛
奉献	fèng xiàn	펑 씨엔	동 공헌하다, 이바지하다, 기여하다
分红	fēn hóng	펀 훙	동 이익을 분배하다
分解	fēn jiě	펀 찌에	동 분해하다
分量	fèn liàng	펀 리앙	명 분량, 중량, 무게
分裂	fēn liè	펀 리에	동 분열하다
分泌	fēn mì	펀 미	동 분비하다

分明	fēn míng	펀 밍	형 분명하다, 명확하다
粉末	fěn mò	펀 뭐	명 가루, 분말
坟墓	fén mù	펀 무	명 무덤
愤怒	fèn nù	펀 누	형 분노하다
分歧	fēn qí	펀 치	형 불일치하다, 어긋나다 명 불일치, 차이점
分散	fēn sàn	펀 싼	형 분산하다, 흩어지다
粉色	fěn sè	펀 쓰어	명 분홍색, 핑크색
粉碎	fěn suì	펀 쑤이	형 산산조각나다, 박살나다
否决	fǒu jué	퍼우 쮜에	동 부결하다, 거부하다
	我的提案被否决了。 Wǒ de tí 'àn bèi fǒu jué le. 워 뜨어 티 안 뻬이 퍼우 쮜에 르어 나의 제안은 부결되었습니다.		
副	fù	푸	형 보조의, 부 양 벌, 세트, 쌍
腐败	fǔ bài	푸 빠이	동 부패하다, 썩다
服从	fú cóng	푸 총	동 따르다, 복종하다
负担	fù dān	푸 딴	명 부담, 책임 동 부담하다, 책임지다
幅度	fú dù	푸 뚜	명 폭, 너비, 정도
夫妇	fū fù	푸 푸	명 부부
覆盖	fù gài	푸 까이	동 덮다, 덮어 가리다
符号	fú hào	푸 하오	명 기호, 표기

A B C D E F G H I J K L M

附和	fù hè	푸 흐어	동 부화하다, 남의 말을 따르다
复活	fù huó	푸 훠	동 부활하다
附件	fù jiàn	푸 찌엔	명 부품, 부속품
腐烂	fǔ làn	푸 란	형 동 변질되다, 부패하다
福利	fú lì	푸 리	명 복지, 복리
俘虏	fú lǔ	푸 루	명 포로
抚摸	fǔ mō	푸 뭐	동 어루만지다, 쓰다듬다
福气	fú qi	푸 치	명 복, 행운
服气	fú qì	푸 치	동 진심으로 탄복하다
夫人	fū rén	푸 런	명 부인
辐射	fú shè	푸 스어	동 방사하다, 복사하다
俯视	fǔ shì	푸 스	동 내려다보다, 부시하다
腐蚀	fǔ shí	푸 스	동 부식하다
附属	fù shǔ	푸 수	동 부속되다, 귀속되다
腹泻	fù xiè	푸 씨에	명 설사
复兴	fù xīng	푸 씽	동 부흥하다
腐朽	fǔ xiǔ	푸 쎠우	동 썩다, 부패하다
敷衍	fū yǎn	푸 옌	동 형식적으로 하다, 무성의하게 하다
抚养	fǔ yǎng	푸 양	동 부양하다, 키우다
赋予	fù yǔ	푸 위	동 부여하다, 주다

富裕	fù yù	푸 위	형 부유하다
辅助	fǔ zhù	푸 주	동 보조하다, 협조하다, 돕다

A B C D E F G H I J K L M

G

高兴	gāo xìng	까오 씽	형 기쁘다, 즐겁다
	认识你很高兴。 Rèn shi nǐ hěn gāo xìng. 런 스 니 헌 까오 씽 알게 돼서 반갑습니다.		
个	ge	끄어	양 개, 사람, 명
工作	gōng zuò	꿍 쭤	명 직업, 일 동 일하다
	你做什么工作? Nǐ zuò shén me gōng zuò? 니 쭤 선머 꿍 쭤? 당신은 무슨 일을 합니까?		
狗	gǒu	꺼우	명 개
	我养了一条狗。 Wǒ yǎng le yì tiáo gǒu. 워 양 르어 이 티아오 꺼우 나는 개 한 마리를 키웠습니다.		
高	gāo	까오	형 높다, 키가 크다
告诉	gào su	까오 쑤	동 말하다, 알려주다
	不要告诉他。 Bú yào gào su tā. 뿌 야오 까오 쑤 타 그에게는 알려주지 마세요.		
哥哥	gē ge	끄어 끄어	명 형, 오빠

	这是我哥哥。 Zhè shì wǒ gē ge. 즈어 스 워 끄어 끄어 이분은 저의 형입니다.		
给	gěi	께이	동 주다 개 ~에게 주다
公共汽车	gōng gòng qì chē	꿍 꿍 치 츠어	명 버스
公司	gōng sī	꿍 쓰	명 회사
	我的公司在江南。 Wǒ de gōng sī zài jiāng nán. 워 뜨어 꿍 스 짜이 찌양 난 나의 회사는 강남에 있습니다.		
贵	guì	꾸이	형 비싸다, 귀하다
	太贵了，便宜一点吧。 Tài guì le，pián yi yì diǎn ba. 타이 꾸이 르어, 피엔 이 이 띠엔 빠 너무 비싸요, 조금 싸게 주세요.		
过	guo	꿔	조 동사 뒤에 쓰여 동작의 완료를 나타냄.
	你吃过中国菜吗? Nǐ chī guo zhōng guó cài ma? 니 츠 꿔 중 꿔 차이 마? 당신은 중국요리를 먹어본 적이 있습니까?		
刚才	gāng cái	깡 차이	부 방금 전, 막
干净	gān jìng	깐 찡	형 깨끗하다
感冒	gǎn mào	깐 마오	명 감기 동 감기가 걸리다
	你怎么又感冒了? Nǐ zěn me yòu gǎn mào le? 니 쩐 므어 여우 깐 마오 르어? 너는 왜 또 감기에 걸렸니?		

感兴趣	gǎn xìng qù	깐 씽 취	관심이 있다
	他对电脑很感兴趣。 Tā duì diàn nǎo hěn gǎn xìng qù. 타 뚜이 띠엔 나오 헌 깐 씽 취 그는 컴퓨터에 관심이 있습니다.		
跟	gēn	껀	개 ~와
更	gèng	껑	부 더, 더욱
根据	gēn jù	껀 쮜	개 ~에 근거하여
个子	gè zi	끄어 쯔	명 키
公斤	gōng jīn	꿍 찐	양 킬로그램
	她胖了3公斤。 Tā pàng le 3gōng jīn. 타 팡 르어 싼 꿍 찐 그녀는 3킬로 살이 쪘습니다.		
公园	gōng yuán	꿍 위엔	명 공원
刮风	guā fēng	꽈 펑	동 바람이 불다
关	guān	꽌	동 닫다, 끄다
关系	guān xi	꽌 씨	명 관계, 연줄
	你跟他是什么关系? Nǐ gēn tā shì shén me guān xi ? 니 껀 타 스 선 므어 꽌 씨? 당신은 그와 무슨 사이입니까?		
关心	guān xīn	꽌 씬	동 관심을 가지다 명 관심
	谢谢你的关心。 Xiè xie nǐ de guān xīn. 씨에 씨에 니 뜨어 꽌 씬 관심을 가져줘서 감사합니다.		

关于	guān yú	꽌 위	개 ~에 관해
过	guò	꿔	동 건너다, 지나다, 경과하다
国家	guó jiā	꿔 찌아	명 국가, 나라
过去	guò qù	꿔 취	동 지나다 명 과거
故事	gù shi	꾸 스	명 이야기, 옛날 이야기
	小时候，奶奶天天给我讲故事。 Xiǎo shí hou, nǎi nai tiān tiān gěi wǒ jiǎng gù shi. 씨아오 스 허우, 나이 나이 티엔 티엔 께이 워 찌앙 꾸 스 어렸을 때, 할머니는 매일 나에게 이야기를 해줬습니다.		
改变	gǎi biàn	까이 삐엔	명 변화 동 바꾸다, 달라지다
干	gàn	깐	동 하다
敢	gǎn	깐	조동 감히 ~하다 동 용기를 내다
赶	gǎn	깐	동 뒤쫓다, 따라가다
干杯	gān bēi	깐 뻬이	동 건배하다
感动	gǎn dòng	깐 뚱	동 감동하다, 감동되다
刚	gāng	깡	부 방금, 막/겨우, 간신히/마침
感觉	gǎn jué	깐 쮜에	명 감각, 느낌
感情	gǎn qíng	깐 칭	명 감정
感谢	gǎn xiè	깐 씨에	동 감사하다, 고맙다
高速公路	gāo sù gōng lù	까오 쑤 꿍 루	명 고속도로

各	gè	끄어	부 각, 여러
胳膊	gē bo	끄어 뿨	명 팔
功夫	gōng fu	꿍 푸	명 쿵푸/시간
公里	gōng lǐ	꿍 리	양 킬로미터
共同	gòng tóng	꿍 퉁	형 공동의
工资	gōng zī	꿍 쯔	명 월급, 임금
够	gòu	꺼우	동 충분하다, 질리다 부 비교적, 꽤
购物	gòu wù	꺼우 우	동 쇼핑하다, 물건을 사다
挂	guà	꽈	동 걸다, 붙어 있다, 걸리다
逛	guàng	꽝	동 거닐다, 산보하다
光	guāng	꽝	명 빛, 광선
广播	guǎng bō	꽝 뿨	명 방송 프로그램 동 방송하다
广告	guǎng gào	꽝 까오	명 공고 동 홍보하다
	这个广告很有意思。 Zhè ge guǎng gào hěn yǒu yì si. 즈어 끄어 꽝 까오 헌 여우 이 쓰 이 광고는 재미있습니다.		
关键	guān jiàn	꽌 찌엔	명 관건, 키포인트
管理	guǎn lǐ	꽌 리	동 관리하다
观众	guān zhòng	꽌 중	명 관중
规定	guī dìng	꾸이 띵	명 규정 동 규정하다, 정하다

估计	gū jì	꾸 찌	동 추측하다, 예측하다
顾客	gù kè	꾸 크어	명 고객, 손님
鼓励	gǔ lì	꾸 리	동 격려하다
	谢谢大家的鼓励和支持。 Xiè xie dà jiā de gǔ lì hé zhī chí. 씨에 씨에 따 찌야 뜨어 꾸 리 흐어 즈 츠 여러분의 격려와 지지에 감사드립니다.		
过程	guò chéng	꿔 청	명 과정
国际	guó jì	꿔 찌	명 국제
国籍	guó jí	꿔 찌	명 국적
果汁	guǒ zhī	꿔 즈	명 과일즙
故意	gù yì	꾸 이	부 고의로, 일부러
	我不是故意的。 Wǒ bú shì gù yì de. 워 뿌 스 꾸 이 뜨어 나는 일부러 그런 게 아닙니다.		
盖	gài	까이	동 찍다/덮다 명 뚜껑
改革	gǎi gé	까이 끄어	동 개혁하다
改进	gǎi jìn	까이 찐	동 개선하다, 개진하다
概括	gài kuò	까이 쿼	동 개괄하다, 총괄하다
概念	gài niàn	까이 니엔	명 개념
改善	gǎi shàn	까이 산	동 개선하다, 개량하다
改正	gǎi zhèng	까이 정	동 개정하다
干活儿	gàn huór	깐 훨	동 일하다

干脆	gān cuì	깐 추이	형 명쾌하다, 시원스럽다, 간단명료하다
钢铁	gāng tiě	깡 티에	명 강철
感激	gǎn jī	깐 찌	동 감격하다
赶紧	gǎn jǐn	깐 찐	부 서둘러, 재빨리
赶快	gǎn kuài	깐 콰이	부 다급하게, 어서
感受	gǎn shòu	깐 서우	동 받다, 느끼다, 감수하다
感想	gǎn xiǎng	깐 씨양	명 소감, 느낌

请问，您有什么感想?
Qǐng wèn, nín yǒu shén me gǎn xiǎng?
칭 원, 닌 여우 선 므어 깐 씨양?
여쭤보겠습니다. 무슨 소감이 있습니까?

干燥	gān zào	깐 짜오	형 건조하다
搞	gǎo	까오	동 하다, 처리하다, 저지르다
告别	gào bié	까오 삐에	동 고별하다, 작별 인사하다
高档	gāo dàng	까오 땅	형 고급의
高级	gāo jí	까오 찌	형 고급의
隔壁	gé bì	끄어 삐	명 이웃집, 이웃, 옆집
个别	gè bié	끄어 삐에	형 개개의, 개별적인
根	gēn	껀	명 뿌리
根本	gēn běn	껀 뻔	명 근본 부 아예, 전혀 형 주요한
个人	gè rén	끄어 런	명 개인

格外	gé wài	끄어 와이	부 각별히, 특별히
个性	gè xìng	끄어 씽	명 개성
各自	gè zì	끄어 쯔	대 각자
公布	gōng bù	꽁 뿌	동 공포하다
工厂	gōng chǎng	꽁 창	명 공장
工程师	gōng chéng shī	꽁 청 스	명 엔지니어
工具	gōng jù	꽁 쮜	명 공구, 작업도구
公开	gōng kāi	꽁 카이	동 공개하다 형 공개적인
功能	gōng néng	꽁 넝	명 작용, 기능
	你的手机有什么功能? Nǐ de shǒu jī yǒu shén me gōng néng? 니 뜨어 서우 찌 여우 선 므어 꽁 넝? 당신의 핸드폰은 무슨 기능이 있습니까?		
公平	gōng píng	꽁 핑	형 공평하다, 공정하다
工人	gōng rén	꽁 런	명 노동자
恭喜	gōng xǐ	꽁 씨	동 축하하다
贡献	gòng xiàn	꽁 씨엔	명 공헌 동 공헌하다, 바치다, 헌납하다
	他的贡献很大。 Tā de gòng xiàn hěn dà. 타 뜨어 꽁 씨엔 헌 따 그의 공헌은 큽니다.		
工业	gōng yè	꽁 예	명 공업
公寓	gōng yù	꽁 위	명 아파트

A B C D E F G H I J K L M

公元	gōng yuán	꿍 위엔	명 서기
公主	gōng zhǔ	꿍 주	명 공주
构成	gòu chéng	꺼우 청	동 구성하다, 이루다
沟通	gōu tōng	꺼우 퉁	동 교류하다, 연결하다
挂号	guà hào	꽈 하오	동 등록하다, 접수시키다
乖	guāi	꽈이	형 말을 잘 듣다, 착하다
怪不得	guài bu dé	꽈이 뿌 뜨어	부 어쩐지
拐弯	guǎi wān	꽈이 완	동 방향을 틀다
官	guān	꽌	명 관료, 장교
关闭	guān bì	꽌 삐	동 닫다
观察	guān chá 请仔细观察。 Qǐng zǐ xì guān chá. 칭 쯔 씨 꽌 차 자세히 관찰하세요.	꽌 차	동 관찰하다, 살피다
观点	guān diǎn	꽌 띠엔	명 관점, 견해
广场	guǎng chǎng	꽝 창	명 광장
广大	guǎng dà	꽝 따	형 광대하다, 크고 넓다
广泛	guǎng fàn	꽝 판	형 광범위하다
光滑	guāng huá	꽝 화	형 매끌매끌하다
光临	guāng lín	꽝 린	동 광림하다

	欢迎光临。 Huān yíng guāng lín. 환 잉 꽝 린 어서 오세요.		
光明	guāng míng	꽝 밍	명 광명, 빛
光盘	guāng pán	꽝 판	명 콤팩트디스크, cd
冠军	guàn jūn	꽌 쥔	명 챔피언
观念	guān niàn	꽌 니엔	명 관념, 생각
管子	guǎn zi	꽌 쯔	명 관, 호스
古代	gǔ dài	꾸 따이	명 고대
古典	gǔ diǎn	꾸 띠엔	형 고전적
固定	gù dìng	꾸 띵	형 고정하다, 고정되다
姑姑	gū gu	꾸 꾸	명 고모
规矩	guī ju	꾸이 쮜	명 표준, 법칙
规律	guī lǜ	꾸이 뤼	명 규율, 규칙
规模	guī mó	꾸이 뭐	명 규모, 범위, 영역
	他的公司规模很大。 Tā de gōng sī guī mó hěn dà. 타 뜨어 꽁 쓰 꾸이 뭐 헌 따 그의 회사는 규모가 큽니다.		
归纳	guī nà	꾸이 나	동 귀납하다, 종합하다
柜台	guì tái	꾸이 타이	명 카운터
规则	guī zé	꾸이 쯔어	명 규칙
滚	gǔn	꾼	동 구르다, 뒹굴다/저리 가

姑娘	gū niang	꾸 니앙	명 처녀, 아가씨
锅	guō	꿔	명 솥, 냄비
过分	guò fèn	꿔 펀	동 지나치다, 과분하다
过敏	guò mǐn	꿔 민	동 알레르기 반응을 보이다
过期	guò qī	꿔 치	동 기한이 지나다
国庆节	guó qìng jié	꿔 칭 찌에	명 국경절
果然	guǒ rán	꿔 란	부 과연, 예상대로
果实	guò shí	꿔 스	명 과실, 열매
国王	guó wáng	꿔 왕	명 국왕
股票	gǔ piào	꾸 피아오	명 주식
骨头	gǔ tou	꾸 터우	명 뼈
鼓舞	gǔ wǔ	꾸 우	동 격려하다, 고무하다
鼓掌	gǔ zhǎng	꾸 장	동 박수하다
钙	gài	까이	명 칼슘
改良	gǎi liáng	까이 량	동 개량하다
盖章	gài zhāng	까이 장	동 도장을 찍다
尴尬	gān gà	깐 까	형 입장이 난처하다, 곤란하다
杠杆	gàng gǎn	깡 깐	명 지레, 지렛대
港口	gǎng kǒu	깡 커우	명 항구, 항만
纲领	gāng lǐng	깡 링	명 강령, 대강

港口 gǎng kǒu [깡 커우] 항구

船 chuán [촨] 배

客轮 kè lún [크어 룬] 여객선

游船 yóu chuán [여우 촨] 유람선

渔船 yú chuán [위 촨] 어선

货船 huò chuán [훠 촨] 화물선

码头 mǎ tou [마 터우] 부두

灯塔 dēng tǎ [떵 타] 등대

防波堤 fáng bō dī [팡 뿨 띠] 방파제

机舱 jī cāng [찌 창] 기관실

舵 duò [뚸] 키, 방향키

锚 máo [마오셩] 닻

锚绳 máo shéng [마오 셩] 닻줄

甲板 jiǎ bǎn [찌야 빤] 갑판

船舱 chuán cāng [촨 창] 선실

货物 huò wù [훠 우] 화물

救生船 jiù shēng chuán [쪄우 셩 촨] 구명보트

船桨 chuán jiǎng [촨 찌양] 노

海 hǎi [하이] 바다

港湾	gǎng wān	깡 완	명 항만
岗位	gǎng wèi	깡 워이	명 부서, 근무처
干旱	gān hàn	깐 한	명 가뭄
干劲	gàn jìn	깐 찐	명 의욕, 열정
感慨	gǎn kǎi	깐 카이	동 감격하다, 감개무량하다
感染	gǎn rǎn	깐 란	동 감염되다, 전염되다
干扰	gān rǎo	깐 라오	동 방해하다, 지장을 주다, 교란시키다
干涉	gān shè	깐 스어	동 간섭하다
干预	gān yù	깐 위	동 관여하다, 참견하다, 간섭하다
高超	gāo chāo	까오 차오	형 출중하다, 뛰어나다
	他的技术非常高超。 Tā de jì shù fēi cháng gāo chāo. 타 뜨어 찌 수 페이 창 까오 차오 그의 기술은 매우 뛰어납니다.		
高潮	gāo cháo	까오 차오	명 만조
告辞	gào cí	까오 츠	동 이별을 고하다, 작별인사를 하다
高峰	gāo fēng	까오 펑	명 절정, 최고위층
稿件	gǎo jiàn	까오 찌엔	명 원고, 작품
告诫	gào jiè	까오 찌에	동 훈계하다, 타이르다
高明	gāo míng	까오 밍	형 고명하다, 출중하다, 뛰어나다

高尚	gāo shàng	까오 상	형 도덕적으로 고결하다
高涨	gāo zhǎng	까오 장	동 급증하다, 고조하다
割	gē	끄어	동 절단하다, 자르다, 절개하다
搁	gē	끄어	동 놓다, 두다
疙瘩	gē da	끄어 따	명 종기, 부스럼
隔阂	gé hé	끄어 흐어	명 틈, 간격, 장벽, 엇갈림
格局	gé jú	끄어 쥐	명 짜임새, 구조, 배치, 양식
隔离	gé lí	끄어 리	동 격리시키다, 떼어놓다, 단절시키다
革命	gé mìng	끄어 밍	명 혁명
耕地	gēng dì	껑 띠	동 논밭을 갈다 명 경지, 전지
更新	gēng xīn	껑 씬	동 갱신하다, 혁신하다
更正	gēng zhèng	껑 정	동 정정하다, 잘못을 고치다
跟前	gēn qián	껀 치엔	명 곁, 신변, 부근
根深蒂固	gēn shēn dì gù	껀 선 띠 꾸	기초가 튼튼하여 쉽게 흔들리지 않다
跟随	gēn suí	껀 쑤이	동 동행하다, 따르다
根源	gēn yuán	껀 위엔	명 근원, 근본 원인
跟踪	gēn zōng	껀 쭝	동 미행하다, 추적하다

我已经跟踪犯人好几天了。
Wǒ yǐ jīng gēn zōng fàn rén hǎo jǐ tiān le.
워 이 찡 껀 쭝 판 런 하오 찌 티엔 르어
나는 범인을 며칠이나 추적했어요.

格式	gé shì	끄어 스	명 격식, 양식
各抒己见	gè shū jǐ jiàn	끄어 수 찌 찌엔	각자의 의견을 발표하다
歌颂	gē sòng	끄어 쑹	동 찬양하다, 찬미하다
个体	gè tǐ	끄어 티	명 개체, 개인
鸽子	gē zi	끄어 쯔	명 비둘기
公安局	gōng 'ān jú	꿍 안 쥐	명 공안국, 경찰국
供不应求	gōng bù yìng qiú	꿍 뿌 잉 쳐우	공급이 수요를 따르지 못하다, 공급이 달리다
公道	gōng dào	꿍 따오	형 공평하다, 공정하다, 합리적이다
宫殿	gōng diàn	꿍 띠엔	명 궁전
公告	gōng gào	꿍 까오	명 공고, 알림
巩固	gǒng gù	꿍 꾸	동 공고하게 하다, 튼튼하게 다지다 형 공고하다, 튼튼하다
公关	gōng guān	꿍 꽌	명 섭외, 홍보, PR
共和国	gòng hé guó	꿍 흐어 꿔	명 공화국
供给	gōng jǐ	꿍 찌	동 공급하다, 제공하다
共计	gòng jì	꿍 찌	동 합하여 계산하다
攻击	gōng jī	꿍 찌	동 공격하다
恭敬	gōng jìng	꿍 찡	형 공손하다, 정중하다, 예의가 바르다

	他对人恭敬有礼。 Tā duì rén gōng jìng yǒu lǐ. 타 뚜이 런 꿍 찡 여우 리 그는 사람들에게 공손하고 예의가 바릅니다.		
攻克	gōng kè	꿍 크어	동 점령하다, 정복하다
功劳	gōng láo	꿍 라오	명 공로
公民	gōng mín	꿍 민	명 공민, 국민
共鸣	gòng míng	꿍 밍	명 공명
公然	gōng rán	꿍 란	부 공개적으로, 공공연히
公认	gōng rèn	꿍 런	동 공인하다, 모두가 인정하다
公式	gōng shì	꿍 스	명 공식
公务	gōng wù	꿍 우	명 공무
功效	gōng xiào	꿍 씨아오	명 효능, 효과
	这种产品有改善皱纹的功效。 Zhè zhǒng chǎn pǐn yǒu gǎi shàn zhòu wén de gōng xiào. 즈어 중 찬 핀 여우 까이 산 저우 원 뜨어 꿍 씨아오 이 제품은 주름을 개선하는 작용이 있습니다.		
工艺品	gōng yì pǐn	꿍 이 핀	명 공예품
公证	gōng zhèng	꿍 정	동 공증하다
公正	gōng zhèng	꿍 정	형 공정하다
勾结	gōu jié	꺼우 찌에	동 결탁하다, 공모하다, 내통하다
构思	gòu sī	꺼우 쓰	동 구상하다
钩子	gōu zi	꺼우 쯔	명 갈고리

G

拐杖	guǎi zhàng	꽈이 장	명 지팡이
罐	guàn	꽌	명 단지, 항아리
贯彻	guàn chè	꽌 츠어	동 관철시키다, 철저하게 실현하다
官方	guān fāng	꽌 팡	명 정부 측, 정부당국
灌溉	guàn gài	꽌 까이	동 관개하다, 논밭에 물을 대다
光彩	guāng cǎi	꽝 차이	명 빛, 광채
光辉	guāng huī	꽝 후이	형 찬란하다, 빛나다 명 찬란한 빛
广阔	guǎng kuò	꽝 쿼	형 광활하다, 넓다
光芒	guāng máng	꽝 망	명 광망, 빛살
光荣	guāng róng	꽝 룽	형 영광스럽다 명 영광, 명예
观光	guān guāng	꽌 꽝	동 관광하다, 참관하다
关怀	guān huái	꽌 화이	동 배려하다, 보살피다
惯例	guàn lì	꽌 리	명 관례, 상규
管辖	guǎn xiá	꽌 씨아	동 관할하다
	这里不是我们的管辖范围。 Zhè li bú shì wǒ men de guǎn xiá fàn wéi. 즈어 리 뿌 스 워 먼 뜨어 꽌 씨아 판 웨이 여기는 우리의 관할 지역이 아닙니다.		
关照	guān zhào	꽌 자오	동 돌보다, 보살피다, 배려하다
鼓动	gǔ dòng	꾸 뚱	동 선동하다, 부추기다

股东	gǔ dōng	꾸 뚱	명 주주
古董	gǔ dǒng	꾸 뚱	명 골동품
孤独	gū dú	꾸 뚜	형 외롭다, 쓸쓸하다, 고독하다
股份	gǔ fèn	꾸 펀	명 주식
辜负	gū fù	꾸 푸	동 저버리다, 헛되게 하다
骨干	gǔ gàn	꾸 깐	명 골간
古怪	gǔ guài	꾸 꽈이	형 기이하다, 괴이하다
跪	guì	꾸이	동 무릎을 꿇다
轨道	guǐ dào	꾸이 따오	명 궤도, 궤적
规范	guī fàn	꾸이 판	명 규범, 표준
规格	guī gé	꾸이 끄어	명 표준, 규격
归根到底	guī gēn dào dǐ	꾸이 껀 따오 띠	결국, 끝내
规划	guī huà	꾸이 화	동 기획하다, 계획하다
归还	guī huán	꾸이 환	동 돌려주다, 반환하다
规章	guī zhāng	꾸이 장	명 규칙, 규정
贵族	guì zú	꾸이 쭈	명 귀족
孤立	gū lì	꾸 리	동 고립시키다
顾虑	gù lǜ	꾸 뤼	동 고려하다, 걱정하다 명 우려, 근심

你还有什么顾虑?
Nǐ hái yǒu shén me gù lǜ ?
니 하이 여우 선 므어 꾸 뤼?
당신은 무슨 걱정이 있습니까?

棍棒	gùn bàng	꾼 빵	명 막대기, 방망이
过度	guò dù	꿔 뚜	형 과도하다, 지나치다
过渡	guò dù	꿔 뚜	동 과도하다, 다음 단계로 넘어가다
果断	guǒ duàn	꿔 똰	형 결단력이 있다
国防	guó fáng	꿔 팡	명 국방
过奖	guò jiǎng	꿔 찌양	동 지나치게 칭찬하십니다, 과찬이십니다
过滤	guò lǜ	꿔 뤼	동 여과하다
过失	guò shī	꿔 스	명 잘못, 실수
过问	guò wèn	꿔 원	동 참견하다, 물어보다
国务院	guó wù yuàn	꿔 우 위엔	명 국무원
过瘾	guò yǐn	꿔 인	형 짜릿하다, 죽여주다, 끝내주다
过于	guò yú	꿔 위	부 지나치게, 과도하게
姑且	gū qiě	꾸 치에	부 잠시, 잠깐, 우선
固然	gù rán	꾸 란	접 물론 ~하지만
固体	gù tǐ	꾸 티	명 고체
顾问	gù wèn	꾸 원	명 고문
故乡	gù xiāng	꾸 씨양	명 고향

雇佣	gù yōng	꾸 융	동 고용하다
固有	gù yǒu	꾸 여우	형 고유의
故障	gù zhàng	꾸 장	명 고장
固执	gù zhí	꾸 즈	형 완고하다, 고집스럽다

H

汉语	hàn yǔ	한 위	명 중국어
	你会说汉语吗? Nǐ huì shuō hàn yǔ ma? 니 후 쉬 한 위 마? 당신은 중국어를 할 수 있습니까?		
号	hào	하오	명 번호 양 호/일
好	hǎo	하오	형 좋다, 안녕하다
和	hé	흐어	개 접 ~와
喝	hē	흐어	동 마시다
	我不喜欢喝咖啡。 Wǒ bù xǐ huan hē kā fēi. 워 뿌 씨 환 흐어 카 페이 나는 커피를 좋아하지 않습니다.		
很	hěn	헌	부 매우, 아주
后面	hòu mian	허우 미엔	명 뒤, 뒤쪽
会	huì	후이	조동 ~을 할 수 있다, ~일 것이다
回	huí	후이	동 돌아오다, 되돌리다
	你快点回家吧。 Nǐ kuài diǎn huí jiā ba. 니 콰이 띠엔 후이 찌야 빠 빨리 집에 돌아가세요.		
还	hái	하이	부 아직/여전히/또, 더

他还不知道这件事。
Tā hái bù zhī dào zhè jiàn shì.
타 하이 뿌 즈 따오 즈어 찌엔 스
그는 아직 이 일을 모릅니다.

孩子 hái zi 하이 쯔 명 아이

这是谁的孩子?
Zhè shì shéi de hái zi?
즈어 스 서이 뜨어 하이 쯔
쟤는 누구의 아이니?

好吃 hǎo chī 하오 츠 형 맛있다

黑 hēi 허이 형 검다

红 hóng 훙 형 붉다

火车站 huǒ chē zhàn 훠 츠어 잔 명 기차역

我要去火车站。
Wǒ yào qù huǒ chē zhàn.
워 야오 취 훠 츠어 짠
나는 기차역에 가려고 합니다.

害怕 hài pà 하이 파 동 두려워하다, 무서워하다

还是 hái shi 하이 스 부 여전히, 역시 / ~하는 편이 좋다 접 아니면

你喜欢红色还是黑色?
Nǐ xǐ huan hóng sè hái shi hēi sè?
니 씨 환 훙 쓰어 하이 스 허이 쓰어
당신은 빨간색을 좋아합니까 아니면 검정색을 좋아합니까?

黑板 hēi bǎn 허이 반 명 칠판

后来 hòu lái 허우 라이 명 그 후, 그 뒤

花	huā	화	명 꽃 동 소비하다
画	huà	화	명 그림 동 그리다
坏	huài	화이	형 나쁘다 동 고장나다
换	huàn	환	동 바꾸다, 교환하다
还	huán	환	동 돌려주다

我明天把书还给你。
Wǒ míng tiān bǎ shū huán gěi nǐ.
워 밍 티엔 빠 수 환 께이 니
내일 책을 돌려줄게요.

黄河	huáng hé	황 흐어	명 황하
环境	huán jìng	환 찡	명 환경

这里的环境很好。
Zhè lǐ de huán jìng hěn hǎo.
즈어 리 뜨어 환 찡 헌 하오
이곳의 환경은 좋습니다.

欢迎	huān yíng	환 잉	동 환영하다
回答	huí dá	후이 따	동 대답하다 명 대답

请你回答我的问题。
Qǐng nǐ huí dá wǒ de wèn tí.
칭 니 후이 따 워 뜨어 원 티
나의 문제에 대답하세요.

会议	huì yì	후이 이	명 회의

今天的会议推迟到明天了。
Jīn tiān de huì yì tuī chí dào míng tiān le.
찐 티엔 뜨어 후이 이 투이 츠 따오 밍 티엔 르어
오늘의 회의는 내일로 연기되었습니다.

或者	huò zhě	훠 즈어	접 혹은

花 huā [화] 꽃

玫瑰 méi gui [머이 꾸이] 장미

百合 bǎi hé [빠이 흐어] 백합

郁金香 yù jīn xiāng [위 찐 씨양] 튤립

菊花 jú huā [쥐 화] 국화

满天星 mǎn tiān xīng [만 티엔 씽] 안개꽃

波斯菊 bō sī jú [뿨 쓰 쥐] 코스모스

向日葵 xiàng rì kuí [씨양 르 쿠이] 해바라기

蒲公英 pú gōng yīng [푸 꿍 잉] 민들레

杜鹃花 dù juān huā [뚜 쮜엔 화] 진달래

连翘 lián qiáo [란 치아오] 개나리

兰花 lán huā [란 화] 난초

荷花 hé huā [흐어 화] 연꽃

仙人掌 xiān rén zhǎng [씨엔 런 장] 선인장

	你去或者我去都行。 Nǐ qù huò zhě wǒ qù dōu xíng. 니 취 훠 즈어 워 취 떠우 씽 당신이 가든 내가 가든 다 됩니다.		
护照	hù zhào	후 자오	명 여권
害羞	hài xiū	하이 쎠우	동 수줍어하다, 부끄러워하다
海洋	hǎi yáng	하이 양	명 해양, 바다
汗	hàn	한	명 땀
航班	háng bān	항 빤	명 항공편
寒假	hán jià	한 찌아	명 겨울방학
	这个寒假你打算做什么? Zhè ge hán jià nǐ dǎ suan zuò shén me? 즈어 끄어 한 찌아 니 따 쏸 쭤 선 므어? 이번 겨울방학에 당신은 무엇을 할 계획입니까?		
好处	hǎo chù	하오 추	명 좋은 점, 이점, 장점
号码	hào mǎ	하오 마	명 번호, 숫자
	你的电话号码是多少? Nǐ de diàn huà hào mǎ shì duō shao? 니 뜨어 띠엔 화 하오 마 스 뚸 사오? 당신의 전화번호는 몇 번입니까?		
好像	hǎo xiàng	하오 씨양	부 마치 ~과 같다
合格	hé gé	흐어 끄어	동 합격이다, 표준에 맞다
合适	hé shì	흐어 스	동 적당하다, 알맞다
盒子	hé zi	흐어 쯔	명 박스, 작은 상자
厚	hòu	허우	형 두껍다

后悔	hòu huǐ	허우 후이	동 후회하다
怀疑	huái yí	화이 이	동 의심하다
回忆	huí yì	후이 이	명 회상 동 회상하다
互联网	hù lián wǎng	후 리엔 왕	명 인터넷
火	huǒ	훠	명 불
获得	huò dé	훠 뜨어	동 얻다, 취득하다
活动	huó dòng	훠 뚱	명 활동 동 운동하다, 움직이다

你想参加这个活动吗?
Nǐ xiǎng cān jiā zhè ge huó dòng ma ?
니 씨양 찬 찌아 즈어 끄어 훠 뚱 마?
당신은 이 활동에 참가하고 싶습니까?

活泼	huó po	훠 푸어	동 활발하다
护士	hù shi	후 스	명 간호사
互相	hù xiàng	후 씨양	부 서로, 상호
海关	hǎi guān	하이 꽌	명 세관
海鲜	hǎi xiān	하이 씨엔	명 해산물
喊	hǎn	한	동 외치다
行业	háng yè	항 예	명 직업, 직종
豪华	háo huá	하오 화	형 호화스럽다
好客	hào kè	하오 크어	형 손님 접대를 좋아하다
好奇	hào qí	하오 치	형 궁금해 하다

	我很好奇你是怎么来的? Wǒ hěn hào qí nǐ shì zěn me lái de? 워 헌 하오 치 니 스 쩐 므어 라이 뜨어? 나는 당신이 어떻게 왔는지 궁금합니다.		
何必	hé bì	흐어 삐	부 구태여 ~할 필요가 없다
合法	hé fǎ	흐어 파	형 합법적이다
何况	hé kuàng	흐어 쾅	접 더군다나, 하물며
合理	hé lǐ	흐어 리	형 합리적이다
	他的解释很合理。 Tā de jiě shì hěn hé lǐ. 타 뜨어 찌에 스 헌 흐어 리 그의 해석은 합리적입니다.		
恨	hèn	흐언	동 원망하다, 증오하다
和平	hé píng	흐어 핑	명 평화
合同	hé tong	흐어 퉁	명 계약서
核心	hé xīn	흐어 씬	명 핵심
合影	hé yǐng	흐어 잉	동 함께 사진을 찍다
合作	hé zuò	흐어 쭤	동 합작하다, 협력하다
	希望我们合作愉快。 Xī wàng wǒ men hé zuò yú kuài. 씨 왕 워 먼 흐어 쭤 위 콰이 우리의 협력이 잘 이루어지기를 바랍니다.		
后背	hòu bèi	허우 뻐이	명 등
后果	hòu guǒ	허우 꿔	명 (안 좋은) 결과

	你想过后果吗? Nǐ xiǎng guo hòu guǒ ma ? 니 씨양 꿔 허우 꿔 마? 당신은 무슨 결과가 생길지 생각해 봤습니까?		
猴子	hóu zi	허우 쯔	명 원숭이
壶	hú	후	명 병, 주전자
划	huà	화	동 긋다, 구분하다
滑	huá	화	형 미끄럽다
怀念	huái niàn	화이 니엔	동 회상하다, 그리워하다, 생각하다
怀孕	huái yùn	화이 윈	동 임신하다
黄金	huáng jīn	황 찐	명 황금
慌张	huāng zhāng	황 장	형 당황하다
	你怎么这么慌张? Nǐ zěn me zhè me huāng zhāng ? 니 쩐 므어 즈어 머 황 장? 왜 이렇게 당황하는가?		
缓解	huǎn jiě	환 찌에	동 완화시키다, 호전되다, 개선되다
幻想	huàn xiǎng	환 씨양	명 환상
花生	huā shēng	화 성	명 땅콩
话题	huà tí	화 티	명 화제
	我们换个话题吧。 Wǒ men huàn ge huà tí ba. 워 먼 환 끄어 화 티 빠 우리 다른 화제로 넘어가죠.		

化学	huà xué	화 쒸에	명 화학
华裔	huá yì	화 이	명 외국의 중국인 후예
蝴蝶	hú dié	후 띠에	명 나비
挥	huī	후이	동 흔들다, 휘두르다
灰	huī	후이	명 재
灰尘	huī chén	후이 천	명 먼지
回复	huí fù	후이 푸	동 회신하다, 대답하다
恢复	huī fù	후이 푸	동 회복하다 他恢复得很快。 Tā huī fù de hěn kuài. 타 후이 푸 뜨어 헌 콰이 그는 회복 속도가 빠릅니다.
汇率	huì lǜ	후이 뤼	명 환율 今天的汇率是多少? Jīn tiān de huì lǜ shì duō shao? 찐 티엔 뜨어 후이 뤼 스 뚸 사오? 오늘 환율은 얼마입니까?
灰心	huī xīn	후이 씬	동 낙심하다, 의기소침하다
婚礼	hūn lǐ	훈 리	명 결혼식
婚姻	hūn yīn	훈 인	명 혼인
伙伴	huǒ bàn	훠 빤	명 동료, 동반자
火柴	huǒ chái	훠 차이	명 성냥
或许	huò xǔ	훠 쒸	부 어쩌면, 아마

活跃	huó yuè	훠 위에	형 활기 있다, 활동적이다
忽然	hū rán	후 란	부 갑자기, 홀연, 문득
忽视	hū shì	후 스	동 소홀히 하다, 홀시하다
胡说	hú shuō	후 숴	동 헛소리하다
胡同	hú tòng	후 퉁	명 골목
糊涂	hú tu	후 투	형 어리석다, 멍청하다
呼吸	hū xī	후 씨	동 호흡하다, 숨을 쉬다
嗨	hāi	하이	감 어!, 어이!, 자!, 이봐!
海拔	hǎi bá	하이 빠	명 해발
海滨	hǎi bīn	하이 삔	명 해변, 바닷가
航空	háng kōng	항 쿵	형 항공의
行列	háng liè	항 리에	명 행렬
航天	háng tiān	항 티엔	형 우주 비행의
航行	háng xíng	항 씽	동 항해하다
含糊	hán hu	한 후	형 모호하다, 애매하다
罕见	hǎn jiàn	한 찌엔	형 희한하다, 드물다
捍卫	hàn wèi	한 웨이	동 지키다, 수호하다
寒暄	hán xuān	한 쒸엔	동 인사말을 나누다
含义	hán yì	한 이	명 함의, 내포된 뜻
耗费	hào fèi	하오 페이	동 들이다, 낭비하다
豪迈	háo mài	하오 마이	형 용감하고 아량이 있다

毫米	háo mǐ	하오 미	양 밀리미터
毫无	háo wú	하오 우	동 전혀 ~없다
号召	hào zhào	하오 자오	동 호소하다
呵	hē	흐어	동 입김을 불다
和蔼	hé 'ǎi	흐어 아이	형 상냥하다, 부드럽다
合并	hé bìng	흐어 삥	동 합병하다, 합치다
合成	hé chéng	흐어 청	동 합성하다
合伙	hé huǒ	흐어 훠	동 한패가 되다, 동업하다
嘿	hēi	헤이	감 (득의함이나 찬탄을 나타내어) 야! 이봐!
和解	hé jiě	흐어 찌에	동 화해하다, 화의하다
和睦	hé mù	흐어 무	형 화목하다
恨不得	hèn bu dé	헌 뿌 뜨어	동 ~하지 못해 한스럽다, ~을 간절히 하고 싶다

听说女儿病了，他恨不得马上回家。
Tīng shuō nǚ 'ér bìng le，tā hèn bu dé mǎ shàng huí jiā.
팅 숴 뉘 얼 삥 르어, 타 헌 뿌 뜨어 마 상 후이 찌야
딸이 아프다는 것을 듣고 그는 당장 집에 갈 수 없다는 게 한스러웠다.

横	héng	헝	형 가로의
哼	hēng	헝	동 신음하다, 끙끙거리다
痕迹	hén jì	헌 찌	명 흔적, 자취
狠心	hěn xīn	헌 씬	동 모질게 마음먹다 형 모질다, 잔인하다
和气	hé qì	흐어 치	형 온화하다, 상냥하다

合算	hé suàn	흐어 쏸	형 수지가 맞다
和谐	hé xié	흐어 씨에	형 잘 어울리다, 조화롭다
哄	hǒng	훙	동 달래다, 비위를 맞춰 주다, 속이다
烘	hōng	훙	동 말리다, 쬐다, 굽다
轰动	hōng dòng	훙 뚱	동 뒤흔들다, 파문을 일으키다
宏观	hóng guān	훙 꽌	형 거시적, 매크로
洪水	hóng shuǐ	훙 수이	명 홍수, 큰물
宏伟	hóng wěi	훙 워이	형 웅장하다, 웅대하다
	故宫比想象中还要宏伟。 Gù gōng bǐ xiǎng xiàng zhōng hái yào hóng wěi. 꾸 꿍 삐 씨양 씨양 중 하이 야요 훙 워이 고궁은 상상보다 더 웅장하다.		
吼	hǒu	허우	동 소리 지르다, 고함 치다
后代	hòu dài	허우 따이	명 후대, 후세
后顾之忧	hòu gù zhī yōu	허우 꾸 즈 여우	뒷걱정, 뒷근심
喉咙	hóu lóng	허우 룽	명 목구멍, 인후
后勤	hòu qín	허우 친	명 후방 근무
候选	hòu xuǎn	허우 쒸엔	동 입후보하다, 선발을 기다리다
花瓣	huā bàn	화 빤	명 꽃잎
化肥	huà féi	화 퍼이	명 화학비료
划分	huà fēn	화 펀	동 나누다, 구획하다

花蕾	huā lěi	화 러이	명 꽃봉우리, 꽃망울
华丽	huá lì	화 리	형 화려하다, 아름답다
晃	huàng / huǎng	황/황	동 흔들다, 젓다 형 눈부시다, 번개같이 지나가다
皇帝	huáng dì	황 띠	명 황제
皇后	huáng hòu	황 허우	명 황후
黄昏	huáng hūn	황 훈	명 황혼, 해질 무렵
荒凉	huāng liáng	황 리양	형 황량하다, 쓸쓸하다
荒谬	huāng miù	황 머우	형 엉터리없다, 황당무계하다
恍然大悟	huǎng rán dà wù	황 란 따 우	문득 모든 것을 깨치다, 갑자기 모두 알게 되다, 마음이 탁 트이다 他这才恍然大悟。 Tā zhè cái huǎng rán dà wù. 타 즈어 차이 황 란 따 우 그는 이제서야 깨달았다.
荒唐	huāng táng	황 탕	형 황당하다, 터무니없다
缓和	huǎn hé	환 흐어	형 완화하다, 느슨해지다
欢乐	huān lè	환 르어	형 즐겁다, 유쾌하다
还原	huán yuán	환 위엔	동 원상 회복하다, 환원하다
患者	huàn zhě	환 즈어	명 환자, 병자
华侨	huá qiáo	화 치아오	명 화교

画蛇添足	huà shé tiān zú	화 스어 티엔 쭈	뱀을 그리는 데 다리를 그려 넣다, 쓸데없는 짓을 하여 도리어 일을 잘못되게 하다
化石	huà shí	화 스	명 화석
话筒	huà tǒng	화 퉁	명 전화기의 송수화기
化验	huà yàn	화 옌	동 화학 실험을 거쳐 분석/검사하다
化妆	huà zhuāng	화 좡	동 화장하다
呼唤	hū huàn	후 환	동 외치다, 부르다
汇报	huì bào	후이 빠오	동 보고하다
回报	huí bào	후이 빠오	동 보답하다
回避	huí bì	후이 삐	동 회피하다, 피하다
回顾	huí gù	후이 꾸	동 회고하다, 회상하다
悔恨	huǐ hèn	후이 헌	동 후회하다, 뼈저리게 뉘우치다
	她流下了悔恨的眼泪。 Tā liú xià le huǐ hèn de yǎn lèi. 타 려우 씨아 르어 후이 헌 뜨어 옌 러이 그는 참회의 눈물을 흘렸다.		
辉煌	huī huáng	후이 황	형 휘황찬란하다, 눈부시다
挥霍	huī huò	후이 훠	동 돈을 물 쓰듯하다
贿赂	huì lù	후이 루	동 뇌물을 주다
毁灭	huǐ miè	후이 미에	동 훼멸시키다

A B C D E F G H I J K L M

回收	huí shōu	후이 서우	동 회수하다
会晤	huì wù	후이 우	동 만나다, 회견하다
胡乱	hú luàn	후 롼	부 함부로, 아무렇게나
忽略	hū lüè	후 뤠	동 소홀히 하다, 등한시하다
荤	hūn	훈	명 훈채, 육식, 고기 요리
混合	hùn hé	훈 흐어	동 혼합하다, 섞다
混乱	hùn luàn	훈 롼	형 혼란하다, 어지럽다
昏迷	hūn mí	훈 미	동 혼미하다, 인사불성 하다
浑身	hún shēn	훈 선	명 전신, 온몸
混淆	hùn xiáo	훈 씨아오	동 뒤섞이다, 헷갈리다
浑浊	hún zhuó	훈 줘	형 혼탁하다
货币	huò bì	훠 삐	명 화폐
活该	huó gāi	훠 까이	동 ~한 것은 당연하다, ~해도 싸다
火箭	huǒ jiàn	훠 찌엔	명 불화살, 로켓
活力	huó lì	훠 리	명 활력, 원기, 활기
火焰	huǒ yàn	훠 옌	명 화염, 불꽃
火药	huǒ yào	훠 야오	명 화약
湖泊	hú pō	후 풔	명 호수의 통칭
呼啸	hū xiào	후 씨아오	동 (바람이) 날카롭고 긴 소리를 내다

胡须	hú xū	후 쒸	명 수염
呼吁	hū yù	후 위	동 호소하다, 청하다

J

几	jǐ	찌	수 몇
	今天几月几号? Jīn tiān jǐ yuè jǐ hào? 찐 티엔 찌 웨 찌 하오? 오늘은 몇 월 며칠입니까?		
家	jiā	찌야	명 집
	你家有几口人? Nǐ jiā yǒu jǐ kǒu rén? 니 찌야 여우 찌 커우 런? 식구가 몇 명이나 되죠?		
叫	jiào	찌아오	동 외치다, 부르다/ ~을 하게 하다
	你叫什么名字? Nǐ jiào shén me míng zi? 니 찌아오 선 므어 밍 쯔? 당신의 이름은 무엇입니까?		
今天	jīn tiān	찐 티엔	명 오늘
	今天星期几? Jīn tiān xīng qī jǐ? 찐 티엔 씽 치 찌? 오늘은 무슨 요일입니까?		
九	jiǔ	쪄우	명 9, 아홉
件	jiàn	찌엔	양 일 · 사건 · 개체 등의 수량 단위
教室	jiào shì	찌아오 스	명 교실

机场	jī chǎng	찌 창	명 공항, 비행장
	我送你去机场。 Wǒ sòng nǐ qù jī chǎng. 워 쑹 니 취 찌 창 제가 공항에 모셔다드릴게요.		
鸡蛋	jī dàn	찌 딴	명 계란
姐姐	jiě jie	찌에 찌에	명 누나, 언니
介绍	jiè shào	찌에 사오	동 소개하다 명 소개
	我给你介绍一下。 Wǒ gěi nǐ jiè shào yí xià. 워 께이 니 찌에 사오 이 씨아 제가 소개해 줄게요.		
近	jìn	찐	형 가깝다
	我家离这儿很近。 Wǒ jiā lí zhèr hěn jìn. 워 찌아 리 절 헌 찐 나의 집은 여기에서 가깝습니다.		
进	jìn	찐	동 (밖에서 안으로) 들다
就	jiù	쪄우	부 곧, 즉시, 바로, 당장 (장차 아주 짧은 시간 내에 이루어짐을 나타냄)
觉得	jué de	쮜에 뜨어	조동 ~이라고 생각하다(여기다)
极	jí	찌	부 아주, 극히, 매우 명 극/정점, 최고점
检查	jiǎn chá	찌엔 차	동 검사하다, 점검하다
简单	jiǎn dān	찌엔 딴	형 간단하다, 단순하다
讲	jiǎng	찌앙	동 말하다, 이야기하다

健康	jiàn kāng	찌엔 캉	형 건강하다
见面	jiàn miàn	찌엔 미엔	동 만나다
	我们在哪儿见面? Wǒ men zài nǎr jiàn miàn? 워 먼 짜이 날 찌엔 미엔? 우리는 어디에서 만날까요?		
教	jiāo	찌아오	동 가르치다, 전수하다
脚	jiǎo	찌아오	명 발
角	jiǎo	찌아오	명 뿔 양 자오(중국 화폐의 단위)
记得	jì de	찌 뜨어	동 기억하고 있다
接	jiē	찌에	동 잇다, 연결하다/마중하다/받다
	明天我去接你吧。 Míng tiān wǒ qù jiē nǐ ba. 밍 티엔 워 취 찌에 니 빠 내일 내가 마중 갈게요.		
借	jiè	찌에	동 빌리다
街道	jiē dào	찌에 따오	명 거리, 대로
结婚	jié hūn	찌에 훈	동 결혼하다
解决	jiě jué	찌에 쮜에	동 해결하다, 풀다
节目	jié mù	찌에 무	명 프로그램
	我喜欢看这个节目。 Wǒ xǐ huan kàn zhè ge jié mù. 워 씨 환 칸 즈어 끄어 찌에 무 나는 이 프로그램을 즐겨봅니다.		
节日	jié rì	찌에 르	명 기념일, 명절

结束	jié shù	찌에 수	동 끝나다, 마치다
	今天的会议几点结束? Jīn tiān de huì yì jǐ diǎn jié shù ? 찐 티엔 뜨어 후이 이 찌 띠엔 찌에 수? 오늘의 회의는 몇 시에 끝납니까?		
几乎	jī hū	찌 후	부 거의
机会	jī huì	찌 후이	명 기회, 시기
季节	jì jié	찌 찌에	명 계절
经常	jīng cháng	찡 창	부 언제나, 늘, 항상
经过	jīng guò	찡 꿔	동 경유하다, 지나다, 통과하다
经理	jīng lǐ	찡 리	명 사장, 매니저
旧	jiù	쪄우	형 낡다, 오래다
久	jiǔ	쪄우	형 오래다, 시간이 길다
决定	jué dìng	쮜에 띵	명 결정 동 결정하다
句子	jù zi	쮜 쯔	명 문, 문장
寄	jì	찌	동 부치다, 보내다
假	jiǎ	찌야	형 거짓의, 가짜의
加班	jiā bān	찌야 빤	동 초과근무를 하다
	我经常加班。 Wǒ jīng cháng jiā bān. 워 찡 창 찌야 빤 나는 자주 야근합니다.		
价格	jià gé	찌야 끄어	명 가격

A B C D E F G H I J K L M

家具	jiā jù	찌아 쮜	명 가구
坚持	jiān chí	찌엔 츠	동 견지하다
减肥	jiǎn féi	찌엔 페이	동 살을 빼다
	你天天说要减肥。 Nǐ tiān tiān shuō yào jiǎn féi. 니 티엔 티엔 숴 야오 찌엔 페이 당신은 매일 살을 뺀다고 말합니다.		
降低	jiàng dī	찌양 띠	동 낮추다, 인하하다, 줄이다
奖金	jiǎng jīn	찌양 찐	명 상금, 보너스
将来	jiāng lái	찌양 라이	명 장래, 미래
降落	jiàng luò	찌양 뤄	동 내려오다, 착륙하다
减少	jiǎn shǎo	찌엔 사오	동 감소하다, 줄이다, 축소하다
建议	jiàn yì	찌엔 이	동 제기하다, 제안하다 명 제안
交	jiāo	찌아오	동 건네주다, 넘기다, 제출하다
骄傲	jiāo 'ào	찌아오 아오	형 오만하다, 거만하다
交流	jiāo liú	찌아오 려우	동 교류하다, 서로 소통하다
郊区	jiāo qū	찌아오 취	명 도시 외곽, 변두리
教授	jiào shòu	찌아오 서우	명 교수
交通	jiāo tōng	찌아오 퉁	명 교통
教育	jiào yù	찌아오 위	명 교육 동 교육하다, 양성하다

饺子	jiǎo zi	찌아오 쯔	명 교자, 만두
加油站	jiā yóu zhàn	찌야 여우 잔	명 주유소
	前面就有一个加油站。 Qián miàn jiù yǒu yí ge jiā yóu zhàn. 치엔 미엔 쪄우 여우 이 끄어 찌야 여우 잔 앞에는 주유소가 있습니다.		
基础	jī chǔ	찌 추	명 기초, 토대
激动	jī dòng	찌 뚱	동 감격하다
节	jié	찌에	명 명절 양 여러 개로 나누어진 것을 세는 데 쓰임.
结果	jié guǒ	찌에 꿔	명 결과, 성과/결실
解释	jiě shì	찌에 스	동 해석하다, 분석하다
接受	jiē shòu	찌에 서우	동 받아들이다, 접수하다
节约	jié yuē	찌에 위에	동 절약하다, 아끼다
接着	jiē zhe	찌에 즈어	부 이어서, 계속하여
计划	jì huà	찌 화	동 계획하다 명 계획
积极	jī jí	찌 찌	형 적극적이다, 진취적이다
积累	jī lěi	찌 러이	동 누적되다, 쌓이다
精彩	jīng cǎi	찡 차이	형 뛰어나다, 훌륭하다
警察	jǐng chá	찡 차	명 경찰
经济	jīng jì	찡 찌	명 경제
京剧	jīng jù	찡 쮜	명 경극

经历	jīng lì	찡 리	명 경력 동 경험하다, 체험하다
竟然	jìng rán	찡 란	부 뜻밖에도, 의외로, 놀랍게도
景色	jǐng sè	찡 쓰어	명 경치
尽管	jǐn guǎn	찐 꽌	접 비록 ~이더라도, ~에도 불구하고
经验	jīng yàn	찡 옌	명 경험
竞争	jìng zhēng	찡 정	동 경쟁하다
	我们公司的竞争很激烈。 Wǒ men gōng sī de jìng zhēng hěn jī liè. 워 먼 꿍 쓰 뜨어 찡 정 헌 찌 리에 우리 회사 내부의 경쟁은 치열합니다.		
镜子	jìng zi	찡 쯔	명 거울
进行	jìn xíng	찐 씽	동 진행하다
紧张	jǐn zhāng	찐 장	형 긴장하다
禁止	jìn zhǐ	찐 즈	동 금지하다
既然	jì rán	찌 란	접 ~된 바에, ~인 이상
即使	jí shǐ	찌 스	접 설령 ~하더라도
及时	jí shí	찌 스	형 때가 맞다 부 즉시, 신속히, 제때에
技术	jì shù	찌 수	명 기술
究竟	jiū jìng	쪄유 찡	부 도대체
继续	jì xù	찌 쒸	동 계속하다
记者	jì zhě	찌 즈어	명 기자

举	jǔ	쥐	동 들다, 들어 올리다, 위로 받치다
举办	jǔ bàn	쥐 빤	동 거행하다, 개최하다, 열다
聚会	jù huì	쥐 후이	명 모임, 회합

他邀请我参加他的生日聚会。
Tā yāo qǐng wǒ cān jiā tā de shēng rì jù huì.
타 야오 칭 워 찬 찌야 타 뜨어 성 르 쥐 후이
그는 나를 그의 생일파티에 초대했습니다.

拒绝	jù jué	쥐 쥐에	동 거절하다, 거부하다
距离	jù lí	쥐 리	명 거리, 간격
举行	jǔ xíng	쥐 씽	동 거행하다
嫁	jià	찌아	동 시집가다, 출가하다
甲	jiǎ	찌아	명 껍데기
嘉宾	jiā bīn	찌아 삔	명 귀한 손님, 귀빈
捡	jiǎn	찌엔	동 줍다
肩膀	jiān bǎng	찌엔 빵	명 어깨
剪刀	jiǎn dāo	찌엔 따오	명 가위
讲究	jiǎng jiu	찌양 쪄유	동 중요시하다, 소중히 여기다
酱油	jiàng yóu	찌양 여우	명 간장
讲座	jiǎng zuò	찌양 쭤	명 강좌

今天有王教授的讲座。
Jīn tiān yǒu wáng jiào shòu de jiǎng zuò.
찐 티엔 여우 왕 찌아오 서우 뜨어 찌양 쭤
오늘은 왕 교수님의 강좌가 있습니다.

A B C D E F G H I J K L M

艰巨	jiān jù	찌엔 쮜	형 어렵고 힘들다
坚决	jiān jué	찌엔 쮜에	형 단호하다
	他的妈妈坚决反对。 Tā de mā ma jiān jué fǎn duì. 타 뜨어 마 마 찌엔 쮜에 판 뚜이 그의 어머니는 단호하게 반대합니다.		
艰苦	jiān kǔ	찌엔 쿠	형 어렵고 고달프다, 가난하고 고생스럽다
建立	jiàn lì	찌엔 리	동 건립하다, 창설하다
简历	jiǎn lì	찌엔 리	명 이력서
	这是我的简历。 Zhè shì wǒ de jiǎn lì. 즈어 스 워 뜨어 찌엔 리 이것은 저의 이력서입니다.		
键盘	jiàn pán	찌엔 판	명 키보드
坚强	jiān qiáng	찌엔 치양	형 굳세다, 꿋꿋하다, 완강하다
建设	jiàn shè	찌엔 스어	동 건설하다, 세우다
兼职	jiān zhí	찌엔 즈	동 겸직하다
简直	jiǎn zhí	찌엔 즈	부 그야말로, 너무나, 완전히
建筑	jiàn zhù	찌엔 주	명 건축물
浇	jiāo	찌아오	동 관개하다
教材	jiào cái	찌아오 차이	명 교재
角度	jiǎo dù	찌아오 뚜	명 각도
狡猾	jiǎo huá	찌아오 화	형 교활하다

交换	jiāo huàn	찌아오 환	동 교환하다
交际	jiāo jì	찌아오 찌	동 교제하다, 사귀다
教练	jiào liàn	찌아오 리엔	명 감독, 코치
胶水	jiāo shuǐ	찌아오 수이	명 풀
交往	jiāo wǎng	찌아오 왕	동 왕래하다, 교제하다
教训	jiào xùn	찌아오 쉰	명 교훈 동 훈계하다, 꾸짖다
假如	jiǎ rú	찌야 루	접 만약, 만일, 가령
假设	jiǎ shè	찌야 스어	동 가정하다
驾驶	jià shǐ	찌야 스	동 운전하다
	酒后驾驶很危险。 Jiǔ hòu jià shǐ hěn wēi xiǎn. 쪄우 허우 찌야 스 헌 워 씨엔 음주운전은 위험합니다.		
家庭	jiā tíng	찌야 팅	명 가정하다
家务	jiā wù	찌야 우	명 가사, 집안일
家乡	jiā xiāng	찌야 씨양	명 고향
价值	jià zhí	찌야 즈	명 가치
假装	jiǎ zhuāng	찌야 좡	동 가장하다, ~체하다
夹子	jiā zi	찌야 쯔	명 집게
基本	jī běn	찌 뻔	명 기본 형 기본적인, 기본의
届	jiè	찌에	양 기, 회, 차

A B C D E F G H I J K L M

戒	jiè	찌에	동 (좋지 못한 습관을) 끊다, 떼다 명 반지
	他已经戒烟了。 Tā yǐ jīng jiè yān le. 타 이 찡 찌에 옌 르어 그는 벌써 담배를 끊었습니다.		
接触	jiē chù	찌에 추	동 접촉하다
接待	jiē dài	찌에 따이	동 접대하다
阶段	jiē duàn	찌에 뚜완	명 단계, 계단
结构	jié gòu	찌에 꺼우	명 구성, 구조
结合	jié hé	찌에 흐어	동 결합하다, 결부하다
接近	jiē jìn	찌에 찐	동 접근하다, 가까이하다
借口	jiè kǒu	찌에 커우	명 핑계, 구실
	不要找借口。 Bú yào zhǎo jiè kǒu. 뿌 야오 자오 찌에 커우 핑계를 찾지 마세요.		
结论	jié lùn	찌에 룬	명 결론
节省	jié shěng	찌에 성	동 아끼다, 절약하다
结实	jiē shi	찌에 스	형 튼튼하다, 건장하다
结账	jié zhàng	찌에 장	동 계산하다, 결산하다
戒指	jiè zhi	찌에 즈	명 반지
及格	jí gé	찌 끄어	동 합격하다
集合	jí hé	찌 흐어	동 집합하다

激烈	jī liè	찌 리에	형 격렬하다, 치열하다
系	jì	찌	동 매다
记录	jì lù	찌 루	명 기록, 다큐멘터리 동 기록하다
纪律	jì lǜ	찌 뤼	명 기강, 법도
急忙	jí máng	찌 망	부 급히, 황급히, 바삐
寂寞	jì mò	찌 뭐	형 외롭다, 쓸쓸하다
进步	jìn bù	찐 뿌	동 진보하다
近代	jìn dài	찐 따이	명 근대
经典	jīng diǎn	찡 띠엔	명 고전 형 전형적인
精力	jīng lì	찡 리	명 정력, 정신과 체력
经商	jīng shāng	찡 상	동 장사하다
精神	jīng shén	찡 선	명 정신
经营	jīng yíng	찡 잉	동 운영하다
纪念	jì niàn	찌 니엔	동 기념하다
紧急	jǐn jí	찐 찌	형 긴급하다, 긴박하다
进口	jìn kǒu	찐 커우	동 수입하다
尽快	jǐn kuài	찐 콰이	부 되도록 빨리
尽力	jìn lì	찐 리	동 전력을 다하다
尽量	jǐn liàng	찐 리양	부 되도록, 될 수 있는 대로, 최대 한도로
谨慎	jǐn shèn	찐 선	형 신중하다, 조심스럽다

金属	jīn shǔ	찐 수	명 금속
极其	jí qí	찌 치	부 극히, 매우
机器	jī qì	찌 치	명 기계
肌肉	jī ròu	찌 러우	명 근육
计算	jì suàn	찌 쏸	동 계산하다, 셈하다
集体	jí tǐ	찌 티	명 집단, 단체
救	jiù	쪄우	동 구하다, 구제하다
酒吧	jiǔ bā	쪄우 바	명 술집
	他经常去酒吧。 Tā jīng cháng qù jiǔ bā. 타 찡 창 취 쪄우 빠 그는 자주 술집에 갑니다.		
救护车	jiù hù chē	쪄우 후 츠어	명 구급차
舅舅	jiù jiu	쪄우 쪄우	명 외삼촌
记忆	jì yì	찌 이	명 기억 동 기억하다
急诊	jí zhěn	찌 전	명 급진, 응급진료
集中	jí zhōng	찌 중	동 집중하다, 집중시키다
捐	juān	쮜엔	동 기부하다, 헌납하다
具备	jù bèi	쮜 뻬이	동 구비하다, 갖추다
巨大	jù dà	쮜 따	형 아주 크다
绝对	jué duì	쮜에 뚜이	형 절대적인
决赛	jué sài	쮜에 싸이	명 결승

	韩国队进入决赛了。 Hán guó duì jìn rù jué sài le. 한 궈 뚜이 찐 루 쮜에 싸이 르어 한국 팀은 결승전에 진출했습니다.		
角色	jué sè	쮜에 쓰어	명 배역, 역, 역할
决心	jué xīn	쮜에 씬	명 결심
俱乐部	jù lè bù	쮜 르어 뿌	명 클럽
军事	jūn shì	쮠 스	명 군사
均匀	jūn yún	쮠 윈	형 균등하다, 고르다, 균일하다
居然	jū rán	쮜 란	부 뜻밖에, 놀랍게도, 의외로
据说	jù shuō	쮜 숴	동 말하는 바에 의하면
具体	jù tǐ	쮜 티	형 구체적이다
桔子	jú zi	쮜 쯔	명 귤
家常	jiā cháng	찌야 창	형 일상의, 평상의, 보통의
加工	jiā gōng	찌야 꿍	동 가공하다
家伙	jiā huo	찌야 훠	명 놈, 녀석
加剧	jiā jù	찌야 쮜	동 격화되다, 심해지다
溅	jiàn	찌엔	동 튀다
剑	jiàn	찌엔	명 검
拣	jiǎn	찌엔	동 고르다, 선택하다, 뽑다
煎	jiān	찌엔	동 지지다, 부치다
鉴别	jiàn bié	찌엔 삐에	동 감별하다, 식별하다

J

剪彩	jiǎn cǎi	찌엔 차이	동 기념 테이프를 끊다
间谍	jiàn dié	찌엔 띠에	명 간첩
坚定	jiān dìng	찌엔 띵	형 확고부동하다, 결연하다
鉴定	jiàn dìng	찌엔 띵	동 감정하다
监督	jiān dū	찌엔 뚜	동 감독하다
	我们一起监督他戒烟吧。 Wǒ men yì qǐ jiān dū tā jiè yān ba. 워 먼 이 치 찌엔 뚜 타 찌에 옌 빠 우리 함께 그가 담배를 끊도록 감독합시다.		
尖端	jiān duān	찌엔 뚜안	형 첨단의
见多识广	jiàn duō shí guǎng	찌엔 뚸 스 꽝	보고 들은 것이 많고 식견도 넓다, 박식하고 경험이 많다, 박학다식하다
桨	jiǎng	찌앙	명 노
间隔	jiān gé	찌엔 끄어	명 간격, 사이
将近	jiāng jìn	쨩 찐	동 거의 ~에 근접하다, ~에 이르다
将就	jiāng jiu	쨩 쪄우	동 그런대로 ~할 만하다, 아쉬운대로 ~할 만하다
将军	jiāng jūn	쨩 쮠	명 장군
奖励	jiǎng lì	쨩 리	동 장려하다, 표창하다
降临	jiàng lín	쨩 린	동 도래하다, 다가오다
奖赏	jiǎng shǎng	쨩 상	동 상을 주다, 포상하다 명 포상, 장려
坚固	jiān gù	찌엔 꾸	형 견고하다, 튼튼하다

僵硬	jiāng yìng	쨩 잉	형 뻣뻣하다, 경직되다
简化	jiǎn huà	찌엔 화	동 간화하다, 간략하게 만들다
间接	jiàn jiē	찌엔 찌에	형 간접적인
见解	jiàn jiě	찌엔 찌에	명 견해, 소견
简陋	jiǎn lòu	찌엔 러우	형 초라하다, 누추하다, 허술하다
艰难	jiān nán	찌엔 난	형 곤란하다, 어렵다, 힘들다
健全	jiàn quán	찌엔 취엔	형 건강하고 온전하다

体育馆的设施非常健全。
Tǐ yù guǎn de shè shī fēi cháng jiàn quán.
티 위 꽌 뜨어 스어 스 페이 창 찌엔 취엔
체육관의 시설은 매우 건전합니다.

坚韧	jiān rèn	찌엔 런	형 단단하고 질기다, 강인하다
尖锐	jiān ruì	찌엔 루이	형 날카롭다, 예리하다
坚实	jiān shí	찌엔 스	형 견실하다, 견고하다
监视	jiān shì	찌엔 스	동 감시하다
践踏	jiàn tà	찌엔 타	동 밟다, 디디다
检讨	jiǎn tǎo	찌엔 타오	동 깊이 반성하다, 자기 비판하다
舰艇	jiàn tǐng	찌엔 팅	명 함정
简体字	jiǎn tǐ zì	찌엔 티 쯔	명 간체자
见闻	jiàn wén	찌엔 원	명 견문, 문견
检验	jiǎn yàn	찌엔 옌	동 검증하다, 검사하다

简要	jiǎn yào	찌엔 야요	형 간결하고 핵심을 찌르는
坚硬	jiān yìng	찌엔 잉	형 단단하다, 견고하다, 굳다
见义勇为	jiàn yì yǒng wéi	찌엔 이 융 웨이	정의로운 일을 보고 용감하게 뛰어들다, 불의를 보면 참지 못하다
鉴于	jiàn yú	찌엔 위	동 ~의 점에서 보아, ~을 고려하면
监狱	jiān yù	찌엔 위	명 감옥, 감방
搅拌	jiǎo bàn	찌아오 빤	동 휘저어 섞다, 반죽하다
交叉	jiāo chā	찌아오 차	동 교차하다
交代	jiāo dài	찌아오 따이	동 설명하다, 알려주다
焦点	jiāo diǎn	찌아오 띠엔	명 초점, 집중
焦急	jiāo jí	찌아오 찌	형 초조하다, 조급해하다
较量	jiào liàng	찌아오 리양	동 겨루다, 대결하다, 경쟁하다
角落	jiǎo luò	찌아오 뤄	명 구석, 모퉁이
缴纳	jiǎo nà	찌아오 나	동 납부하다, 납입하다
娇气	jiāo qì	찌아오 치	형 여리다, 연약하다
交涉	jiāo shè	찌아오 스어	동 교섭하다, 협상하다
侥幸	jiǎo xìng	찌아오 씽	형 요행하다, 뜻밖에 운이 좋다

我侥幸成功了。
Wǒ jiǎo xìng chéng gōng le.
워 찌아오 씽 청 꿍 르어
나는 요행 성공했습니다.

教养	jiào yǎng	찌아오 양	명 교양
交易	jiāo yì	찌아오 이	동 거래하다, 매매하다 명 거래, 장사
家属	jiā shǔ	쨔 수	명 식구, 가족
佳肴	jiā yáo	쨔 야오	명 맛있는 요리
家喻户晓	jiā yù hù xiǎo	쨔 위 후 씨아오	집집마다 다 알다

孔子是一位家喻户晓的教育家。
Kǒng zǐ shì yí wèi jiā yù hù xiǎo de jiào yù jiā.
쿵 쯔 스 이 워이 찌아 위 후 씨아오 뜨어 찌아오 위 찌아
공자는 누구나 다 아는 교육가입니다.

夹杂	jiá zá	쨔 짜	동 혼합하다, 뒤섞다
即便	jí biàn	찌 삐엔	접 설령 ~하더라도
级别	jí bié	찌 삐에	명 등급, 단계
疾病	jí bìng	찌 삥	명 질병, 병
继承	jì chéng	찌 청	동 상속하다
基地	jī dì	찌 띠	명 근거지, 거점
机动	jī dòng	찌 뚱	형 기동적인
嫉妒	jí dù	찌 뚜	동 질투하다
季度	jì dù	찌 뚜	명 분기, 4분기
极端	jí duān	찌 똰	명 극단 부 아주, 극히, 매우
饥饿	jī 'è	찌 으어	형 배고프다, 굶주리다
皆	jiē	찌에	부 모두, 전부, 다

家族 jiā zú [찌아 쭈] 가족

爷爷 yé ye [예 예] 할아버지

祖父 zǔ fù [쭈 푸] 조부

奶奶 nǎi nai [나이 나이] 할머니

祖母 zǔ mǔ [쭈 무] 조모

爸爸 bà ba [빠 빠] 아빠, 아버지

父亲 fù qīn [푸 친] 아버지

妈妈 mā ma [마 마] 엄마, 어머니

母亲 mǔ qīn [무 친] 어머니

叔叔 shū shu [수 수] 아저씨, 삼촌

阿姨 ā yí [아 이] 아주머니

哥哥 gē ge [끄어 끄어] 형, 오빠

姐姐 jiě jie [찌에 찌에] 누나, 언니

儿子 ér zi [얼 쯔] 아들

女儿 nǚ 'ér [뉘 얼] 딸

弟弟 dì di [띠 띠] 남동생

妹妹 mèi mei [머이 머이] 여동생

公公 gōng gong [꿍 꿍] 시아버지

婆婆 pó po [풔 풔] 시어머니

岳父 yuè fù [위에 푸] 장인

岳母 yuè mǔ [위에 무] 장모

戒备	jiè bèi	찌에 뻬이	동 경비하다
阶层	jiē céng	찌에 청	명 층, 계층
杰出	jié chū	찌에 추	형 걸출한, 출중한
解除	jiě chú	찌에 추	동 해소하다, 풀다
解放	jiě fàng	찌에 팡	동 해방하다
解雇	jiě gù	찌에 꾸	동 해고하다
借鉴	jiè jiàn	찌에 찌엔	동 참고로 하다, 본보기로 삼다
结晶	jié jīng	찌에 찡	명 결정, 성과
竭尽全力	jié jìn quán lì	찌에 찐 취엔 리	모든 힘을 다 기울이다
结局	jié jú	찌에 쥐	명 결국, 결과, 결말
接连	jiē lián	찌에 리엔	부 연이어, 잇달아
揭露	jiē lù	찌에 루	동 폭로하다, 까발리다
解剖	jiě pōu	찌에 퍼우	동 해부하다
解散	jiě sàn	찌에 싼	동 해산하다
结算	jié suàn	찌에 쏸	동 결산하다
解体	jiě tǐ	찌에 티	동 해체되다
界限	jiè xiàn	찌에 씨엔	명 경계
截至	jié zhì	찌에 즈	동 ~까지 마감이다
截止	jié zhǐ	찌에 즈	동 마감하다

节制	jié zhì	찌에 즈	동 지휘 통솔하다, 통제 관리하다
借助	jiè zhù	찌에 주	동 도움을 빌다, ~의 힘을 빌리다
节奏	jié zòu	찌에 쩌우	명 리듬, 박자, 템포
	大城市的生活节奏太快了。 Dà chéng shì de shēng huó jié zòu tài kuài le. 따 청 스 뜨어 성 훠 찌에 쩌우 타이 콰이 르어 대도시에서는 생활 리듬이 너무 빠릅니다.		
激发	jī fā	찌 파	동 불러일으키다, 분발시키다
急功近利	jí gōng jìn lì	찌 꿍 찐 리	조급한 성공과 눈앞의 이익에만 급급하다
机构	jī gòu	찌 꺼우	명 기구
籍贯	jí guàn	찌 꽌	명 원적, 고향, 출생지
忌讳	jì huì	찌 후이	동 금기하다, 꺼리다, 기피하다
即将	jí jiāng	찌 찌앙	부 곧, 머지않아
计较	jì jiào	찌 찌아오	동 따지다, 논쟁하다, 계산하여 비교하다
基金	jī jīn	찌 찐	명 기금, 기본금
寂静	jì jìng	찌 찡	형 조용하다, 고요하다
急剧	jí jù	찌 쮜	부 급격하게, 급속히
季军	jì jūn	찌 쮠	명 3등
激励	jī lì	찌 리	동 격려하다, 북돋워 주다
机灵	jī ling	찌 링	형 영리하다, 똑똑하다

机密	jī mì	찌 미	명 기밀, 극비
进而	jìn 'ér	찐 얼	접 더 나아가, 진일보하여
茎	jīng	찡	명 식물의 줄기
井	jǐng	찡	명 우물
精打细算	jīng dǎ xì suàn	찡 따 씨 쏸	세밀하게 계산하다, 면밀하게 계획하다
惊动	jīng dòng	찡 뚱	동 놀라게 하다, 떠들썩하게 하다
经费	jīng fèi	찡 퍼이	명 경비, 비용
警告	jǐng gào	찡 까오	동 경고하다
	我警告你，别乱说！ Wǒ jǐng gào nǐ. bié luàn shuō! 워 찡 까오 니, 삐에 롼 숴 경고한다, 함부로 말하지 마!		
精华	jīng huá	찡 화	명 정화
精简	jīng jiǎn	찡 찌엔	동 정간하다, 정선하다
境界	jìng jiè	찡 찌에	명 경계
兢兢业业	jīng jīng yè yè	찡 찡 예 예	신중하고 조심스럽게 맡은 일을 부지런하고 성실하게 하다
敬礼	jìng lǐ	찡 리	동 경례하다
精密	jīng mì	찡 미	형 정밀하다
进攻	jìn gōng	찐 꿍	동 공격하다, 진공하다
惊奇	jīng qí	찡 치	형 놀라며 의아해하다, 경이롭게 생각하다

A B C D E F G H I J K L M

精确	jīng què	찡 취에	형 정밀하고 확실하다
竞赛	jìng sài	찡 싸이	동 경쟁하다, 시합하다
警惕	jǐng tì	찡 티	동 경계하다, 경계심을 갖다
	不要放松警惕。 Bú yào fàng sōng jǐng tì. 뿌 야오 팡 쑹 찡 티 경계를 늦추지 마세요.		
精通	jīng tōng	찡 퉁	동 정통하다, 통달하다
镜头	jìng tóu	찡 터우	명 렌즈
经纬	jīng wěi	찡 웨이	명 경도와 위도
精心	jīng xīn	찡 씬	형 정성을 들이다, 몹시 조심하다
竞选	jìng xuǎn	찡 쒸엔	동 경선 활동을 하다, 선거 운동을 하다
惊讶	jīng yà	찡 야	형 놀랍다, 의아스럽다
敬业	jìng yè	찡 예	동 자기 일에 최선을 다하다
精益求精	jīng yì qiú jīng	찡 이 쳐우 찡	훌륭하지만 더욱 더 완벽을 추구하다
精致	jīng zhì	찡 즈	형 정교하고 치밀하다, 섬세하다
颈椎	jǐng zhuī	찡 주이	명 경추
进化	jìn huà	찐 화	동 진화하다
津津有味	jīn jīn yǒu wèi	찐 찐 여우 워이	흥미진진하다
近来	jìn lái	찐 라이	명 근래, 요즘

浸泡	jìn pào	찐 파오	동 담그다, 잠그다
紧迫	jǐn pò	찐 풔	형 급박하다, 긴박하다 现在的形势非常紧迫。 Xiàn zài de xíng shì fēi cháng jǐn pò. 씨엔 짜이 뜨어 씽 스 퍼이 창 찐 풔 지금의 형세는 매우 시급합니다.
金融	jīn róng	찐 룽	명 금융
锦上添花	jǐn shàng tiān huā	찐 상 티엔 화	금상첨화
晋升	jìn shēng	찐 성	동 승진하다, 진급하다
进展	jìn zhǎn	찐 잔	동 진행하다, 진전하다 명 진전
技巧	jì qiǎo	찌 치아오	명 기교, 테크닉
急切	jí qiè	찌 치에	형 절박하다, 다급하다, 촉박하다
激情	jī qíng	찌 칭	명 격정, 열정적인 감정
集团	jí tuán	찌 퇀	명 집단, 단체
寄托	jì tuō	찌 퉈	동 기탁하다, 의탁하다, 맡기다
纠纷	jiū fēn	쪄우 펀	명 다툼, 분쟁, 갈등
救济	jiù jì	쪄우 찌	동 구제하다
就近	jiù jìn	쪄우 찐	부 가까운 곳에, 부근에
酒精	jiǔ jīng	쪄우 찡	명 알코올
就业	jiù yè	쪄우 예	동 취직하다, 취업하다
纠正	jiū zhèng	쪄우 정	동 교정하다, 고치다

就职	jiù zhí	쪄우 즈	동 취임하다
极限	jí xiàn	찌 씨엔	명 극한, 최대한도
吉祥	jí xiáng	찌 씨양	형 상서롭다, 길하다
迹象	jì xiàng	찌 씨양	명 흔적, 자취, 현상
	种种迹象表明，他就是小偷。 Zhǒng zhǒng jì xiàng biǎo míng，tā jiù shì xiǎo tōu. 중 중 찌 씨양 삐아오 밍, 타 쪄우 스 씨아오 터우 여러 가지 흔적에서 드러나듯이 그는 도둑입니다.		
讥笑	jī xiào	찌 쌰오	동 비웃다, 조소하다
机械	jī xiè	찌 씨에	명 기계 형 기계적이다, 융통성이 없다
记性	jì xing	찌 씽	명 기억력
纪要	jì yào	찌 야오	명 기요(여러 가지 사실을 요점만 추려서 적어 놓는 것)
基因	jī yīn	찌 인	명 유전자
机遇	jī yù	찌 위	명 기회, 찬스
给予	jǐ yǔ	찌 위	동 주다, 부여하다
急于求成	jí yú qiú chéng	찌 위 쳐우 청	객관적인 조건을 무시하고, 서둘러 목적을 달성하려 하다
记载	jì zǎi	찌 짜이	동 기재하다, 기록하다
及早	jí zǎo	찌 짜오	부 미리, 일찌감치
急躁	jí zào	찌 짜오	형 조바심내다, 초조해하다
机智	jī zhì	찌 즈	형 기지가 넘치다

卷	juàn	쮜엔	동 (원통형이나 반원형으로) 말다, 감다 양 권, 통, 롤
剧本	jù běn	쮜 뻔	명 각본, 대본
局部	jú bù	쮜 뿌	명 국부, 부분
举动	jǔ dòng	쮜 뚱	명 동작, 행위
决策	jué cè	쮜에 츠어	명 결정적인 책략
倔强	jué jiàng	쮜에 찌양	형 강하고 고집이 세다 他很正直，但是有点儿倔强。 Tā hěn zhèng zhí, dàn shì yǒu diǎnr jué jiàng. 타 헌 정 즈, 딴 스 여우 띠얄 쮜에 찌양 그는 정직하지만 고집이 좀 세요.
绝望	jué wàng	쮜에 왕	동 절망하다
觉悟	jué wù	쮜에 우	동 깨닫다, 각성하다 명 각오, 의식
觉醒	jué xǐng	쮜에 씽	동 각성하다, 깨닫다
鞠躬	jū gōng	쮜 꿍	동 절하다
聚精会神	jù jīng huì shén	쮜 찡 후이 선	정신을 집중하다, 전심하다, 열중하다
咀嚼	jǔ jué	쮜 쮜에	동 (음식물을) 씹다, 되새기다
剧烈	jù liè	쮜 리에	형 격렬하다
拘留	jū liú	쮜 려우	동 구류하다
局面	jú miàn	쮜 미엔	명 국면, 형세
居民	jū mín	쮜 민	명 주민, 거주민
军队	jūn duì	쥔 뚜이	명 군대

君子	jūn zǐ	쮠 쯔	명 군자, 학식과 덕망이 높은 사람
沮丧	jǔ sàng	쮜 쌍	형 낙심하다, 풀이 죽다
局势	jú shì	쮜 스	명 국세, 형세, 시국
举世瞩目	jǔ shì zhǔ mù	쮜 스 주 무	전 세계 사람들이 주목하다
拘束	jū shù	쮜 수	동 구속하다, 속박하다/ 거북하다, 어색하다
据悉	jù xī	쮜 씨	동 아는 바에 의하면
局限	jú xiàn	쮜 씨엔	동 국한하다, 제한하다
居住	jū zhù	쮜 주	동 거주하다
举足轻重	jǔ zú qīng zhòng	쮜 쭈 칭 중	실력자가 두 강자 사이에서 한쪽으로 조금만 치우쳐도 세력의 균형이 깨진다

K

开	kāi	카이	동 열다, 켜다, 틀다, 운전하다
	帮我开一下门。 Bāng wǒ kāi yí xià mén. 빵 워 카이 이 씨아 먼 문 좀 열어 주세요.		
看	kàn	칸	동 보다
	不要躺着看书。 Bú yào tǎng zhe kàn shū. 뿌 야오 탕 즈어 칸 수 누워서 책을 보지 마세요.		
看见	kàn jiàn	칸 찌엔	동 보이다
块	kuài	콰이	양 덩어리, 조각/위안
咖啡	kā fēi	카 페이	명 커피
开始	kāi shǐ	카이 스	동 시작하다
	电影马上就要开始了。 Diàn yǐng mǎ shàng jiù yào kāi shǐ le. 띠엔 잉 마 상 쪄우 야오 카이 스 르어 영화는 곧 시작합니다.		
考试	kǎo shì	카오 스	명 시험 동 시험을 치다
课	kè	크어	명 수업, 강의, 수업 시간, 교시 양 과
可能	kě néng	크어 넝	형 가능하다

A B C D E F G H I J K L M

可以	kě yǐ	크어 이	조동 할 수 있다, 해도 된다
	我可以试一下吗? Wǒ kě yǐ shì yí xià ma? 워 크어 이 스 이 씨아 마 한번 입어 봐도 될까요?		
快	kuài	콰이	형 빠르다
快乐	kuài lè	콰이 르어	형 즐겁다
	生日快乐。 Shēng rì kuài lè. 성 르 콰이 르어 생일 축하합니다.		
渴	kě	크어	형 목마르다, 갈증나다
刻	kè	크어	양 15분 동 조각하다
可爱	kě 'ài	크어 아이	형 귀엽다, 사랑스럽다
	他的女儿很可爱。 Tā de nǚ 'ér hěn kě 'ài. 타 뜨어 뉘 얼 헌 크어 아이 그의 딸은 귀엽습니다.		
客人	kè rén	크어 런	명 손님
空调	kōng tiáo	쿵 티아오	명 에어컨
	太冷了，请把空调关掉。 Tài lěng le, qǐng bǎ kōng tiáo guān diào. 타이 렁 르어, 칭 빠 쿵 티아오 꽌 띠아오 너무 추워요, 에어컨을 꺼주세요.		
口	kǒu	커우	명 입/식구 양 입
哭	kū	쿠	동 울다
筷子	kuài zi	콰이 쯔	명 젓가락

	我不会用筷子。 Wǒ bú huì yòng kuài zi. 워 뿌 후이 융 콰이 쯔 저는 젓가락을 사용할 줄 모릅니다.			
裤子	kù zi	쿠 쯔	명	바지
开玩笑	kāi wán xiào	카이 완 씨아오	동	농담하다, 웃기다, 놀리다
开心	kāi xīn	카이 씬	형	기쁘다, 즐겁다
看法	kàn fǎ	칸 파	명	견해
考虑	kǎo lǜ	카오 뤼	동	고려하다, 생각하다
烤鸭	kǎo yā	카오 야	명	오리구이
棵	kē	크어	양	그루, 포기
可怜	kě lián	크어 리엔	형	가련하다, 불쌍하다
	这孩子真可怜。 Zhè hái zi zhēn kě lián. 즈어 하이 쯔 전 크어 리엔 이 아이는 정말 불쌍합니다.			
肯定	kěn dìng	컨 띵	부	확실히, 틀림없이
可是	kě shì	크어 스	접	그러나, 하지만
咳嗽	ké sou	크어 써우	명	기침하다
客厅	kè tīng	크어 팅	명	객실
	爸爸在客厅里看报纸。 Bà ba zài kè tīng lǐ kàn bào zhǐ. 빠 빠 짜이 크어 팅 리 칸 빠오 즈 아버지는 객실에서 신문을 보고 있습니다.			
可惜	kě xī	크어 씨	형	아쉽다, 아깝다

科学	kē xué	크어 쒸에	명 과학 형 과학적이다
空	kōng	쿵	형 비다, 텅 비다
恐怕	kǒng pà	쿵 파	부 아마 ~일 것이다
	我恐怕不能去了。 Wǒ kǒng pà bù néng qù le. 워 쿵 파 뿌 넝 취 르어 저는 아마도 갈 수 없을 것 같습니다.		
空气	kōng qì	쿵 치	명 공
苦	kǔ	쿠	형 쓰다, 힘들다
矿泉水	kuàng quán shuǐ	쾅 취엔 수이	명 광천수, 생수
困	kùn	쿤	동 피곤하다 형 졸리다
困难	kùn nan	쿤 난	명 빈곤, 곤란 형 빈곤하다, 어렵다, 곤란하다
卡车	kǎ chē	카 츠어	명 트럭
开发	kāi fā	카이 파	동 개발하다
开放	kāi fàng	카이 팡	동 개방하다, 해제하다
开幕式	kāi mù shì	카이 무 스	명 개막식
开水	kāi shuǐ	카이 수이	명 끓인 물
砍	kǎn	칸	동 (도끼 등으로) 찍다, 패다, 치다
看不起	kàn bu qǐ	칸 뿌 치	동 경시하다, 경멸하다, 깔보다
看望	kàn wàng	칸 왕	동 방문하다, 문안하다

	我们明天去看望他吧。 Wǒ men míng tiān qù kàn wàng tā ba. 워 먼 밍 티엔 취 칸 왕 타 빠 우리 내일 그를 보러 갑시다.		
靠	kào	카오	동 기대다/의지하다
克	kè	크어	양 그램
颗	kē	크어	명 양 알
课程	kè chéng	크어 청	명 교육 과정
克服	kè fú	크어 푸	동 극복하다
客观	kè guān	크어 꽌	형 객관적이다
可见	kě jiàn	크어 찌엔	접 ~라는 것을 알 수 있다
可靠	kě kào	크어 카오	형 확실하다, 믿을 만하다
刻苦	kè kǔ	크어 쿠	형 노고를 아끼지 않다
可怕	kě pà	크어 파	형 무섭다, 끔직하다
空间	kōng jiān	쿵 찌엔	명 공간
空闲	kòng xián	쿵 씨엔	명 여가, 짬, 틈
控制	kòng zhì	쿵 즈	동 통제하다, 제어하다
口味	kǒu wèi	커우 웨이	명 맛, 풍미, 입맛
夸	kuā	콰	동 칭찬하다
会计	kuài jì	콰이 찌	명 회계
宽	kuān	콴	형 넓다, 드넓다
夸张	kuā zhāng	콰 장	동 과장하다

昆虫	kūn chóng	쿤 충	명 곤충
	他很怕昆虫和蛇。 Tā hěn pà kūn chóng hé shé. 타 헌 파 쿤 충 흐어 스어 그는 곤충과 뱀을 무서워합니다.		
扩大	kuò dà	쿼 따	동 확대하다, 넓히다
开采	kāi cǎi	카이 차이	동 채굴하다, 발굴하다
开除	kāi chú	카이 추	동 제명하다, 해고하다, 자르다
开阔	kāi kuò	카이 쿼	형 넓다, 광활하다
开朗	kāi lǎng	카이 랑	형 명랑하다, 활달하다
开明	kāi míng	카이 밍	형 진보적이다
开辟	kāi pì	카이 피	동 개통하다, 열다
开拓	kāi tuò	카이 퉈	동 개척하다, 확장하다
开展	kāi zhǎn	카이 잔	동 전개하다, 펼쳐지다
开支	kāi zhī	카이 즈	동 지불하다, 쓰다, 소비하다
看待	kàn dài	칸 따이	동 대우하다, 취급하다
刊登	kān dēng	칸 떵	동 게재하다, 싣다
砍伐	kǎn fá	칸 파	동 나무를 베다, 벌목하다
扛	káng	캉	동 (어깨에) 메다
慷慨	kāng kǎi	캉 카이	형 후하게 대하다, 아끼지 않다
抗议	kàng yì	캉 이	동 항의하다

昆虫 kūn chóng [쿤 충] 곤충

蝴蝶 hú dié [후 띠에] 나비

蜻蜓 qīng tíng [칭 팅] 잠자리

蜜蜂 mì fēng [미 펑] 벌

蜘蛛 zhī zhū [즈 주] 거미

苍蝇 cāng ying [창 잉] 파리

蚂蚁 mǎ yǐ [마 이] 개미

蚂蚱 mà zha [마 자] 메뚜기

蟋蟀 xī shuài [씨 쏴이] 귀뚜라미

蟑螂 zhāng láng [장 랑] 바퀴벌레

蚊子 wén zi [원 쯔] 모기

蚯蚓 qiū yǐn [쳐우 인] 지렁이

侃侃而谈	kǎn kǎn 'ér tán	칸 칸 얼 탄	당당하고 차분하게 말하다
勘探	kān tàn	칸 탄	동 조사하다, 탐사하다
刊物	kān wù	칸 우	명 간행물, 출판물
考察	kǎo chá	카오 차	동 고찰하다
考古	kǎo gǔ	카오 꾸	동 고고학을 연구하다
考核	kǎo hé	카오 흐어	동 심사하다
靠拢	kào lǒng	카오 룽	동 좁히다, 접근하다, 모이다
考验	kǎo yàn	카오 옌	동 시험하다, 시련을 주다
卡通	kǎ tōng	카 퉁	명 만화, 애니메이션
磕	kē	크어	동 부딪치다
刻不容缓	kè bù róng huǎn	크어 뿌 룽 환	일각도 지체할 수 없다
可观	kě guān	크어 꽌	형 대단하다, 상당하다, 훌륭하다
客户	kè hù	크어 후	명 거래처, 바이어
可口	kě kǒu	크어 커우	형 맛있다, 입에 맞다
科目	kē mù	크어 무	명 과목, 항목
啃	kěn	컨	동 물어뜯다, 갉아 먹다
坑	kēng	컹	동 함정에 빠뜨리다 명 구덩이, 웅덩이

小心，这里有一个坑。
Xiǎo xīn, zhè lǐ yǒu yí ge kēng.
씨아오 씬, 즈어 리 여우 이 끄어 컹
조심하세요, 여기에 구덩이가 있어요.

恳切	kěn qiè	컨 치에	형 간절하다, 간곡하다
课题	kè tí	크어 티	명 과제, 프로젝트
渴望	kě wàng	크어 왕	동 갈망하다, 간절히 바라다
可恶	kě wù	크어 우	형 밉다, 밉살스럽다, 혐오스럽다

你太可恶了。
Nǐ tài kě wù le.
니 타이 크어 우 르어
당신은 너무 얄미워.

可行	kě xíng	크어 씽	동 가능하다, 해도 된다
克制	kè zhì	크어 즈	동 억제하다, 자제하다, 억누르다
孔	kǒng	쿵	명 구멍
空白	kòng bái	쿵 빠이	명 공백, 여백
恐怖	kǒng bù	쿵 뿌	형 공포를 느끼다, 무섭다
空洞	kōng dòng	쿵 뚱	형 내용이 없다, 공허하다
恐吓	kǒng hè	쿵 흐어	동 위협하다, 협박하다
恐惧	kǒng jù	쿵 쮜	동 겁먹다, 두려워하다
空前绝后	kōng qián jué hòu	쿵 치엔 쮜에 허우	전무후무하다, 이전에도 없고 앞으로도 없다
空隙	kòng xì	쿵 씨	명 틈, 간격, 공간
空想	kōng xiǎng	쿵 씨양	동 공상하다

空虚	kōng xū	쿵 쒸	형 공허하다, 내용이 없다
扣	kòu	커우	동 채우다, 걸다
口气	kǒu qì	커우 치	명 어조, 말투
口腔	kǒu qiāng	커우 치앙	명 구강
口头	kǒu tóu	커우 터우	명 구두
口音	kǒu yīn	커우 인	명 구음, 악센트
跨	kuà	콰	동 뛰어넘다, 건너뛰다
挎	kuà	콰	동 (팔에) 걸다, 끼다
快活	kuài huo	콰이 훠	형 즐겁다, 유쾌하다
宽敞	kuān chǎng	콴 창	형 넓다, 드넓다
款待	kuǎn dài	콴 따이	동 후하게 접대하다
筐	kuāng	쾅	명 광주리, 바구니
矿产	kuàng chǎn	쾅 찬	명 광산물
框架	kuàng jià	쾅 찌야	명 뼈대, 골격, 프레임
旷课	kuàng kè	쾅 크어	동 무단결석하다
况且	kuàng qiě	쾅 치에	접 게다가, 더구나, 하물며
宽容	kuān róng	콴 룽	형 너그럽다, 관용하다
款式	kuǎn shì	콴 스	명 스타일, 양식

这件衣服的款式非常独特。
Zhè jiàn yī fu de kuǎn shì fēi cháng dú tè.
즈어 찌엔 이 푸 뜨어 콴 스 퍼이 창 뚜 트어
이 옷의 디자인은 매우 독특합니다.

亏待	kuī dài	쿠이 따이	동 푸대접하다, 박대하다
亏损	kuī sǔn	쿠이 쑨	동 결손나다, 적자 나다
苦尽甘来	kǔ jìn gān lái	쿠 찐 깐 라이	고진 감래, 고생 끝에 낙이 온다
捆绑	kǔn bǎng	쿤 빵	동 줄로 묶다
扩充	kuò chōng	쿼 충	동 확충하다, 늘리다
扩散	kuò sàn	쿼 싼	동 확산하다, 퍼뜨리다
扩张	kuò zhāng	쿼 장	동 확장하다, 넓히다
哭泣	kū qì	쿠 치	동 흐느껴 울다
苦涩	kǔ sè	쿠 쓰어	형 씁쓸하고 떫다
枯萎	kū wěi	쿠 웨이	동 시들다, 마르다
枯燥	kū zào	쿠 짜오	형 지루하다, 무미건조하다

| 중국어 필수 단어 |

L

来	lái	라이	동 오다, 하다
老师	lǎo shī	라오 스	명 선생님, 스승
	老师好。 Lǎo shī hǎo. 라오 스 하오 선생님, 안녕하세요.		
了	le	르어	조 동사 또는 형용사 뒤에 쓰여 동작 또는 변화가 이미 완료되었음을 나타냄.
	外边下雨了。 Wài bian xià yǔ le. 와 삐엔 씨야 위 르어 밖에 비가 와요.		
冷	lěng	렁	형 춥다, 차다, 시리다
	今天天气很冷。 Jīn tiān tiān qì hěn lěng. 찐 티엔 티엔 치 헌 하오 오늘은 날씨가 좋습니다.		
里	lǐ	리	명 안쪽
六	liù	려우	수 6, 여섯
累	lèi	러어	형 피곤하다, 힘들다, 지치다

离	lí	리	개 ~에서, ~로부터, ~까지
两	liǎng	리양	수 둘
零	líng	링	수 영, 0
路	lù	루	명 길, 도로 양 열, 행
旅游	lǚ yóu	뤼 여우	명 여행 동 여행하다

我非常喜欢旅游。
Wǒ fēi cháng xǐ huan lǚ yóu.
워 퍼이 창 씨 환 뤼 여우
나는 여행을 좋아합니다.

蓝	lán	란	형 남색의

他的衣服是蓝色的。
Tā de yī fu shì lán sè de.
타 뜨어 이 푸 스 란 쓰어 뜨어
그의 옷은 남색입니다.

老	lǎo	라오	형 늙다
脸	liǎn	리엔	명 얼굴
辆	liàng	리양	양 대, 량(차량을 세는 단위)
练习	liàn xí	리엔 씨	동 연습하다, 익히다
了解	liǎo jiě	리아오 찌에	동 이해하다, 자세하게 알다
聊天	liáo tiān	리아오 티엔	동 잡담하다, 이야기하다

他们在一边喝咖啡一边聊天。
Tā men zài yì biān hē kā fēi yì biān liáo tiān.
타 먼 짜이 이 삐엔 흐어 카 퍼이 이 삐엔 리아오 티엔
그들은 커피를 마시면서 이야기를 나누고 있습니다.

离开	lí kāi	리 카이	동 떠나다

脸 liǎn [리엔] 얼굴

头发 tóu fa [터우 파] 머리카락

额头 é tóu [으어 터우] 이마

眼睛 yǎn jing [옌 찡] 눈

瞳孔 tóng kǒng [퉁 쿵] 눈동자

眉毛 méi mao [머이 마오] 눈썹

睫毛 jié máo [찌에 마오] 속눈썹

鼻子 bí zi [삐 쯔] 코

面颊 miàn jiá [미엔 찌야] 볼, 뺨

酒窝 jiǔ wō [쪄우 워] 보조개

耳朵 ěr duo [얼 뚜] 귀

嘴 zuǐ [쭈이] 입

嘴唇 zuǐ chún [쭈이 춘] 입술

舌头 shé tou [스어 터우] 혀

牙齿 yá chǐ [야 츠] 이, 치아

下颌 xià hé [씨야 흐어] 턱

胡子 hú zi [후 쯔] 수염

邻居	lín jū	린 쮜	명 이웃, 이웃집
	我的邻居很热情。 Wǒ de lín jū hěn rè qíng. 워 뜨어 린 쮜 헌 르어 칭 나의 이웃은 친절합니다.		
历史	lì shǐ	리 스	명 역사
留学	liú xué	려우 쒸에	동 유학하다
礼物	lǐ wù	리 우	명 선물, 예물
	这是我送你的礼物。 Zhè shì wǒ sòng nǐ de lǐ wù. 즈어 스 워 쑹 니 뜨어 리 우 이것은 당신한테 주는 선물입니다.		
楼	lóu	러우	명 건물 양 층
绿	lǜ	뤼	형 푸르다
辣	là	라	형 맵다, 얼얼하다
拉	lā	라	동 끌다, 당기다
来不及	lái bu jí	라이 뿌 찌	동 (시간이 부족하여) 틈이 없다, 생각할 겨를이 없다
来得及	lái de jí	라이 뜨어 찌	동 늦지 않다
	别着急，还来得及。 Bié zháo jí，hái lái de jí. 삐에 자오 찌, 하이 라이 뜨어 찌 조급해 하지 마세요. 시간은 충분합니다.		
来自	lái zì	라이 쯔	동 ~에서 오다
垃圾桶	lā jī tǒng	라 찌 퉁	명 쓰레기통
懒	lǎn	란	형 게으르다

浪费	làng fèi	랑 페이	동 낭비하다, 허비하다
	不要浪费时间了。 Bú yào làng fèi shí jiān le. 뿌 야오 랑 페이 스 찌엔 르어 시간을 낭비하지 마세요.		
浪漫	làng màn	랑 만	형 낭만적이다
老虎	lǎo hǔ	라오 후	명 범, 호랑이
冷静	lěng jìng	렁 찡	형 냉정하다, 침착하다
	请保持冷静。 Qǐng bǎo chí lěng jìng. 칭 빠오 츠 렁 찡 침착하세요.		
俩	liǎ	리야	수 두 사람, 두 개
连	lián	리엔	동 잇다 개 ~조차
凉快	liáng kuai	리양 콰이	형 시원하다, 서늘하다
联系	lián xì	리엔 씨	동 연락하다, 연결하다
礼拜天	lǐ bài tiān	리 빠이 티엔	명 일요일
理发	lǐ fà	리 파	동 이발하다
厉害	lì hai	리 하이	형 무섭다/대단하다
	你可真厉害。 Nǐ kě zhēn lì hai. 니 크어 쩐 리 하이 당신은 정말 대단합니다.		
理解	lǐ jiě	리 찌에	동 이해하다, 알다
礼貌	lǐ mào	리 마오	명 예의, 예의범절 형 예의 바르다

	这孩子真有礼貌。 Zhè hái zi zhēn yǒu lǐ mào. 즈어 하이 쯔 전 여우 리 마오 이 아이는 정말 예의가 바릅니다.		
零钱	líng qián	링 치엔	명 잔돈, 푼돈
另外	lìng wài	링 와이	대 다른 사람이나 사물
力气	lì qi	리 치	명 힘, 역량
例如	lì rú	리 루	동 예를 들다, 예를 들면
留	liú	려우	동 남기다, 받다
流利	liú lì	려우 리	형 막힘없다, 유창하다
	他汉语说得很流利。 Tā hàn yǔ shuō de hěn liú lì. 타 한 위 숴 뜨어 헌 려우 리 그는 중국어를 유창하게 말합니다.		
理想	lǐ xiǎng	리 씨양	동 이상 형 이상적이다, 더할 나위 없다
乱	luàn	롼	명 어지럽다, 혼란하다
律师	lǜ shī	뤼 스	명 변호사
旅行	lǚxíng	뤼 싱	명 여행 동 여행하다
辣椒	là jiāo	라 찌아오	명 고추
	我不喜欢吃辣椒。 Wǒ bù xǐ huan chī là jiāo. 워 뿌 씨 환 츠 라 찌아오 나는 고추를 싫어합니다.		
烂	làn	란	형 썩다, 부패하다
拦	lán	란	동 가로막다, 저지하다

朗读	lǎng dú	랑 두	동 낭독하다
老百姓	lǎo bǎi xìng	라오 빠이 씽	명 백성, 국민
老板	lǎo bǎn	라오 빤	명 상점 주인, 사장
劳动	láo dòng	라오 뚱	명 노동, 일 동 일하다
劳驾	láo jià	라오 찌아	동 죄송합니다, 실례합니다
姥姥	lǎo lao	라오 라오	명 외할머니
老婆	lǎo po	라오 풔	명 아내, 처, 마누라
老实	lǎo shi	라오 스	형 성실하다, 솔직하다
老鼠	lǎo shǔ	라오 수	명 쥐
乐观	lè guān	르어 꽌	형 낙관적이다
	他总是这么乐观。 Tā zǒng shì zhè me lè guān. 타 쭝 스 즈어 므어 르어 꽌 그는 항상 낙관적입니다.		
雷	léi	러이	명 천둥
类型	lèi xíng	러이 씽	명 유형
冷淡	lěng dàn	렁 단	형 쌀쌀하다, 냉담하다, 냉정하다
梨	lí	리	명 배
恋爱	liàn 'ài	리엔 아이	동 연애하다, 서로 사랑하다
亮	liàng	리양	형 밝다, 빛나다
良好	liáng hǎo	리양 하오	형 좋다, 양호하다, 훌륭하다

粮食	liáng shi	리양 스	명 양식, 식량
联合	lián hé	리엔 흐어	동 연합하다, 단결하다
连忙	lián máng	리엔 망	부 얼른, 급히, 재빨리
连续	lián xù	리엔 쒸	동 연속하다, 계속하다
了不起	liǎo bu qǐ	리아오 뿌 치	형 대단하다, 뛰어나다, 놀랄 만하다
	你真了不起。 Nǐ zhēn liǎo bu qǐ. 니 전 리아오 뿌 치 당신은 정말 대단합니다.		
列车	liè chē	리에 츠어	명 열차
离婚	lí hūn	리 훈	동 이혼하다
立即	lì jí	리 찌	부 곧, 즉시, 바로
立刻	lì kè	리 크어	부 곧, 즉시, 바로
力量	lì liang	리 리양	명 힘, 파워
理论	lǐ lùn	리 룬	명 이론
厘米	lí mǐ	리 미	양 센티미터
铃	líng	링	명 방울, 종, 벨
领导	lǐng dǎo	링 따오	동 지도하다, 이끌고 나가다
灵活	líng huó	링 훠	형 민첩하다, 날렵하다
零件	líng jiàn	링 찌엔	명 부속품
零食	líng shí	링 스	명 간식
领域	lǐng yù	링 위	명 분야, 영역

临时	lín shí	린 스	형 잠시의, 일시적인
利润	lì rùn	리 룬	명 이윤
流传	liú chuán	려우 촨	동 유전하다, 전해 내려오다
浏览	liú lǎn	려우 란	동 대충 훑어보다, 대충 읽어 보다
流泪	liú lèi	려우 러이	동 눈물을 흘리다
利息	lì xī	리 씨	명 이자, 이식
利益	lì yì	리 이	명 이익, 이득
利用	lì yòng	리 융	동 이용하다
理由	lǐ yóu	리 여우	명 이유, 까닭
龙	lóng	룽	명 용
漏	lòu	러우	동 (구멍이나 틈으로) 새다
陆地	lù dì	루 띠	명 육지, 땅
轮流	lún liú	룬 려유	동 차례로 ~하다
论文	lùn wén	룬 원	명 논문
落后	luò hòu	뤄 허우	형 낙후하다, 뒤떨어지다 동 뒤쳐지다
逻辑	luó jí	뤄 찌	명 논리, 로직
录取	lù qǔ	루 취	동 채용하다, 고용하다, 합격시키다

他被北京大学录取了。
Tā bèi běi jīng dà xué lù qǔ le.
타 뻬이 뻬이 찡 따 쒸에 루 취 르어
그는 베이징대학교에 합격했습니다.

陆续	lù xù	루 쒸	부 끊임없이, 연이어, 계속해서
录音	lù yīn	루 인	동 녹음하다
啦	la	라	조 '了(le)'와 '啊(a)'의 합음사로 양자의 의미를 겸유함
	你怎么又来啦? Nǐ zěn me yòu lái lā ? 니 쩐 므어 여우 라이 르어? 당신 왜 또 왔어요?		
喇叭	lǎ bā	라 빠	명 나팔
来历	lái lì	라이 리	명 배경, 이력
来源	lái yuán	라이 위엔	명 근원, 출처
懒惰	lǎn duò	란 뛰	형 게으르다, 나태하다
狼狈	láng bèi	랑 빼이	형 난처하다, 곤궁하다
狼吞虎咽	láng tūn hǔ yàn	랑 툰 후 옌	게걸스럽게 먹다, 마파람에 게 눈 감추듯 하다
栏目	lán mù	란 무	명 난(欄), 항목
捞	lāo	라오	동 건지다, 끌어올리다
唠叨	lāo dao	라오 따오	동 잔소리하다
牢固	láo gù	라오 꾸	형 견고하다, 탄탄하다
牢骚	láo sāo	라오 싸오	명 불평, 불만
	别发牢骚了。 Bié fā láo sāo le. 삐에 파 라오 싸오 르어 투덜거리지 마라.		

蜡烛	là zhú	라 주	명 초, 양초
雷达	léi dá	러이 따	명 레이더
类似	lèi sì	러이 쓰	형 유사하다, 비슷하다
愣	lèng	렁	동 멍해지다, 어리둥절하다
冷酷	lěng kù	렁 쿠	형 냉혹하다, 잔인하다
冷落	lěng luò	렁 뤄	형 쓸쓸하다, 조용하다
冷却	lěng què	렁 취에	동 냉각하다, 냉각되다
乐趣	lè qù	르어 취	명 즐거움, 기쁨, 재미
乐意	lè yì	르어 이	동 기꺼이 ~하다, ~하기를 원하다
粒	lì	리	명 알, 알갱이, 입자 양 알
晾	liàng	리양	동 (햇볕·바람·그늘에) 말리다
谅解	liàng jiě	리양 찌에	동 양해하다
良心	liáng xīn	리양 씬	명 양심, 선량한 마음
联欢	lián huān	리엔 환	동 친목을 맺다, 교환하다
廉洁	lián jié	리엔 찌에	형 청렴결백하다
联络	lián luò	리엔 뤄	동 연락하다, 소통하다
联盟	lián méng	리엔 멍	명 연맹, 동맹
连年	lián nián	리엔 니엔	부 해마다
连锁	lián suǒ	리엔 쒀	형 연쇄적이다, 쇠사슬처럼 연결되다
连同	lián tóng	리엔 퉁	접 ~과 함께, ~과 더불어

联想	lián xiǎng	리엔 썅	동 연상하다
辽阔	liáo kuò	리아오 쿼	형 아득히 멀고 광활하다, 탁 트이다
理睬	lǐ cǎi	리 차이	동 상대하다, 거들떠보다
立场	lì chǎng	리 창	명 입장, 태도, 관점 我表明一下我的立场。 Wǒ biǎo míng yí xià wǒ de lì chǎng. 워 삐아오 밍 이 씨아 워 뜨어 리 창 나의 입장을 밝히겠습니다.
里程碑	lǐ chéng bēi	리 청 뻬이	명 이정표
历代	lì dài	리 따이	명 역대
例举	lì jǔ	리 쮜	동 열거하다
立方	lì fāng	리 팡	명 입방, 세제곱
厉害	lì hai	리 하이	형 무섭다, 무시무시하다
立交桥	lì jiāo qiáo	리 찌아오 치아오	명 입체 교차로
礼节	lǐ jié	리 찌에	명 예절
历来	lì lái	리 라이	부 줄곧, 항상, 언제나
黎明	lí míng	리 밍	명 여명, 동틀 무렵
淋	lín	린	동 (물이나 액체에) 젖다
临床	lín chuáng	린 촹	동 임상 치료하다
凌晨	líng chén	링 천	명 새벽녘, 이른 아침
灵感	líng gǎn	링 깐	명 영감

A B C D E F G H I J K L M

领会	lǐng huì	링 후이	동 깨닫다, 이해하다, 터득하다
灵魂	líng hún	링 훈	명 영혼
伶俐	líng lì	링 리	형 영리하다, 뛰어나다
灵敏	líng mǐn	링 민	형 영민하다, 재빠르다
领事馆	lǐng shì guǎn	링 스 꽌	명 영사관
	请问，领事馆在哪儿? Qǐng wèn, lǐng shì guǎn zài nǎr? 칭 원, 링 스 꽌 짜이 날? 실례지만 영사관은 어디에 있습니까?		
领土	lǐng tǔ	링 투	명 영토, 영지
领悟	lǐng wù	링 우	동 깨닫다, 이해하다, 납득하다
领先	lǐng xiān	링 씨엔	동 앞장서다, 앞서다
零星	líng xīng	링 씽	형 소량이다, 자질구레하다
领袖	lǐng xiù	링 쎠우	명 지도자, 영도자
吝啬	lìn sè	린 쓰어	형 인색하다, 쩨쩨하다
	他是一个吝啬鬼。 Tā shì yí ge lìn sè guǐ. 타 스 이 끄어 린 쓰어 꾸이 그는 구두쇠입니다.		
力求	lì qiú	리 쳐우	동 온갖 노력을 다하다, 몹시 애쓰다
礼尚往来	lǐ shàng wǎng lái	리 상 왕 라이	예는 서로 왕래하면서 교제하는 것을 귀히 여긴다

理所当然	lǐ suǒ dāng rán	리 쒀 땅 란	도리로 보아 당연하다, 당연히 그렇다
力所能及	lì suǒ néng jí	리 쒀 넝 찌	자기 능력으로 해낼 수 있다, 힘이 닿는 데까지
立体	lì tǐ	리 티	명 입체
溜	liū	려우	동 미끄러지다, 타다
流浪	liú làng	려우 랑	동 유랑하다, 떠돌아다니다
留恋	liú liàn	려우 리엔	동 미련을 두다, 연연하다
流露	liú lù	려우 루	동 무의식중에 나타내다, 무심코 드러내다
流氓	liú máng	려우 망	명 건달, 깡패
留念	liú niàn	려우 니엔	동 기념으로 남기다
留神	liú shén	려우 선	동 주의하다, 유의하다
流通	liú tōng	려우 퉁	형 유통하다
例外	lì wài	리 와이	동 예외로 하다
力争	lì zhēng	리 정	동 매우 노력하다, 노력을 아끼지 않다
理智	lǐ zhì	리 즈	명 이성과 지혜
	他已经失去理智了。 Tā yǐ jīng shī qù lǐ zhì le. 타 이 찡 스 취 리 즈 르어 그는 이미 이성을 잃어버렸습니다.		
理直气壮	lǐ zhí qì zhuàng	리 즈 치 쫭	이유가 충분하여 하는 말이 당당하다
立足	lì zú	리 쭈	동 발을 붙이다

L

垄断	lǒng duàn	룽 똰	동 농단하다, 독점하다
聋哑	lóng yǎ	룽 야	형 농아, 귀가 먹고 말도 못하다
笼罩	lǒng zhào	룽 자오	동 덮어 씌우다, 뒤덮다
隆重	lóng zhòng	룽 중	형 성대하다
搂	lǒu	러우	동 껴안다, 품다
轮船	lún chuán	룬 촨	명 기선
轮廓	lún kuò	룬 쿼	명 윤곽, 테두리
轮胎	lún tāi	룬 타이	명 타이어
论坛	lùn tán	룬 탄	명 논단, 칼럼
论证	lùn zhèng	룬 정	명 논증 동 논증하다
落成	luò chéng	뤄 청	동 준공되다, 낙성하다
落实	luò shí	뤄 스	동 실현되다, 구체화되다
啰嗦	luō suo	뤄 쒀	형 말이 많다, 수다스럽다
络绎不绝	luò yì bù jué	뤄 이 뿌 쮜에	왕래가 빈번해 끊이지 않다
炉灶	lú zào	루 짜오	명 부뚜막, 가마목
屡次	lǚ cì	뤼 츠	부 여러 번, 누차
掠夺	lüè duó	뤼에 뚸	동 빼앗다, 약탈하다
履行	lǚ xíng	뤼 씽	동 이행하다, 실천하다

M

吗	ma	마	조 문장 끝에 쓰여 의문의 어기를 나타냄.
	他来了吗? Tā lái le ma? 타 라이 르어 마? 그는 왔니?		
买	mǎi	마이	동 사다, 구매하다
	我买了两件衣服。 Wǒ mǎi le liǎng jiàn yī fu. 워 마이 르어 량 찌엔 이 푸 나는 옷을 두 벌 샀습니다.		
妈妈	mā ma	마 마	명 엄마, 어머니
	你妈妈在哪儿? Nǐ mā ma zài nǎr? 니 마 마 짜이 날? 너의 어머니는 어디에 계시니?		
猫	māo	마오	명 고양이
没关系	méi guān xi	머이 꽌 씨	괜찮다, 상관없다, 문제없다
没有	méi yǒu	머이 유	동 없다, 가지고 있지 않다
米饭	mǐ fàn	미 판	명 쌀밥
明天	míng tiān	밍 티엔	명 내일, 명일

明天是星期天。
Míng tiān shì xīng qī tiān.
밍 티엔 스 씽 치 티엔
내일은 일요일입니다.

名字	míng zi	밍 쯔	명 이름
卖	mài	마이	동 팔다, 판매하다
慢	màn	만	형 느리다
忙	máng	망	형 바쁘다, 틈이 없다

我最近很忙。
Wǒ zuì jìn hěn máng.
워 쭈이 찐 헌 망
나는 요즘 바쁩니다.

每	měi	머이	대 매, 각, ~마다

他每天都去运动。
Tā měi tiān dōu qù yùn dòng.
타 머이 티엔 떠우 취 윈 뚱
그는 매일 운동하러 갑니다.

妹妹	mèi mei	머이 머이	명 여동생
门	mén	먼	명 입구, 현관
面条	miàn tiáo	미엔 티아오	명 국수
马	mǎ	마	명 말
满意	mǎn yì	만 이	형 만족하다

他对这个结果很满意。
Tā duì zhè ge jié guǒ hěn mǎn yì.
타 뚜이 즈어 끄어 찌에 꿔 헌 만 이
나는 이 결과에 대해 만족합니다.

帽子	mào zi	마오 쯔	명 모자

	我的帽子放在哪儿了？ Wǒ de mào zi fàng zài nǎr le ? 워 뜨어 마오 쯔 팡 짜이 날 르어? 내 모자는 어디에 두었나요?		
马上	mǎ shàng	마 상	부 곧, 즉시, 바로
米	mǐ	미	명 쌀
面包	miàn bāo	미엔 빠오	명 빵
明白	míng bai	밍 빠이	동 알다, 이해하다
	你听明白了吗？ Nǐ tīng míng bai le ma ? 니 팅 밍 빠이 르어 마 알아들었습니까?		
麻烦	má fan	마 판	형 귀찮다, 번거롭다
	这段时间麻烦您了。 Zhè duàn shí jiān má fan nín le. 즈어 똰 스 찌엔 마 판 닌 르어 그동안 많은 신세를 졌습니다.		
马虎	mǎ hu	마 후	형 대충하다, 건성으로 하다
满	mǎn	만	형 가득 차다, 가득하다
毛	máo	마오	명 털, 깃, 깃털
毛巾	máo jīn	마오 찐	명 수건, 타월
美丽	měi lì	머이 리	형 아름답다, 예쁘다
	济州岛是一个美丽的岛。 Jì zhōu dǎo shì yí ge měi lì de dǎo. 찌 쩌우 따오 스 이 끄어 머이 리 뜨어 따오 제주도는 아름다운 섬입니다.		
梦	mèng	멍	명 꿈

免费	miǎn fèi	미엔 퍼이	동 무료로 하다, 돈을 받지 않다
秒	miǎo	미아오	양 초
迷路	mí lù	미 루	동 길을 잃다
密码	mì mǎ	미 마	명 암호, 비밀번호
民族	mín zú	민 쭈	명 민족
目的	mù dì	무 띠	명 목적
	你的目的是什么? Nǐ de mù dì shì shén me? 니 뜨어 무 띠 스 선 므어 당신의 목적은 무엇입니까?		
母亲	mǔ qīn	무 친	명 모친, 어머니
	你母亲今年多大年纪? Nǐ mǔ qīn jīn nián duō dà nián jì? 니 무 친 찐 니엔 뚸 따 니엔 찌 당신의 어머님은 올해 나이가 어떻게 되십니까?		
骂	mà	마	동 욕하다, 나무라다
麦克风	mài kè fēng	마이 크어 펑	명 마이크
馒头	mán tou	만 터우	명 찐빵
满足	mǎn zú	만 쭈	동 만족하다, 흡족하다
毛病	máo bìng	마오 삥	명 고장, 장애
矛盾	máo dùn	마오 뚠	명 갈등, 대립, 모순
冒险	mào xiǎn	마오 씨엔	동 모험하다, 위험을 무릅쓰다
贸易	mào yì	마오 이	명 무역, 교역, 매매

魅力	mèi lì	머이 리	명 매력
眉毛	méi mao	머이 마오	명 눈썹
美术	měi shù	머이 수	명 미술
	我姐姐是美术老师。 Wǒ jiě jie shì měi shù lǎo shī. 워 찌에 찌에 스 머이 수 라오 스 나의 누나는 미술 선생님입니다.		
煤炭	méi tàn	머이 탄	명 석탄
媒体	méi tǐ	머이 티	명 대중매체
梦想	mèng xiǎng	멍 씨양	명 꿈, 이상, 몽상
面对	miàn duì	미엔 뚜이	동 대면하다, 직면하다
面积	miàn jī	미엔 찌	명 면적
面临	miàn lín	미엔 린	동 직면하다
苗条	miáo tiao	미아오 티아오	형 날씬하다, 호리호리하다
描写	miáo xiě	미아오 씨에	동 묘사하다, 그리다
蜜蜂	mì fēng	미 펑	명 꿀벌
秘密	mì mì	미 미	명 비밀
	这是秘密。 Zhè shì mì mì. 즈어 스 미 미 이것은 비밀입니다.		
敏感	mǐn gǎn	민 깐	형 민감하다, 예민하다
命令	mìng lìng	밍 링	명 명령 동 명령하다

名牌	míng pái	밍 파이	명 유명한 브랜드, 명찰
名片	míng piàn	밍 피엔	명 명함

这是我的名片。
Zhè shì wǒ de míng piàn.
즈어 스 워 뜨어 밍 피엔
이것은 저의 명함입니다.

明确	míng què	밍 취에	형 명확하다, 확실하다
名胜古迹	míng shèng gǔ jì	밍 성 꾸 찌	명 명승고적

你去过什么名胜古迹?
Nǐ qù guo shén me míng shèng gǔ jì?
니 취 꿔 선 므어 밍 성 꾸 치?
당신은 무슨 명승고적에 가봤습니까?

明显	míng xiǎn	밍 씨엔	형 분명하다, 뚜렷하다
明星	míng xīng	밍 씽	명 스타, 샛별

他是我最喜欢的明星。
Tā shì wǒ zuì xǐ huan de míng xīng.
타 스 워 쭈이 씨 환 뜨어 밍 씽
그는 내가 가장 좋아하는 스타입니다.

命运	mìng yùn	밍 윈	명 운명
密切	mì qiè	미 치에	형 밀접하다, 친근하다
秘书	mì shū	미 수	명 비서
摸	mō	뭐	동 어루만지다, 짚어보다
模仿	mó fǎng	뭐 팡	동 모방하다, 흉내내다

不要模仿我。
Bú yào mó fǎng wǒ.
뿌 야오 뭐 팡 워
나를 모방하지 마세요.

模糊	mó hu	뭐 후	형 모호하다, 분명하지 않다
陌生	mò shēng	뭐 성	형 생소하다, 낯설다
模特	mó tè	뭐 트어	명 모델
摩托车	mó tuō chē	뭐 퉈 츠어	명 오토바이

他每天骑摩托车上班。
Tā měi tiān qí mó tuō chē shàng bān.
타 머이 티엔 치 뭐 퉈 츠어 상 빤
그는 매일 오토바이를 타고 출근합니다.

某	mǒu	머우	대 아무, 어느
目标	mù biāo	무 삐아오	명 목표
目录	mù lù	무 루	명 목록
目前	mù qián	무 치엔	명 지금, 목전, 현재
木头	mù tou	무 터우	명 나무, 목재
嘛	ma	마	조 서술문 뒤에 쓰여 당연함을 나타냄

这就是你的嘛。
Zhè jiù shì nǐ de ma.
즈어 쪄우 스 니 뜨어 마
이것이 당신 것이잖아요.

麻痹	má bì	마 삐	동 마비되다
迈	mài	마이	동 내디디다, 나아가다
脉搏	mài bó	마이 뿨	명 맥박
埋伏	mái fú	마이 푸	동 매복하다
埋没	mái mò	마이 뭐	동 매몰되다, 묻히다

埋葬	mái zàng	마이 짱	동 묻다, 매장하다
麻木	má mù	마 무	형 마비되다, 저리다
漫长	màn cháng	만 창	형 멀다, 길다
忙碌	máng lù	망 루	동 서두르다, 분주하게 하다 형 눈코 뜰 새 없다
茫茫	máng máng	망 망	형 아득하다, 망망하다
盲目	máng mù	망 무	형 맹목적, 무작정
茫然	máng rán	망 란	형 망연하다, 막연하다
漫画	màn huà	만 화	명 만화
慢性	màn xìng	만 씽	형 만성의
蔓延	màn yán	만 옌	동 만연하다, 널리 번지다
埋怨	mán yuàn	만 위엔	동 탓하다, 원망하다
冒充	mào chōng	마오 충	동 속여서 ~하다, ~인 체하다
冒犯	mào fàn	마오 판	동 무례하다, 실례하다
茂盛	mào shèng	마오 성	형 우거지다, 무성하다
码头	mǎ tóu	마 터우	명 부두
蚂蚁	mǎ yǐ	마 이	명 개미
麻痹	má bì	마 삐	동 마취하다
枚	méi	머이	양 매, 장, 개
美观	měi guān	머이 꽌	형 보기 좋다, 예쁘다
媒介	méi jiè	머이 찌에	명 매개자, 매체

美满	měi mǎn	머이 만	형 아름답고 원만하다
美妙	měi miào	머이 미아오	형 아름답다, 훌륭하다
猛烈	měng liè	멍 리에	형 맹렬하다, 거세다
萌芽	méng yá	멍 야	동 싹트다, 움트다
眯	mī	미	동 눈을 가늘게 뜨다
免得	miǎn de	미엔 뜨어	접 ~하지 않도록, ~않기 위해서
棉花	mián hua	미엔 화	명 목화솜
勉励	miǎn lì	미엔 리	동 격려하다
面貌	miàn mào	미엔 마오	명 용모, 생김새
勉强	miǎn qiǎng	미엔 치앙	형 간신히 ~하다
	他勉强吃了一点儿粥。 Tā miǎn qiáng chī le yì diǎnr zhōu. 타 미엔 치양 츠 르어 이 띠얄 저우 그는 간신히 죽을 조금 먹었다.		
免疫	miǎn yì	미엔 이	동 면역이 되다
面子	miàn zi	미엔 쯔	명 체면, 면목
描绘	miáo huì	미아오 후이	동 그리다, 묘사하다
藐视	miǎo shì	미아오 스	동 경시하다, 얕보다, 경멸하다
渺小	miǎo xiǎo	미아오 씨아오	형 매우 작다
瞄准	miáo zhǔn	미아오 준	동 겨누다, 겨냥하다
弥补	mí bǔ	미 뿌	동 메우다, 보충하다

M

密度	mì dù	미 뚜	명 밀도
蔑视	miè shì	미에 스	동 멸시하다, 깔보다
灭亡	miè wáng	미에 왕	동 멸망하다
密封	mì fēng	미 펑	동 밀봉하다
迷惑	mí huò	미 훠	동 미혹되다
弥漫	mí màn	미 만	동 자욱하다, 가득하다
名次	míng cì	밍 츠	명 석차, 순위, 등수
名额	míng 'é	밍 으어	명 정원, 인원수
名副其实	míng fù qí shí	밍 푸 치 스	명성과 실상이 서로 부합되다, 명실상부하다
命名	mìng míng	밍 밍	동 명명하다, 이름 짓다
明明	míng míng	밍 밍	부 분명히, 명백히
	明明就不是我的错。 Míng míng jiù bú shì wǒ de cuò. 밍 밍 쪄우 뿌 스 워 뜨어 춰 분명히 나의 잘못이 아닙니다.		
名誉	míng yù	밍 위	명 명예, 명성
明智	míng zhì	밍 즈	형 총명하다, 현명하다
民间	mín jiān	민 찌엔	명 민간
敏捷	mǐn jié	민 찌에	형 민첩하다, 빠르다
敏锐	mǐn ruì	민 루이	형 빠르다, 예민하다
民主	mín zhǔ	민 주	명 민주

迷人	mí rén	미 런	동 사람을 홀리다, 마음을 끌다
迷信	mí xìn	미 씬	명 미신
谜语	mí yǔ	미 위	명 수수께끼
膜	mó	뭐	명 막(생명체의 세포나 기관을 싸고 있는 얇은 층)
摩擦	mó cā	뭐 차	동 마찰하다, 비비다
模范	mó fàn	뭐 판	명 모범
魔鬼	mó guǐ	뭐 꾸이	명 마귀, 악마
磨合	mó hé	뭐 흐어	동 길들다, 적응하다, 협의하다
莫名其妙	mò míng qí miào	뭐 밍 치 미아오	영문을 알 수 없다, 어리둥절하게 하다
默默	mò mò	뭐 뭐	부 묵묵히, 말없이
抹杀	mǒ shā	뭐 사	동 말살하다, 없애다
模式	mó shì	뭐 스	명 양식, 패턴
魔术	mó shù	뭐 수	명 마술
墨水	mò shuǐ	뭐 수이	명 먹물, 잉크
摸索	mō suǒ	뭐 쒀	동 모색하다
谋求	móu qiú	머우 처우	동 강구하다, 모색하다
模型	mó xíng	뭐 씽	명 모형
目睹	mù dǔ	무 뚜	동 직접 보다, 목도하다
目光	mù guāng	무 꽝	명 시선, 눈길

模样	mú yàng	무 양	명 모양, 모습
沐浴	mù yù	무 위	동 목욕하다
母语	mǔ yǔ	무 위	명 모국어

N

那	nà	나	대 그, 저
	那是什么? Nà shì shén me? 나 스 선 므어? 저것은 무엇입니까?		
哪	nǎ	나	대 무엇, 어느 것
	你是哪国人? Nǐ shì nǎ guó rén? 니 스 나 꿔 런? 당신은 어느 나라 사람입니까?		
哪儿	nǎr	날	대 어디, 어느 곳
	你去哪儿? Nǐ qù nǎr? 니 취 날? 당신은 어디에 갑니까?		
呢	ne	느어	조 서술문 뒤에 쓰여 동작이나 상황이 지속됨을 나타냄.
	他看电影呢。 Tā kàn diàn yǐng ne. 타 칸 띠엔 잉 느어 그는 영화를 보고 있습니다.		
能	néng	넝	조동 ~할 수 있다, 할 줄 안다
你	nǐ	니	대 너, 당신

年	nián	니엔	양 년, 해
	今年是2016年。 Jīn nián shì 2016nián. 찐 니엔 스 알 링 이 리우 니엔 올해는 2016년입니다.		
女儿	nǚ 'ér	뉘 얼	명 딸
男	nán	난	명 남자, 남성
您	nín	닌	대 당신
牛奶	niú nǎi	녀우 나이	명 우유
	她每天都喝一杯牛奶。 Tā měi tiān dōu hē yì bēi niú nǎi. 타 머이 티엔 떠우 흐어 이 뻐이 녀우 나이 그는 매일 우유 한 잔씩 마십니다.		
女	nǚ	뉘	명 여자, 여성
拿	ná	나	동 쥐다, 잡다, 가지다
奶奶	nǎi nai	나이 나이	명 할머니
难	nán	난	형 어렵다, 힘들다, 곤란하다
	这个问题很难。 Zhè ge wèn tí hěn nán. 즈 끄어 원 티 헌 난 이 문제는 어렵습니다.		
南	nán	난	명 남, 남쪽
难过	nán guò	난 꿔	형 고통스럽다, 슬프다
年级	nián jí	니엔 찌	명 학년
年轻	nián qīng	니엔 칭	형 젊다, 어리다

鸟	niǎo	니아오	명 새
努力	nǔ lì	누 리	동 노력하다, 열심히 하다
	他学习非常努力。 Tā xué xí fēi cháng nǔ lì. 타 쒸에 씨 페이 창 누 리 그는 공부를 매우 열심히 합니다.		
耐心	nài xīn	나이 씬	명 인내심, 참을성 형 인내심이 강하다, 참을성이 있다
难道	nán dào	난 따오	부 설마 ~하겠는가
	难道你不知道吗? Nán dào nǐ bù zhī dào ma? 난 따오 니 뿌 즈 따오 마? 설마 당신은 몰라요?		
难受	nán shòu	난 서우	형 불편하다, 괴롭다, 견딜 수 없다
内	nèi	너이	명 안, 안쪽
内容	nèi róng	너이 룽	명 내용
能力	néng lì	넝 리	명 능력
年龄	nián líng	니엔 링	명 나이, 연세
弄	nòng	눙	동 손에 넣다, 장만하다, 구하다, 마련하다
暖和	nuǎn huo	놘 훠	형 따뜻하다
	春天的天气很暖和。 Chūn tiān de tiān qì hěn nuǎn huo. 춘 티엔 뜨어 티엔 치 헌 놘 훠 봄은 날씨가 따뜻합니다.		
难怪	nán guài	난 꽈이	부 어쩐지, 과연

难免	nán miǎn	난 미엔	동 면하기 어렵다, ~하게 마련이다
脑袋	nǎo dai	나오 따이	명 머리
哪怕	nǎ pà	나 파	접 설령 ~라 해도
内部	nèi bù	너이 뿌	명 내부
内科	nèi kē	너이 크어	명 내과
嫩	nèn	넌	형 연하다, 부드럽다
能干	néng gàn	넝 깐	형 유능하다, 일을 잘 하다
能源	néng yuán	넝 위엔	명 에너지
念	niàn	니엔	동 그리워하다, 걱정하다/읽다
年代	nián dài	니엔 따이	명 시대, 시기, 연대
年纪	nián jì	니엔 찌	명 나이, 연령
宁可	nìng kě	닝 크어	부 차라리 ~일지언정
牛仔裤	niú zǎi kù	녀우 짜이 쿠	명 청바지

你的牛仔裤是在哪儿买的?
Nǐ de niú zǎi kù shì zài nǎr mǎi de?
니 뜨어 녀우 짜이 쿠 스 짜이 날 마이 뜨어?
당신은 청바지를 어디에서 샀습니까?

浓	nóng	눙	형 진하다, 농후하다
农村	nóng cūn	눙 춘	명 농촌
农民	nóng mín	눙 민	명 농민, 농부
农业	nóng yè	눙 예	명 농업
女士	nǚ shì	뉘 스	명 여사, 부인

	女士优先。 Nǚ shì yōu xiān. 뉘 스 여우 씨엔 여성분이 우선입니다.		
纳闷	nà mèn	나 먼	동 답답하다, 갑갑해하다
耐用	nài yòng	나이 융	형 오래 쓸 수 있다, 질기다, 오래가다
难得	nán dé	난 뜨어	형 얻기 어렵다, 하기 쉽지 않다
难堪	nán kān	난 칸	형 난감하다, 난처하다
难能可贵	nán néng kě guì	난 넝 크어 꾸이	쉽지 않은 일을 해내어 대견스럽다, 매우 장하다
南辕北辙	nán yuán běi zhé	난 위엔 뻬이 즈어	속으로는 남쪽으로 가려 하면서 수레는 도리어 북쪽으로 몰다(하는 행동과 목적이 상반되다)
恼火	nǎo huǒ	나오 훠	동 화내다, 노하다
拿手	ná shǒu	나 서우	형 뛰어나다, 자신있다
内涵	nèi hán	너이 한	명 내포
内幕	nèi mù	너이 무	명 내막, 속사정
内在	nèi zài	너이 짜이	형 내재적인
能量	néng liàng	넝 리양	명 에너지
年度	nián dù	니엔 뚜	명 연도
拟定	nǐ dìng	니 띵	동 입안하다, 초안을 세우다
捏	niē	니에	동 집다, 잡다

拧	nǐng	닝	동 비틀다, 비틀어 돌리다
凝固	níng gù	닝 꾸	동 응고하다, 굳어지다
凝聚	níng jù	닝 쮜	동 맺히다
宁肯	nìng kěn	닝 컨	부 차라리 ~할지언정, ~설령 ~할지라도
凝视	níng shì	닝 스	동 주목하다, 응시하다
宁愿	nìng yuàn	닝 위엔	부 차라리 ~할지언정, ~설령 ~할지라도
纽扣	niǔ kòu	녀우 커우	명 단추
扭转	niǔ zhuǎn	녀우 쫜	동 교정하다, 바로잡다
逆行	nì xíng	니 씽	동 역행하다
浓厚	nóng hòu	눙 허우	형 짙다
农历	nóng lì	눙 리	명 음력
奴隶	nú lì	누 리	명 노예
挪	nuó	눠	동 옮기다, 움직이다
虐待	nüè dài	뉘에 따이	동 학대하다

O

偶尔	ǒu 'ěr	어우 얼	부 때때로, 가끔
偶然	ǒu rán	어우 란	부 우연히, 뜻밖에, 간혹
	我们是偶然遇到的。 Wǒ men shì ǒu rán yù dào de. 워 먼 스 어우 란 위 따오 뜨어 우리는 우연히 만났습니다.		
欧洲	ōu zhōu	어우 저우	명 유럽
哦	ó/ò	어우	감 (놀람 · 반신반의를 나타내어) 어!, 어머!, 어허!
	哦？是真的吗？ Ò? Shì zhēn de ma? 어우? 스 전 뜨어 마 어머. 정말입니까?		
殴打	ōu dǎ	어우 따	동 구타하다
呕吐	ǒu tù	어우 투	동 구토하다
偶像	ǒu xiàng	어우 씨양	명 우상

N O P Q R S T U V W X Y Z

| 중국어 필수 단어 |

P

朋友

péng you　펑 여우　명 친구, 벗

这是我的朋友。
Zhè shì wǒ de péng you.
즈어 스 워 뜨어 펑 여우
이분은 저의 친구입니다.

漂亮

piào liang　피아오 량　형 예쁘다, 아름답다

你的衣服真漂亮。
Nǐ de yī fu zhēn piào liang.
니 뜨어 이 푸 전 피아오 량
당신의 옷은 정말 예쁩니다.

苹果

píng guǒ　핑 꿔　명 사과

旁边

páng biān　팡 삐엔　명 옆, 곁

我的公司旁边有一个公园。
Wǒ de gōng sī páng biān yǒu yí ge gōng yuán.
워 뜨어 꿍 쓰 팡 삐엔 여우 이 끄어 꿍 위엔
우리 회사 옆에는 공원이 있습니다.

跑步

pǎo bù　파오 뿌　동 달리다, 조깅하다

我每天晚上都跑步。
Wǒ měi tiān wǎn shang dōu pǎo bù.
워 메이 티엔 완 상 떠우 파오 뿌
나는 매일 저녁마다 달리기를 합니다.

便宜

pián yi　피엔 이　형 싸다, 헐하다

这双鞋很便宜。
Zhè shuāng xié hěn pián yi.
즈어 쐉 씨에 헌 피엔 이
이 신발은 쌉니다.

票	piào	피아오	명 표, 티켓
胖	pàng	팡	형 뚱뚱하다
盘子	pán zi	판 쯔	명 쟁반
爬山	pá shān	파 산	동 등산하다

星期天我们去爬山吧。
Xīng qī tiān wǒ men qù pá shān ba.
씽 치 티엔 워 먼 취 파 산 빠
일요일에 같이 등산하러 갑시다.

啤酒	pí jiǔ	피 쪄우	명 맥주

再来一杯啤酒。
Zài lái yì bēi pí jiǔ.
짜이 라이 이 뻬이 피 쪄우
맥주 한 잔 더 주세요.

瓶子	píng zi	핑 쯔	명 양 병
皮鞋	pí xié	피 씨에	명 가죽 구두
排队	pái duì	파이 뚜이	동 줄을 서다, 순서대로 정렬하다
排列	pái liè	파이 리에	동 배열하다, 정렬하다
判断	pàn duàn	판 똰	동 판단하다, 판정하다
陪	péi	페이	동 모시다, 동반하다

你陪我去图书馆学习。
Nǐ péi wǒ qù tú shū guǎn xué xí.
니 페이 워 취 투 수 꽌 쒸에 씨
나랑 도서관에 공부하러 갑시다.

骗	piàn	피엔	동 속이다, 기만하다
篇	piān	피엔	양 편, 장
皮肤	pí fū	피 푸	명 피부
乒乓球	pīng pāng qiú	핑 팡 치우	명 탁구
平时	píng shí	핑 스	명 평소, 평상시
	我平时喜欢看书。 Wǒ píng shí xǐ huan kàn shū. 워 핑 스 씨 환 칸 수 나는 평소에 책을 즐겨 읽습니다.		
批评	pī píng	피 핑	동 비판하다, 꾸짖다, 나무라다
脾气	pí qi	피 치	명 성격, 성질
破	pò	풔	동 파손되다, 찢어지다, 망가지다
普遍	pǔ biàn	푸 삐엔	형 보편적인, 일반적인, 널리 퍼져 있는
葡萄	pú táo	푸 타오	명 포도
普通话	pǔ tōng huà	푸 퉁 화	명 현대 중국 표준어
拍	pāi	파이	동 (손바닥이나 납작한 것으로) 치다
派	pài	파이	명 파, 파벌
盼望	pàn wàng	판 왕	동 간절히 바라다
赔偿	péi cháng	페이 창	동 배상하다, 보상하다, 물어주다

佩服	pèi fú	퍼이 푸	동 탄복하다, 감탄하다, 경탄하다
配合	pèi hé	퍼이 흐어	동 협력하다, 호흡을 맞추다
培训	péi xùn	퍼이 쒼	동 양성하다, 육성하다, 키우다
培养	péi yǎng	퍼이 양	동 배양하다
盆	pén	펀	명 양 화분, 분, 대야
碰	pèng	펑	동 부딪치다, 충돌하다
匹	pǐ	피	양 짝을 이루는 것
披	pī	피	동 쓰다, 덮다
批	pī	피	동 비판하다, 꾸짖다
片	piàn	피엔	양 편평하게 얇은 모양의 것에 쓰임
片面	piàn miàn	피엔 미엔	형 단편적이다
飘	piāo	피아오	동 나부끼다, 펄럭이다, 흩날리다
疲劳	pí láo	피 라오	형 피곤하다, 지치다
频道	pín dào	핀 따오	명 채널
平	píng	핑	형 평평하다, 평탄하다
凭	píng	핑	동 의지하다, 의거하다 부 ~에 의거하다 접 설령 ~이라 할지라도
平安	píng 'ān	핑 안	형 평안하다, 편안하다, 무사하다

平常	píng cháng	핑 창	명 평소, 평시
平等	píng děng	핑 떵	형 평등하다, 동일한 대우를 받다

人人平等。
Rén rén píng děng.
런 런 핑 떵
모든 사람은 평등하다.

平方	píng fāng	핑 팡	명 제곱, 평방
平衡	píng héng	핑 헝	형 균형이 맞다
评价	píng jià	핑 찌야	동 평가하다
平静	píng jìng	핑 찡	형 조용하다, 고요하다
平均	píng jūn	핑 쥔	형 평균의, 평균적인, 균등한
拼音	pīn yīn	핀 인	동 병음
批准	pī zhǔn	피 준	동 허가하다, 승인하다
破产	pò chǎn	풔 찬	동 파산하다
破坏	pò huài	풔 화이	동 파괴하다
迫切	pò qiè	풔 치에	형 절박하다

他迫切地希望回到韩国。
Tā pò qiè de xī wàng huí dào hán guó.
타 풔 치에 뜨어 씨 왕 후이 따오 한 궈
그는 한국으로 돌아가고 싶은 마음이 절박합니다.

趴	pā	파	동 엎드리다
派别	pài bié	파이 삐에	명 파벌, 파
排斥	pái chì	파이 츠	동 배척하다

排除	pái chú	파이 추	동 제거하다, 없애다
排放	pái fàng	파이 팡	동 배출하다, 방류하다
徘徊	pái huái	파이 화이	동 배회하다, 거닐다
排练	pái liàn	파이 리엔	동 리허설하다
派遣	pài qiǎn	파이 치엔	동 파견하다
畔	pàn	판	명 가, 가장자리, 부근
攀登	pān dēng	판 떵	동 타고 오르다, 등반하다
庞大	páng dà	팡 따	형 매우 크다, 방대하다
判决	pàn jué	판 쮜에	동 판결하다, 선고하다
盘旋	pán xuán	판 쒸엔	동 선회하다, 맴돌다
泡沫	pào mò	파오 뭐	명 거품, 포말
抛弃	pāo qì	파오 치	동 버리다, 포기하다
配备	pèi bèi	퍼이 뻐이	동 배치하다, 분배하다
配偶	pèi 'ǒu	퍼이 어우	명 배우자, 짝, 커플
配套	pèi tào	퍼이 타오	동 세트로 만들다
培育	péi yù	퍼이 위	동 기르다, 재배하다
盆地	pén dì	펀 띠	명 분지
捧	pěng	펑	받들다, 받쳐들다
烹饪	pēng rèn	펑 런	동 요리하다
劈	pī	피	동 (도끼 등으로) 쪼개다, 패다
偏差	piān chā	피엔 차	명 편차, 오차

片段	piàn duàn	피엔 똰	명 토막, 부분, 단락
偏见	piān jiàn	피엔 찌엔	명 편견, 선입견
片刻	piàn kè	피엔 크어	명 잠깐, 잠시
偏僻	piān pì	피엔 피	형 외지다, 구석지다
偏偏	piān piān	피엔 피엔	부 일부러, 굳이
漂浮	piāo fú	피아오 푸	동 뜨다
飘扬	piāo yáng	피아오 양	동 펄럭이다, 휘날리다
疲惫	pí bèi	피 뻬이	형 대단히 피곤하다
撇	piě	피에	동 던지다, 뿌리다
批发	pī fā	피 파	동 도매하다
	义乌市中国最大的批发市场。 Yì wū shì zhōng guó zuì dà de pī fā shì chǎng. 이 우 스 중 꿔 쭈이 따 뜨어 피 파 스 창 이우는 중국의 가장 큰 도매 시장입니다.		
皮革	pí gé	피 끄어	명 가죽, 피혁
屁股	pì gu	피 꾸	명 둔부, 엉덩이
疲倦	pí juàn	피 쮜엔	형 피곤하다, 지치다
拼搏	pīn bó	핀 뿨	동 전력을 다해 분투하다
品尝	pǐn cháng	핀 창	동 맛보다, 시식하다
品德	pǐn dé	핀 뜨어	명 품성, 인품과 덕성
贫乏	pín fá	핀 파	형 빈궁하다, 가난하다
频繁	pín fán	핀 판	형 잦다, 빈번하다

平凡	píng fán	핑 판	형 평범하다, 보통이다
评估	píng gū	핑 꾸	동 평가하다
评论	píng lùn	핑 룬	동 평론하다, 논의하다
平面	píng miàn	핑 미엔	명 평면
屏幕	píng mù	핑 무	명 스크린, 영사막
平坦	píng tǎn	핑 탄	형 평평하다
平行	píng xíng	핑 씽	형 동시의, 병행의
平庸	píng yōng	핑 융	형 평범하다, 보통이다
平原	píng yuán	핑 위엔	명 평원
屏障	píng zhàng	핑 장	명 장벽, 보호벽
贫困	pín kùn	핀 쿤	형 빈곤하다, 곤궁하다
频率	pín lǜ	핀 뤼	명 빈도
拼命	pīn mìng	핀 밍	동 기를 쓰다, 필사적으로 하다
品质	pǐn zhì	핀 즈	명 품질, 질
品种	pǐn zhǒng	핀 중	명 품종
批判	pī pàn	피 판	동 비판하다, 지적하다, 나무라다
譬如	pì rú	피 루	동 예를 들다
坡	pō	풔	명 비탈, 언덕
颇	pō	풔	부 꽤, 상당히
泼	pō	풔	동 뿌리다, 붓다

迫不及待	pò bù jí dài	풔 뿌 찌 따이	한시도 지체할 수 없다, 잠시도 늦출 수 없다
迫害	pò hài	풔 하이	동 박해하다
魄力	pò lì	풔 리	명 박력, 패기
	他既有能力也有魄力。 Tā jì yǒu néng lì yě yǒu pò lì. 타 찌 여우 넝 리 예 여우 풔 리 그는 능력도 있고 박력도 있다.		
破例	pò lì	풔 리	동 상례를 깨다
铺	pū	푸	동 깔다, 펴다
扑	pū	푸	동 덮치다, 달려들다
瀑布	pù bù	푸 뿌	명 폭포
普及	pǔ jí	푸 찌	동 보급되다, 확산되다
朴实	pǔ shí	푸 스	형 소박하다, 꾸밈이 없다
朴素	pǔ sù	푸 수	형 소박하다, 화려하지 않다

Q

七	qī	치	수 7, 일곱
钱	qián	치엔	명 돈, 화폐
	你有零钱吗? Nǐ yǒu líng qián ma ? 니 여우 링 치엔 마? 당신은 잔돈 있습니까?		
前面	qián mian	치엔 미엔	명 앞
请	qǐng	칭	동 청하다, 부탁하다, 요구하다
	请进。 Qǐng jìn. 칭 찐 들어오세요.		
去	qù	취	동 가다
千	qiān	치엔	수 1000, 천
铅笔	qiān bǐ	치엔 삐	명 연필
起床	qǐ chuáng	치 촹	동 일어나다
	你几点起床? Nǐ jǐ diǎn qǐ chuáng ? 니 찌 띠엔 치 촹? 당신은 몇 시에 일어납니까?		
晴	qíng	칭	형 맑다, 개이다
妻子	qī zi	치 쯔	명 아내

去年	qù nián	취 니엔	명 작년
	我是去年毕业的。 Wǒ shì qù nián bì yè de. 워 스 취 니엔 삐 예 뜨어 나는 작년에 졸업했습니다.		
骑	qí	치	동 (동물이나 자전거 등에) 타다
起飞	qǐ fēi	치 페이	동 이륙하다
	飞机已经起飞了。 Fēi jī yǐ jīng qǐ fēi le. 페이 찌 이 찡 치 페이 르어 비행기는 이미 이륙했습니다.		
奇怪	qí guài	치 꽈이	형 기이하다, 이상하다
起来	qǐ lai	치 라이	동 일어나다
清楚	qīng chu	칭 추	형 분명하다, 명백하다
请假	qǐng jiǎ	칭 찌아	동 (휴가 · 조퇴 · 외출 · 결근 · 결석 등의 허락을) 신청하다
其实	qí shí	치 스	부 사실
其他	qí tā	치 타	대 기타, 다른 사람
秋	qiū	쳐우	명 가을
	秋天很凉快。 Qiū tiān hěn liáng kuai. 쳐우 티엔 헌 량 콰이 가을은 서늘합니다.		
裙子	qún zi	췬 쯔	명 치마, 스커트
千万	qiān wàn	치엔 완	부 부디, 제발, 꼭, 절대로
签证	qiān zhèng	치엔 정	명 비자

敲	qiāo	치아오	동 치다, 두드리다, 때리다 进门之前请敲门。 Jìn mén zhī qián qǐng qiāo mén. 찐 먼 즈 치엔 칭 치아오 먼 들어오기 전에 노크하세요.
桥	qiáo	치아오	명 다리, 교량
巧克力	qiǎo kè lì	치아오 크어 리	명 초콜릿
其次	qí cì	치 츠	대 다음, 그 다음
气候	qì hòu	치 허우	명 기후
轻	qīng	칭	형 가볍다
情况	qíng kuàng	칭 쾅	명 상황, 사정
轻松	qīng sōng	칭 쑹	형 수월하다, 가볍다, 부담이 없다
亲戚	qīn qi	친 치	명 친척
穷	qióng	츙	형 빈곤하다, 가난하다
其中	qí zhōng	치 중	대 그중에
取	qǔ	취	동 가지다, 취하다, 찾다
全部	quán bù	취엔 뿌	명 전부, 전체, 모두
区别	qū bié	취 삐에	명 구별, 차이 동 구분하다 这两件衣服有什么区别? Zhè liǎng jiàn yī fu yǒu shén me qū bié ? 즈어 량 찌엔 이 푸 여우 선 므어 취 삐에? 이 두 옷은 무슨 차이가 있습니까?
却	què	취에	부 ~지만

N O P Q R S T U V W X Y Z

缺点	quē diǎn	취에 띠엔	명 결점, 단점
缺少	quē shǎo	취에 사오	동 부족하다, 모자라다

你缺少一点运气。
Nǐ quē shǎo yì diǎn yùn qì.
니 취에 사오 이 띠엔 윈 치
당신은 운이 좀 부족합니다.

确实	què shí	취에 스	형 확실하다 부 확실히, 틀림없이
签	qiān	치엔	동 서명하다, 사인하다
欠	qiàn	치엔	동 빚지다
浅	qiǎn	치엔	형 얕다
抢	qiǎng	치양	동 빼앗다, 탈취하다
墙	qiáng	치양	명 담장, 벽
枪	qiāng	치양	명 총
强调	qiáng diào	치양 띠아오	동 강조하다
强烈	qiáng liè	치양 리에	형 강렬하다
前途	qián tú	치엔 투	명 전도, 앞길, 전망
谦虚	qiān xū	치엔 쒸	형 겸손하다, 겸허하다
瞧	qiáo	치아오	동 보다, 구경하다
巧妙	qiǎo miào	치아오 미아오	형 교묘하다

这个设计很巧妙。
Zhè ge shè jì hěn qiǎo miào.
즈어 끄어 스어 찌 헌 치아오 미아오
이 디자인은 교묘합니다.

悄悄	qiāo qiāo	치아오 치아오	부 은밀히, 몰래
期待	qī dài	치 따이	동 기대하다, 기다리다
切	qiē	치에	동 자르다, 썰다, 끊다
启发	qǐ fā	치 파	명 계발, 영감 동 계발하다
气氛	qì fēn	치 펀	명 분위기
奇迹	qí jì	치 찌	명 기적
期间	qī jiān	치 찌엔	명 기간, 시간
亲爱	qīn 'ài	친 아이	형 친애하다, 사랑하다
勤奋	qín fèn	친 펀	동 꾸준하다, 부지런하다
青	qīng	칭	형 푸르다
青春	qīng chūn	칭 춘	명 청춘
清淡	qīng dàn	칭 딴	형 담백하다, 싱겁다
情景	qíng jǐng	칭 찡	명 정경, 광경, 장면
请求	qǐng qiú	칭 쳐우	명 요구, 요청, 부탁
	请答应我的请求。 Qǐng dā ying wǒ de qǐng qiú. 칭 따 잉 워 뜨어 칭 쳐우 제 요구를 들어주세요.		
青少年	qīng shǎo nián	칭 사오 니엔	명 청소년
轻视	qīng shì	칭 스	동 경시하다, 무시하다
情绪	qíng xù	칭 쒸	명 정서, 감정, 기분

N O P Q R S T U V W X Y Z

轻易	qīng yì	칭 이	형 제멋대로 하다, 경솔하다, 함부로 하다, 쉽다
	不要轻易相信他。 Bú yào qīng yì xiàng xìn tā. 뿌 야오 칭 이 씨양 씬 타 그를 함부로 믿지 마세요.		
庆祝	qìng zhù	칭 주	동 경축하다
亲切	qīn qiè	친 치에	형 친절하다
亲自	qīn zì	친 쯔	부 직접, 친히
球迷	qiú mí	쳐우 미	명 축구팬
企业	qǐ yè	치 예	명 기업
汽油	qì yóu	치 여우	명 휘발유, 가솔린
其余	qí yú	치 위	대 나머지, 남은 것
娶	qǔ	취	동 아내를 얻다
	他娶了一个美国妻子。 Tā qǔ le yí ge měi guó qī zi. 타 취 르어 이 끄어 메이 꿔 치 쯔 그는 미국인 아내를 얻었습니다.		
劝	quàn	취엔	동 권하다, 타이르다
	你劝劝她吧。 Nǐ quàn quan tā ba. 니 취엔 취엔 타 빠 그를 좀 말리세요.		
圈	quān	취엔	명 고리, 환, 테
权利	quán lì	취엔 리	명 권리
权力	quán lì	취엔 리	명 권력

全面	quán miàn	취엔 미엔	명 전면, 전반, 전체 형 전면적이다
确定	què dìng	취에 띵	동 확정하다
缺乏	quē fá	취에 파	동 결핍하다, 모자라다
确认	què rèn	취에 런	동 확인하다, 명확히 인정하다
群	qún	췬	명 무리, 떼
趋势	qū shì	취 스	명 추세
去世	qù shì	취 스	동 돌아가다, 세상을 뜨다
取消	qǔ xiāo	취 씨아오	동 취소하다
掐	qiā	치야	동 꼬집다, 끊다
恰当	qià dàng	치야 땅	형 알맞다, 적당하다
恰到好处	qià dào hǎo chù	치야 따오 하오 추	아주 적절하다, 적당하다
牵	qiān	치엔	동 끌다, 손잡다
牵扯	qiān chě	치엔 츠어	동 관련되다, 연루되다
千方百计	qiān fāng bǎi jì	치엔 팡 빠이 찌	갖은 방법을 다 써 보다
抢劫	qiǎng jié	치양 찌에	동 강탈하다, 약탈하다
抢救	qiǎng jiù	치양 쪄우	동 구조하다, 응급처치하다
强迫	qiǎng pò	치양 풔	동 강요하다, 핍박하다
强制	qiáng zhì	치양 즈	동 강제하다, 강요하다
前景	qián jǐng	치엔 찡	명 장래, 앞날

迁就	qiān jiù	치엔 쪄우	동 영합하다, 참고 견디다
潜力	qián lì	치엔 리	명 잠재능력, 잠재력
签署	qiān shǔ	치엔 수	동 정식 서명하다
潜水	qián shuǐ	치엔 수이	동 잠수하다
前提	qián tí	치엔 티	명 전제, 전제 조건
迁徙	qiān xǐ	치엔 씨	동 옮겨 가다
谦逊	qiān xùn	치엔 쒼	형 겸손하다
潜移默化	qián yí mò huà	치엔 이 뭐 화	한 사람의 사상이나 성격 등이 어떤 영향을 받아 부지불식간에 변화가 생기다
谴责	qiǎn zé	치엔 쯔어	동 비난하다, 질책하다
牵制	qiān zhì	치엔 즈	동 견제하다
翘	qiào	챠오	동 치켜들다, 휘다, 쳐들다
桥梁	qiáo liáng	챠오 량	명 교량, 다리
窍门	qiào mén	챠오 먼	명 방법, 비결
恰巧	qià qiǎo	챠 챠오	부 때마침, 공교롭게도
洽谈	qià tán	챠 탄	동 협의하다, 상담하다
器材	qì cái	치 차이	명 기구, 기자재
起草	qǐ cǎo	치 차오	동 기초하다, 글의 초안을 작성하다

请你起草一份文件。
Qǐng nǐ qǐ cǎo yí fèn wén jiàn.
칭 니 치 차오 이 펀 원 찌엔
문서를 작성하세요.

启程	qǐ chéng	치 청	동 출발하다, 길을 나서다
	我马上启程。 Wǒ mǎ shàng qǐ chéng. 워 마 상 치 청 바로 출발하겠습니다.		
起初	qǐ chū	치 추	명 처음, 최초
锲而不舍	qiè 'ér bù shě	치에 얼 뿌 스어	나태함 없이 끈기 있게 끝까지 해내다
切实	qiè shí	치에 스	형 실용적이다, 현실적이다
欺负	qī fu	치 푸	동 얕보다, 괴롭히다
起伏	qǐ fú	치 푸	명 기복 동 (정서 · 감정 등이) 변화하다
乞丐	qǐ gài	치 까이	거지
气概	qì gài	치 까이	명 기개
气功	qì gōng	치 꿍	명 기공
器官	qì guān	치 꽌	명 기관
起哄	qǐ hòng	치 훙	동 놀리다, 조롱하다
迄今为止	qì jīn wéi zhǐ	치 찐 웨이 즈	지금에 이르기까지
凄凉	qī liáng	치 량	형 처량하다, 처참하다
起码	qǐ mǎ	치 마	형 최소한의, 기본적인
启蒙	qǐ méng	치 멍	동 계몽하다
奇妙	qí miào	치 미아오	형 기묘하다, 신기하다
侵犯	qīn fàn	친 판	동 침범하다

情报	qíng bào	칭 빠오	명 정보
清澈	qīng chè	칭 츠어	형 맑고 투명하다
清晨	qīng chén	칭 천	명 이른 아침
清除	qīng chú	칭 추	동 깨끗이 없애다
请柬	qǐng jiǎn	칭 찌엔	명 초대장, 청첩장
	你收到请柬了吗? Nǐ shōu dào qǐng jiǎn le ma? 니 서우 따오 칭 찌엔 르어 마? 당신은 청첩장을 받았습니까?		
请教	qǐng jiào	칭 찌아오	동 가르침을 청하다
情节	qíng jié	칭 찌에	명 플롯, 줄거리
清洁	qīng jié	칭 찌에	형 깨끗하다, 청결하다
晴朗	qíng lǎng	칭 랑	형 쾌청하다, 구름 한 점 없이 맑다
情理	qíng lǐ	칭 리	명 이치, 도리
清理	qīng lǐ	칭 리	동 깨끗이 정리하다
请示	qǐng shì	칭 스	동 지시를 바라다
请帖	qǐng tiě	칭 티에	명 초대장, 청첩장
倾听	qīng tīng	칭 팅	동 경청하다, 귀를 기울이다
清晰	qīng xī	칭 씨	형 또렷하다, 분명하다
倾向	qīng xiàng	칭 씨앙	명 경향 동 기울다, 치우치다
倾斜	qīng xié	칭 씨에	형 기울다, 경사지다

情形	qíng xing	칭 씽	명 정황, 상황
清醒	qīng xǐng	칭 씽	형 맑다, 분명하다
清真	qīng zhēn	칭 전	형 산뜻하고 절박하다
勤俭	qín jiǎn	친 찌엔	형 근검하다, 부지런하고 알뜰하다
勤劳	qín láo	친 라오	동 열심히 일하다
侵略	qīn lüè	친 뤼에	동 침략하다
亲密	qīn mì	친 미	형 친밀하다, 사이가 좋다
钦佩	qīn pèi	친 퍼이	동 경복하다, 탄복하다
亲热	qīn rè	친 르어	형 친밀하고 다정스럽다, 친절하다
旗袍	qí páo	치 파오	명 치파오
	这件旗袍真漂亮。 Zhè jiàn qí páo zhēn piào liang. 즈어 찌엔 치 파오 전 피아오 리양 이 치파오는 정말 예쁩니다.		
欺骗	qī piàn	치 피엔	동 속이다, 기만하다
气魄	qì pò	치 풔	명 기백, 패기
齐全	qí quán	치 취엔	형 완비하다, 완전히 갖추다
气色	qì sè	치 쓰어	명 안색, 기색
歧视	qí shì	치 스	명 경시, 차별대우 동 경시하다
气势	qì shì	치 스	명 기세
启事	qǐ shì	치 스	명 광고, 공고

启示	qǐ shì	치 스	동 계시하다, 시사하다
企图	qǐ tú	치 투	명 의도
丘陵	qiū líng	쳐우 링	명 구릉, 언덕
期望	qī wàng	치 왕	동 기대하다, 바라다
气味	qì wèi	치 웨이	명 냄새
期限	qī xiàn	치 씨엔	명 기한, 시한
气象	qì xiàng	치 씨양	명 기상
齐心协力	qí xīn xié lì	치 씬 씨에 리	한마음 한뜻으로 함께 노력하다
气压	qì yā	치 야	명 대기압
岂有此理	qǐ yǒu cǐ lǐ	치 여우 츠 리	어찌 이럴 수가 있단 말인가? 이런 경우가 어디 있단 말인가?
起源	qǐ yuán	치 위엔	명 기원
气质	qì zhì	치 즈	명 기질, 성미, 성격
旗帜	qí zhì	치 즈	명 기, 깃발
犬	quǎn	취엔	명 개
权衡	quán héng	취엔 헝	동 비교하다, 따지다, 재다
全局	quán jú	취엔 쥐	명 대세, 전체 국면
全力以赴	quán lì yǐ fù	취엔 리 이 푸	최선을 다하다
圈套	quān tào	취엔 타오	명 올가미, 계략
拳头	quán tou	취엔 터우	명 주먹

权威	quán wēi	취엔 워이	명 권위, 권위자 형 권위적이다
渠道	qú dào	취 따오	명 경로, 방법
取缔	qǔ dì	취 띠	동 금지를 명하다
瘸	qué	취에	동 다리를 절다, 절뚝거리다
确保	què bǎo	취에 빠오	동 확보하다, 확실히 보장하다
缺口	quē kǒu	취에 커우	명 결함, 흠집
确立	què lì	취에 리	동 확립하다, 수립하다
确切	què qiè	취에 치에	형 확실하다
缺席	quē xí	취에 씨	동 결석하다
缺陷	quē xiàn	취에 씨엔	명 결함, 결점
确信	què xìn	취에 씬	동 확신하다, 조금도 의심하지 않다
	我确信他会来。 Wǒ què xìn tā huì lái. 워 취엔 씬 타 후이 라이 나는 그가 올 것이라고 확신합니다.		
区分	qū fēn	취 펀	동 구분하다, 분별하다
屈服	qū fú	취 푸	동 굴복하다
群众	qún zhòng	췬 중	명 대중, 군중
趣味	qù wèi	취 워이	명 재미, 흥미
区域	qū yù	취 위	명 구역, 지역
曲折	qū zhé	취 즈어	형 굽다, 구불구불하다

驱逐	qū zhú	취 주	동 몰아내다, 쫓아내다
曲子	qǔ zi	취 쯔	명 노래, 가곡

R

热	rè	르어	형 덥다, 뜨겁다
	今天太热了。 Jīn tiān tài rè le. 찐 티엔 타이 르어 르어 오늘은 날씨가 너무 덥습니다.		
人	rén	런	명 사람, 인간
认识	rèn shi	런 스	동 알다, 인식하다
	我不认识你。 Wǒ bú rèn shi nǐ. 워 뿌 런 스 니 나는 당신을 모릅니다.		
让	ràng	랑	동 양보하다, ~을 하게 하다
	别让我失望。 Bié ràng wǒ shī wàng. 삐에 랑 워 스 왕 나를 실망시키지 마세요.		
日	rì	르	명 태양, 해 양 일
然后	rán hòu	란 허우	접 그 다음에, 그후에
认为	rèn wéi	런 워이	동 ~이라고 여기다, 생각하다
	我认为他是对的。 Wǒ rèn wéi tā shì duì de. 워 런 워이 타 스 뚜이 뜨어 나는 그가 옳다고 생각합니다.		

认真	rèn zhēn	런 전	형 진지하다, 착실하다
热情	rè qíng	르어 칭	형 열정적이다, 친절하다

他对谁都很热情。
Tā duì shéi dōu hěn rè qíng.
타 뚜이 서이 떠우 헌 르어 칭
그는 누구에게나 친절합니다.

容易	róng yi	룽 이	형 쉽다, 용이하다

没有一件事情是容易的。
Méi yǒu yí jiàn shì qing shì róng yi de.
머이 여우 이 찌엔 스 칭 스 룽 이 뜨어
쉬운 일은 없습니다.

如果	rú guǒ	루 꿔	접 만약, 만일
然而	rán 'ér	란 얼	접 그러나, 하지만, 그렇지만
热闹	rè nao	르어 나오	형 번화하다, 떠들썩하다

一到晚上，这里就很热闹。
Yí dào wǎn shang，zhè lǐ jiù hěn rè nao.
이 따오 완 상, 즈어 리 쩌우 헌 르어 나오
저녁만 되면 여기는 번화합니다.

扔	rēng	렁	동 던지다

不要随地扔垃圾。
Bú yào suí dì rēng lā jī.
뿌 야오 쑤이 띠 렁 라 찌
쓰레기를 함부로 버리지 마세요.

仍然	réng rán	렁 란	부 변함없이, 여전히, 원래대로, 아직도
任何	rèn hé	런 흐어	대 어떠한
任务	rèn wù	런 우	명 임무
日记	rì jì	르 찌	명 일기

入口	rù kǒu	루 커우	명 입구
燃烧	rán shāo	란 사오	동 연소하다, 타다
绕	rào	라오	동 휘감다, 두르다, 감다
热爱	rè 'ài	르어 아이	동 뜨겁게 사랑하다
	他很热爱他的工作。 Tā hěn rè 'ài tā de gōng zuò. 타 헌 르어 아이 타 뜨어 꽁 쭤 그는 그의 일을 사랑합니다.		
热烈	rè liè	르어 리에	형 열렬하다
忍不住	rěn bu zhù	런 뿌 주	동 견딜 수 없다, 참을 수 없다
	她忍不住哭了起来。 Tā rěn bu zhù kū le qǐ lái. 타 런 뿌 주 쿠 르어 치 라이 그녀는 참지 못하고 울음을 터뜨렸습니다.		
人才	rén cái	런 차이	명 인재
人口	rén kǒu	런 커우	명 인구
人类	rén lèi	런 러이	명 인류
人民币	rén mín bì	런 민 삐	명 인민폐
人生	rén shēng	런 성	명 인생
人事	rén shì	런 스	명 인사
	他在人事部工作。 Tā zài rén shì bù gōng zuò. 타 짜이 런 스 뿌 꽁 쭤 그는 인사 팀에서 근무합니다.		
人物	rén wù	런 우	명 인물

人员	rén yuán	런 위엔	명 인원, 요원
热心	rè xīn	르어 씬	동 적극적이다, 열성적이다
日常	rì cháng	르 창	형 일상의, 평소의, 일상적인
日程	rì chéng	르 청	명 일정
日历	rì lì	르 리	명 일력
日期	rì qī	르 치	명 날짜, 기간
日用品	rì yòng pǐn	르 융 핀	명 일용품
日子	rì zi	르 쯔	명 날, 날짜
软	ruǎn	롼	형 부드럽다, 연하다
软件	ruǎn jiàn	롼 찌엔	명 소프트웨어
	这是什么软件? Zhè shì shén me ruǎn jiàn? 즈어 스 선 므어 롼 찌엔? 이것은 무슨 소프트웨어입니까?		
如何	rú hé	루 흐어	대 어떠한가, 어때요
	无论如何你都要来。 Wú lùn rú hé nǐ dōu yào lái. 우 룬 루 흐어 니 떠우 야오 라이 어쨌든 당신은 와야 합니다.		
如今	rú jīn	루 찐	명 지금, 오늘날, 현재
弱	ruò	뤄	형 약하다, 허약하다
染	rǎn	란	동 염색하다, 물들이다
嚷	rǎng	랑	동 큰 소리로 부르다, 외치다

让步	ràng bù	랑 뿌	동 양보하다
扰乱	rǎo luàn	라오 롼	동 혼란시키다, 어지럽히다
饶恕	ráo shù	라오 수	동 용서하다

他犯了一个不可饶恕的错误。
Tā fàn le yí ge bù kě ráo shù de cuò wù.
타 판 르어 이 끄어 뿌 크어 라오 수 뜨어 춰 우
그는 용서할 수 없는 잘못을 저질렀습니다.

惹祸	rě huò	르어 훠	동 화를 초래하다, 일을 저지르다
热泪盈眶	rè lèi yíng kuàng	르어 러이 잉 쾅	뜨거운 눈물이 눈에 그렁그렁하다
热门	rè mén	르어 먼	명 인기 있는 것, 유행하는 것
仁慈	rén cí	런 츠	형 인자하다
人道	rén dào	런 따오	명 인간성, 휴머니티
认定	rèn dìng	런 띵	동 인정하다, 확신하다
人格	rén gé	런 끄어	명 인격
仍旧	réng jiù	렁 쪄우	부 여전히, 변함없이
人工	rén gōng	런 꿍	형 인공의, 인위적인
人家	rén jiā	런 찌야	대 남, 타인
人间	rén jiān	런 찌엔	명 인간 사회, 세상
认可	rèn kě	런 크어	동 승낙하다, 허락하다
任命	rèn mìng	런 밍	동 임명하다
忍耐	rěn nài	런 나이	동 인내하다, 참다, 견디다

人士	rén shì	런 스	명 인사
忍受	rěn shòu	런 서우	동 참다, 이겨 내다
人为	rén wéi	런 워이	형 인위적인
任性	rèn xìng	런 씽	형 제멋대로하다, 마음 내키는 대로 하다
人性	rén xìng	런 씽	명 인성, 인간의 본성
任意	rèn yì	런 이	형 임의의
人质	rén zhì	런 즈	명 인질
任重道远	rèn zhòng dào yuǎn	런 중 따오 위엔	맡은 바 책임은 무겁고, 갈 길은 멀기만 하다
日新月异	rì xīn yuè yì	르 씬 웨 이	나날이 새로워지다
日益	rì yì	르 이	부 날로, 나날이 더욱
融化	róng huà	룽 화	동 녹다, 융해되다
溶解	róng jiě	룽 찌에	동 용해하다
容貌	róng mào	룽 마오	명 용모, 생김새
容纳	róng nà	룽 나	동 수용하다, 넣다
容器	róng qì	룽 치	명 용기
融洽	róng qià	룽 치야	형 사이가 좋다, 조화롭다
容忍	róng rěn	룽 런	동 참고 견디다, 용인하다
荣幸	róng xìng	룽 씽	형 매우 영광스럽다

	这是我的荣幸。 Zhè shì wǒ de róng xìng. 즈어 스 워 뜨어 룽 씽 이것은 나의 영광입니다.		
荣誉	róng yù	룽 위	명 영예, 명예
揉	róu	러우	동 비비다, 주무르다, 문지르다
柔和	róu hé	러우 흐어	형 연하고 부드럽다, 보드랍다
儒家	rú jiā	루 찌야	명 유가, 유학자
弱点	ruò diǎn	뤄 띠엔	명 약점, 단점
若干	ruò gān	뤄 깐	대 약간, 조금

S

三	sān	싼	수 3, 셋
上	shàng	상	명 위 동 오르다, 타다, 가다
商店	shāng diàn	상 띠엔	명 상점
	这附近有商店吗? Zhè fù jìn yǒu shāng diàn ma? 즈어 푸 찐 여우 상 띠엔 마? 이 근처에 상점 있습니까?		
上午	shàng wǔ	상 우	명 오전
	今天上午我没有课。 Jīn tiān shàng wǔ wǒ méi yǒu kè. 찐 티엔 상 우 워 머이 여우 크어 나는 오늘 오전에 수업이 없습니다.		
少	shǎo	사오	형 적다
谁	shéi	서이	대 누구
什么	shén me	선 므어	대 무엇, 무슨
十	shí	스	수 10
是	shì	스	동 ~이다 형 맞다
时候	shí hou	스 허우	명 때, 무렵
	你什么时候有时间? Nǐ shén me shí hou yǒu shí jiān? 니 선 므어 스 허우 여우 스 찌엔? 당신은 언제 시간이 있어요?		

书	shū	수	명 책
水	shuǐ	수이	명 물
水果	shuǐ guǒ	수이 꿔	명 과일
睡觉	shuì jiào	수이 찌아오	동 자다 十二点了，你该睡觉了。 Shí 'èr diǎn le, nǐ gāi shuì jiào le. 스 알 띠엔 르어, 니 까이 수이 찌아오 르어 12시입니다. 자야 할 시간입니다.
说	shuō	쉬	동 말하다, 이야기하다
四	sì	쓰	수 4, 넷
岁	suì	쑤이	양 살, 세 他儿子四岁。 Tā ér zi sì suì. 타 얼 쯔 쓰 쑤이 그의 아들은 4살입니다.
上班	shàng bān	상 빤	동 출근하다
生病	shēng bìng	성 삥	동 병이 나다, 병에 걸리다
生日	shēng rì	성 르	명 생일 祝你生日快乐。 Zhù nǐ shēng rì kuài lè. 주 니 성 르 콰이 르어 생일 축하합니다.
身体	shēn tǐ	선 티	명 몸, 신체 我的身体很健康。 Wǒ de shēn tǐ hěn jiàn kāng. 워 뜨어 선 티 헌 찌엔 캉 나는 건강합니다.

N O P Q R S T U V W X Y Z

身体 shēntǐ [선 티] 신체, 몸

脸 liǎn [리엔] 얼굴

脖子 bó zi [뿨 쯔] 목

肩膀 jiān bǎng [찌엔 빵] 어깨

胳膊 gē bo [끄어 뿨] 팔

胸 xiōng [쓩] 가슴

肚子 dù zi [뚜 쯔] 배

肚脐 dù qí [뚜 치] 배꼽

手 shǒu [서우] 손

手指 shǒu zhǐ [서우 즈] 손가락

骨盆 gǔ pén [꾸 펀] 골반

腿 tuǐ [투이] 다리

膝盖 xī gài [씨 까이] 무릎

脚腕 jiǎo wàn [찌아오 완] 발목

脚 jiǎo [찌아오] 발

大拇指 dà mǔ zhǐ [따 무 즈] 엄지손가락

食指 shí zhǐ [스 즈] 인지, 집게손가락

中指 zhōng zhǐ [중 즈] 중지, 가운뎃손가락

无名指 wú míng zhǐ [우 밍 즈] 약지, 넷째손가락

小指 xiǎo zhǐ [씨아오 즈] 소지, 새끼손가락

时间	shí jiān	스 찌엔	명 시간
事情	shì qing	스 칭	명 일, 사건

你有什么事情吗?
Nǐ yǒu shén me shì qing ma?
니 여우 선 므어 스 칭 마?
당신은 무슨 일이 있습니까?

手表	shǒu biǎo	서우 삐아오	명 손목시계
手机	shǒu jī	서우 찌	명 핸드폰, 휴대폰

请告诉我他的手机号码。
Qǐng gào su wǒ tā de shǒu jī hào mǎ.
칭 까오 쑤 워 타 뜨어 서우 찌 하오 마
그의 핸드폰 번호를 알려주세요.

说话	shuō huà	숴 화	동 말하다, 이야기하다
送	sòng	쑹	동 배웅하다, 데려다 주다, 선물하다, 주다
虽然	suī rán	쑤이 란	접 비록 ~지만
所以	suǒ yǐ	쒀 이	접 그래서, 그러므로, 때문에
伞	sǎn	싼	명 우산
上网	shàng wǎng	상 왕	동 인터넷을 하다
生气	shēng qì	성 치	동 화내다, 성나다
声音	shēng yīn	성 인	명 소리, 목소리

这是什么声音?
Zhè shì shén me shēng yīn?
즈어 스 선 므어 성 인?
이것은 무슨 소리입니까?

试	shì	스	동 시험삼아 해보다

世界	shì jiè	스 찌에	명 세계

我家有一张世界地图。
Wǒ jiā yǒu yì zhāng shì jiè dì tú.
워 찌아 여우 이 장 스 찌에 띠 투
나의 집에는 세계지도가 한 장 있습니다.

瘦	shòu	서우	형 마르다, 여위다
树	shù	수	명 나무
双	shuāng	쐉	양 짝, 켤레, 쌍
刷牙	shuā yá	쏴 야	동 양치질하다

睡觉前要刷牙。
Shuì jiào qián yào shuā yá.
수이 찌아오 치엔 야오 쏴 야
자기 전에 양치해야 합니다.

舒服	shū fu	수 푸	형 편안하다, 쾌적하다

我今天身体有点儿不舒服。
Wǒ jīn tiān shēn tǐ yǒu diǎnr bù shū fu.
워 찐 티엔 선 티 여우 띠얄 뿌 수 푸
나는 오늘 몸이 좋지 않습니다.

水平	shuǐ píng	수이 핑	명 수준, 수평
叔叔	shū shu	수 수	명 숙부(작은아버지), 아저씨
数学	shù xué	수 쒸에	명 수학
司机	sī jī	쓰 찌	명 기사, 운전사
散步	sàn bù	싼 뿌	동 산보하다, 산책하다
森林	sēn lín	썬 린	명 삼림, 숲
沙发	shā fā	사 파	명 소파

	猫在沙发上睡觉。 Māo zài shā fā shang shuì jiào. 마오 짜이 사 파 상 수이 찌아오 고양이는 소파에서 잠을 잔다.		
商量	shāng liang	상 리앙	동 상의하다, 의논하다
伤心	shāng xīn	상 씬	동 상심하다, 슬퍼하다 형 슬프다
稍微	shāo wēi	사오 워이	부 약간, 조금
勺子	sháo zi	사오 쯔	명 숟가락
社会	shè huì	스어 후이	명 사회
深	shēn	선	형 깊다
剩	shèng	성	동 남다, 남기다
省	shěng	성	동 아끼다, 절약하다 명 성
生活	shēng huó	성 훠	명 생활 동 생활하다, 살다
生命	shēng mìng	성 밍	명 생명, 목숨
生意	shēng yi	성 이	명 장사, 사업, 비즈니스
申请	shēn qǐng	선 칭	동 신청하다
	我想申请留学。 Wǒ xiǎng shēn qǐng liú xué. 워 씨양 선 칭 리우 쒸에 나는 유학을 신청하고 싶습니다.		
甚至	shèn zhì	선 즈	부 심지어, ~조차도, ~까지도
使	shǐ	스	동 ~시키다, ~을 하게 하다
失败	shī bài	스 빠이	동 실패하다 명 실패

十分	shí fēn	스 펀	부 매우, 아주, 대단히
是否	shì fǒu	스 퍼우	부 ~인지 아닌지
师傅	shī fu	스 푸	명 선생님, 기사님(기술을 가진 사람에 대한 존칭)
适合	shì hé	스 흐어	동 적합하다, 알맞다, 부합하다
世纪	shì jì	스 찌	명 세기
实际	shí jì	스 찌	명 실제
失望	shī wàng	스 왕	동 실망하다

他对我的表现很失望。
Tā duì wǒ de biǎo xiàn hěn shī wàng.
타 뚜이 워 뜨어 뻬아오 씨엔 헌 스 왕
그는 나의 행동에 실망했습니다.

适应	shì yìng	스 잉	동 적응하다
使用	shǐ yòng	스 융	동 사용하다, 쓰다
实在	shí zài	스 짜이	형 착실하다, 성실하다

他是一个实在的人。
Tā shì yí ge shí zài de rén.
타 스 이 끄어 스 짜이 뜨어 런
그는 성실한 사람입니다.

收	shōu	서우	동 받다, 접수하다, 받아들이다
受不了	shòu bu liǎo	서우 뿌 리아오	동 견딜 수 없다, 참을 수 없다

我热得受不了了。
Wǒ rè de shòu bu liǎo le.
워 르어 뜨어 서우 뿌 리아오 르어
나는 더워서 참을 수가 없습니다.

受到	shòu dào	서우 따오	동 얻다, 받다
首都	shǒu dū	서우 뚜	명 수도
	北京是中国的首都。 Běi jīng shì zhōng guó de shǒu dōu. 뻬이 찡 스 중 궈 뜨어 서우 뚜 베이징은 중국의 수도입니다.		
售货员	shòu huò yuán	서우 훠 위엔	명 판매원, 점원
收入	shōu rù	서우 루	명 수입, 소득
收拾	shōu shi	서우 스	동 정리하다, 정돈하다, 치우다
	你把房间收拾一下。 Nǐ bǎ fáng jiān shōu shi yí xià. 니 빠 팡 찌엔 서우 스 이 씨야 방을 좀 정리하세요.		
首先	shǒu xiān	서우 씨엔	부 가장, 먼저, 처음
输	shū	수	동 패하다, 지다, 잃다
帅	shuài	솨이	형 멋지다, 잘생기다
数量	shù liàng	수 리앙	명 수량, 양
顺便	shùn biàn	순 삐엔	부 ~하는 김에/겸사겸사
	你顺便帮我买本书吧。 Nǐ shùn biàn bāng wǒ mǎi běn shū ba. 니 순 삐엔 빵 워 마이 뻔 수 빠 가는 김에 책 한 권 사주세요.		
顺利	shùn lì	순 리	형 순조롭다

N O P Q R S T U V W X Y Z

	祝你一切顺利。 Zhù nǐ yí qiè shùn lì. 주 니 이 치에 순 리 모든 일이 순조롭게 되시길 바랍니다.		
顺序	shùn xù	순 쉬	명 순서, 차례
说明	shuō míng	쉬 밍	동 설명하다, 해설하다
硕士	shuò shì	쉬 스	명 석사
熟悉	shú xī	수 씨	형 잘 알다, 익숙하다
数字	shù zì	수 쯔	명 숫자
死	sǐ	쓰	동 죽다, 생명을 잃다
酸	suān	쏸	형 시다, 새콤하다
速度	sù dù	쑤 뚜	명 속도
随便	suí biàn	쑤이 삐엔	부 마음대로, 제멋대로, 아무렇게나
	你随便看。 Nǐ suí biàn kàn. 니 쑤이 삐엔 칸 마음대로 보세요.		
随着	suí zhe	쑤이 즈어	동 ~에 따라, ~에 뒤이어
塑料袋	sù liào dài	쑤 리아오 따이	명 비닐봉지
孙子	sūn zi	쑨 쯔	명 손자
所有	suǒ yǒu	쒀 여우	형 모든, 전부의, 전체의 동 소유하다
洒	sǎ	싸	동 뿌리다
嗓子	sǎng zi	쌍 쯔	명 목소리, 목청

色彩	sè cǎi	쓰어 차이	명 색깔, 색채
傻	shǎ	사	형 어리석다, 멍청하다, 우둔하다
杀	shā	사	동 죽이다, 살해하다
晒	shài	사이	동 햇볕을 쬐다, 햇볕에 말리다
沙漠	shā mò	사 뭐	명 사막
删除	shān chú	산 추	동 삭제하다, 지우다
	我不小心删除了你的电话号码。 Wǒ bù xiǎo xīn shān chú le nǐ de diàn huà hào mǎ. 워 뿌 씨아오 씬 산 추 르어 니 뜨어 띠엔 화 하오 마 나는 부주의로 당신의 핸드폰 번호를 삭제했습니다.		
闪电	shǎn diàn	산 띠엔	명 번개
上当	shàng dàng	상 땅	동 속다, 사기를 당하다, 꾐에 빠지다
伤害	shāng hài	상 하이	동 상처를 주다, 손상시키다, 다치다
商品	shāng pǐn	상 핀	명 상품
商务	shāng wù	상 우	명 상업상의 용무
商业	shāng yè	상 예	명 상업, 비즈니스
善良	shàn liáng	산 리양	형 착하다, 선량하다
	她是一个善良的小姑娘。 Tā shì yí ge shàn liáng de xiǎo gū niang. 타 스 이 끄어 산 리양 뜨어 씨아오 꾸 냥 그녀는 착한 아가씨입니다.		
善于	shàn yú	산 위	동 ~을 잘하다, ~에 능하다

N O P Q R S T U V W X Y Z

颜色 yán sè [옌 쓰어] 색, 색깔

白色 bái sè [빠이 쓰어] 흰색

银色 yín sè [인 쓰어] 은색

金色 jīn sè [찐 쓰어] 금색

灰色 huī sè [후이 쓰어] 회색

黑色 hēi sè [헤이 쓰어] 검정색

黄色 huáng sè [황 쓰어] 노란색

粉色 fěn sè [펀 쓰어] 핑크색

红色 hóng sè [홍 쓰어] 빨간색

橙色 chéng sè [청 쓰어] 주황색

绿色 lǜ sè [뤼 쓰어] 초록색

青色 qīng sè [칭 쓰어] 파란색

蓝色 lán sè [란 쓰어] 남색

紫色 zǐ sè [쯔 쓰어] 보라색

棕色 zōng sè 쭝 쓰어 / 褐色 hè sè 흐어 쓰어 갈색

扇子	shàn zi	산 쯔	명 부채
沙滩	shā tān	사 탄	명 모래사장, 백사장
蛇	shé	스어	명 뱀
设备	shè bèi	스어 뻬이	명 설비, 시설
舍不得	shě bu dé	스어 뿌 뜨어	동 ~하기 아까워하다, 미련이 남다
射击	shè jī	스어 찌	동 사격하다, 쏘다
设计	shè jì	스어 찌	동 설계하다, 디자인하다 명 디자인
伸	shēn	선	동 펴다, 펼치다
身材	shēn cái	선 차이	명 몸매, 체격
身份	shēn fèn	선 펀	명 신분, 지위
升	shēng	성	동 오르다, 올라가다, 떠오르다
生产	shēng chǎn	성 찬	동 생산하다
声调	shēng diào	성 띠아오	명 성조, 말투, 톤
生动	shēng dòng	성 뚱	형 생동하다, 생동감이 있다
胜利	shèng lì	성 리	명 승리
	我们最终获得了胜利。 Wǒ men zuì zhōng huò dé le shèng lì. 워 먼 쭈이 중 훠 뜨어 르어 성 리 우리는 끝내 승리했습니다.		
省略	shěng luè	성 뤠	동 생략하다
生长	shēng zhǎng	성 장	동 생장하다, 자라다

绳子	shéng zi	성 쯔	명 끈, 밧줄
神话	shén huà	선 화	명 신화
深刻	shēn kè	선 크어	형 (인상이) 깊다, (느낌이) 매우 강렬하다
神秘	shén mì	선 미	형 신비하다
设施	shè shī	스어 스	명 시설
摄影	shè yǐng	스어 잉	동 촬영하다
诗	shī	스	명 시
士兵	shì bīng	스 삥	명 병사, 사병
时差	shí chā	스 차	명 시차
市场	shì chǎng	스 창	명 시장
时代	shí dài	스 따이	명 시대, 시기
似的	shì de	스 뜨어	조 ~와 같다, ~와 비슷하다
实话	shí huà	스 화	명 실화, 참말, 솔직한 말
实践	shí jiàn	스 찌엔	명 실천, 실행 동 실천하다, 실행하다
使劲儿	shǐ jìnr	스 찌얼	힘껏하다
试卷	shì juàn	스 쮜엔	명 시험지
时刻	shí kè	스 크어	명 시간, 시각, 때

时刻准备着。
Shí kè zhǔn bèi zhe.
스 크어 준 뻬이 즈어
시시각각으로 준비하자.

时髦	shí máo	스 마오	형 유행이다, 최신식이다
失眠	shī mián	스 미엔	동 불면증에 걸리다
时期	shí qī	스 치	명 시기
失去	shī qù	스 취	동 잃다, 잃어버리다
湿润	shī rùn	스 룬	형 촉촉하다
时尚	shí shàng	스 상	명 유행, 시류
事实	shì shí	스 스	명 사실
石头	shí tou	스 터우	명 돌
事物	shì wù	스 우	명 사물
食物	shí wù	스 우	명 음식물
实习	shí xí	스 씨	동 실습하다
事先	shì xiān	스 씨엔	명 사전에, 미리
	你应该事先告诉我的。 Nǐ yīng gāi shì xiān gào su wǒ de. 니 잉 까이 스 씨엔 까오 쑤 워 뜨어 당신은 사전에 나에게 알려줬어야 합니다.		
实现	shí xiàn	스 씨엔	동 실현하다, 달성하다
实验	shí yàn	스 옌	동 실험하다 명 실험
失业	shī yè	스 예	동 실업하다, 직업을 잃다
实用	shí yòng	스 융	형 실용적이다
始终	shǐ zhōng	스 중	명 시종, 처음과 끝
狮子	shī zi	스 쯔	명 사자

首	shǒu	서우	명 시작, 최초, 처음,
手工	shǒu gōng	서우 꿍	명 수공, 손으로 하는 일
收获	shōu huò	서우 훠	동 수확하다, 추수하다 명 수확
收据	shōu jù	서우 쮜	명 영수증
寿命	shòu mìng	서우 밍	명 수명, 목숨, 생명
受伤	shòu shāng	서우 상	동 부상을 입다, 상처를 입다
手术	shǒu shù	서우 수	명 수술 동 수술하다
手套	shǒu tào	서우 타오	명 장갑
手续	shǒu xù	서우 쒸	명 수속, 절차
手指	shǒu zhǐ	서우 즈	명 손가락
数	shǔ 请数一下。 Qǐng shǔ yí xià. 칭 수 이 씨아 한번 세보세요.	수	동 세다, 헤아리다
甩	shuǎi	솨이	동 휘두르다, 뿌리치다, 흔들다
摔倒	shuāi dǎo	솨이 따오	동 넘어지다, 자빠지다
双方	shuāng fāng	솽 팡	명 쌍방, 양쪽
鼠标	shǔ biāo	수 뻬아오	명 마우스
蔬菜	shū cài	수 차이	명 채소, 야채
税	shuì	수이	명 세금, 세

蔬菜 shū cài [수 차이] 채소

白菜 bái cài [빠이 차이] 배추

萝卜 luó bo [뤄 뿨] 무

黄瓜 huáng guā [황 꽈] 오이

胡萝卜 hú luó bo [후 뤄 뿨] 당근

菠菜 bō cài [뿨 차이] 시금치

豆芽菜 dòu yá cài [떠우 야 차이] 콩나물

南瓜 nán guā [난 꽈] 호박

蘑菇 mó gū [뭐 꾸] 버섯

辣椒 là ji āo [라 찌아오] 고추

青椒 qīng jiāo [칭 찌아오] 피망

大豆 dà dòu [따 떠우] 콩

葱 cōng [충] 파

洋葱 yáng cōng [양 충] 양파

蒜 suàn [쏸] 마늘

生菜 shēng cài [성 차이] 상추

书架	shū jià	수 찌아	명 책장
数据	shù jù	수 쮜	명 데이터
熟练	shú liàn	수 리엔	형 능숙하다, 숙련되어 있다
数码	shù mǎ	수 마	명 디지털, 숫자
说不定	shuō bú dìng	숴 뿌 띵	부 아마
说服	shuō fú	숴 푸	동 설득하다
输入	shū rù	수 루	동 입력하다
舒适	shū shì	수 스	형 편하다, 편안하다, 쾌적하다
属于	shǔ yú	수 위	동 ~에 속하다
梳子	shū zi	수 쯔	명 빗
撕	sī	쓰	동 찢다, 뜯다
丝绸	sī chóu	쓰 처우	명 비단
丝毫	sī háo	쓰 하오	부 조금도, 추호도
似乎	sì hū	쓰 후	부 마치 ~인 것 같다
思考	sī kǎo	쓰 카오	동 사고하다, 깊이 생각하다, 사색하다
私人	sī rén	쓰 런	형 개인간의, 개인의
思想	sī xiǎng	쓰 씨앙	명 사상, 의식
搜索	sōu suǒ	써우 쒀	동 검색하다, 수색하다, 수사하다
碎	suì	쑤이	동 부서지다, 깨지다

随身	suí shēn	쑤이 선	동 몸에 지니다, 휴대하다
	他随身带着一本书。 Tā suí shēn dài zhe yì běn shū. 타 쑤이 선 따이 즈어 이 뻔 수 그는 책을 한 권 들고 다닙니다.		
随时	suí shí	쑤이 스	부 수시로, 언제나, 아무때나, 언제든지
随手	suí shǒu	쑤이 서우	부 하는 김에, 겸해서
损失	sǔn shī	쑨 스	명 손실 동 손실하다, 소모하다, 손해 보다
	我们公司的损失很大。 Wǒ men gōng sī de sǔn shī hěn dà. 워 먼 꿍 쓰 뜨어 쑨 스 헌 따 우리 회사는 큰 손실을 입었습니다.		
锁	suǒ	쒀	명 자물쇠
所	suǒ	쒀	명 장소, 곳 양 채, 동 조 하는바
缩短	suō duǎn	쒀 뚜안	동 단축하다, 줄이다
宿舍	sù shè	쑤 스어	명 숙사, 기숙사
撒谎	sā huǎng	싸 황	동 거짓말을 하다
散布	sàn bù	싼 뿌	동 퍼뜨리다, 유포하다, 퍼져 있다
散发	sàn fā	싼 파	동 발산하다, 퍼지다
丧失	sàng shī	쌍 스	동 잃어버리다, 상실하다
散文	sǎn wén	싼 원	명 산문
骚扰	sāo rǎo	싸오 라오	동 교란하다, 희롱하다, 폐를 끼치다

嫂子	sǎo zi	싸오 쯔	명 형수
啥	shá	사	대 무엇, 무슨, 어떤
刹车	shā chē	사 츠어	동 브레이크를 걸다, 차를 세우다
筛选	shāi xuǎn	사이 쒸엔	동 선별하다, 골라내다
擅长	shàn cháng	산 창	동 뛰어나다, 잘하다
	爷爷擅长书法。 Yé ye shàn cháng shū fǎ. 예 예 산 창 수 파 할아버지는 서예에 정통하시다.		
商标	shāng biāo	상 뺘아오	명 상표
上级	shàng jí	상 찌	명 상급, 상부, 상사
上进	shàng jìn	상 찐	동 향상하다, 진보하다
伤脑筋	shāng nǎo jīn	상 나오 찐	골치를 앓다, 골머리를 썩이다
尚且	shàng qiě	상 치에	접 ~조차 ~한데, 그럼에도 불구하고
上任	shàng rèn	상 런	동 부임하다, 취임하다
上瘾	shàng yǐn	상 인	동 중독되다, 인이 박이다
上游	shàng yóu	상 여우	명 상류
山脉	shān mài	산 마이	명 산맥
闪烁	shǎn shuò	산 숴	동 반짝이다, 깜박거리다
擅自	shàn zì	산 쯔	동 자기 멋대로 하다, 독단적으로 하다
捎	shāo	사오	동 가는 김에 지니고 가다

哨	shào	사오	명 호루라기
梢	shāo	사오	명 나무의 끝, 말단
奢侈	shē chǐ	스어 츠	형 사치하다, 낭비하다
涉及	shè jí	스어 찌	동 관련되다, 연관되다, 언급하다
设立	shè lì	스어 리	동 설립하다, 건립하다
深奥	shēn 'ào	선 아오	형 심오하다
申报	shēn bào	선 빠오	동 서면보고를 하다
审查	shěn chá	선 차	동 심사하다, 심의하다
深沉	shēn chén	선 천	형 내색하지 않다, 침착하고 신중하다
盛	shèng	성	형 흥성하다, 번성하다
盛产	shèng chǎn	성 찬	동 많이 생산하다
	这里盛产苹果。 Zhè lǐ shèng chǎn píng guǒ. 즈어 리 성 찬 핑 꿔 여기는 사과가 많이 난다.		
牲畜	shēng chù	성 추	명 가축
生存	shēng cún	성 춘	명 생존 동 생존하다
胜负	shèng fù	성 푸	명 승패
省会	shěng huì	성 후이	명 성 정부 소재지
生机	shēng jī	성 찌	명 생기, 활력
盛开	shèng kāi	성 카이	동 활짝 피다, 만발하다

生理	shēng lǐ	성 리	명 생리(생물체의 생물학적 기능과 작용)
声明	shēng míng	성 밍	동 공개적으로 선언하다
盛情	shèng qíng	성 칭	명 후의, 두터운 정
声势	shēng shì	성 스	명 명성과 위세
生疏	shēng shū	성 수	형 생소하다, 낯설다
生态	shēng tài	성 타이	명 생태
生物	shēng wù	성 우	명 생물
生效	shēng xiào	성 쌰오	동 효과가 나타나다, 효력이 발생하다
生肖	shēng xiāo	성 씨아오	명 사람의 띠
盛行	shèng xíng	성 씽	동 성행하다, 유행하다
生锈	shēng xiù	성 쎠우	동 녹이 슬다
声誉	shēng yù	성 위	명 명성, 명예

你这么做有损声誉。
Nǐ zhè me zuò yǒu sǔn shēng yù.
니 즈어 므어 쭤 여우 쑨 성 위
당신이 이렇게 하면 명예에 손상을 입힙니다.

生育	shēng yù	성 위	동 출산하다, 아이를 낳다
神经	shén jīng	선 찡	명 신경
审理	shěn lǐ	선 리	동 심리하다, 심사하여 처리하다
审美	shěn měi	선 머이	동 아름다움을 감상하고 평가하다
审判	shěn pàn	선 판	동 심판하다, 재판하다

神奇	shén qí	선 치	형 신기하다
神气	shén qì	선 치	명 표정, 안색, 기색
深情厚谊	shēn qíng hòu yì	선 칭 허우 이	깊고 돈독한 정
神圣	shén shèng	선 성	형 신성하다
绅士	shēn shì	선 스	명 신사
神态	shén tài	선 타이	명 표정과 태도
渗透	shèn tòu	선 터우	동 스며들다, 투과하다
神仙	shén xiān	선 씨엔	명 신선, 선인
呻吟	shēn yín	선 인	동 신음하다
慎重	shèn zhòng	선 중	형 신중하다
社区	shè qū	스어 취	명 지역, 아파트 단지
摄氏度	shè shì dù	스어 스 뚜	명 섭씨
舌头	shé tou	스어 터우	명 혀
设想	shè xiǎng	스어 씨양	동 가상하다
设置	shè zhì	스어 즈	동 설치하다, 세우다
拾	shí	스	동 줍다, 집다
势必	shì bì	스 삐	부 반드시, 꼭
识别	shí bié	스 삐에	동 식별하다, 분별하다
时常	shí cháng	스 창	부 늘, 자주, 항상
世代	shì dài	스 따이	명 여러 대, 대대

时而	shí 'ér	스 얼	부 때때로, 이따금
师范	shī fàn	스 판	명 본보기, 모범
示范	shì fàn	스 판	명 시범 동 시범하다
释放	shì fàng	스 팡	동 석방하다
是非	shì fēi	스 퍼이	명 시비, 옳고 그름
事故	shì gù	스 꾸	명 사고
时光	shí guāng	스 꽝	명 시기, 때

时光飞逝，转眼已经毕业十年了。
Shí guāng fēi shì, zhuǎn yǎn yǐ jīng bì yè shí nián le.
스 꽝 퍼이 스, 좐 옌 이 찡 삐 예 스 니엔 르어
시간이 쏜살같이 지나가네요. 눈 깜박할 사이에 졸업한 지 십년이 지났네요.

实惠	shí huì	스 후이	명 실리, 실익
事迹	shì jì	스 찌	명 사적
时机	shí jī	스 찌	명 시기, 때
施加	shī jiā	스 찌야	동 (압력이나 영향 등을) 주다, 가하다, 넣다
事件	shì jiàn	스 찌엔	명 사건
视力	shì lì	스 리	명 시력
势力	shì lì	스 리	명 세력
实力	shí lì	스 리	명 실력

他的实力很出众。
Tā de shí lì hěn chū zhòng.
타 뜨어 스 리 헌 추 중
그의 실력은 뛰어납니다.

使命	shǐ mìng	스 밍	명 사명
视频	shì pín	스 핀	명 동영상
失事	shī shì	스 스	동 의외의 사고가 발생하다
实施	shí shī	스 스	동 실시하다, 실행하다
时事	shí shì	스 스	명 시사
逝世	shì shì	스 스	동 서거하다, 세상을 떠나다
实事求是	shí shì qiú shì	스 스 쳐우 스	실사구시(사실에 토대로 하여 진리를 탐구하다)
事态	shì tài	스 타이	명 사태, 정황
尸体	shī tǐ	스 티	명 시체
试图	shì tú	스 투	동 시도하다
示威	shì wēi	스 워이	동 시위하다
失误	shī wù	스 우	명 실수 동 실수하다, 잘못하다
事务	shì wù	스 우	명 일, 사무, 업무
视线	shì xiàn	스 씨엔	명 시선, 눈길
事项	shì xiàng	스 씨양	명 사항
实行	shí xíng	스 씽	동 실행하다
实验	shí yàn	스 옌	동 실험하다
视野	shì yě	스 예	명 시야, 시계
事业	shì yè	스 예	명 사업
示意	shì yì	스 이	동 의사를 나타내다

适宜	shì yí	스 이	형 알맞다
石油	shí yóu	스 여우	명 석유
施展	shī zhǎn	스 잔	동 발휘하다, 펼치다
实质	shí zhì	스 즈	명 실질, 본질
失踪	shī zōng	스 쭝	동 실종되다
十足	shí zú	스 쭈	형 충분하다, 충족하다
收藏	shōu cáng	서우 창	동 수집하여 보관하다
	他收藏了很多书。 Tā shōu cáng le hěn duō shū. 타 서우 창 르어 헌 뚸 수 그는 많은 책을 수장했다.		
手法	shǒu fǎ	서우 파	명 기교, 수법
守护	shǒu hù	서우 후	동 지키다, 수호하다
手势	shǒu shì	서우 스	명 손짓, 손동작
首饰	shǒu shì	서우 스	명 장식품
收缩	shōu suō	서우 쒀	동 수축하다
首要	shǒu yào	서우 야오	형 가장 중요하다 명 수뇌
手艺	shǒu yì	서우 이	명 손재간, 솜씨
收益	shōu yì	서우 이	명 수익, 이득
收音机	shōu yīn jī	서우 인 찌	명 라디오
授予	shòu yǔ	서우 위	동 수여하다
受罪	shòu zuì	서우 쭈이	동 고생하다, 고난을 당하다

竖	shù	수	형 수직의 동 세우다
束	shù	수	동 묶다, 매다
耍	shuǎ	쏴	동 놀리다, 장난하다
衰老	shuāi lǎo	쏴이 라오	동 늙어 쇠약해지다
率领	shuài lǐng	쏴이 링	동 거느리다, 이끌다
衰退	shuāi tuì	쏴이 투이	동 쇠약해지다
双胞胎	shuāng bāo tāi	쐉 빠오 타이	명 쌍둥이
爽快	shuǎng kuai	쐉 콰이	형 시원시원하다, 호쾌하다
涮火锅	shuàn huǒ guō	쏸 훠 꿔	중국식 신선로(샤브샤브)를 먹다
	咱们去涮火锅吧。 Zán men qù shuàn huǒ guō ba. 짠 먼 취 쏸 훠 꿔 빠 우리 샤브샤브 먹으러 가요.		
舒畅	shū chàng	수 창	형 상쾌하다, 시원하다
数额	shù 'é	수 으어	명 액수, 정액
书法	shū fǎ	수 파	명 서법, 서도
束缚	shù fù	수 푸	동 속박하다, 제한하다
疏忽	shū hu	수 후	동 소홀히 하다, 등한히 하다
水利	shuǐ lì	수이 리	명 수리
水龙头	shuǐ lóng tóu	수이 롱 터우	명 수도꼭지
水泥	shuǐ ní	수이 니	명 시멘트

书籍	shū jí	수 찌	명 서적, 책
书记	shū ji	수 찌	명 서기
树立	shù lì	수 리	동 수립하다, 세우다
	树立威信很重要。 Shù lì wēi xìn hěn zhòng yào. 수 리 워이 씬 헌 중 야오 위신을 세우는 것은 중요합니다.		
书面	shū miàn	수 미엔	명 서면, 지면
瞬间	shùn jiān	순 찌엔	명 순간, 눈 깜짝하는 사이
疏远	shū yuǎn	수 위엔	형 소원하다, 멀다
司法	sī fǎ	쓰 파	명 사법
司令	sī lìng	쓰 링	명 사령관
寺庙	sì miào	쓰 미아오	명 사원, 절
思念	sī niàn	쓰 니엔	동 그리워하다
思索	sī suǒ	쓰 쒀	동 사색하다
死亡	sǐ wáng	쓰 왕	명 사망 동 죽다, 사망하다
思维	sī wéi	쓰 워이	명 사유
斯文	sī wén	쓰 원	형 우아하다, 고상하다
肆无忌惮	sì wú jì dàn	쓰 우 찌 딴	제멋대로 굴고 전혀 거리낌이 없다
饲养	sì yǎng	쓰 양	동 기르다, 사육하다
四肢	sì zhī	쓰 즈	명 사지, 팔다리

私自	sī zì	쓰 쯔	부 비밀리에, 사적으로
耸	sǒng	쑹	동 치솟다, 우뚝 솟다
艘	sōu	써우	양 척
算数	suàn shù	쏸 수	동 숫자를 세다
	我说话算数。 Wǒ shuō huà suàn shù. 워 쉬 화 쏸 수 나는 말한 대로 합니다.		
俗话	sú huà	쑤 화	명 속담, 옛말
隧道	suì dào	쑤이 따오	명 굴, 터널
随即	suí jí	쑤이 찌	부 바로, 즉시
随意	suí yì	쑤이 이	부 마음대로, 뜻대로
岁月	suì yuè	쑤이 위에	명 세월
损坏	sǔn huài	쑨 화이	동 손상시키다, 파손시키다
索取	suǒ qǔ	쒀 취	동 요구하다, 구하다
索性	suǒ xìng	쒀 씽	부 차라리, 아예
素食	sù shí	쑤 스	명 소식, 채식
诉讼	sù sòng	쑤 쑹	명 소송 동 소송하다, 고소하다
苏醒	sū xǐng	쑤 씽	동 되살아나다, 소생하다
塑造	sù zào	쑤 짜오	동 빚어서 만들다, 인물을 형상화하다
素质	sù zhì	쑤 즈	명 소양, 자질

| 중국어 필수 단어 |

T

她	tā	타	대 그녀, 그 여자
他	tā	타	대 그, 그 사람
太	tài	타이	부 대단히, 매우
天气	tiān qì	티엔 치	명 날씨, 일기

今天天气怎么样?
Jīn tiān tiān qì zěn me yàng?
찐 티엔 티엔 치 쩐 므어 양?
오늘 날씨가 어떻습니까?

听	tīng	팅	동 듣다

他喜欢听音乐。
Tā xǐ huan tīng yīn yuè.
타 씨 환 팅 인 웨
그는 음악 듣는 것을 좋아합니다.

同学	tóng xué	퉁 쒸에	명 학우, 동창생

这是我同学的足球。
Zhè shì wǒ tóng xué de zú qiú.
즈어 스 워 퉁 쒸에 뜨어 쭈 쳐우
이것은 내 학우의 축구입니다.

它	tā	타	대 그, 저, 그것, 저것
题	tí	티	명 제목, 문제
跳舞	tiào wǔ	티아오 우	동 춤을 추다

天气 tiān qì [티엔 치] 날씨

晴天 qíng tiān [칭 티엔] 맑은 날

阴天 yīn tiān [인 티엔] 흐린 날

云 yún [윈] 구름

风 fēng [펑] 바람

雨 yǔ [위] 비

雪 xuě [쒸에] 눈

闪电 shǎn diàn [산 띠엔] 번개

雷 léi [러이] 천둥

阵雨 zhèn yǔ [전 위] 소나기

洪水 hóng shuǐ [홍 수이] 홍수

干旱 gān hàn [깐 한] 가뭄

彩虹 cǎi hóng [차이 홍] 무지개

雾 wù [우] 안개

霜 shuāng [솽] 서리

雨夹雪 yǔ jiá xuě [위 찌아 쒸에] 진눈깨비

冰雹 bīng báo [삥 빠오] 우박

冰柱 bīng zhù [삥 주] 고드름

冰 bīng [삥] 얼음

	我不会跳舞。 Wǒ bú huì tiào wǔ. 워 뿌 후이 티아오 우 나는 춤을 출 줄 모릅니다.		
踢足球	tī zú qiú	티 쭈 쳐우	축구를 하다
	弟弟的爱好是踢足球。 Dì di de ài hǎo shì tī zú qiú. 띠 띠 뜨어 아이 하오 스 티 쭈 쳐우 남동생의 취미는 축구입니다.		
太阳	tài yáng	타이 양	명 태양, 해
特别	tè bié	트어 삐에	형 특별하다, 특이하다 부 특히, 특별히
疼	téng	텅	형 아프다
甜	tián	티엔	형 달다, 달콤하다
条	tiáo	티아오	양 길고 가는 것을 세는 단위
提高	tí gāo	티 까오	동 제고하다, 향상시키다, 높이다
	他的成绩提高得很快。 Tā de chéng jì tí gāo de hěn kuài. 타 뜨어 청 찌 티 까오 뜨어 헌 콰이 그의 성적 향상 속도는 빠릅니다.		
体育	tǐ yù	티 위	명 체육
同事	tóng shì	퉁 스	명 동료
同意	tóng yì	퉁 이	동 동의하다, 찬성하다
头发	tóu fa	터우 파	명 머리카락, 두발

	她的头发很长。 Tā de tóu fa hěn cháng. 타 뜨어 터우 파 헌 창 그녀의 머리카락은 깁니다.		
腿	tuǐ	투이	명 다리
突然	tū rán	투 란	부 갑자기, 문득
	突然下起雨来了。 Tū rán xià qǐ yǔ lái le. 투 란 씨야 치 위 라이 르어 갑자기 비가 내리기 시작했습니다.		
图书馆	tú shū guǎn	투 수 꽌	명 도서관
抬	tái	타이	동 들다, 들어올리다
	你和我一起抬一下桌子吧。 Nǐ hé wǒ yì qǐ tái yí xià zhuō zǐ ba. 니 흐어 워 이 치 타이 이 씨야 쥐 쯔 빠 나와 함께 책상을 듭시다.		
台	tái	타이	양 대 명 높고 평평한 건축물
态度	tài dù	타이 뚜	명 태도
谈	tán	탄	동 말하다, 토론하다
趟	tàng	탕	양 차례, 번 명 행렬
躺	tǎng	탕	동 눕다, 드러눕다
糖	táng	탕	명 설탕, 사탕
	你的咖啡放糖吗? Nǐ de kā fēi fàng táng ma? 니 뜨어 카 페이 팡 탕 마? 당신의 커피는 설탕을 넣을까요?		
汤	tāng	탕	명 국, 탕

弹钢琴	tán gāng qín	탄 깡 친	동 피아노를 치다
讨论	tǎo lùn	타오 룬	동 토론하다
讨厌	tǎo yàn	타오 옌	동 싫어하다, 미워하다
特点	tè diǎn	트어 띠엔	명 특징
提	tí	티	동 끌어올리다, 높이다, 들다, 제기하다, 언급하다
填空	tián kòng	티엔 쿵	동 빈칸을 채우다
条件	tiáo jiàn	티아오 찌엔	명 조건
提供	tí gòng	티 꿍	동 제공하다, 공급하다
	这家宾馆不提供早餐。 Zhè jiā bīn guǎn bù tí gòng zǎo cān. 즈어 찌아 삔 꽌 뿌 티 꿍 짜오 찬 이 호텔은 아침식사를 제공하지 않습니다.		
挺	tǐng	팅	부 매우, 꽤 형 꼿꼿하다, 곧다
	你们学校挺大的。 Nǐ men xué xiào tǐng dà de. 니 먼 쒸에 씨아오 팅 따 뜨어 너희 학교는 제법 크구나.		
停	tíng	팅	동 정지하다, 서다, 멈추다
提前	tí qián	티 치엔	동 앞당기다
提醒	tí xǐng	티 씽	동 일깨우다, 깨우치다, 주의를 환기시키다
通过	tōng guò	퉁 꿔	동 통과하다, 지나가다
同情	tóng qíng	퉁 칭	동 동정하다

同时	tóng shí	퉁 스	명 같은 시간
通知	tōng zhī	퉁 즈	명 통지, 통지서 동 알리다, 통지하다

你通知他明天来找我。
Nǐ tōng zhī tā míng tiān lái zhǎo wǒ.
니 퉁 즈 타 밍 티엔 라이 자오 워
그한테 내일 나를 찾아오라고 전해주세요.

推	tuī	투이	동 밀다
推迟	tuī chí	투이 츠	동 뒤로 미루다, 늦추다, 연기하다
脱	tuō	퉈	동 벗다
台阶	tái jiē	타이 찌에	명 계단, 층계
太极拳	tài jí quán	타이 찌 취엔	명 태극권
太太	tài tai	타이 타이	명 처, 아내
烫	tàng	탕	형 뜨겁다
谈判	tán pàn	탄 판	명 협상, 담판 동 담판하다, 협상하다

谈判进行得很顺利。
Tán pàn jìn xíng de hěn shùn lì.
탄 판 찐 씽 뜨어 헌 순 리
협상은 순조롭게 진행되고 있습니다.

坦率	tǎn shuài	탄 솨이	동 솔직하다, 정직하다

你应该更坦率一点。
Nǐ yīng gāi gèng tǎn shuài yì diǎn.
니 잉 까이 껑 탄 솨이 이 띠엔
당신은 더 솔직해야 합니다.

套	tào	타오	명 덮개, 커버 양 세트

N O P Q R S T U V W X Y Z

桃	táo	타오	명 복숭아
逃	táo	타오	동 도망치다, 달아나다
逃避	táo bì	타오 삐	동 도피하다
	逃避不是解决问题的办法。 Táo bì bú shì jiě jué wèn tí de bàn fǎ. 타오 삐 뿌 스 찌에 쮜에 원 티 뜨어 빤 파 도피는 문제를 해결하는 방법이 아닙니다.		
讨价还价	tǎo jià huán jià	타오 찌야 환 찌야	동 흥정하다
淘气	táo qì	타오 치	형 장난이 심하다, 말을 듣지 않다
疼爱	téng 'ài	텅 아이	형 매우 귀여워하다
	奶奶非常疼爱孙子。 Nǎi nai fēi cháng téng 'ài sūn zi. 나이 나이 페이 창 텅 아이 쑨 쯔 할머니는 손자를 매우 귀여워합니다.		
特色	tè sè	트어 쓰어	명 특색, 특징
特殊	tè shū	트어 수	형 특별하다
特征	tè zhēng	트어 정	명 특징
	他的特征很明显。 Tā de tè zhēng hěn míng xiǎn. 타 뜨어 트어 정 헌 밍 씨엔 그의 특징은 뚜렷합니다.		
天空	tiān kōng	티엔 쿵	명 하늘
天真	tiān zhēn	티엔 전	형 천진하다, 순진하다
调皮	tiáo pí	티아오 피	형 장난스럽다, 짓궂다, 장난이 심하다

挑战	tiǎo zhàn	티아오 잔	명 도전 동 도전하다
调整	tiáo zhěng	티아오 정	동 조정하다, 조절하다
提倡	tí chàng	티 창	동 제창하다
提纲	tí gāng	티 깡	명 요점, 요강, 개요
体会	tǐ huì	티 후이	동 체득하다, 경험하여 알다
题目	tí mù	티 무	명 제목, 표제, 테마
体贴	tǐ tiē	티 티에	형 자상하게 돌보다
提问	tí wèn	티 원	동 질문하다
体现	tǐ xiàn	티 씨엔	동 구현하다
体验	tǐ yàn	티 옌	명 체험 동 체험하다
通常	tōng cháng	퉁 창	명 평상시, 보통
痛苦	tòng kǔ	퉁 쿠	명 고통, 아픔 형 고통스럽다, 괴롭다
痛快	tòng kuài	퉁 콰이	형 통쾌하다, 즐겁다, 유쾌하다
统一	tǒng yī	퉁 이	동 통일하다
偷	tōu	터우	동 훔치다, 도둑질하다
透明	tòu míng	터우 밍	형 투명하다
投入	tóu rù	터우 루	동 돌입하다, 참가하다 형 몰두하다 명 투자금
投资	tóu zī	터우 쯔	동 투자하다
吐	tù	투	동 토하다

团	tuán	퇀	명 단체, 집단, 그룹 양 뭉치, 덩어리
突出	tū chū	투 추	형 튀어나오다, 뛰어나다, 돌출하다 동 두드러지게 하다
土地	tǔ dì	투 띠	명 토지, 땅
土豆	tǔ dòu	투 떠우	명 감자
退	tuì	투이	동 물러나다, 후퇴하다
退步	tuì bù	투이 뿌	동 퇴보하다, 뒷걸음질하다, 후퇴하다
推辞	tuī cí	투이 츠	동 거절하다, 사양하다
	不要推辞了。 Bú yào tuī cí le. 뿌 야오 투이 츠 르어 사양하지 마세요.		
推广	tuī guǎng	투이 꽝	동 널리 보급하다
推荐	tuī jiàn	투이 찌엔	동 추천하다
	你给我推荐一部电影吧。 Nǐ gěi wǒ tuī jiàn yí bù diàn yǐng ba. 니 꺼이 워 투이 찌엔 이 뿌 띠엔 잉 빠 영화 한 편 추천해 주세요.		
退休	tuì xiū	투이 쌰우	동 퇴직하다, 은퇴하다
兔子	tù zi	투 쯔	명 토끼
塔	tǎ	타	명 탑
塌	tā	타	동 꺼지다, 납작해지다
泰斗	tài dǒu	타이 떠우	명 태두, 권위자, 대가

台风	tái fēng	타이 펑	명 태풍
太空	tài kōng	타이 쿵	명 우주
摊	tān	탄	동 늘어놓다, 벌이다 명 노점
坦白	tǎn bái	탄 빠이	형 솔직하다 동 솔직하게 말하다
探测	tàn cè	탄 츠어	동 탐지하다
倘若	tǎng ruò	탕 뤄	접 만약 ~한다면
瘫痪	tān huàn	탄 환	동 마비되다, 반신불수가 되다
贪婪	tān lán	탄 란	형 탐욕스럽다
叹气	tàn qì	탄 치	동 탄식하다, 한숨 짓다
探索	tàn suǒ	탄 쒀	동 탐색하다, 찾다
探讨	tàn tǎo	탄 타오	동 탐구하다, 연구하다
探望	tàn wàng	탄 왕	동 방문하다, 문안하다
贪污	tān wū	탄 우	동 횡령하다
弹性	tán xìng	탄 씽	명 탄성, 탄력성
掏	tāo	타오	동 꺼내다, 끄집어 내다
陶瓷	táo cí	타오 츠	명 도자기
讨好	tǎo hǎo	타오 하오	동 환심을 사다, 비위를 맞추다
淘汰	táo tài	타오 타이	동 도태하다, 가려 내다

滔滔不绝	tāo tāo bù jué	타오 타오 뿌 쮜에	말이 끝이 없다, 쉴새없이 말하다
陶醉	táo zuì	타오 쭈이	동 도취하다
踏实	tā shi	타 스	형 편안하다, 마음이 놓이다
特长	tè cháng	트어 창	명 특기
特定	tè dìng	트어 띵	형 특정한, 특별히 지정한
特意	tè yì	트어 이	부 일부러, 특별히
	你不用特意来看我。 Nǐ bú yòng tè yì lái kàn wǒ. 니 뿌 융 트어 이 라이 칸 워 일부러 나를 보러 올 필요 없어요.		
舔	tiǎn	티엔	동 핥다
天才	tiān cái	티엔 차이	명 천재
天赋	tiān fù	티엔 푸	동 천부적이다, 타고나다 명 타고난 자질
田径	tián jìng	티엔 찡	명 육상경기, 논길
天伦之乐	tiān lún zhī lè	티엔 룬 즈 르어	가족이 누리는 단란함 (즐거움)
天然气	tiān rán qì	티엔 란 치	명 천연가스
天生	tiān shēng	티엔 성	형 타고난, 선천적인
天堂	tiān táng	티엔 탕	명 천국, 천당
天文	tiān wén	티엔 원	명 천문
田野	tián yě	티엔 예	명 들, 들판
挑拨	tiǎo bō	티아오 뿨	동 이간시키다

调和	tiáo hé	티아오 흐어	동 화해시키다, 알맞게 배합하다
调剂	tiáo jì	티아오 찌	동 조절하다, 조정하다
调解	tiáo jiě	티아오 찌에	동 중재하다, 화해시키다
调节	tiáo jié	티아오 찌에	동 조절하다, 조정하다
条款	tiáo kuǎn	티아오 콴	명 조항, 조목
调理	tiáo lǐ	티아오 리	명 조리, 순서, 단계 동 돌보다, 관리하다, 몸조리하다
调料	tiáo liào	티아오 리아오	명 조미료, 양념
挑剔	tiāo ti	티아오 티	동 트집 잡다
挑衅	tiǎo xìn	티아오 씬	동 도전하다, 도발하다
条约	tiáo yuē	티아오 위에	명 조약
跳跃	tiào yuè	티아오 위에	동 뛰어오르다, 도약하다
提拔	tí bá	티 빠	동 등용하다, 발탁하다
体裁	tǐ cái	티 차이	명 체재, 장르
题材	tí cái	티 차이	명 제재, 소재
体积	tǐ jī	티 찌	명 부피
提炼	tí liàn	티 리엔	동 추출하다, 정련하다
体谅	tǐ liàng	티 리양	동 알아주다, 이해하다
体面	tǐ miàn	티 미엔	명 체면, 체통

	他有一个体面的工作。 Tā yǒu yí ge tǐ miàn de gōng zu. 타 여우 이 끄어 티 미엔 뜨어 꿍 쭤 그는 근사한 직업이 있습니다.		
挺拔	tǐng bá	팅 빠	형 우뚝하다, 높이 솟다
停泊	tíng bó	팅 뿨	동 배가 정박하다, 머물다
停顿	tíng dùn	팅 뚠	동 멈추다
停滞	tíng zhì	팅 즈	동 정체되다, 막히다
亭子	tíng zi	팅 쯔	명 정자
提示	tí shì	티 스	동 힌트를 주다, 제시하다 명 힌트, 제시
	我给你一个提示。 Wǒ gěi nǐ yí ge tí shì. 워 께이 니 이 끄어 티 스 힌트 한 개 줄게요.		
体系	tǐ xì	티 씨	명 체계
提议	tí yì	티 이	동 제의하다
铜	tóng	퉁	명 동, 구리
同胞	tóng bāo	퉁 빠오	명 동포
统筹兼顾	tǒng chóu jiān gù	퉁 처우 찌엔 꾸	여러 방면의 일을 통일적으로 계획하고 두루 돌보다
童话	tóng huà	퉁 화	명 동화
通货膨胀	tōng huò péng zhàng	퉁 훠 펑 장	명 통화 팽창, 인플레이션
通缉	tōng jī	퉁 찌	동 지명 수배하다
统计	tǒng jì	퉁 찌	동 통계하다

通俗	tōng sú	퉁 쑤	형 통속적이다
统统	tǒng tǒng	퉁 퉁	부 전부, 모두, 다
通讯	tōng xùn	퉁 쒼	동 통신하다
通用	tōng yòng	퉁 융	동 통용되다, 보편적으로 사용하다
统治	tǒng zhì	퉁 즈	동 통치하다, 다스리다
同志	tóng zhì	퉁 즈	명 동지
投机	tóu jī	터우 찌	형 견해가 일치하다, 의기투합하다
透露	tòu lù	터우 루	동 누설하다, 흘리다
投票	tóu piào	터우 피아오	동 투표하다
投诉	tóu sù	터우 쑤	동 고소하다, 신고하다
投降	tóu xiáng	터우 씨양	동 투항하다, 항복하다
投掷	tóu zhì	터우 즈	동 던지다, 투척하다
秃	tū	투	형 머리카락이 없다
图案	tú 'àn	투 안	명 도안
团结	tuán jié	퇀 찌에	동 단결하다, 뭉치다
团体	tuán tǐ	퇀 티	명 단체
团圆	tuán yuán	퇀 위엔	동 가족이 한자리에 모이다
徒弟	tú dì	투 띠	명 제자
推测	tuī cè	투이 츠어	동 추측하다
推翻	tuī fān	투이 판	동 뒤집어엎다

推理	tuī lǐ	투이 리	명 추리, 추론 동 추리하다
推论	tuī lùn	투이 룬	동 추론하다
推销	tuī xiāo	투이 씨아오	동 마케팅 하다
途径	tú jìng	투 찡	명 방법, 방도
涂抹	tú mǒ	투 뭐	동 칠하다, 바르다
吞吞吐吐	tūn tūn tǔ tǔ	툰 툰 투 투	형 (말을) 얼버무리다, 우물쭈물하다, 떠듬거리다
	你别吞吞吐吐，快说。 Nǐ bié tūn tūn tǔ tǔ，kuài shuō, 니 삐에 툰 툰 투 투, 콰이 숴 말을 얼버무리지 말고 빨리 말하세요.		
妥当	tuǒ dang	퉈 땅	형 타당하다, 적절하다
脱离	tuō lí	퉈 리	동 벗어나다, 떠나다, 이탈하다
唾弃	tuò qì	퉈 치	동 혐오하다, 타기하다
妥善	tuǒ shàn	퉈 산	형 나무랄 데 없다, 알맞다, 적절하다, 타당하다
妥协	tuǒ xié	퉈 씨에	동 타협하다
拖延	tuō yán	퉈 옌	동 시간을 끌다
椭圆	tuǒ yuán	퉈 위엔	명 타원형
托运	tuō yùn	퉈 윈	동 탁송하다, 운송을 위탁하다
突破	tū pò	투 풔	동 돌파하다
土壤	tǔ rǎng	투 랑	명 흙, 토양

W

喂	wèi / wéi	워이	동 기르다, 먹이를 주다 감 여보세요
我	wǒ	워	대 나, 저
我们	wǒ men	워 먼	대 우리
五	wǔ	우	수 5, 다섯
外	wài	와이	명 밖, 바깥
玩	wán	완	동 놀다, 장난하다
完	wán	완	동 끝나다, 마치다 형 없어지다, 다 소모하다
	他喜欢玩游戏。 Tā xǐ huan wán yóu xì. 타 씨 환 완 여우 씨 그는 게임하는 것을 좋아합니다.		
往	wǎng	왕	개 ~을 향해, ~쪽으로
	一直往前走。 Yì zhí wǎng qián zǒu. 이 즈 왕 치엔 쩌우 앞으로 쭉 가세요.		
晚上	wǎn shang	완 상	명 저녁
为什么	wèi shén me	워이 선 므어	부 왜, 무엇 때문에

	你为什么不去上课? Nǐ wéi shén me bú qù shàng kè ? 니 워이 선 므어 뿌 취 상 크어? 당신은 왜 수업하러 가지 않았습니까?		
问	wèn	원	동 묻다, 질문하다
问题	wèn tí	원 티	명 문제
万	wàn	완	수 만, 10000
碗	wǎn	완	명 양 사발, 공기, 그릇
完成	wán chéng 他完成了任务。 Tā wán chéng le rèn wù. 타 완 청 르어 런 우 그는 임무를 완성했습니다.	완 청	동 완성하다, 끝내다
忘记	wàng jì 不要忘记我。 Bú yào wàng jì wǒ. 뿌 야오 왕 찌 워 나를 잊지 마세요.	왕 찌	동 잊어버리다
位	wèi	워이	양 분, 명 명 자리, 곳
为	wèi	워이	개 ~에게/~을 위하여
为了	wèi le	워이 르어	개 ~을 하기 위하여
文化	wén huà	원 화	명 문화
网球	wǎng qiú	왕 쳐우	명 테니스
往往	wǎng wǎng	왕 왕	부 왕왕, 자주
网站	wǎng zhàn	왕 잔	명 웹사이트
完全	wán quán	완 취엔	부 완전히, 전혀

袜子	wà zi	와 쯔	명 양말, 스타킹
味道	wèi dao	워이 따오	명 맛
卫生间	wèi shēng jiān	워이 성 찌엔	명 화장실

请问，卫生间在哪儿?
Qǐng wèn, wèi shēng jiān zài nǎr?
칭 원, 워이 성 찌엔 짜이 날?
여쭤보겠습니다, 화장실이 어디에 있습니까?

危险	wēi xiǎn	워이 씨엔	명 위험 동 위험하다

这里很危险。
Zhè lǐ hěn wēi xiǎn.
즈어 리 헌 워이 씨엔
여기는 위험합니다.

温度	wēn dù	원 뚜	명 온도
文章	wén zhāng	원 장	명 문장
无	wú	우	동 없다
误会	wù huì	우 후이	동 오해하다 명 오해

你们之间有什么误会?
Nǐ men zhī jiān yǒu shén me wù huì?
니 먼 즈 찌엔 여우 선 므어 우 후이?
너희들은 무슨 오해가 있니?

无聊	wú liáo	우 리아오	형 무료하다, 지루하다, 심심하다
无论	wú lùn	우 룬	접 ~을 막론하고, ~든지
污染	wū rǎn	우 란	명 오염 동 오염시키다

N O P Q R S T U V W X Y Z

浴室 yù shì [위 스] 욕실, 화장실

卫生间 wèi shēng jiān [워이 셩 찌엔] 욕실, 화장실

毛巾 máo jīn [마오 찐] 수건

镜子 jìng zi [찡 쯔] 거울

洗发水 xǐ fà shuǐ [시 파 수이] 샴푸

护发素 hù fà sù [후 파 쑤] 린스

牙刷 yá shuā [야 솨] 칫솔

牙膏 yá gāo [야 까오] 치약

肥皂 féi zào [퍼이 짜오] 비누

便器 biàn qì [삐엔 치] 변기

卫生纸 wèi shēng zhǐ [워이 셩 즈] 화장지

浴池 yù chí [위 츠] 욕조

洗脸盆 xǐ liǎn pén [시 리엔 펀] 세숫대야, 세면기

淋浴器 lín yù qì [린 위 치] 샤워기

水龙头 shuǐ lóng tóu [수이 룽 터우] 수도꼭지

排水口 pái shuǐ kǒu [파이 수이 커우] 배수구

	北京的空气污染很严重。 Běi jīng de kōng qì wū rǎn hěn yán zhòng. 뻬이 찡 뜨어 쿵 치 우 란 헌 옌 중 베이징의 대기오염은 심합니다.		
歪	wāi	와이	형 비뚤다, 바르지 않다
外公	wài gōng	와이 꿍	명 외할아버지
外交	wài jiāo	와이 찌아오	명 외교
往返	wǎng fǎn	왕 판	동 왕복하다, 오가다
网络	wǎng luò	왕 뤄	명 그물, 네트워크
王子	wáng zǐ	왕 쯔	명 왕자
玩具	wán jù	완 쮜	명 장난감, 완구
完美	wán měi	완 머이	형 완미하다, 매우 훌륭하다, 완전무결하다
完善	wán shàn	완 산	형 완벽하다, 나무랄 게 없다, 흠잡을 데가 없다
万一	wàn yī	완 이	부 만일에, 만약에
完整	wán zhěng	완 정	형 완전하다, 온전하다
胃	wèi	워이	명 위
尾巴	wěi ba	워이 빠	명 꼬리
未必	wèi bì	워이 삐	부 반드시 ~한 것은 아니다
伟大	wěi dà	워이 따	형 위대하다
	你看过《伟大的盖茨比》吗? Nǐ kàn guo 《wěi dà de gài cí bǐ 》 ma ? 니 칸 꿔 〈워이 따 뜨어 까이 츠 삐〉 마? 당신은 〈위대한 개츠비〉를 본 적 있습니까?		

违反	wéi fǎn	워이 판	동 위반하다, 어기다
	你违反了规定。 Nǐ wéi fǎn le guī dìng. 니 워이 판 르어 꾸이 띵 당신은 규정을 어겼습니다.		
危害	wēi hài	워이 하이	명 위해, 손상
围巾	wéi jīn	워이 찐	명 목도리, 스카프
胃口	wèi kǒu	워이 커우	명 식욕, 입맛
	你今天胃口真好。 Nǐ jīn tiān wèi kǒu zhēn hǎo. 니 찐 티엔 워이 커우 전 하오 오늘은 입맛이 정말 좋네요.		
未来	wèi lái	워이 라이	명 미래
委屈	wěi qu	워이 취	형 억울하다
围绕	wéi rào	워이 라오	동 주위를 돌다, (문제나 일을) 둘러싸다
微笑	wēi xiào	워이 씨아오	명 미소 동 미소를 짓다
威胁	wēi xié	워이 씨에	동 위협하다, 협박하다
	不要威胁我。 Bú yào wēi xié wǒ. 뿌 야오 워이 씨에 워 나를 협박하지 마세요.		
维修	wéi xiū	워이 쎠우	동 수리하다, 보수하다
唯一	wéi yī	워이 이	형 유일한, 하나밖에 없는
	这是我们唯一的办法。 Zhè shì wǒ men wéi yī de bàn fǎ. 즈어 스 워 먼 워이 이 뜨어 빤 파 이것은 우리의 유일한 방법입니다.		

位于	wèi yú	워이 위	동 ~에 위치하다
位置	wèi zhi	워이 즈	명 위치
吻	wěn	원	동 키스하다
闻	wén	원	동 냄새를 맡다
稳定	wěn dìng	원 띵	형 안정되다
问候	wèn hòu	원 허우	동 안부를 묻다
文件	wén jiàn	원 찌엔	명 공문, 서류, 파일
文具	wén jù	원 쮜	명 문구
文明	wén míng	원 밍	명 문명
	中国是四大文明古国之一。 Zhōng guó shì sì dà wén míng gǔ guó zhī yī. 중 꿔 스 쓰 따 원 밍 꾸 꿔 즈 이 중국은 사대 문명 발상지의 하나다.		
温暖	wēn nuǎn	원 놘	형 따뜻하다, 따스하다
温柔	wēn róu	원 러우	형 온유하다, 부드럽고 상냥하다
文学	wén xué	원 쒸에	명 문학
文字	wén zì	원 쯔	명 문자, 글자
卧室	wò shì	워 스	명 침실
握手	wò shǒu	워 서우	동 악수하다, 손을 잡다
勿	wù	우	부 ~하지 마라
雾	wù	우	명 안개
物理	wù lǐ	우 리	명 물리

无奈	wú nài	우 나이	동 어찌해 볼 도리가 없다, 어떻게 할 방법이 없다
武术	wǔ shù	우 수	명 무술
无数	wú shù	우 수	형 수를 헤아리기 어렵다
无所谓	wú suǒ wèi	우 쒀 웨이	상관 없다
物质	wù zhì	우 즈	명 물질
屋子	wū zi	우 쯔	명 방
哇	wā	와	(의성어 · 의태어) 왝왝, 앙앙, 엉엉 (구토나 울음소리)
外表	wài biǎo	와이 뻬아오	명 겉모습, 외모
外行	wài háng	와이 항	형 경험이 없다, 비전문가다
外界	wài jiè	와이 찌에	명 외부, 외계
歪曲	wāi qū	와이 취	동 왜곡하다
外向	wài xiàng	와이 씨양	형 외향적이다

她性格外向，所以朋友很多。
Tā xìng gé wài xiàng，suǒ yǐ péng you hěn duō.
타 씽 끄어 와이 씨양, 쒀 이 펑 여우 헌 뚸
그녀는 성격이 외향적이어서 친구가 많다.

瓦解	wǎ jiě	와 찌에	동 와해하다, 붕괴하다
挖掘	wā jué	와 쮜에	동 발굴하다, 캐다
丸	wán	완	명 알, 환, 작고 둥근 물건
完备	wán bèi	완 뻬이	동 완비되어 있다, 모두 갖추다

完毕	wán bì	완 삐	동 끝내다, 마치다
万分	wàn fēn	완 펀	부 대단히, 매우
往常	wǎng cháng	왕 창	명 평소, 평상시
往事	wǎng shì	왕 스	명 지난 일, 옛일
顽固	wán gù	완 꾸	형 완고하다, 고집스럽다
妄想	wàng xiǎng	왕 씨양	동 망상하다, 공상하다
挽回	wǎn huí	완 후이	동 만회하다
挽救	wǎn jiù	완 쪄우	동 구해내다, 구제하다
玩弄	wán nòng	완 눙	동 희롱하다, 놀리다
顽强	wán qiáng	완 치양	형 완강하다, 강경하다
惋惜	wǎn xī	완 씨	동 안타까워하다, 아쉬워하다
玩意儿	wán yìr	완 열	명 완구, 장난감
娃娃	wá wa	와 와	명 아기, 인형
喂	wèi	워이	감 어이, 야, 이봐, 여보세요
违背	wéi bèi	워이 뻐이	동 위반하다, 어기다
微不足道	wēi bù zú dào	워이 뿌 쭈 따오	하찮아서 말할 가치도 없다
维持	wéi chí	워이 츠	동 유지하다, 지키다
唯独	wéi dú	워이 뚜	부 유독, 오직

为什么唯独没有我的?
Wèi shén me wéi dú méi yǒu wǒ de?
워이 선 므어 워이 뚜 머이 여우 워 뜨?
왜 유독 나만 없어요?

威风	wēi fēng	워이 펑	명 위풍
微观	wēi guān	워이 꽌	명 미시 형 미시적이다
维护	wéi hù	워이 후	동 지키다, 유지하고 보호하다
危机	wēi jī	워이 찌	명 위기
畏惧	wèi jù	워이 쮜	동 두려워하다, 무서워하다
蔚蓝	wèi lán	워이 란	형 짙푸른, 짙은 남색의
威力	wēi lì	워이 리	명 위력
未免	wèi miǎn	워이 미엔	부 (불가피하게) 꼭 ~하게 되다/아무래도
为难	wéi nán	워이 난	형 난처하다, 난감하다
为期	wéi qī	워이 치	동 기한으로 하다
维生素	wéi shēng sù	워이 성 쑤	명 비타민
委托	wěi tuō	워이 퉈	동 위탁하다, 의뢰하다
威望	wēi wàng	워이 왕	명 명망, 명성과 인망
慰问	wèi wèn	워이 원	동 위문하다
威信	wēi xìn	워이 씬	명 위신, 체면
卫星	wèi xīng	워이 씽	명 위성
委员	wěi yuán	워이 위엔	명 위원

伪造	wěi zào	워이 짜오	동 위조하다
温带	wēn dài	원 따이	명 온대
	这种水果只生长在温带。 Zhè zhǒng shuǐ guǒ zhǐ shēng zhǎng zài wēn dài. 즈어 중 수이 꿔 즈 성 장 짜이 원 따이 이런 과일는 온대에서만 자란다.		
温和	wēn hé	원 흐어	형 따뜻하다, 온난하다
文凭	wén píng	원 핑	명 공문서
问世	wèn shì	원 스	동 세상에 나오다, 발표되다
文物	wén wù	원 우	명 문물
文献	wén xiàn	원 씨엔	명 문헌
文雅	wén yǎ	원 야	형 품위가 있다, 우아하다
文艺	wén yì	원 이	명 문예
窝	wō	워	명 둥지, 집
无比	wú bǐ	우 삐	형 더할 바 없다, 아주 뛰어나다
务必	wù bì	우 삐	부 반드시, 꼭
误差	wù chā	우 차	명 오차
无偿	wú cháng	우 창	형 무상의, 보수가 없는
无耻	wú chǐ	우 츠	형 염치가 없다, 뻔뻔스럽다
舞蹈	wǔ dǎo	우 따오	명 춤, 무용
无动于衷	wú dòng yú zhōng	우 뚱 위 중	아무런 느낌이 없다, 마음에 전혀 와닿지 않다

N O P Q R S T U V W X Y Z

无非	wú fēi	우 페이	부 단지, ~에 불과하다
无辜	wú gū	우 꾸	형 무고하다, 죄가 없다
乌黑	wū hēi	우 헤이	형 새까맣다
误解	wù jiě	우 찌에	동 오해하다
无精打采	wú jīng dǎ cǎi	우 찡 따 차이	풀이 죽다
	你怎么这么无精打采? Nǐ zěn me zhè me wú jīng dǎ cǎi ? 니 쩐 므어 즈어 므어 우 찡 따 차이? 당신은 왜 풀이 죽었어요?		
无赖	wú lài	우 라이	형 무뢰하다
无理取闹	wú lǐ qǔ nào	우 리 취 나오	아무런 까닭 없이 남과 다투다, 고의로 소란을 피우다, 일부러 말썽을 부리다
物美价廉	wù měi jià lián	우 머이 찌아 리엔	상품의 질이 좋고 값도 저렴하다
污蔑	wū miè	우 미에	동 모독하다, 중상하다, 비방하다
无能为力	wú néng wéi lì	우 넝 웨이 리	힘을 제대로 쓰지 못하다, 능력이 없다, 능력이 미치지 못하다
武器	wǔ qì	우 치	명 무기, 병기
无穷无尽	wú qióng wú jìn	우 츙 우 찐	무궁무진하다, 한이 없다
侮辱	wǔ rǔ	우 루	동 모욕하다
无微不至	wú wēi bú zhì	우 웨이 뿌 즈	사소한 데까지 신경을 쓰다

武侠	wǔ xiá	우 씨야	명 무협
	金庸是中国著名的武侠小说作家。 Jīn yōng shì zhōng guó zhù míng de wǔ xiá xiǎo shuō zuò jiā. 찐 융 스 중 꿔 주 밍 뜨어 우 씨야 씨아오 숴 쭤 찌야 김용은 중국의 유명한 무협소설 작가입니다.		
诬陷	wū xiàn	우 씨엔	동 무함하다, 억울한 죄를 씌우다
物业	wù yè	우 예	명 가옥 등의 부동산, 산업
无忧无虑	wú yōu wú lǜ	우 여우 우 뤼	아무런 걱정이 없다
无知	wú zhī	우 즈	형 무지하다, 아는 것이 없다
武装	wǔ zhuāng	우 쫭	명 무장 동 무장하다
物资	wù zī	우 쯔	명 물자

X

下	xià	씨아	명 밑, 아래
想	xiǎng	씨양	동 생각하다 조동 ~을 하고 싶다
	你想吃什么? Nǐ xiǎng chī shén me? 니 씨양 츠 선 므어? 당신은 무엇을 먹고 싶습니까?		
先生	xiān sheng	씨엔 성	명 선생님, ~씨
现在	xiàn zài	씨엔 짜이	명 지금, 현재
	现在几点? Xiàn zài jǐ diǎn? 씨엔 짜이 찌 띠엔? 지금 몇 시입니까?		
小	xiǎo	씨아오	형 작다, 적다, 약하다
小姐	xiǎo jiě	씨아오 찌에	명 아가씨
下午	xià wǔ	씨아 우	명 오후
下雨	xià yǔ	씨아 위	동 비가 오다
	外面在下雨。 Wài miàn zài xià yǔ. 와이 미엔 짜이 씨아 위 밖에는 비가 내리고 있습니다.		
写	xiě	씨에	동 (글을) 쓰다
些	xiē	씨에	양 조금, 약간, 몇

谢谢	xiè xie	씨에 씨에	동 감사합니다
喜欢	xǐ huan	씨 환	동 좋아하다
	你喜欢唱歌吗? Nǐ xǐ huan chàng gē ma? 니 씨 환 창 끄어 마? 당신은 노래하는 것을 좋아합니까?		
星期	xīng qī	씽 치	명 요일, 주
	这个星期六我们去长城吧。 Zhè ge xīng qī liù wǒ men qù cháng chéng ba. 즈어 끄어 씽 치 려우 워 먼 취 창 청 빠 이번주 토요일에 우리 만리장성에 갑시다.		
学生	xué sheng	쒸에 성	명 학생
	他不是我们学校的学生。 Tā bú shì wǒ men xué xiào de xué sheng. 타 뿌 스 워 먼 쒸에 씨아오 뜨어 쒸에 성 그는 우리 학교의 학생이 아닙니다.		
学习	xué xí	쒸에 씨	동 공부하다, 학습하다
	我学习汉语。 Wǒ xué xí hàn yǔ. 워 쒸에 씨 한 위 나는 중국어를 배웁니다.		
学校	xué xiào	쒸에 씨아오	명 학교
洗	xǐ	씨	동 씻다, 빨다
	吃饭之前要洗手。 Chī fàn zhī qián yào xǐ shǒu. 츠 판 즈 치엔 야오 씨 서우 밥 먹기 전에 손을 씻어야 합니다.		
笑	xiào	씨아오	동 웃다
小时	xiǎo shí	씨아오 스	명 시간

	我等了你三个小时。 Wǒ děng le nǐ sān ge xiǎo shí. 워 떵 르어 니 싼 끄어 씨아오 스 나는 당신을 3시간 기다렸습니다.		
西瓜	xī guā	씨 꽈	명 수박
	谁吃了我的西瓜? Shéi chī le wǒ de xī guā ? 서이 츠 르어 워 뜨어 씨 꽈? 누가 내 수박을 먹었습니까?		
新	xīn	씬	형 새롭다
	我给你买本新的。 Wǒ gěi nǐ mǎi běn xīn de. 워 꺼이 니 마이 뻔 씬 뜨어 내가 새 책을 한 권 사줄게요.		
姓	xìng	씽	명 성, 성씨
	请问, 您贵姓? Qǐng wèn, nín guì xìng ? 칭 원, 닌 꾸이 씽? 실례지만 존함이 어떻게 되십니까?		
休息	xiū xi	쎠우 씨	동 휴식하다, 쉬다
希望	xī wàng	씨 왕	명 희망, 소원 동 바라다, 희망하다
雪	xuě	쒸에	명 눈
西	xī	씨	명 서쪽
夏	xià	씨야	명 여름
先	xiān	씨엔	명 앞, 전 부 먼저
像	xiàng	씨양	동 같다, 비슷하다, 닮다

	他长得像爸爸。 Tā zhǎng de xiàng bà ba. 타 장 뜨어 씨양 빠 빠 그는 아빠를 닮았습니다.			
向	xiàng	씨양	개	~으로, ~에게, ~을 향해
香蕉	xiāng jiāo	씨양 찌아오	명	바나나
	猴子喜欢吃香蕉。 Hóu zi xǐ huan chī xiāng jiāo. 허우 쯔 씨 환 츠 씨양 찌아오 원숭이는 바나나를 먹기 좋아합니다.			
相信	xiāng xìn	씨양 씬	동	믿다, 신뢰하다
小心	xiǎo xīn	씨아오 씬	동	조심하다, 주의하다
	小心感冒。 Xiǎo xīn gǎn mào. 씨아오 씬 깐 마오 감기 조심하세요.			
校长	xiào zhǎng	씨아오 장	명	교장
习惯	xí guàn	씨 꽌	명	습관, 버릇
	要从小养成早睡早起的习惯。 Yào cóng xiǎo yǎng chéng zǎo shuì zǎo qǐ de xí guàn. 야오 총 씨아오 양 청 짜오 수이 짜오 치 뜨어 씨 꽌 어렸을 때부터 일찍 자고 일찍 일어나는 습관을 길러야 합니다.			
行李箱	xíng lǐ xiāng	씽 리 씨양	명	트렁크, 여행용 가방
新闻	xīn wén	씬 원	명	뉴스
新鲜	xīn xiān	씬 씨엔	형	신선하다, 싱싱하다

	今天的水果很新鲜。 Jīn tiān de shuǐ guǒ hěn xīn xiān. 찐 티엔 뜨어 수이 꿔 헌 씬 씨엔 오늘의 과일은 신선합니다.		
信用卡	xìn yòng kǎ	씬 융 카	명 신용카드
熊猫	xióng māo	슝 마오	명 판다
洗手间	xǐ shǒu jiān	씨 서우 찌엔	명 화장실
洗澡	xǐ zǎo	씨 짜오	동 목욕하다
选择	xuǎn zé	쒸엔 쯔어	동 선택하다, 고르다
需要	xū yào 我需要你的帮助。 Wǒ xū yào nǐ de bāng zhù. 워 쒸 야오 니 뜨어 빵 주 나는 당신의 도움이 필요합니다.	쒸 야오	동 필요하다 명 요구
咸	xián	씨엔	형 짜다
响	xiǎng	씨양	동 소리가 나다, 울리다
香	xiāng 你做的菜真香。 Nǐ zuò de cài zhēn xiāng. 니 쭤 뜨어 차이 전 씨양 당신이 한 요리는 정말 향기롭습니다.	씨양	형 향기롭다
相反	xiāng fǎn	씨양 판	동 상반되다 접 반대로, 오히려
橡皮	xiàng pí	씨양 피	명 지우개
相同	xiāng tóng	씨양 퉁	형 같다, 일치하다
详细	xiáng xì	씨양 씨	형 상세하다, 자세하다

	你详细地说一下。 Nǐ xiáng xì de shuō yí xià. 니 씨양 씨 뜨어 쉬 이 씨야 자세하게 말하세요.		
现金	xiàn jīn	씨엔 찐	명 현금
羡慕	xiàn mù	씨엔 무	동 부러워하다
	我真羡慕你。 Wǒ zhēn xiàn mù nǐ. 워 전 씨엔 무 니 나는 당신이 정말 부럽습니다.		
小吃	xiǎo chī	씨아오 츠	명 간식
	这是北京有名的小吃。 Zhè shì běi jīng yǒu míng de xiǎo chī. 즈어 스 뻬이 찡 여우 밍 뜨어 씨아오 츠 이것은 베이징에서 유명한 간식입니다.		
效果	xiào guǒ	씨아오 꿔	명 효과
	药的效果非常好。 Yào de xiào guǒ fēi cháng hǎo. 야오 뜨어 씨아오 꿔 페이 창 하오 약의 효과는 매우 좋습니다.		
笑话	xiào hua	씨아오 화	명 농담
小伙子	xiǎo huǒ zi	씨아오 훠 쯔	명 젊은이, 총각
小说	xiǎo shuō	씨아오 쉬	명 소설
消息	xiāo xi	씨아오 씨	명 소식
西红柿	xī hóng shì	씨 홍 스	명 토마토
信封	xìn fēng	씬 펑	명 편지봉투
醒	xǐng	씽	동 깨다

行	xíng	씽	동 좋다, ~해도 좋다
性别	xìng bié	씽 삐에	명 성별
兴奋	xīng fèn	씽 펀	형 흥분하다, 격동하다
幸福	xìng fú	씽 푸	형 행복하다 명 행복

她生活得很幸福。
Tā shēng huó de hěn xìng fú.
타 성 훠 뜨어 헌 씽 푸
그녀는 행복하게 살고 있습니다.

性格	xìng gé	씽 끄어	명 성격
辛苦	xīn kǔ	씬 쿠	형 고생스럽다, 수고하다
心情	xīn qíng	씬 칭	명 심정, 감정, 기분

他今天心情不错。
Tā jīn tiān xīn qíng bú cuò.
타 찐 티엔 씬 칭 뿌 춰
그는 오늘 기분이 좋습니다.

信息	xìn xī	씬 씨	명 정보
信心	xìn xīn	씬 씬	명 자신감, 신념
修理	xiū lǐ	쎠우 리	동 수리하다, 고치다
吸引	xī yǐn	씨 인	동 흡인하다, 끌어들이다, 매료시키다, 관심을 가지게 하다
许多	xǔ duō	쒸 뚸	형 매우 많다

今天我们家来了许多客人。
Jīn tiān wǒ men jiā lái le xǔ duō kè rén.
찐 티엔 워 먼 찌아 라이 르어 쒸 뚸 크어 런
오늘 우리집에는 많은 손님이 왔습니다.

学期	xué qī	쒸에 치	명 학기
系	xì	씨	명 학과
	我是中文系的学生。 Wǒ shì zhōng wén xì de xué sheng. 워 스 중 원 씨 뜨어 쒸에 성 나는 중문과 학생입니다.		
吓	xià	씨아	동 놀라다
瞎	xiā	씨아	동 눈이 멀다, 실명하다
夏令营	xià lìng yíng	씨아 링 잉	명 여름 캠프
县	xiàn	씨엔	명 현(행정 단위)
现代	xiàn dài	씨엔 따이	명 현대
显得	xiǎn de	씨엔 뜨어	동 ~인 것 같다
项	xiàng	씨양	명 양 항목
香肠	xiāng cháng	씨양 창	명 소시지
相处	xiāng chǔ	씨양 추	동 함께 살다
相当	xiāng dāng	씨양 땅	부 상당히, 무척, 꽤
相对	xiāng duì	씨양 뚜이	부 비교적, 상대적으로
相关	xiāng guān	씨양 꽌	동 상관이 있다, 상관되다
项链	xiàng liàn	씨양 리엔	명 목걸이
项目	xiàng mù	씨양 무	명 항목, 종목
想念	xiǎng niàn	씨양 니엔	동 그리워하다, 생각하다
象棋	xiàng qí	씨양 치	명 장기

N O P Q R S T U V W X Y Z

享受	xiǎng shòu	씨양 서우	동 누리다, 즐기다 你要学会享受生活。 Nǐ yào xué huì xiǎng shòu shēng huó. 니 야오 쒸에 후 씨양 서우 성 훠 당신은 인생을 즐길 줄 알아야 합니다.
相似	xiàng sì	씨양 쓰	형 비슷하다, 닮다
想象	xiǎng xiàng	씨양 씨양	명 상상 동 상상하다
象征	xiàng zhēng	씨양 정	명 상징 동 상징하다, 표시하다
显然	xiǎn rán	씨엔 란	형 명백하다, 분명하다
显示	xiǎn shì	씨엔 스	동 분명하게 표현하다, 보여주다
现实	xiàn shí	씨엔 스	명 현실
现象	xiàn xiàng	씨엔 씨양	명 현상
鲜艳	xiān yàn	씨엔 옌	형 화려하다, 산뜻하고 아름답다
限制	xiàn zhì	씨엔 즈	동 제한하다, 한정하다
消费	xiāo fèi	씨아오 퍼이	동 소비하다
消化	xiāo huà	씨아오 화	동 소화하다
消极	xiāo jí	씨아오 찌	형 소극적이다, 의기소침하다
效率	xiào lǜ	씨아오 뤼	명 능률
小麦	xiǎo mài	씨아오 마이	명 밀(식물)
小气	xiǎo qi	씨아오 치	형 인색하다, 쩨쩨하다

你不要这么小气。
Nǐ bú yào zhè me xiǎo qi.
니 뿌 야오 즈어 므어 씨아오 치
이렇게 인색하지 마세요.

消失	xiāo shī	씨아오 스	동	없어지다, 사라지다
销售	xiāo shòu	씨아오 서우	동	팔다, 판매하다
孝顺	xiào shùn	씨아오 순	동	효도하다

他是一个孝顺的孩子。
Tā shì yí ge xiào shùn de hái zi.
타 스 이 끄어 씨아오 순 뜨어 하이 쯔
그는 효도하는 아이입니다.

下载	xià zǎi	씨야 짜이	동	다운로드하다
血	xiě	씨에	명	피
斜	xié	씨에	형	기울다, 비뚤다
歇	xiē	씨에	동	휴식하다, 쉬다
写作	xiě zuò	씨에 쭤	동	글을 짓다, 저작하다
细节	xì jié	씨 찌에	명	세부사항
戏剧	xì jù	씨 쮜	명	연극
形成	xíng chéng	씽 청	동	형성되다
行动	xíng dòng	씽 뚱	명	행위, 동작, 행동
幸亏	xìng kuī	씽 쿠이	부	다행히, 운 좋게
行人	xíng rén	씽 런	명	행인
形容	xíng róng	씽 룽	동	형용하다, 묘사하다
形势	xíng shì	씽 스	명	정세, 상황

形式	xíng shì	씽 스	명 형식
行为	xíng wéi	씽 워이	명 행위, 행동, 행실
形象	xíng xiàng	씽 씨양	명 이미지, 인상
幸运	xìng yùn	씽 윈	형 운이 좋다, 행운이다
性质	xìng zhì	씽 즈	명 성질, 성분
形状	xíng zhuàng	씽 좡	명 형상, 생김새
信号	xìn hào	씬 하오	명 신호
心理	xīn lǐ	씬 리	명 심리
信任	xìn rèn	씬 런	동 신임하다, 믿다
欣赏	xīn shǎng	씬 상	동 감상하다
心脏	xīn zàng	씬 짱	명 심장
胸	xiōng	씨융	명 가슴, 흉부
兄弟	xiōng dì	씨융 띠	명 형제
吸取	xī qǔ	씨 취	동 흡수하다, 받아들이다

你要从失败中吸取经验。
Nǐ yào cóng shī bài zhōng xī qǔ jīng yàn.
니 야오 충 스 빠이 중 씨 취 찡 옌
당신은 실패에서 경험을 받아들여야 한다.

吸收	xī shōu	씨 서우	동 섭취하다, 흡수하다
系统	xì tǒng	씨 퉁	명 시스템, 계통
修改	xiū gǎi	쎠우 까이	동 고치다, 수정하다
休闲	xiū xián	쎠우 씨엔	동 한가하게 보내다

宣布	xuān bù	쒸엔 뿌	동 공보하다, 발표하다
宣传	xuān chuán	쒸엔 촨	동 선전하다, 홍보하다
学历	xué lì	쒸에 리	명 학력
学术	xué shù	쒸에 수	명 학술
学问	xué wen	쒸에 원	명 학문, 지식
训练	xùn liàn	쒼 리엔	동 훈련하다, 훈련시키다
迅速	xùn sù	쒼 쑤	형 신속하다, 재빠르다
询问	xún wèn	쒼 원	동 알아보다, 물어보다
寻找	xún zhǎo	쒼 자오	동 찾다, 구하다
叙述	xù shù	쒸 수	동 서술하다, 기술하다
虚心	xū xīn	쒸 씬	형 겸손하다, 허심하다
溪	xī	씨	명 시내, 개울
霞	xiá	씨야	명 노을
狭隘	xiá 'ài	씨야 아이	형 좁다 他不是一个心胸狭隘的人。 Tā bú shì yí ge xīn xiōng xiá 'ài de rén. 타 뿌 스 이 끄어 씬 쓩 씨야 아 뜨어 런 그는 마음이 좁은 사람이 아닙니다.
峡谷	xiá gǔ	씨야 꾸	명 협곡
嫌	xián	씨엔	명 혐의, 의심 동 의심하다, 싫어하다, 역겨워하다
弦	xián	씨엔	명 활시위

N O P Q R S T U V W X Y Z

现场	xiàn chǎng	씨엔 창	명 현장
现成	xiàn chéng	씨엔 청	형 원래부터 있는, 다시 준비할 필요가 없는
宪法	xiàn fǎ	씨엔 파	명 헌법
巷	xiàng	씨양	명 골목, 좁은 길
相差	xiāng chà	씨양 차	동 서로 차이가 나다, 서로 다르다
向导	xiàng dǎo	씨양 따오	명 가이드
相等	xiāng děng	씨양 떵	동 같다, 대등하다
想方设法	xiǎng fāng shè fǎ	씨양 팡 스어 파	온갖 방법을 다 생각하다, 갖은 방법을 다하다
相辅相成	xiāng fǔ xiāng chéng	씨양 푸 씨양 청	서로 보완하고 도와서 일을 완성하다, 서로 도와서 일이 잘 되어 나가도록 하다
向来	xiàng lái	씨양 라이	부 본래부터, 줄곧, 여태까지
响亮	xiǎng liàng	씨양 리양	형 크고 맑다, 우렁차다
镶嵌	xiāng qiàn	씨양 치엔	동 끼워 넣다, 박아넣다
相声	xiàng sheng	씨양 성	명 만담, 재담
向往	xiàng wǎng	씨양 왕	동 갈망하다, 동경하다
	这不是我向往的生活。 Zhè bú shì wǒ xiàng wǎng de shēng huó. 즈어 뿌 스 워 씨양 왕 뜨어 성 훠 이것은 내가 갈망하던 생활이 아닙니다.		
响应	xiǎng yìng	씨양 잉	동 대답하다, 응답하다

相应	xiāng yìng	씨양 잉	동 상응하다, 서로 맞다
陷害	xiàn hài	씨엔 하이	동 모함하다, 모해하다
闲话	xián huà	씨엔 화	명 험담, 뒷말, 불평
贤惠	xián huì	씨엔 후이	형 어질고 총명하다, 품성이 곱다
衔接	xián jiē	씨엔 찌에	동 맞물리다, 이어지다
先进	xiān jìn	씨엔 찐	형 선진의, 진보적인
陷阱	xiàn jǐng	씨엔 찡	명 함정
鲜明	xiān míng	씨엔 밍	형 분명하다, 명확하다
掀起	xiān qǐ	씨엔 치	동 열다, 들어올리다
先前	xiān qián	씨엔 치엔	명 이전, 예전
馅儿	xiànr	씨얄	명 (만두 등의) 소
陷入	xiàn rù	씨엔 루	동 빠지다, 떨어지다
线索	xiàn suǒ	씨엔 쒀	명 실마리, 단서
纤维	xiān wéi	씨엔 워이	명 섬유
嫌疑	xián yí	씨엔 이	명 혐의
显著	xiǎn zhù	씨엔 주	형 현저하다, 뚜렷하다
现状	xiàn zhuàng	씨엔 좡	명 현상, 현황

他不是一个安于现状的人。
Tā bú shì yí ge ān yú xiàn zhuàng de rén.
타 뿌 스 이 끄어 안 위 씨엔 좡 뜨어 런
그는 현 상태에 만족하는 사람이 아닙니다.

削	xiāo	씨아오	동 깎다, 벗기다

消除	xiāo chú	씨아오 추	동 없애다, 제거하다
消毒	xiāo dú	씨아오 뚜	동 소독하다
消防	xiāo fáng	씨아오 팡	명 소방
消耗	xiāo hào	씨아오 하오	동 소모하다
销毁	xiāo huǐ	씨아오 후이	동 소각하다, 없애버리다
消灭	xiāo miè	씨아오 미에	동 소멸하다, 사라지다
潇洒	xiāo sǎ	씨아오 싸	형 멋스럽다, 자연스럽고 품위가 있다
肖像	xiào xiàng	씨아오 씨양	명 사진, 화상
小心翼翼	xiǎo xīn yì yì	씨아오 씬 이 이	엄숙하고 경건하다
效益	xiào yì	씨아오 이	명 효과와 수익, 이익
	如何提高企业的经济效益? Rú hé tí gāo qǐ yè de jīng jì xiào yì? 루 흐어 티 까오 치 예 뜨어 찡 찌 씨아오 이? 기업의 경제적 효과를 어떻게 높입니까?		
下属	xià shǔ	씨야 수	명 부하, 하급 직원
狭窄	xiá zhǎi	씨야 자이	형 비좁다, 협소하다
细胞	xì bāo	씨 빠오	명 세포
屑	xiè	씨에	명 부스러기, 찌꺼기
携带	xié dài	씨에 따이	동 휴대하다, 지니다
协会	xié huì	씨에 후이	명 협회
谢绝	xiè jué	씨에 쮜에	동 사절하다, 정중히 거절하다

泄露	xiè lòu	씨에 러우	동 누설하다, 폭로하다
泄气	xiè qì	씨에 치	동 공기가 새다, 바람이 빠지다
协商	xié shāng	씨에 상	동 협상하다, 협의하다
协调	xié tiáo	씨에 티아오	형 조화롭다, 어울리다
协议	xié yì	씨에 이	명 협의, 합의
协助	xié zhù	씨에 주	동 협조하다, 보조하다
媳妇	xí fu	씨 푸	명 부인, 마누라
膝盖	xī gài	씨 까이	명 무릎
袭击	xí jī	씨 찌	동 습격하다
细菌	xì jūn	씨 쮠	명 세균
系列	xì liè	씨 리에	명 시리즈
熄灭	xī miè	씨 미에	동 꺼지다, 소멸하다
新陈代谢	xīn chén dài xiè	씬 천 따이 씨에	명 신진대사
心得	xīn dé	씬 뜨어	명 소감, 체득
腥	xīng	씽	형 비린내가 나다
心甘情愿	xīn gān qíng yuàn	씬 깐 칭 위엔	내심 만족해하며 달가워하다, 기꺼이 원하다
性感	xìng gǎn	씽 깐	형 섹시하다, 성적인 매력이 있다
兴高采烈	xìng gāo cǎi liè	씽 까오 차이 리에	매우 기쁘다, 매우 흥겹다, 기쁨에 넘치다
兴隆	xīng lóng	씽 룽	형 창성하다, 흥성하다

N O P Q R S T U V W X Y Z

	祝你生意兴隆。 Zhù nǐ shēng yi xīng lóng. 주 니 성 이 씽 룽 사업이 번창하길 바랍니다.		
性命	xìng mìng	씽 밍	명 목숨, 생명
性能	xìng néng	씽 넝	명 성능
刑事	xíng shì	씽 스	명 형사(법률)
形态	xíng tài	씽 타이	명 형태
兴旺	xīng wàng	씽 왕	형 흥성하다, 번창하다
行政	xíng zhèng	씽 정	명 행정
兴致勃勃	xìng zhì bó bó	씽 즈 뿨 뿨	흥미진진하다
信赖	xìn lài	씬 라이	동 신뢰하다, 신임하다
新郎	xīn láng	씬 랑	명 신랑
心灵	xīn líng	씬 링	명 심령, 정신
信念	xìn niàn	씬 니엔	명 신념, 믿음
新娘	xīn niáng	씬 니양	명 신부
辛勤	xīn qín	씬 친	형 부지런하다, 근면하다
薪水	xīn shuǐ	씬 수이	명 봉급, 급여, 임금
心态	xīn tài	씬 타이	명 심리 상태
心疼	xīn téng	씬 텅	동 아까워하다, 애석해하다

	新买的手机丢了，真心疼。 Xīn mǎi de shǒu jī diū le，zhēn xīn téng. 씬 마이 뜨어 서우 찌 띠우 르어, 전 씬 텅 새로 산 핸드폰을 잃어버려서 마음이 아파요.		
欣慰	xīn wèi	씬 웨이	형 기쁘고 안심이 되다, 기쁘고 위안이 되다
欣欣向荣	xīn xīn xiàng róng	씬 씬 씨양 룽	(초목이) 무성하다, 무럭무럭 자라다
心血	xīn xuè	씬 쒸에	명 심혈
信仰	xìn yǎng	씬 양	명 신앙
心眼儿	xīn yǎnr	씬 얄	명 내심, 마음속
新颖	xīn yǐng	씬 잉	형 새롭다, 참신하다
信誉	xìn yù	씬 위	명 평판, 신용, 명성
凶恶	xiōng 'è	쓩 으어	형 흉악하다
雄厚	xióng hòu	쓩 허우	형 풍부하다, 충분하다
胸怀	xiōng huái	쓩 화이	명 가슴, 흉부
凶手	xiōng shǒu	쓩 서우	명 살인범, 살인자
胸膛	xiōng táng	쓩 탕	명 가슴, 흉부
雄伟	xióng wěi	쓩 웨이	형 웅대하고 위세가 넘치다, 웅위하다
汹涌	xiōng yǒng	쓩 융	형 물이 용솟음치다
昔日	xī rì	씨 르	명 옛날, 이전
牺牲	xī shēng	씨 성	동 희생하다
习惯	xí guàn	씨 꽌	명 습관, 습속

	要养成早起早睡的习惯。 Yào yǎng chéng zǎo qǐ zǎo shuì de xí guàn. 양 양 청 짜오 치 짜오 수이 뜨어 씨 꽌 일찍 자고 일찍 일어나는 습관을 길러야 한다.		
绣	xiù	쎠우	동 수놓다, 자수하다
羞耻	xiū chǐ	쎠우 츠	형 수줍다, 부끄럽다
修复	xiū fù	쎠우 푸	동 수복하다, 원상 복구하다
修建	xiū jiàn	쎠우 찌엔	동 건설하다, 건축하다
嗅觉	xiù jué	쎠우 쮜에	명 후각
修养	xiū yǎng	쎠우 양	동 교양이나 학식을 쌓다
喜闻乐见	xǐ wén lè jiàn	씨 원 르어 찌엔	기쁜 마음으로 듣고 보다, 즐겨 듣고 즐겨 보다
夕阳	xī yáng	씨 양	명 석양, 저녁 해
喜悦	xǐ yuè	씨 위에	형 기쁘다, 즐겁다
细致	xì zhì	씨 즈	형 정교하다, 세밀하다
选拔	xuǎn bá	쒸엔 빠	동 선발하다
悬挂	xuán guà	쒸엔 꽈	동 걸다, 매달다
喧哗	xuān huá	쒸엔 화	형 떠들썩하다, 요란하다
选举	xuǎn jǔ	쒸엔 쮜	동 선거하다, 선출하다
旋律	xuán lǜ	쒸엔 뤼	명 선율, 멜로디
悬念	xuán niàn	쒸엔 니엔	명 서스펜스
宣誓	xuān shì	쒸엔 스	동 선서하다
选手	xuǎn shǒu	쒸엔 서우	명 선수

悬殊	xuán shū	쒸엔 수	형 차이가 크다, 큰 차가 있다
	两个队的实力相差悬殊。 Liǎng ge duì de shí lì xiāng chà xuán shū. 리양 끄어 뚜이 뜨어 스 리 씨양 차 쒸엔 수 두 팀의 실력 차이가 현격하다.		
宣扬	xuān yáng	쒸엔 양	동 선양하다, 널리 알리다
炫耀	xuàn yào	쒸엔 야오	동 밝게 비추다, 자랑하다, 뽐내다
悬崖峭壁	xuán yá qiào bì	쒸엔 야 챠오 삐	깎아지른 듯한 절벽
旋转	xuán zhuǎn	쒸엔 좐	동 돌다, 회전하다
削弱	xuē ruò	쒸에 뤄	동 약화되다, 약해지다
雪上加霜	xuě shàng jiā shuāng	쒸에 상 찌야 솽	설상가상
学说	xué shuō	쒸에 쉬	명 학설
学位	xué wèi	쒸에 워이	명 학위
血压	xuè yā	쒸에 야	명 혈압
虚假	xū jiǎ	쒸 찌야	형 거짓의, 허위의, 위선의
酗酒	xù jiǔ	쒸 쪄우	동 주정하다, 무절제하게 술을 마시다
许可	xǔ kě	쒸 크어	동 허가하다, 승낙하다
畜牧	xù mù	쒸 무	동 축산하다, 목축하다
循环	xún huán	쒼 환	동 순환하다
巡逻	xún luó	쒼 뤄	동 순찰하다, 순시하다

寻觅	xún mì	쒼 미	동 찾다
熏陶	xūn táo	쒼 타오	동 훈도하다, 영향을 끼치다
循序渐进	xún xù jiàn jìn	쒼 쒸 찌엔 찐	순차적으로 진행하다
需求	xū qiú	쒸 쳐우	명 수요, 필요
虚荣	xū róng	쒸 룽	명 허영, 헛된 영화
虚伪	xū wěi	쒸 워이	형 허위의, 거짓의
序言	xù yán	쒸 옌	명 서문, 서언
须知	xū zhī	쒸 즈	명 주의 사항, 안내 사항

Y

一	yī	이	수 1, 하나
一点儿	yì diǎnr	이 디알	양 조금, 약간
衣服	yī fu	이 푸	명 옷, 의복
	我想试试这件衣服。 Wǒ xiǎng shì shi zhè jiàn yī fu. 워 씨양 스 스 즈어 찌엔 이 푸 저는 이 옷을 입어보고 싶습니다.		
医生	yī shēng	이 성	명 의사
医院	yī yuàn	이 위엔	명 병원
	这家医院非常有名。 Zhè jiā yī yuàn fēi cháng yǒu míng. 즈어 찌야 이 위엔 페이 창 여우 밍 이 병원은 아주 유명합니다.		
椅子	yǐ zi	이 쯔	명 의자
有	yǒu	여우	동 있다
月	yuè	위에	명 월, 달
羊肉	yáng ròu	양 러우	명 양고기
眼睛	yǎn jing	옌 찡	명 눈
颜色	yán sè	옌 쓰어	명 색, 색깔

医院 yī yuàn [이위엔] 병원

内科 nèi kē [네이 크어] 내과

外科 wài kē [와이 크어] 외과

牙科 yá kē [야 크어] 치과

精神科 jīng shén kē [찡 선 크어] 정신과

皮肤科 pí fū kē [피 푸 크어] 피부과

儿科 ér kē [얼 크어] 소아과

耳鼻喉科 ěr bí hóu kē [얼 비 허우 크어] 이비인후과

妇产科 fù chăn kē [푸 찬 크어] 산부인과

整形外科 zhěng xíng wài kē [정 싱 와이 크어] 정형외과

整容外科 zhěng róng wài kē [정 룽 와이 크어] 성형외과

眼科 yăn kē [옌 크어] 안과

医生 yī shēng [이 성] 의사

护士 hù shi [후 스] 간호사

救护车 jiù hù chē [쪄우 후 츠어] 구급차

病人 bìng rén [삥 런] 환자

看病 kàn bìng [칸 삥] 진찰하다

	我最喜欢的颜色是蓝色。 Wǒ zuì xǐ huan de yán sè shì lán sè. 워 쭈이 씨환 뜨어 옌 쓰어 스 란 쓰어 내가 가장 좋아하는 색깔은 남색입니다.		
药	yào	야오	명 약
要	yào	야오	동 원하다, 필요하다 조동 ~할 것이다, ~을 하려고 하다
也	yě	예	부 ~도
已经	yǐ jīng	이 찡	부 이미, 벌써
阴	yīn	인	형 흐리다
	天阴了，要下雨了。 Tiān yīn le，yào xià yǔ le. 티엔 인 르어, 야오 씨야 위 르어 날이 흐려졌어요, 곧 비가 올 것 같습니다.		
因为	yīn wèi	인 웨이	접 왜냐하면 개 ~때문에
一起	yì qǐ	이 치	부 함께, 같이
	你跟我一起走吧。 Nǐ gēn wǒ yì qǐ zǒu ba. 니 껀 워 이 치 쩌우 빠 나랑 함께 갑시다.		
意思	yì si	이 쓰	명 의미, 뜻
	这句话是什么意思? Zhè jù huà shì shén me yì si? 즈어 쮜 화 스 선 므어 이 쓰? 이 말은 무슨 뜻입니까?		
一下	yí xià	이 씨야	양 동사 뒤에 쓰여 '시험삼아 해 보다' 또는 '좀 … 하다'의 뜻을 나타냄

	我来介绍一下。 Wǒ lái jiè shào yí xià. 워 라이 찌에 사오 이 씨야 제가 소개 좀 할게요.		
右边	yòu bian	여우 삐엔	명 오른쪽, 우측
游泳	yóu yǒng	여우 융	동 수영하다, 헤엄치다
	我游泳游得不好。 Wǒ yóu yǒng yóu de bù hǎo. 워 여우 융 여우 뜨어 뿌 하오 저는 수영을 못 합니다.		
鱼	yú	위	명 물고기
远	yuǎn	위엔	형 멀다
运动	yùn dòng	윈 뚱	명 운동 동 운동하다
	你最喜欢什么运动? Nǐ zuì xǐ huan shén me yùn dòng? 니 쭈이 씨환 선 므어 윈 뚱? 당신은 무슨 운동을 가장 좋아합니까?		
要求	yāo qiú	야오 쳐우	명 요구 동 요구하다
爷爷	yé ye	예 예	명 할아버지
一般	yì bān	이 빤	형 보통이다, 일반적이다
一边	yì biān	이 삐엔	명 한편, 한쪽
一定	yí dìng	이 띵	부 반드시, 꼭
一共	yí gòng	이 꿍	부 모두, 전부, 합계
	一共多少钱? Yí gòng duō shǎo qián? 이 꿍 뚸 사오 치엔? 모두 얼마입니까?		

运动 yùn dòng [윈 뚱] 운동, 스포츠

足球 zú qiú [주 쳐우] 축구

棒球 bàng qiú [빵 쳐우] 야구

篮球 lán qiú [란 쳐우] 농구

排球 pái qiú [파이 쳐우] 배구

乒乓球 pīng pāng qiú [핑 팡 쳐우] 탁구

台球 tái qiú [타이 쳐우] 당구

保龄球 bǎo líng qiú [바오 링 쳐우] 볼링

网球 wǎng qiú [왕 쳐우] 테니스

高尔夫球 gāo 'ěr fū qiú [까오 얼 푸 쳐우] 골프

拳击 quán jī [취엔 찌] 권투

游泳 yóu yǒng [여우 융] 수영

登山 d ēng sh ān [떵 산] 등산

慢跑 màn pǎo [만 파오] 조깅

健身 jiàn shēn [찌엔 션] 헬스

冲浪 chōng làng [충 랑] 서핑

飘流 pi āo liú [피아오 려우] 래프팅

滑冰 huá bīng [화 삥] 스케이팅

自行车运动 zì xíng chē yùn dòng [쯔 씽 츠어 윈 뚱] 사이클링

滑雪 huá xuě [화 쒜에] 스키

一会儿	yí huìr	이 훨	명 잠깐, 잠시
	我再看一会儿。 Wǒ zài kàn yí huìr. 워 짜이 칸 이 훨 잠깐만 더 볼게요.		
应该	yīng gāi	잉 까이	조동 마땅히 ~해야 한다
影响	yǐng xiǎng	잉 씨양	명 영향 동 영향을 주다
银行	yín háng	인 항	명 은행
饮料	yǐn liào	인 리아오	명 음료
音乐	yīn yuè	인 위에	명 음악
以前	yǐ qián	이 치엔	명 이전, 예전
一样	yí yàng	이 양	형 같다, 동일하다
	他的书包和我的一样。 Tā de shū bāo hé wǒ de yí yàng. 타 뜨어 수 빠오 흐어 워 뜨어 이 양 그의 책가방은 나의 것과 같습니다.		
一直	yì zhí	이 즈	부 계속, 줄곧
用	yòng	융	동 사용하다, 쓰다
又	yòu	여우	부 또, 다시
有名	yǒu míng	여우 밍	형 유명하다
	这道菜是这里最有名的菜。 Zhè dào cài shì zhè lǐ zuì yǒu míng de cài. 즈어 따오 차이 스 즈어 리 쭈이 여우 밍 뜨어 차이 이 요리는 여기에서 가장 유명한 요리입니다.		
游戏	yóu xì	여우 씨	명 게임
元	yuán	위엔	양 위안(중국 화폐의 단위)

愿意	yuàn yì	위엔 이	동 동의하다, 바라다, 희망하다
遇到	yù dào	위 따오	동 만나다
越	yuè	위에	동 넘다 부 갈수록 ~하다, 점점 ~하다
月亮	yuè liang	위에 리양	명 월, 달
呀	ya	야	조 어조사 '啊'가 앞 음절의 모음(a · e · i · o · u)의 영향을 받아 변화된 음을 표기하기 위한 글자 原来是你呀！ Yuán lái shì nǐ ya ! 위엔 라이 스 니 야 당신이었군.
牙膏	yá gāo	야 까오	명 치약
压力	yā lì	야 리	명 압력, 스트레스
盐	yán	옌	명 소금
演出	yǎn chū	옌 추	동 공연하다
养成	yǎng chéng	양 청	동 습관이 되다, 길러지다
严格	yán gé	옌 끄어	형 엄격하다, 엄하다 妈妈对我很严格。 Mā ma duì wǒ hěn yán gé. 마 마 뚜이 워 헌 옌 끄어 엄마는 나한테 엄격합니다.
阳光	yáng guāng	양 꽝	명 햇빛
样子	yàng zi	양 쯔	명 모양, 모습

眼镜	yǎn jìng	옌 찡	명 안경
研究	yán jiū	옌 쪄우	명 연구 동 연구하다, 탐구하다
演员	yǎn yuán	옌 위엔	명 배우, 연기자
严重	yán zhòng	옌 중	형 엄중하다, 심각하다
邀请	yāo qǐng	야오 칭	동 초대하다, 요청하다
	我想邀请你参加我的生日聚会。 Wǒ xiǎng yāo qǐng nǐ cān jiā wǒ de shēng rì jù huì. 워 씨양 야오 칭 니 찬 찌야 워 뜨어 성 르 쮜이 후이 나는 당신을 나의 생일 파티에 초대하고 싶습니다.		
钥匙	yào shi	야오 스	명 열쇠
要是	yào shì	야오 스	접 만약에
亚洲	yà zhōu	야 저우	명 아시아주
页	yè	예	명 쪽, 페이지
也许	yě xǔ	예 쉬	부 아마도, 어쩌면
叶子	yè zi	예 쯔	명 잎, 잎사귀
以	yǐ	이	개 ~로, ~을 가지고, ~을 근거로
意见	yì jiàn	이 찌엔	명 의견, 견해
因此	yīn cǐ	인 츠	접 이로 인하여, 그래서
赢	yíng	잉	동 이기다
应聘	yìng pìn	잉 핀	동 지원하다, 초빙에 응하다

我想去这家公司应聘。
Wǒ xiǎng qù zhè jiā gōng sī yìng pìn.
워 씨양 취 즈어 찌아 꿍 쓰 잉 핀
나는 이 회사에 지원하고 싶습니다.

引起 yǐn qǐ 인 치 동 일으키다, 야기하다, (주의를) 끌다

印象 yìn xiàng 인 씨양 명 인상

北京给我留下了深刻的印象。
Běi jīng gěi wǒ liú xià le shēn kè de yìn xiàng.
뻬이 찡 께이 워 려우 씨아 르어 선 크어 뜨어 인 씨양
베이징은 나에게 깊은 인상을 남겼습니다.

一切 yí qiè 이 치에 대 일체, 전부, 모든

这一切都是我的错。
Zhè yí qiè dōu shì wǒ de cuò.
즈어 이 치에 떠우 스 워 뜨어 춰
모두 제 잘못입니다.

艺术 yì shù 이 수 명 예술

以为 yǐ wéi 이 워이 조동 ~라고 여겼는데 아니다, ~이라고 잘못 생각하다

勇敢 yǒng gǎn 융 깐 형 용감하다

你要有一颗勇敢的心。
Nǐ yào yǒu yì kē yǒng gǎn de xīn.
니 야오 여우 이 크어 융 깐 뜨어 씬
당신은 용감해야 합니다.

永远 yǒng yuǎn 융 위엔 부 영원히, 언제나, 항상

由 yóu 여우 개 ~으로부터, ~에서, ~을 통하여, ~으로 인하여

优点 yōu diǎn 여우 띠엔 명 장점

友好	yǒu hǎo	여우 하오	형 우호적이다
邮局	yóu jú	여우 쮜	명 우체국
幽默	yōu mò	여우 뭐	명 유머 형 유머스럽다
尤其	yóu qí	여우 치	부 특히
有趣	yǒu qù	여우 취	형 재미있다, 흥미가 있다
优秀	yōu xiù	여우 쎠우	형 뛰어나다, 우수하다
友谊	yǒu yì	여우 이	명 우정, 우의
	我很珍惜我们之间的友谊。 Wǒ hěn zhēn xī wǒ men zhī jiān de yǒu yì. 워 헌 전 씨 워 먼 즈 찌엔 뜨어 여우 이 나는 우리의 우정을 소중히 여깁니다.		
由于	yóu yú	여우 위	개 ~때문에, ~으로 인하여
与	yǔ	위	접 ~와
原来	yuán lái	위엔 라이	부 원래, 본래, 처음에
原谅	yuán liàng	위엔 리양	동 용서하다, 이해하다
	请原谅我的错误。 Qǐng yuán liàng wǒ de cuò wù. 칭 위엔 량 워 뜨어 춰 우 제 잘못을 용서해 주세요.		
原因	yuán yīn	위엔 인	명 원인
阅读	yuè dú	위에 뚜	명 독해 동 보다, 열독하다
约会	yuē huì	위에 후이	명 데이트, 약속 동 약속을 하다
语法	yǔ fǎ	위 파	명 어법

愉快	yú kuài	위 콰이	형 유쾌하다, 기쁘다, 즐겁다
羽毛球	yǔ máo qiú	위 마오 쳐우	명 배드민턴
云	yún	윈	명 구름
允许	yǔn xǔ	윈 쉬	동 허락하다, 동의하다
于是	yú shì	위 스	접 그래서, 그리하여
预习	yù xí	위 씨	동 예습하다
语言	yǔ yán	위 옌	명 언어
牙齿	yá chǐ	야 츠	명 이, 치아
押金	yā jīn	야 찐	명 보증금
延长	yán cháng	옌 창	동 연장하다, 늘이다
痒	yǎng	양	형 간지럽다, 가렵다
样式	yàng shì	양 스	명 양식, 형식, 스타일
阳台	yáng tái	양 타이	명 베란다
	我家的阳台有点儿小。 Wǒ jiā de yáng tái yǒu diǎnr xiǎo. 워 찌아 뜨어 양 타이 여우 띠얄 씨아오 우리집의 베란다는 조금 작습니다.		
宴会	yàn huì	옌 후이	명 연회, 파티
演讲	yǎn jiǎng	옌 찌양	명 강연, 연설 동 연설하다
严肃	yán sù	옌 쑤	형 엄숙하다
摇	yáo	야오	동 흔들다

小狗朝主人摇了摇尾巴。
Xiǎo gǒu cháo zhǔ rén yáo le yáo wěi ba.
씨아오 꺼우 차오 주 런 야오 르어 야오 워이 빠
강아지는 주인을 향해 꼬리를 흔들었다.

腰	yāo	야오	명 허리
咬	yǎo	야오	동 물다, 깨물다
要不	yào bù	야오 뿌	접 그렇지만, 그렇지 않으면
夜	yè	예	명 밤
业务	yè wù	예 우	명 업무
业余	yè yú	예 위	명 여가
亿	yì	이	수 억
乙	yǐ	이	명 을
一辈子	yí bèi zi	이 뻬이 쯔	명 평생, 일생
一旦	yí dàn	이 딴	부 일단 ~한다면
移动	yí dòng	이 뚱	동 이동하다, 옮기다, 움직이다
遗憾	yí hàn	이 한	동 유감이다, 섭섭하다 명 여한
以及	yǐ jí	이 찌	접 및, 그리고, 아울러
以来	yǐ lái	이 라이	명 이래, 동안
议论	yì lùn	이 룬	동 의논하다, 논의하다
一律	yí lǜ	이 뤼	형 일률적이다, 한결같다

	今天我们店的商品一律八折。 Jīn tiān wǒ men diàn de shāng pǐn yí lǜ bā zhé. 찐 티엔 워 먼 띠엔 뜨어 상 핀 이 뤼 빠 즈어 오늘 우리 가게의 상품은 전부 20% 세일합니다.		
移民	yí mín	이 민	동 이민하다
银	yín	인	명 은
因而	yīn 'ér	인 얼	접 그러므로, 따라서
硬	yìng	잉	형 단단하다, 딱딱하다
应付	yīng fu	잉 푸	동 대응하다, 대처하다
硬件	yìng jiàn	잉 찌엔	명 하드웨어
迎接	yíng jiē	잉 찌에	동 영접하다, 마중하다
英俊	yīng jùn	잉 쮠	형 재능이 출중하다, 잘생기다
英雄	yīng xióng	잉 쓩	명 영웅
营养	yíng yǎng	잉 양	명 영양
营业	yíng yè	잉 예	동 영업하다
应用	yīng yòng	잉 융	동 응용하다, 사용하다
影子	yǐng zi	잉 쯔	명 그림자
印刷	yìn shuā	인 쏴	동 인쇄하다
因素	yīn sù	인 쑤	명 요소, 성분
依然	yī rán	이 란	동 여전하다, 의연하다 부 여전히
意外	yì wài	이 와이	형 의외의, 뜻밖의
疑问	yí wèn	이 원	명 의문, 의혹

义务	yì wù	이 우	명 의무
意义	yì yì	이 이	명 의미, 의의
一再	yí zài	이 짜이	부 수차, 거듭, 반복해서
一致	yí zhì	이 즈	형 일치하다
拥抱	yōng bào	융 빠오	동 포옹하다, 껴안다
用功	yòng gōng	융 꿍	동 노력하다 열심히 공부하다
拥挤	yōng jǐ	융 찌	동 붐비다, 혼잡하다
勇气	yǒng qì	융 치	명 용기
用途	yòng tú	융 투	명 용도
幼儿园	yòu 'ér yuán	여우 얼 위엔	명 유치원

我弟弟非常喜欢去幼儿园。
Wǒ dì di fēi cháng xǐ huan qù yòu 'ér yuán.
워 띠 띠 페이 창 씨 환 취 여우 얼 위엔
내 남동생은 유치원에 가는 것을 좋아합니다.

优惠	yōu huì	여우 후이	형 우대의, 특혜의
悠久	yōu jiǔ	여우 쪄우	형 유구하다, 오래다
游览	yóu lǎn	여우 란	동 유람하다
有利	yǒu lì	여우 리	형 유리하다
优美	yōu měi	여우 머이	형 우아하고 아름답다
优势	yōu shì	여우 스	명 우세
犹豫	yóu yù	여우 위	형 주저하다, 망설이다
油炸	yóu zhá	여우 자	동 기름에 튀기다

圆	yuán	위엔	형 둥굴다
元旦	yuán dàn	위엔 딴	명 원단, 정월 초하루
员工	yuán gōng	위엔 꿍	명 직원, 종업원
原料	yuán liào	위엔 리아오	명 원료
愿望	yuàn wàng	위엔 왕	명 희망, 소망, 소원
原则	yuán zé	위엔 쯔어	명 원칙
预报	yù bào	위 빠오	동 예보하다, 미리 알리다 명 예보
	天气预报说今天下雨。 Tiān qì yù bào shuō jīn tiān xià yǔ. 티엔 치 위 빠오 쉬 찐 티엔 씨야 위 일기예보에서 오늘 비가 온다고 했습니다.		
预定	yù dìng	위 띵	동 예정하다, 예약하다
乐器	yuè qì	웨 치	명 악기
预防	yù fáng	위 팡	동 예방하다
娱乐	yú lè	위 르어	명 오락 동 오락하다, 즐겁게 시간을 보내다
玉米	yù mǐ	위 미	명 옥수수
晕	yūn	윈	형 어지럽다 동 기절하다, 쓰러지다
运气	yùn qi	윈 치	명 운, 운수, 운세
运输	yùn shū	윈 수	동 운송하다
运用	yùn yòng	윈 융	동 운용하다
语气	yǔ qì	위 치	명 어투, 말투

与其	yǔ qí	위 치	접 ~하기보다는, ~하느니 차라리 ~하다
亚军	yà jūn	야 쥔	명 제2위, 준우승
演变	yǎn biàn	옌 삐엔	동 변화 발전하다, 변천하다
掩盖	yǎn gài	옌 까이	동 복개하다, 덮어 씌우다
样品	yàng pǐn	양 핀	명 샘플, 견본
氧气	yǎng qì	양 치	명 산소
眼光	yǎn guāng	옌 꽝	명 시선, 눈길
沿海	yán hǎi	옌 하이	명 연해, 바닷가
严寒	yán hán	옌 한	형 추위가 심하다, 아주 춥다
掩护	yǎn hù	옌 후	동 몰래 보호하다, 엄폐하다
烟花爆竹	yān huā bào zhú	옌 화 빠오 주	불꽃놀이 폭죽
严禁	yán jìn	옌 찐	동 엄금하다
严峻	yán jùn	옌 쮠	형 심각하다, 가혹하다
	现在国家的形势很严峻。 Xiàn zài guó jiā de xíng shì hěn yán jùn. 씨엔 짜이 궈 찌아 뜨어 싱 스 헌 옌 쮠 지금 나라의 형세는 매우 심각하다.		
严厉	yán lì	옌 리	형 매섭다, 준엄하다
言论	yán lùn	옌 룬	명 언론, 의견
严密	yán mì	옌 미	형 빈틈없다, 치밀하다
淹没	yān mò	옌 뭐	동 잠기다, 침몰하다
延期	yán qī	옌 치	동 늘리다, 연장하다

炎热	yán rè	옌 르어	형 무덥다, 찌는 듯하다
眼色	yǎn sè	옌 쓰어	명 윙크, 눈짓
延伸	yán shēn	옌 선	동 신장하다, 확장하다
眼神	yǎn shén	옌 선	명 시력, 눈빛
岩石	yǎn shì	옌 스	명 암석, 바위
掩饰	yǎn shì	옌 스	동 감추다, 덮어 숨기다
验收	yàn shōu	옌 서우	동 검사하여 받다
厌恶	yàn wù	옌 우	동 혐오하다, 싫어하다
演习	yǎn xí	옌 씨	동 훈련하다, 연습하다
延续	yán xù	옌 쒸	동 계속하다, 지속하다
演绎	yǎn yì	옌 이	동 벌여 놓다, 전개하다
验证	yàn zhèng	옌 정	동 검증하다
演奏	yǎn zòu	옌 쩌우	동 연주하다
摇摆	yáo bǎi	야오 빠이	동 흔들거리다
要点	yào diǎn	야오 띠엔	명 요점, 요부
摇滚	yáo gǔn	야오 꾼	동 흔들고 구르다 명 로큰롤
遥控	yáo kòng	야오 쿵	동 원격 조종하다

遥控器在哪儿?
Yáo kòng qì zài nǎr?
야오 쿵 치 짜이 날?
리모컨은 어디에 있어요?

N O P Q R S T U V W X Y Z

要命	yào mìng	야오 밍	부 엄청, 아주 동 죽을 지경이다, 귀찮아 죽겠다
要素	yào sù	야오 쑤	명 요소
谣言	yáo yán	야오 옌	명 유언비어, 헛소문
耀眼	yào yǎn	야오 옌	형 눈부시다
遥远	yáo yuǎn	야오 위엔	형 요원하다, 아득히 멀다
压迫	yā pò	야 풔	동 억압하다
鸦雀无声	yā què wú shēng	야 취에 우 성	쥐 죽은 듯이 조용하다
压岁钱	yā suì qián	야 쑤이 치엔	명 세뱃돈
压缩	yā suō	야 쒀	동 압축하다
压抑	yā yì	야 이	형 답답하다, 부자연스럽다 동 억누르다
压榨	yā zhà	야 자	동 압착하다, 눌러서 짜내다
压制	yā zhì	야 즈	동 억제하다, 제지하다
野蛮	yě mán	예 만	형 야만적이다
	你怎么这么野蛮? Nǐ zěn me zhè me yě mán? 니 쩐 므어 즈어 므어 예 만? 당신은 왜 이렇게 야만적입니까?		
液体	yè tǐ	예 티	명 액체
野心	yě xīn	예 씬	명 야심
翼	yì	이	명 날개, 깃

亦	yì	이	부 ~도 역시, 또한
以便	yǐ biàn	이 삐엔	접 ~하도록, ~하기 위하여
遗产	yí chǎn	이 찬	명 유산
异常	yì cháng	이 창	형 심상치 않다, 보통이 아니다
遗传	yí chuán	이 촨	동 유전하다
一度	yí dù	이 뚜	부 한때, 한동안 명 한 번
一帆风顺	yì fān fēng shùn	이 판 펑 순	순풍에 돛을 올리다
一贯	yí guàn	이 꽌	형 한결같다, 일관되다, 변함없다
疑惑	yí huò	이 훠	동 의심하다, 회의하다
依旧	yī jiù	이 쪄우	동 여전하다, 의구하다
依据	yī jù	이 쮜	동 의거하다, 근거하다 명 근거
一举两得	yì jǔ liǎng dé	이 쮜 량 뜨어	일거양득
依靠	yī kào	이 카오	동 의존하다, 의지하다, 기대다
依赖	yī lài	이 라이	동 의지하다, 기대다
毅力	yì lì	이 리	명 굳센 의지, 완강한 의지
意料	yì liào	이 리아오	명 예상, 예측

不出意料，他就是犯人。
Bù chū yì liào，tā jiù shì fàn rén.
뿌 추 이 리아오, 타 쪄우 스 판 런
예상을 벗어나지 않았네요, 그가 바로 범인입니다.

遗留	yí liú	이 려우	동 남겨 놓다, 남기다
一流	yī liú	이 려우	명 일류
以免	yǐ miǎn	이 미엔	접 ~하지 않도록, ~않기 위해서
一目了然	yí mù liǎo rán	이 무 리아오 란	일목요연하다, 한눈에 환히 알다
隐蔽	yǐn bì	인 삐	동 은폐하다, 가리다
引导	yǐn dǎo	인 따오	동 인도하다, 이끌다
应酬	yìng chou	잉 처우	동 접대하다, 교제하다
婴儿	yīng 'ér	잉 얼	명 영아, 갓난아이
盈利	yíng lì	잉 리	명 이윤, 이익
迎面	yíng miàn	잉 미엔	명 맞은편, 정면 동 얼굴을 향하다
英明	yīng míng	잉 밍	형 영명하다
应邀	yìng yāo	잉 야오	동 초청에 응하다
英勇	yīng yǒng	잉 융	형 매우 용감하다
隐患	yǐn huàn	인 환	명 잠복해 있는 병
隐瞒	yǐn mán	인 만	동 숨기다, 속이다
阴谋	yīn móu	인 머우	명 음모
引擎	yǐn qíng	인 칭	명 엔진
饮食	yǐn shí	인 스	명 음식
隐私	yǐn sī	인 쓰	명 프라이버시, 사적인 비밀

音响	yīn xiǎng	인 씨양	명 음향
引用	yǐn yòng	인 융	동 인용하다
隐约	yǐn yuē	인 위에	형 희미하다, 어렴풋하다
仪器	yí qì	이 치	명 측정기
依然	yī rán	이 란	부 의연히, 결연히
一如既往	yì rú jì wǎng	이 루 찌 왕	지난날과 다름없다
衣裳	yī shang	이 상	명 의상, 의복
遗失	yí shī	이 스	동 유실하다, 분실하다
仪式	yí shì	이 스	명 의식
意识	yì shí	이 스	명 (객관 물질 세계에 대한 반영으로서) 의식
一丝不苟	yì sī bù gǒu	이 쓰 뿌 꺼우	(일을 함에 있어서) 조금도 소홀히 하지 않다, 조금도 빈틈이 없다
意图	yì tú	이 투	명 의도, 기도
依托	yī tuō	이 퉈	동 의지하다, 의거하다
以往	yǐ wǎng	이 왕	명 종전, 이전, 과거
意味着	yì wèi zhe	이 웨 즈어	동 의미하다, 뜻하다
	你知道这意味着什么吗? Nǐ zhī dao zhè yì wèi zhe shén me ma? 니 즈 따오 즈어 이 웨이 즈어 선 므어 마? 당신은 이것이 무엇을 의미하는지 알고 있습니까?		
意向	yì xiàng	이 씨양	명 의향, 의도
一向	yí xiàng	이 씨양	부 줄곧, 내내

意志	yì zhì	이 즈	명 의지, 의기
以致	yǐ zhì	이 즈	접 ~이 되다, ~에 이르다
以至	yǐ zhì	이 즈	접 ~까지, ~에 이르기까지
永恒	yǒng héng	융 헝	형 영원하다
拥护	yōng hù	융 후	동 옹호하다, 지지하다
用户	yòng hù	융 후	명 사용자, 아이디
庸俗	yōng sú	융 쑤	형 비속하다, 저속하다
涌现	yǒng xiàn	융 씨엔	동 한꺼번에 나타나다
拥有	yōng yǒu	융 여우	동 보유하다, 가지다
勇于	yǒng yú	융 위	동 용감하게 ~하다
踊跃	yǒng yuè	융 위에	동 펄쩍 뛰어오르다
诱惑	yòu huò	여우 훠	동 꾀다, 유혹하다, 매료시키다
油腻	yóu nì	여우 니	형 기름지다, 느끼하다
油漆	yóu qī	여우 치	명 페인트
犹如	yóu rú	여우 루	동 마치 ~와 같다
优胜劣汰	yōu shèng liè tài	여우 성 리에 타이	우승열패하다(강한 자는 번성하고 약한 자는 쇠멸한다)
有条不紊	yǒu tiáo bù wěn	여우 티아오 뿌 원	(말 · 행동이) 조리 있고 질서 정연하다
优先	yōu xiān	여우 씨엔	동 우선하다
优异	yōu yì	여우 이	형 특출하다, 특히 우수하다

忧郁	yōu yù	여우 위	형 우울하다, 침울하다
优越	yōu yuè	여우 위에	형 우월하다, 우수하다
	这家公司给我提出了优越的条件。 Zhè jiā gōng sī gěi wǒ tí chū le yōu yuè de tiáo jiàn. 즈어 찌야 꽁 쓰 께이 워 티 추 르어 여우 위에 뜨어 티아오 찌엔 이 회사는 나에게 우월한 조건을 걸었다.		
幼稚	yòu zhì	여우 즈	형 유치하다, 어리다
愈	yù	위	동 (병이) 낫다 부 ~하면 할수록 ~하다
玉	yù	위	명 옥
原告	yuán gào	위엔 까오	명 원고(법률)
缘故	yuán gù	위엔 꾸	명 원인, 이유
原理	yuán lǐ	위엔 리	명 원리
园林	yuán lín	위엔 린	명 정원
圆满	yuán mǎn	위엔 만	형 원만하다, 완벽하다
源泉	yuán quán	위엔 취엔	명 원천
原始	yuán shǐ	위엔 스	형 원시의
元首	yuán shǒu	위엔 서우	명 군주, 임금
元素	yuán sù	위엔 쑤	명 요소
冤枉	yuān wang	위엔 왕	형 억울하다, 불공평하다
原先	yuán xiān	위엔 씨엔	명 종전, 이전
元宵节	yuán xiāo jié	위엔 씨아오 찌에	명 정월 대보름
愚蠢	yú chǔn	위 춘	형 어리석다, 우둔하다

岳母	yuè mǔ	위에 무	명 장모
乐谱	yuè pǔ	위에 푸	명 악보
约束	yuē shù	위에 수	동 단속하다, 규제하다
预料	yù liào	위 리아오	동 예상하다 명 예상, 예측
舆论	yú lùn	위 룬	명 여론
愚昧	yú mèi	위 머이	형 우매하다, 어리석고 사리에 어둡다
渔民	yú mín	위 민	명 어민
熨	yùn	윈	동 다림질하다
蕴藏	yùn cáng	윈 창	동 잠재하다, 매장되다
酝酿	yùn niàng	윈 니양	동 술을 빚다, 사전에 미리 준비하다
运算	yùn suàn	윈 쏸	동 연산하다
运行	yùn xíng	윈 씽	동 운행하다
孕育	yùn yù	윈 위	동 생육하다, 낳아 기르다
预期	yù qī	위 치	동 미리 기대하다
与日俱增	yǔ rì jù zēng	위 르 쮜 쩡	날이 갈수록 많아지다
羽绒服	yǔ róng fú	위 룽 푸	명 오리털 재킷
预算	yù suàn	위 쏸	동 예산하다
欲望	yù wàng	위 왕	명 욕망
预先	yù xiān	위 씨엔	부 사전에, 미리
寓言	yù yán	위 옌	명 우화

预言	yù yán	위 옌	동 예언하다 명 예언
预兆	yù zhào	위 자오	명 징조 동 조짐을 보이다

这不是什么好预兆。
Zhè bú shì shén me hǎo yù zhào.
즈어 뿌 스 선 므어 하오 위 자오
이것은 좋은 징조가 아닙니다.

宇宙	yǔ zhòu	위 저우	명 우주

Z

在	zài	짜이	동 ~에 있다, 존재하다 개 ~에서, ~에
再见	zài jiàn	짜이 찌엔	동 또 뵙겠습니다, 안녕
怎么	zěn me	쩐 므어	대 어떻게, 왜
怎么样	zěn me yàng	쩐 므어 양	대 어때요
	你成绩怎么样? Nǐ chéng jì zěn me yàng? 니 청 찌 쩐 므어 양? 당신의 성적은 어떻습니까?		
这	zhè	즈어	대 이, 이것
	这是什么? Zhè shì shén me? 즈어 스 선 므어? 이것은 무엇입니까?		
中国	zhōng guó	중 꿔	명 중국
中午	zhōng wǔ	중 우	명 정오, 점심
住	zhù	주	동 거주하다, 묵다, 살다
	你住在哪儿? Nǐ zhù zài nǎr? 니 주 짜이 날? 당신은 어디에 삽니까?		
桌子	zhuō zi	줘 쯔	명 책상, 테이블

字	zì	쯔	명 글자, 문자
坐	zuò	쭤	동 앉다

我每天坐公共汽车上班。
Wǒ měi tiān zuò gōng gòng qì chē shàng bān.
워 머이 티엔 쭤 꽁 꽁 치 츠어 상 빤
나는 매일 버스를 타고 출근합니다.

做	zuò	쭤	동 하다, 일하다, 종사하다
昨天	zuó tiān	쭤 티엔	명 어제
再	zài	짜이	부 재차, 또
早上	zǎo shang	짜오 상	명 아침
丈夫	zhàng fu	장 푸	명 남편

我的丈夫出差了。
Wǒ de zhàng fu chū chāi le.
워 뜨어 장 푸 추 차이 르어
내 남편은 출장 갔습니다.

找	zhǎo	자오	동 찾다, 구하다
着	zhe	즈어	조 ~하고 있다, ~하고 있는 중이다(동사 뒤에 쓰여 동작이 진행되고 있음을 나타냄)

他躺着看书呢。
Tā tǎng zhe kàn shū ne.
타 탕 즈어 칸 수 느어
그는 누워서 책을 보고 있습니다.

真	zhēn	전	부 확실히, 정말로, 참으로 형 진짜다, 사실이다
正在	zhèng zài	정 짜이	부 지금 ~을 하고 있다

N O P Q R S T U V W X Y Z

知道	zhī dào	즈 따오	동 알다, 이해하다
	对不起，我不知道。 Duì bu qǐ. wǒ bù zhī dào. 뚜이 뿌 치, 워 뿌 즈 따오 죄송합니다, 저는 모릅니다.		
准备	zhǔn bèi	준 뻬이	동 준비하다
	你准备好了吗? Nǐ zhǔn bèi hǎo le ma? 니 준 뻬이 하오 르어 마? 준비되었습니까?		
走	zǒu	쩌우	동 걷다, 떠나다
最	zuì	쭈이	부 가장, 제일
左边	zuǒ bian	쭤 삐엔	명 왼쪽, 좌측
站	zhàn	잔	동 서다, 멈추다 명 역, 정류장
	火车站离这儿远吗? Huǒ chē zhàn lí zhèr yuǎn ma? 훠 츠어 잔 리 절 위엔 마? 기차역은 여기에서 멉니까?		
长	zhǎng	장	동 자라다, 생기다
张	zhāng	장	양 장 동 열다, 펴다
照顾	zhào gù	자오 꾸	동 돌보다, 보살피다
	谢谢你的照顾。 Xiè xie nǐ de zhào gù. 씨에 씨에 니 뜨어 자오 꾸 배려해 줘서 감사합니다.		
着急	zháo jí	자오 찌	형 조급해 하다, 초조하다

	别着急，慢慢来。 Bié zháo jí，màn màn lái. 삐에 자오 찌, 만 만 라이 조급해 하지 마세요, 천천히 합시다.		
照片	zhào piàn	자오 피엔	명 사진
照相机	zhào xiàng jī	자오 씨양 찌	명 사진기, 카메라
只	zhī /zhǐ	즈	양 마리 부 오직, 단지
只有	zhǐ yǒu	즈 여우	동 ~만 있다, ~밖에 없다 접 ~해야만 ~하다
	只有这样才行。 Zhǐ yǒu zhè yàng cái xíng. 즈 여우 즈어 양 차이 씽 이렇게 해야만 됩니다.		
种	zhǒng	중	양 종류 명 종자, 씨앗
中间	zhōng jiān	중 찌엔	명 중간
中文	zhōng wén	중 원	명 중국의 언어와 문자
重要	zhòng yào	중 야오	형 중요하다
	这条项链对我很重要。 Zhè tiáo xiàng liàn duì wǒ hěn zhòng yào. 즈어 티아오 씨양 리엔 뚜이 워 헌 중 야오 이 목걸이는 나에게 중요합니다.		
终于	zhōng yú	중 위	부 결국, 드디어, 끝내, 마침내
周末	zhōu mò	저우 뭐	명 주말
	周末我们去爬山吧。 Zhōu mò wǒ men qù pá shān ba. 저우 뭐 워 먼 취 파 산 빠 주말에 함께 등산하러 갑시다.		

N O P Q R S T U V W X Y Z

主要	zhǔ yào	주 야오	형 주요한, 주된
注意	zhù yì	주 이	동 주의하다, 조심하다
自己	zì jǐ	쯔 찌	대 자기, 자신, 스스로
自行车	zì xíng chē	쯔 씽 츠어	명 자전거
总是	zǒng shì	쭝 스	부 늘, 언제나
嘴	zuǐ	쭈이	명 입
最后	zuì hòu	쭈이 허우	형 최후의, 마지막의 명 최후, 마지막
最近	zuì jìn	쭈이 찐	명 최근, 요즘
作业	zuò yè	쭤 예	명 숙제, 과제
脏	zāng	짱	형 더럽다, 지저분하다
咱们	zán men	짠 먼	대 우리

咱们一起去吃饭吧。
Zán men yì qǐ qù chī fàn ba.
짠 먼 이 치 취 츠 판 빠
우리 함께 밥 먹으러 갑시다.

暂时	zàn shí	짠 스	명 잠깐, 잠시
杂志	zá zhì	짜 즈	명 잡지
增加	zēng jiā	쩡 찌야	동 증가하다, 늘리다
责任	zé rèn	쯔어 런	명 책임

这件事你要负主要责任。
Zhè jiàn shì nǐ yào fù zhǔ yào zé rèn.
즈어 찌엔 스 니 야오 푸 주 야오 쯔어 런
이 일은 당신이 주요 책임을 져야 합니다.

占线	zhàn xiàn	잔 씨엔	동 통화 중이다, 사용 중이다
照	zhào	자오	동 비추다, 찍다
招聘	zhāo pìn	자오 핀	동 모집하다, 채용하다
正常	zhèng cháng	정 창	형 정상적인
正好	zhèng hǎo	정 하오	형 딱 맞다, 꼭 맞다 부 마침
	你来得正好。 Nǐ lái de zhèng hǎo. 니 라이 뜨어 정 하오 당신 마침 잘 왔습니다.		
整理	zhěng lǐ	정 리	동 정리하다
证明	zhèng míng	정 밍	동 증명하다
	事实证明我是对的。 Shì shí zhèng míng wǒ shì duì de. 스 스 정 밍 워 스 뚜이 뜨어 사실은 내가 맞다는 것을 증명합니다.		
正确	zhèng què	정 취에	형 정확하다, 올바르다
正式	zhèng shì	정 스	형 정식의, 공식의
真正	zhēn zhèng	전 정	형 진정한, 참된
之	zhī	즈	조 ~의, ~한 동 가다
	长城是世界七大奇迹之一。 Cháng chéng shì shì jiè qī dà qí jì zhī yī. 창 청 스 스 찌에 치 따 치 찌 즈 이 만리장성은 세계 7대 기적 중의 하나입니다.		
指	zhǐ	즈	명 손가락 동 가리키다, 지적하다
支持	zhī chí	즈 츠	동 지지하다

值得	zhí dé	즈 뜨어	동 ~할 만한 가치가 있다, ~할 만하다
只好	zhǐ hǎo	즈 하오	부 부득이, 어쩔 수 없이
直接	zhí jiē	즈 찌에	형 직접적인
质量	zhì liàng	즈 리앙	명 품질, 질 手机的质量非常好。 Shǒu jī de zhì liàng fēi cháng hǎo. 서우 찌 뜨어 즈 리앙 페이 창 하오 핸드폰의 질이 매우 좋습니다.
至少	zhì shǎo	즈 사오	부 적어도, 최소한
知识	zhī shi	즈 스	명 지식
植物	zhí wù	즈 우	명 식물
只要	zhǐ yào	즈 야오	접 ~하기만 하면
职业	zhí yè	즈 예	명 직업
重	zhòng	중	형 무겁다
重点	zhòng diǎn	중 띠엔	명 중점
重视	zhòng shì	중 스	동 중시하다 他很重视这次机会。 Tā hěn zhòng shì zhè cì jī huì. 타 헌 중 스 즈어 츠 찌 후이 그는 이번 기회를 매우 중시합니다.
周围	zhōu wéi	저우 워이	명 주위, 주변
赚	zhuàn	좐	동 돈을 벌다
转	zhuàn	좐	동 돌다, 회전하다, 전환하다

职业 zhí yè [즈 예] 직업

上班族 shàng bān zú [상 빤 쭈] 샐러리맨, 회사원

教师 jiào shī [찌아오 스] 교사

教授 jiào shòu [찌아오 서우] 교수

警官 jǐng guān [찡 꽌] 경찰관

律师 lǜ shī [뤼 스] 변호사

医生 yī shēng [이 성] 의사

护士 hù shi [후 스] 간호사

运动员 yùn dòng yuán [윈 뚱 위엔] 운동선수

厨师 chú shī [추 스] 요리사

面包师 miàn bāo shī [미엔 빠오 스] 제빵사

艺人 yì rén [이 런] 연예인

电视演员 diàn shì yǎn yuán [띠엔스 옌 위엔] 탤런트

演员 yǎn yuán [옌 위엔] 배우

军人 jūn rén [쥔런] 군인

空姐 kōng jiě [쿵 찌에] 스튜어디스, 승무원

出租车司机 chū zū chē sī jī [추 쭈 츠어 쓰 찌] 택시기사

木匠 mù jiang [무 찌앙] 목수

园艺师 yuán yì shī [위엔 이 스] 원예사

农民 nóng mín [눙민] 농부

家庭妇女 jiā tíng fù nǚ [찌아 팅 푸 뉘] 가정주부

专门	zhuān mén	좐 먼	형 전문적이다
专业	zhuān yè	좐 예	명 전공
祝贺	zhù hè	주 흐어	동 축하하다, 경축하다
	祝贺你考上了北京大学。 Zhù hè nǐ kǎo shàng le běi jīng dà xué. 주 흐어 니 카오 상 르어 뻬이 찡 따 쒸에 베이징대학교에 합격한 것을 축하합니다.		
著名	zhù míng	주 밍	형 유명하다
准确	zhǔn què	준 취에	형 확실하다, 정확하다, 틀림없다
准时	zhǔn shí	준 스	부 정시에, 제때에
	我一定准时到会。 Wǒ yí dìng zhǔn shí dào huì. 워 이 띵 준 스 따오 후이 나는 제때에 회의에 참석하겠습니다.		
主意	zhǔ yi	주 이	명 방법, 생각, 아이디어
自然	zì rán	쯔 란	명 자연 형 자연적이다, 당당하다
	她的表情很自然。 Tā de biǎo qíng hěn zì rán. 타 뜨어 뻬아오 칭 헌 쯔 란 그의 표정은 자연스럽습니다.		
仔细	zǐ xì	쯔 씨	형 세심하다, 꼼꼼하다
	你仔细看看他是谁。 Nǐ zǐ xì kàn kan tā shì shéi. 니 쯔 씨 칸 칸 타 스 서이 그가 누군지 자세히 보세요.		
自信	zì xìn	쯔 씬	명 자신, 자신감 동 자부하다

总结	zǒng jié	쫑 찌에	동 총괄하다, 총결산하다
租	zū	쭈	동 세내다, 임대하다
最好	zuì hǎo	쭈이 하오	부 제일 좋기는, ~하는 게 바람직하다 형 가장 좋다
尊重	zūn zhòng	쭌 중	동 존중하다
座	zuò	쭤	명 좌석, 자리
作家	zuò jiā	쭤 찌야	명 작가
座位	zuò wèi	쭤 워이	명 좌석
作用	zuò yòng	쭤 융	명 작용, 영향
左右	zuǒ yòu	쭤 여우	명 좌와 우/주위/가량, 안팎, 쯤 동 좌우하다
	这台电脑三千块左右。 Zhè tái diàn nǎo sān qiān kuài zuǒ yòu. 즈어 타이 띠엔 나오 싼 치엔 콰이 쭤 여우 이 컴퓨터는 3000위안 정도입니다.		
作者	zuò zhě	쭤 즈어	명 작가, 저자
	他是这本书的作者。 Tā shì zhè běn shū de zuò zhě. 타 스 즈어 뻔 수 뜨어 쭤 즈어 그는 이 책의 저자입니다.		
灾害	zāi hài	짜이 하이	명 재해, 재난
在乎	zài hu	짜이 후	동 마음에 두다, 신경 쓰다
再三	zài sān	짜이 싼	부 재삼, 거듭, 여러 번
在于	zài yú	짜이 위	동 ~에 있다

N O P Q R S T U V W X Y Z

Z

赞成	zàn chéng	짠 청	동 찬성하다, 동의하다
赞美	zàn měi	짠 머이	동 찬미하다, 찬양하다
造成	zào chéng	짜오 청	동 조성하다, 만들다, 초래하다
	这件事造成了很坏的影响。 Zhè jiàn shì zào chéng le hěn huài de yǐng xiǎng. 즈어 찌엔 스 짜오 청 르어 헌 화이 뜨어 잉 씨양 이 일은 매우 나쁜 영향을 초래하였습니다.		
糟糕	zāo gāo	짜오 까오	동 엉망이다, 망치다
则	zé	쯔어	명 규칙, 규범 양 조항, 편
责备	zé bèi	쯔어 뻬이	동 꾸짖다, 책망하다, 탓하다
窄	zhǎi	자이	형 협소하다, 좁다
摘	zhāi	자이	동 따다, 꺾다
占	zhàn	잔	동 차지하다, 점령하다
涨	zhǎng	장	동 오르다
长辈	zhǎng bèi	장 뻬이	명 연장자, 어른
账户	zhàng hù	장 후	명 계좌
掌握	zhǎng wò	장 워	동 장악하다, 파악하다
展开	zhǎn kāi	잔 카이	동 펴다, 펼치다
展览	zhǎn lǎn	잔 란	동 전시하다, 전람하다
粘贴	zhān tiē	잔 티에	동 붙이다, 바르다
战争	zhàn zhēng	잔 정	명 전쟁

照常	zhào cháng	자오 창	부 평소대로 형 평소대로 하다, 평소와 같다
招待	zhāo dài	자오 따이	동 접대하다, 대접하다
着火	zháo huǒ	자오 훠	동 불나다, 불붙다
召开	zhào kāi	자오 카이	동 열다, 개최하다
着凉	zháo liáng	자오 리양	동 감기에 걸리다 我昨天不小心着凉了。 Wǒ zuó tiān bù xiǎo xīn zháo liáng le. 워 쭤 티엔 뿌 씨아오 씬 자오 리양 르어 나는 어제 조심하지 않아 감기에 걸렸습니다.
阵	zhèn	전	양 바탕, 차례 명 한동안, 일정한 시간
震动	zhèn dòng	전 뚱	동 진동하다
诊断	zhěn duàn	전 똰	동 진단하다
针对	zhēn duì	전 뚜이	동 겨누다, 초점을 두다
睁	zhēng	정	동 눈을 뜨다
挣	zhèng	정	동 노력하여 얻다, 벌다
正	zhèng	정	형 바르다 부 마침, 딱
政府	zhèng fǔ	정 푸	명 정부
整个	zhěng gè	정 끄어	명 온, 완정한 것
证件	zhèng jiàn	정 찌엔	명 증명서, 증거 서류
证据	zhèng jù	정 쮜	명 증거

	你有什么证据? Nǐ yǒu shén me zhèng jù? 니 여우 선 므어 정 쮜? 당신은 무슨 증거가 있습니까?		
争论	zhēng lùn	정 룬	동 변론하다, 쟁론하다
整齐	zhěng qí	정 치	형 정연하다, 깔끔하다
征求	zhēng qiú	정 쳐우	동 탐방하여 구하다
	你什么时候征求过我的意见? Nǐ shén me shí hou zhēng qiú guo wǒ de yì jiàn? 니 선 므어 스 허우 정 쳐우 꿔 워 뜨어 이 찌엔? 당신은 언제 나의 의견을 물어 봤습니까?		
争取	zhēng qǔ	정 취	동 쟁취하다, 얻어내다
整体	zhěng tǐ	정 티	명 전부, 전체
政治	zhèng zhì	정 즈	명 정치
真实	zhēn shí	전 스	형 진실하다
珍惜	zhēn xī	전 씨	동 아끼다, 소중히 여기다
	我很珍惜我们在一起的时光。 Wǒ hěn zhēn xī wǒ men zài yì qǐ de shí guāng. 워 헌 전 씨 워 먼 짜이 이 치 뜨어 스 꽝 나는 우리가 같이 있었던 나날을 소중히 여깁니다.		
哲学	zhé xué	즈어 쒸에	명 철학
直	zhí	즈	형 곧다
支	zhī	즈	동 받치다, 세우다 양 자루, 곡, 팀
指导	zhǐ dǎo	즈 따오	동 지도하다, 이끌어 주다
制定	zhì dìng	즈 띵	동 제정하다, 작성하다

制度	zhì dù	즈 뚜	명 제도
智慧	zhì huì	즈 후이	명 지혜
指挥	zhǐ huī	즈 후이	동 지휘하다
	你不要瞎指挥。 Nǐ bú yào xiā zhǐ huī. 니 뿌 야오 씨야 즈 후이 제멋대로 지휘하지 마세요.		
至今	zhì jīn	즈 찐	부 지금까지, 여태껏
治疗	zhì liáo	즈 리아오	동 치료하다
支票	zhī piào	즈 피아오	명 수표
秩序	zhì xù	즈 쒸	명 질서
至于	zhì yú	즈 위	동 ~의 정도에 이르다 개 ~에 대해서는
志愿者	zhì yuàn zhě	즈 위엔 즈어	명 지원자
制造	zhì zào	즈 짜오	동 제조하다, 만들다
执照	zhí zhào	즈 자오	명 면허증, 허가증
制作	zhì zuò	즈 쭤	동 제작하다, 만들다
重大	zhòng dà	중 따	형 중대하다
中介	zhōng jiè	중 찌에	동 중개하다, 매개하다
种类	zhǒng lèi	중 러이	명 종류
重量	zhòng liàng	중 리양	명 중량
中心	zhōng xīn	중 씬	명 중심, 한가운데
中旬	zhōng xún	중 쉰	명 중순

N O P Q R S T U V W X Y Z

周到	zhōu dào	저우 따오	형 세심하다, 치밀하다
	你想得真周到。 Nǐ xiǎng de zhēn zhōu dào. 니 씨양 뜨어 전 저우 따오 당신은 생각이 주도면밀합니다.		
煮	zhǔ	주	동 삶다, 끓이다
猪	zhū	주	명 돼지
抓	zhuā	좌	동 잡다, 손으로 꼭 쥐다
抓紧	zhuā jǐn	좌 찐	동 꽉 쥐다, 놓치지 않다, 급히 하다
	你要抓紧时间。 Nǐ yào zhuā jǐn shí jiān. 니 야오 좌 찐 스 찌엔 당신은 서둘러야 합니다.		
转变	zhuǎn biàn	좐 삐엔	동 바꾸다, 전변하다
撞	zhuàng	좡	동 부딪치다
	我不小心撞到了他。 Wǒ bù xiǎo xīn zhuàng dào le tā. 워 뿌 씨아오 씬 좡 따오 르어 타 나는 조심하지 않아 그와 부딪쳤습니다.		
装	zhuāng	좡	동 싣다, 적재하다, ~인 척하다, 가장하다/조립하다
转告	zhuǎn gào	좐 까오	동 전하다, 전언하다
状况	zhuàng kuàng	좡 쾅	명 상황, 형편
装饰	zhuāng shì	좡 스	명 장식품 동 장식하다
状态	zhuàng tài	좡 타이	명 상태

装修	zhuāng xiū	좡 셔우	동 장식하고 꾸미다
专家	zhuān jiā	좐 찌야	명 전문가
专心	zhuān xīn	좐 씬	형 전념하다, 몰두하다
逐步	zhú bù	주 뿌	부 점차
注册	zhù cè	주 츠어	동 등록하다, 등기하다
主持	zhǔ chí	주 츠	동 주관하다, 사회를 보다
主动	zhǔ dòng	주 뚱	형 주동적인
祝福	zhù fú	주 푸	동 축복하다, 기원하다
主观	zhǔ guān	주 꽌	명 주관
追	zhuī	주이	동 뒤쫓다, 뒤따르다, 따라잡다
追求	zhuī qiú	주이 쳐우	동 추구하다, 탐구하다
逐渐	zhú jiàn	주 찌엔	부 점점, 점차
主任	zhǔ rèn	주 런	명 주임, 장
主人	zhǔ rén	주 런	명 주인
主题	zhǔ tí	주 티	명 주제
主席	zhǔ xí	주 씨	명 의장, 주석
主张	zhǔ zhāng	주 장	명 주장 동 주장하다
竹子	zhú zi	주 쯔	명 대나무
紫	zǐ	쯔	형 보라색의
自从	zì cóng	쯔 충	개 ~에서, ~부터, ~한 후

自动	zì dòng	쯔 뚱	형 자발적인, 자동으로
资格	zī gé	쯔 끄어	명 자격
自豪	zì háo	쯔 하오	형 자랑스럽다
资金	zī jīn	쯔 찐	명 자금
自觉	zì jué	쯔 쥐에	동 자각하다, 스스로 느끼다
资料	zī liào	쯔 리아오	명 자료

你能帮我翻译一下这个资料吗?
Nǐ néng bāng wǒ fān yì yí xià zhè ge zī liào ma?
니 넝 빵 워 판 이 이 씨아 즈어 끄어 쯔 리아오 마?
저를 도와 이 자료를 번역해 줄 수 있을까요?

字幕	zì mù	쯔 무	명 자막

这部电影有中文字幕。
Zhè bù diàn yǐng yǒu zhōng wén zì mù.
즈어 뿌 띠엔 잉 여우 중 원 쯔 무
이 영화는 중국어 자막이 있습니다.

字母	zì mǔ	쯔 무	명 자모, 알파벳
姿势	zī shì	쯔 스	명 자세, 모양
自私	zì sī	쯔 쓰	형 이기적이다
咨询	zī xún	쯔 쒼	동 자문하다, 의논하다
自由	zì yóu	쯔 여우	형 자유롭다
资源	zī yuán	쯔 위엔	명 자원
自愿	zì yuàn	쯔 위엔	동 자원하다
总裁	zǒng cái	쭝 차이	명 총재, 총수
总共	zǒng gòng	쭝 꿍	부 모두, 전부, 합쳐서

综合	zōng hé	쫑 흐어	동 종합하다
总理	zǒng lǐ	쫑 리	명 총리
总算	zǒng suàn	쫑 쏸	부 겨우, 간신히
总统	zǒng tǒng	쫑 퉁	명 대통령
总之	zǒng zhī	쫑 즈	접 총괄하면, 한마디로 말하면
组	zǔ	쭈	명 양 조, 그룹, 팀
组成	zǔ chéng	쭈 청	동 짜다, 구성하다
组合	zǔ hé	쭈 흐어	명 조합
醉	zuì	쭈이	동 취하다
最初	zuì chū	쭈이 추	명 최초, 처음
尊敬	zūn jìng	쭌 찡	동 존경하다
遵守	zūn shǒu	쭌 서우	동 준수하다, 지키다
作品	zuò pǐn	쭤 핀	명 작품
作为	zuò wéi	쭤 워이	동 ~로 여기다, ~로 삼다, ~로 간주하다
作文	zuò wén	쭤 원	명 작문 동 작문하다
阻止	zǔ zhǐ	쭈 즈	동 저지하다, 막다
组织	zǔ zhī	쭈 즈	명 조직 동 조직하다, 구성하다
咋	zǎ	짜	대 어째서, 왜
砸	zá	짜	동 내리치다, 박다, 다지다

宰	zǎi	짜이	동 죽이다, 잡다,
再接再厉	zài jiē zài lì	짜이 찌에 짜이 리	더욱 더 힘쓰다, 한층 더 분발하다
灾难	zāi nàn	짜이 난	명 재난, 재해
栽培	zāi péi	짜이 페이	동 배양하다, 재배하다
在意	zài yì	짜이 이	동 마음에 두다 你别在意别人的看法。 Nǐ bié zài yì bié rén de kàn fǎ. 니 삐에 짜이 이 삐에 런 뜨어 칸 파 남의 의견에 신경 쓰지 마세요.
杂技	zá jì	짜 찌	명 서커스
杂交	zá jiāo	짜 찌아오	동 교잡하다, 교배하다
攒	zǎn	짠	동 쌓다, 모으다, 저축하다
暂且	zàn qiě	짠 치에	부 잠시, 잠깐
赞叹	zàn tàn	짠 탄	동 찬탄하다, 감탄하여 찬미하다
赞助	zàn zhù	짠 주	동 찬조하다, 협찬하다 谢谢贵公司的赞助。 Xiè xie guì gōng sī de zàn zhù. 씨에 씨에 꾸이 꿍 쓰 뜨어 짠 주 귀사의 협찬에 감사드립니다.
遭受	zāo shòu	짜오 서우	동 당하다, 부닥치다
糟蹋	zāo tà	짜오 타	동 낭비하다, 망치다
造型	zào xíng	짜오 씽	명 이미지, 형상

遭殃	zāo yāng	짜오 양	동 재난을 입다, 불행을 당하다
噪音	zào yīn	짜오 인	명 소음
遭遇	zāo yù	짜오 위	동 조우하다, 부닥치다
责怪	zé guài	쯔어 꽈이	동 원망하다, 나무라다, 책망하다
贼	zéi	쩌이	명 도둑, 도적
赠送	zèng sòng	쩡 쑹	동 증정하다, 선사하다, 주다
增添	zēng tiān	쩡 티엔	동 더하다, 늘리다
眨	zhǎ	자	동 깜박거리다
渣	zhā	자	명 찌꺼기, 잔류물
扎	zhā	자	동 찌르다
债券	zhài quàn	자이 취엔	명 채권
摘要	zhāi yào	자이 야오	명 적요, 개요
斩钉截铁	zhǎn dìng jié tiě	잔 띵 찌에 티에	언행이 단호하다, 과단성이 있다
战斗	zhàn dòu	잔 떠우	명 전투
障碍	zhàng 'ài	장 아이	명 장애물, 방해물
章程	zhāng chéng	장 청	명 장정, 규정
帐篷	zhàng peng	장 펑	명 텐트, 장막
沾光	zhān guāng	잔 꽝	동 덕을 보다
占据	zhàn jù	잔 쮜	동 점유하다, 점거하다

占领	zhàn lǐng	잔 링	동 점령하다
战略	zhàn luè	잔 뤼에	명 전략
展示	zhǎn shì	잔 스	동 드러내다, 전시하다
战术	zhàn shù	잔 수	명 전술
展望	zhǎn wàng	잔 왕	동 멀리 바라보다
展现	zhǎn xiàn	잔 씨엔	동 드러내다, 나타나다
崭新	zhǎn xīn	잔 신	형 참신하다, 새롭다
瞻仰	zhān yǎng	잔 양	동 우러러보다
战役	zhàn yì	잔 이	명 전역
招标	zhāo biāo	자오 삐아오	동 입찰 공고하다
着迷	zháo mí	자오 미	동 빠져들다, 매혹되다
朝气蓬勃	zhāo qì péng bó	자오 치 펑 뿨	생기가 넘쳐흐르다, 생기발랄하다
招收	zhāo shōu	자오 서우	동 모집하다, 받아들이다
	他已经招收了20名职员。 Tā yǐ jīng zhāo shōu le 20 míng zhí yuán. 타 이 찡 자오 서우 르어 알 스 밍 즈 위엔 그는 이미 직원을 20명 모집했습니다.		
照样	zhào yàng	자오 양	동 그대로 하다, 어떤 모양대로 하다
照耀	zhào yào	자오 야오	동 밝게 비추다, 환하게 비추다
沼泽	zhǎo zé	자오 쯔어	명 소택, 소택지
诈骗	zhà piàn	자 피엔	동 속이다, 편취하다

扎实	zhā shi	자 스	형 견실하다, 견고하다 他的基础很扎实。 Tā de jī chǔ hěn zhā shi. 타 뜨어 찌 추 헌 자 스 그의 키초는 탄탄합니다.
折	zhé	즈어	동 꺾다, 끊다, 자르다
遮挡	zhē dǎng	즈어 땅	동 막다, 차단하다
折磨	zhé mó	즈어 뭐	동 고통스럽게 하다, 괴롭히다
阵地	zhèn dì	전 띠	명 진지
镇定	zhèn dìng	전 띵	형 침착하다, 냉정하다
振奋	zhèn fèn	전 펀	형 분발하다
政策	zhèng cè	정 츠어	명 정책
正当	zhèng dāng	정 땅	동 마침 ~한 시기이다
争端	zhēng duān	정 똰	명 분쟁의 실마리
整顿	zhěng dùn	정 뚠	동 정비하다, 바로잡다
争夺	zhēng duó	정 뚸	동 쟁탈하다, 다투다
蒸发	zhēng fā	정 파	동 증발하다
正负	zhèng fù	정 푸	명 플러스 마이너스, 양전자와 음전자
征服	zhēng fú	정 푸	동 정복하다
正规	zhèng guī	정 꾸이	형 정규의, 표준의
正经	zhèng jing	정 찡	형 정직하다, 단정하다

正气	zhèng qì	정 치	명 공명정대한 태도, 바른 기풍, 정기
争气	zhēng qì	정 치	동 잘 하려고 애쓰다, 분발하다
政权	zhèng quán	정 취엔	명 정권
证实	zhèng shí	정 스	동 실증하다, 증명하다
	他的判断得到了证实。 Tā de pàn duàn dé dào le zhèng shí. 타 뜨어 판 똰 뜨어 따오 르어 정 스 그의 판단은 실증되었습니다.		
征收	zhēng shōu	정 서우	동 징수하다
证书	zhèng shū	정 수	명 증서, 증명서
珍贵	zhēn guì	전 꾸이	형 진귀하다, 귀중하다
争先恐后	zhēng xiān kǒng hòu	정 씨엔 쿵 허우	뒤질세라 앞을 다투다
正义	zhèng yì	정 이	명 정의 형 정의로운
争议	zhēng yì	정 이	동 쟁의하다, 논의하다 명 의견
正月	zhēng yuè	정 위에	명 정월, 1월
挣扎	zhēng zhá	정 자	동 몸부림치다, 발악하다
郑重	zhèng zhòng	정 중	형 정중하다, 점잖고 엄숙하다
症状	zhèng zhuàng	정 좡	명 증상, 증후
正宗	zhèng zōng	정 쭝	명 정종

震撼	zhèn hàn	전 한	동 흥분시키다, 감동시키다
震惊	zhèn jīng	전 찡	형 깜짝 놀라게 하다, 경악하게 하다
镇静	zhèn jìng	전 찡	형 냉정하다, 침착하다
真理	zhēn lǐ	전 리	명 진리
阵容	zhèn róng	전 룽	명 진용
侦探	zhēn tàn	전 탄	명 탐정
枕头	zhěn tou	전 터우	명 베개
珍惜	zhēn xī	전 씨	형 진귀하고 드물다
真相	zhēn xiàng	전 씨양	명 진상, 실상
	真相只有一个。 Zhēn xiàng zhǐ yǒu yí ge. 전 씨양 즈 여우 이 끄어 진상은 하나뿐입니다.		
振兴	zhèn xīng	전 씽	동 진흥시키다
真挚	zhēn zhì	전 즈	형 진실의, 마음에서 우러나는
珍珠	zhēn zhū	전 주	명 진주
斟酌	zhēn zhuó	전 줘	동 헤아리다, 짐작하다, 고려하다
折腾	zhē teng	즈어 텅	동 괴롭히다, 고통스럽게 하다
枝	zhī	즈	명 가지 양 송이
治安	zhì 'ān	즈 안	명 치안

N O P Q R S T U V W X Y Z

值班	zhí bān	즈 빤	동 당번이 되다, 당직을 맡다
指标	zhǐ biāo	즈 빠아오	명 지표, 수치
直播	zhí bō	즈 뿨	동 생중계하다, 직접 중계하다
制裁	zhì cái	즈 차이	동 제재하다
支撑	zhī chēng	즈 청	동 버티다, 지탱하다
支出	zhī chū	즈 추	동 지출하다 명 지출
致辞	zhì cí	즈 츠	동 인사말을 하다, 연설을 하다
指定	zhǐ dìng	즈 띵	동 지정하다
脂肪	zhī fáng	즈 팡	명 지방
制服	zhì fú	즈 푸	명 제복
之际	zhī jì	즈 찌	명 때, 즈음
指甲	zhǐ jia	즈 찌야	명 손톱
直径	zhí jìng	즈 찡	명 직경(수학)
知觉	zhī jué	즈 쮀	명 지각, 감각
智力	zhì lì	즈 리	명 지력, 지능
致力	zhì lì	즈 리	동 힘쓰다, 진력하다
治理	zhì lǐ	즈 리	동 통치하다, 다스리다
指令	zhǐ lìng	즈 링	동 지시하다, 명령하다 명 지시, 명령
滞留	zhì liú	즈 려우	동 ~에 머물다, 체류하다

支流	zhī liú	즈 려우	명 지류
殖民地	zhí mín dì	즈 민 띠	명 식민지
指南针	zhǐ nán zhēn	즈 난 전	명 지남침, 나침판

指南针是中国四大发明之一。
Zhǐ nán zhēn shì zhōng guó sì dà fā míng zhī yī.
즈 난 전 스 중 꿔 쓰 따 파 밍 즈 이
나침반은 중국 4대 발명 중의 하나다.

职能	zhí néng	즈 넝	명 직능, 직책과 기능
智能	zhì néng	즈 넝	명 지능
支配	zhī pèi	즈 퍼이	동 안배하다, 분배하다
志气	zhì qì	즈 치	명 패기, 기개
智商	zhì shāng	즈 상	명 지능지수의 약칭
致使	zhì shǐ	즈 스	동 ~을 초래하다, ~을 야기하다
指示	zhǐ shì	즈 스	동 가리키다, 지시하다 명 지시, 명령
指望	zhǐ wàng	즈 왕	동 기대하다, 바라다
职位	zhí wèi	즈 워이	명 직위
职务	zhí wù	즈 우	명 직무
执行	zhí xíng	즈 씽	동 집행하다, 수행하다

他在执行任务。
Tā zài zhí xíng rèn wù.
타 짜이 즈 씽 런 우
그는 임무 수행 중입니다.

支援	zhī yuán	즈 위엔	동 지원하다

制约	zhì yuē	즈 웨	동 제약하다
指责	zhǐ zé	즈 쩌어	동 지적하다, 질책하다
制止	zhì zhǐ	즈 즈	동 제지하다
支柱	zhī zhù	즈 주	명 지주, 받침대, 버팀목
执着	zhí zhuó	즈 줘	형 집착하다
侄子	zhí zi	즈 쯔	명 조카
知足常乐	zhī zú cháng lè	즈 쭈 창 르어	만족함을 알면 항상 즐겁다
忠诚	zhōng chéng	중 청	형 충성하다
终点	zhōng diǎn	중 띠엔	명 종착점, 종점
中断	zhōng duàn	중 똰	동 중단하다, 끊다
终究	zhōng jiū	중 쪄우	부 결국, 어쨌든
中立	zhōng lì	중 리	동 중립하다
肿瘤	zhǒng liú	중 려우	명 종양
终身	zhōng shēn	중 선	명 일생, 평생
忠实	zhōng shí	중 스	형 충실하다, 충직하고 성실하다
众所周知	zhòng suǒ zhōu zhī	중 쒀 저우 즈	모든 사람이 다 알고 있다
衷心	zhōng xīn	중 씬	형 충심의

衷心地祝愿你早日康复。
Zhōng xīn de zhù yuàn nǐ zǎo rì kāng fù.
중 씬 뜨어 주 위엔 니 짜오 르 캉 푸
진심으로 당신이 하루 빨리 회복하기를 바랍니다.

重心	zhòng xīn	중 씬	명 중심
中央	zhōng yāng	중 양	명 중앙
终止	zhōng zhǐ	중 즈	동 중지하다, 끝내다
种植	zhòng zhí	중 즈	동 재배하다, 종식하다
种子	zhǒng zi	중 쯔	명 종자, 씨
种族	zhǒng zú	중 쭈	명 종족
粥	zhōu	저우	명 죽
舟	zhōu	저우	명 배
州	zhōu	저우	명 주(행정구역)
周边	zhōu biān	저우 삐엔	명 주변, 주위
周密	zhōu mì	저우 미	형 면밀하다, 치밀하다
周年	zhōu nián	저우 니엔	명 주년
周期	zhōu qī	저우 치	명 주기
皱纹	zhòu wén	저우 원	명 주름
昼夜	zhòu yè	저우 예	명 주야, 낮과 밤
周折	zhōu zhé	저우 즈어	명 곡절
周转	zhōu zhuǎn	저우 좐	동 돌리다, 융통하다
拄	zhǔ	주	동 몸을 지탱하다, 짚다
株	zhū	주	명 그루터기 양 포기, 그루
拽	zhuài	좌이	동 끌다, 잡아당기다
砖	zhuān	좐	명 벽돌

专长	zhuān cháng	좐 창	명 특기, 특수 기능
专程	zhuān chéng	좐 청	부 특별히, 일부러 ~에 가다
转达	zhuǎn dá	좐 따	동 전하다, 전달하다
	代我向你父母转达问候。 Dài wǒ xiàng nǐ fù mǔ zhuǎn dá wèn hòu. 따이 워 씨양 니 푸 무 좐 따 원 허우 나를 대신하여 당신 부모에게 안부를 전해 주세요.		
幢	zhuàng	쫭	양 동, 채
装备	zhuāng bèi	쫭 뻬이	명 장비
壮观	zhuàng guān	쫭 꽌	형 경관이 훌륭하고 장대하다
庄稼	zhuāng jia	쫭 찌아	명 농작물
壮丽	zhuàng lì	쫭 리	형 장려하다, 웅장하고 아름답다
壮烈	zhuàng liè	쫭 리에	형 장렬하다
装卸	zhuāng xiè	쫭 씨에	동 조립하고 해체하다
庄严	zhuāng yán	쫭 옌	형 장엄하다
庄重	zhuāng zhòng	쫭 중	형 장중하다
传记	zhuàn jì	좐 찌	명 전기
专利	zhuān lì	좐 리	명 특허
转让	zhuǎn ràng	좐 랑	동 양도하다, 넘겨주다
专题	zhuān tí	좐 티	명 특정한 제목, 전문적인 테마

转移	zhuǎn yí	좐 이	동 전이하다, 옮기다
转折	zhuǎn zhé	좐 즈어	동 방향이 바뀌다, 전환하다
主办	zhǔ bàn	주 빤	동 주최하다
主导	zhǔ dǎo	주 따오	형 주도의 명 주도
嘱咐	zhǔ fù	주 푸	동 당부하다, 분부하다
主管	zhǔ guǎn	주 꽌	동 주관하다 명 주관자, 팀장
坠	zhuì	주이	동 떨어지다, 추락하다
追悼	zhuī dào	주이 따오	동 추모하다, 추도하다
追究	zhuī jiū	주이 쪄우	동 추궁하다, 따지다

现在不是追究责任的时候。
Xiàn zài bú shì zhuī jiū zé rèn de shí hou.
씨엔 짜이 뿌 스 주이 쪄우 쯔어 런 뜨어 스 허우
지금은 책임을 물을 때가 아닙니다.

助理	zhù lǐ	주 리	동 보조하다 명 보좌인, 비서
主流	zhǔ liú	주 려우	명 주류
逐年	zhú nián	주 니엔	부 해마다, 한 해 한 해
准则	zhǔn zé	준 쯔어	명 준칙, 규범
着手	zhuó shǒu	줘 서우	동 착수하다, 시작하다
着想	zhuó xiǎng	줘 씨양	동 생각하다, 고려하다
卓越	zhuó yuè	줘 위에	형 탁월하다, 출중하다
着重	zhuó zhòng	줘 중	동 힘을 주다, 강조하다

Z

主权	zhǔ quán	주 취엔	명 주권
注射	zhù shè	주 스어	동 주사하다
注释	zhù shì	주 스	동 주해하다, 주석하다
注视	zhù shì	주 스	동 주시하다
助手	zhù shǒu	주 서우	명 조수
诸位	zhū wèi	주 워이	대 제위, 여러분
	诸位还有什么意见吗? Zhū wèi hái yǒu shén me yì jiàn ma? 주 워이 하이 여우 선 므어 이 찌엔 마? 여러분 다른 의견 있습니까?		
主义	zhǔ yì	주 이	명 주의
铸造	zhù zào	주 짜오	동 주조하다
驻扎	zhù zhā	주 자	동 주둔하다, 주재하다
住宅	zhù zhái	주 자이	명 주택
注重	zhù zhòng	주 중	동 중시하다, 중점을 두다
著作	zhù zuò	주 쭤	동 저작하다
自卑	zì bēi	쯔 뻬이	형 스스로 남보다 못하다고 느끼다, 스스로 열등하다
资本	zī běn	쯔 뻔	명 자본
资产	zī chǎn	쯔 찬	명 재산, 자산
子弹	zǐ dàn	쯔 딴	명 총알
自发	zì fā	쯔 파	형 자발적인, 자연적인

自力更生	zì lì gèng shēng	쯔 리 껑 성	자력갱생하다
自满	zì mǎn	쯔 만	형 자만하다
滋润	zī rùn	쯔 룬	형 촉촉하다
资深	zī shēn	쯔 선	형 경력이 오랜, 베테랑의
姿态	zī tài	쯔 타이	명 자태, 모습, 자세
滋味	zī wèi	쯔 워이	명 좋은 맛, 향미
资助	zī zhù	쯔 주	동 돕다
自主	zì zhǔ	쯔 주	동 자주적이다
总而言之	zǒng 'ér yán zhī	쭝 얼 옌 즈	총괄적으로 말하면, 요컨대, 결론적으로 말하자면
总和	zǒng hé	쭝 흐어	명 총계, 총수
纵横	zòng héng	쭝 헝	명 종횡, 가로 세로 동 종횡무진하다
踪迹	zōng jì	쭝 찌	명 종적, 행적, 자취

现在很难找到野生老虎的踪迹了。
Xiàn zài hěn nán zhǎo dào yě shēng lǎo hǔ de zōng jì le.
씨엔 짜이 헌 난 자오 따오 예 성 라오 후 뜨어 쭝 찌 르어
지금은 야생 호랑이의 종적을 찾기가 힘듭니다.

宗教	zōng jiào	쭝 찌아오	명 종교
棕色	zōng sè	쭝 쓰어	명 갈색
宗旨	zōng zhǐ	쭝 즈	명 취지, 주지
揍	zòu	쩌우	동 때리다, 치다
走廊	zǒu láng	쩌우 랑	명 복도, 회랑

N O P Q R S T U V W X Y Z

走漏	zǒu lòu	쩌우 러우	동 누설하다
走私	zǒu sī	쩌우 쓰	동 밀수하다
阻碍	zǔ 'ài	쭈 아이	동 가로막다
钻石	zuàn shí	쫜 스	명 다이아몬드
钻研	zuān yán	쫜 옌	동 깊이 연구하다, 몰두하다
祖父	zǔ fù	쭈 푸	명 조부, 할아버지
祖国	zǔ guó	쭈 꿔	명 조국
嘴唇	zuǐ chún	쭈이 춘	명 입술
罪犯	zuì fàn	쭈이 판	명 범인, 죄인
阻拦	zǔ lán	쭈 란	동 저지하다, 방해하다
租赁	zū lìn	쭈 린	동 임차하다, 빌리다
阻挠	zǔ náo	쭈 나오	동 가로막다, 방해하다
遵循	zūn xún	쭌 쒼	동 따르다
尊严	zūn yán	쭌 옌	형 존엄하다 명 존엄
作弊	zuò bì	쭤 삐	동 부정 행위를 하다, 속임수를 하다
作废	zuò fèi	쭤 페이	동 폐기하다
作风	zuò fēng	쭤 펑	명 기풍, 태도
琢磨	zuó mo	쭤 뭐	동 깊이 생각하다, 사색하다
作息	zuò xī	쭤 씨	동 일하고 휴식하다

	你该调整一下你的作息时间了。 Nǐ gāi tiáo zhěng yī xià nǐ de zuò xī shí jiān le. 니 까이 티아오 정 이 씨아 니 뜨어 쭤 씨 스 찌엔 르어 당신은 작업과 휴식 시간을 조정해야 합니다.		
座右铭	zuò yòu míng	쭤 여우 밍	명 좌우명
做主	zuò zhǔ	쭤 주	동 주인이 되다
祖先	zǔ xiān	쭈 씨엔	명 선조, 조상
足以	zú yǐ	쭈 이	부 충분히 ~할 수 있다, ~하기에 족하다

| SECTION 02 |

한국어 + 중국어 단어

ㄱ

가, 가장자리	畔	pàn	판
가격	价格	jià gé	찌야 끄어
가곡	歌曲	gē qǔ	끄어 취
가공하다	加工	jiā gōng	찌야 꿍
가관이다	可观	kě guān	크어 꽌
가구	家具	jiā jù	찌야 쮜
가까이 가다	挨	āi	아이
가까이 하다	接近	jiē jìn	찌에 찐
가깝다	近	jìn	찐
가끔	偶尔	ǒu 'ěr	어우 얼
가난하다	穷	qióng	춍
가늘다	细	xì	씨
가능하다	可能	kě néng	크어 넝
가다	去	qù	취
	走	zǒu	쩌우
가득하다	满	mǎn	만
가련하다	可怜	kě lián	크어 리엔

가렵다	痒	yǎng	양
가령 ~이라도	就算	jiù suàn	쪄우 쏸
가로막다	拦	lán	란
	阻碍	zǔ 'ài	쭈 아이
가로의, 횡의	横	héng	흐엉
가루, 분말	粉末	fěn mò	펀 뭐
가르치다	教	jiāo	찌아오
가리다, 덮다	覆盖	fù gài	푸 까이
가리키다(손가락)	指	zhǐ	즈
가리키다, 지시하다	指示	zhǐ shì	즈 스
가물다, 가뭄	干旱	gān hàn	깐 한
가볍다	轻	qīng	칭
가슴	胸	xiōng	쓩
가시	刺	cì	츠
가옥 등의 부동산, 산업	物业	wù yè	우 예
가위	剪刀	jiǎn dāo	찌엔 따오
가을	秋天	qiū tiān	쳐우 티엔
가이드	向导	xiàng dǎo	씨양 따오
	导游	dǎo yóu	따오 여우

가장, 대단히	至	zhì	즈
가장, 최고로	最	zuì	쭈이
가장 좋아하는	最好	zuì hǎo	쭈이 하오
가장하다	假装	jiǎ zhuāng	찌아 좡
가정	家庭	jiā tíng	찌아 팅
가정하다	假设	jiǎ shè	찌아 스어
가족	家族	jiā zú	찌아 쭈
가족이 누리는 단란함(즐거움)	天伦之乐	tiān lún zhī lè	티엔 룬 즈 르어
가족이 한자리에 모이다	团圆	tuán yuán	퇀 위엔
가죽	皮革	pí gé	피 끄어
가죽 구두	皮鞋	pí xié	피 씨에
가지	枝	zhī	즈
가지다	取	qǔ	취
가치	价值	jià zhí	찌아 즈
가파르다	陡峭	dǒu qiào	떠우 치아오
가하다	施加	shī jiā	스 찌아
각각	各	gè	끄어
각도	角度	jiǎo dù	찌아오 뚜
각성하다	觉醒	jué xǐng	쮜에 씽

각오	觉悟	jué wù	쮜에 우
각자	各自	gè zì	끄어 쯔
간격	间隔	jiān gé	찌엔 끄어
	隔阂	gé hé	끄어 흐어
간결하고 핵심을 찌르는	简要	jiǎn yào	찌엔 야오
간고하다	艰苦	jiān kǔ	찌엔 쿠
간단하다	简单	jiǎn dān	찌엔 딴
간섭하다	干涉	gān shè	깐 스어
간소화하다	简化	jiǎn huà	찌엔 화
간식	小吃	xiǎo chī	씨아오 츠
간장	酱油	jiàng yóu	찌양 여우
간절하다	恳切	kěn qiè	컨 치에
간절히 원하다, 몹시 바라다	巴不得	bā bu dé	빠 뿌 뜨어
간접적	间接	jiàn jiē	찌엔 찌에
간체자	简体字	jiǎn tǐ zì	찌엔 티 쯔
간행물	刊物	kān wù	칸 우
간호사	护士	hù shi	후 스
갈고리	钩子	gōu zi	꺼우 쯔
갈라지다	岔	chà	차

갈망하다	渴望	kě wàng	크어 왕
갈색	棕色	zōng sè	쫑 쓰어
갈증나다	渴	kě	크어
감각	感觉	gǎn jué	깐 쮜에
감개무량하다	感慨	gǎn kǎi	깐 카이
감격하다	感激	gǎn jī	깐 찌
감기	感冒	gǎn mào	깐 마오
감기가 걸리다	着凉	zháo liáng	자오 리양
감당하다	承受	chéng shòu	청 서우
감독하다	监督	jiān dū	찌엔 뚜
감동하다	感动	gǎn dòng	깐 뚱
감별하다	鉴别	jiàn bié	찌엔 삐에
감사하다	感谢	gǎn xiè	깐 씨에
감사합니다	谢谢	xiè xie	씨에 씨에
감상	感想	gǎn xiǎng	깐 씨양
감상하다	欣赏	xīn shǎng	씬 상
감소하다	减少	jiǎn shǎo	찌엔 사오
감수하다	感受	gǎn shòu	깐 서우
감시하다	监视	jiān shì	찌엔 스
감염되다	感染	gǎn rǎn	깐 란

감옥	监狱	jiān yù	찌엔 위
감자	土豆	tǔ dòu	투 떠우
감정	感情	gǎn qíng	깐 칭
감정하다, 평가하다	鉴定	jiàn dìng	찌엔 띵
감히	敢	gǎn	깐
갑	甲	jiǎ	찌아
갑자기	忽然	hū rán	후 란
강	江	jiāng	찌양
	河	hé	흐어
강개하다	慷慨	kāng kǎi	캉 카이
강렬하다	强烈	qiáng liè	치양 리에
강령	纲领	gāng lǐng	깡 링
강림하다	降临	jiàng lín	찌양 린
강박하다	强迫	qiáng pò	치양 풔
강연하다	演讲	yǎn jiǎng	옌 찌양
강요하다	勉强	miǎn qiǎng	미엔 치양
강인하다, 완강하다	坚韧	jiān rèn	찌엔 런
강제하다, 강압하다	强制	qiáng zhì	치양 즈

강조하다	强调	qiáng diào	치앙 띠아오
강좌	讲座	jiǎng zuò	찌양 쭤
강철	钢铁	gāng tiě	깡 티에
강탈하다	抢劫	qiǎng jié	치양 찌에
같다	一样	yí yàng	이 양
갚다, 돌려주다	还	huán	환
개(동물)	狗	gǒu	꺼우
	犬	quǎn	취엔
개(양사)	个	gè	끄어
개, 알	颗	kē	크어
개, 채, 장(꼭대기가 있는 물건을 세는 단위)	顶	dǐng	띵
개괄하다	概括	gài kuò	까이 쿼
개념	概念	gài niàn	까이 니엔
개량하다	改良	gǎi liáng	까이 리양
개막식	开幕式	kāi mù shì	카이 무 스
개막하다	开幕	kāi mù	카이 무
개명하다	开明	kāi míng	카이 밍
개미	蚂蚁	mǎ yǐ	마 이
개발하다	开发	kāi fā	카이 파

개방하다	开放	kāi fàng	카이 팡
개별적이다	个别	gè bié	끄어 삐에
개선하다	改善	gǎi shàn	까이 산
개성	个性	gè xìng	끄어 씽
개울	溪	xī	씨
개인	私人	sī rén	쓰 런
	个人	gè rén	끄어 런
개정하다	改正	gǎi zhèng	까이 정
개진하다	改进	gǎi jìn	까이 찐
개척하다	开拓	kāi tuò	카이 퉈
	开辟	kāi pì	카이 피
개체	个体	gè tǐ	끄어 티
개최하다, 거행하다	举办	jǔ bàn	쮜 빤
개혁하다	改革	gǎi gé	까이 끄어
객관적이다	客观	kè guān	크어 꽌
객실	客厅	kè tīng	크어 팅
갱신하다	更新	gēng xīn	껑 씬
거꾸로 되다	倒	dǎo	따오
거닐다	逛	guàng	꽝
거대하다	巨大	jù dà	쮜 따

ㄱ ㄴ ㄷ ㄹ ㅁ ㅂ ㅅ ㅇ ㅈ ㅊ ㅋ ㅌ ㅍ ㅎ

거동	举动	jǔ dòng	쮜 뚱
거들떠보다	理睬	lǐ cǎi	리 차이
거듭, 계속	一再	yí zài	이 짜이
거래가 성립되다	成交	chéng jiāo	청 찌아오
거래하다	贩卖	fàn mài	판 마이
거리	距离	jù lí	쮜 리
거리, 도로	街道	jiē dào	찌에 따오
거울	镜子	jìng zi	찡 쯔
거의	几乎	jī hū	찌 후
거의 ~달하다	将近	jiāng jìn	찌양 찐
거의 비슷하다	差不多	chà bu duō	차 뿌 뚸
거절하다	拒绝	jù jué	쮜 쮜에
거절하다, 사양하다	推辞	tuī cí	투이 츠
거주민, 주민	居民	jū mín	쮜 민
거주하다	居住	jū zhù	쮜 주
거지	乞丐	qǐ gài	치 까이
거짓말을 하다	撒谎	sā huǎng	싸 황
거짓의	假	jiǎ	찌야
거칠다	草率	cǎo shuài	차오 솨이
거품	泡沫	pào mò	파오 뭐

거행하다	举行	jǔ xíng	쮜 싱
걱정하다	发愁	fā chóu	파 처우
건강하다	健康	jiàn kāng	찌엔 캉
건달	流氓	liú máng	려우 망
건립하다	建立	jiàn lì	찌엔 리
건반	键盘	jiàn pán	찌엔 판
건배하다	干杯	gān bēi	깐 뻬이
건설하다	建设	jiàn shè	찌엔 스어
건의하다	建议	jiàn yì	찌엔 이
건전하다	健全	jiàn quán	찌엔 취엔
건조하다	干燥	gān zào	깐 짜오
건지다	捞	lāo	라오
건축물	建筑	jiàn zhù	찌엔 쭈
걸다	悬挂	xuán guà	쉬엔 꽈
걸출하다	接触	jiē chù	찌에 추
걸치다	披	pī	피
검다	黑	hēi	허이
검사하다	检查	jiǎn chá	찌엔 차
검소하다	朴实	pǔ shí	푸 스
검수하다	验收	yàn shōu	옌 서우

검증하다	检验	jiǎn yàn	찌엔 옌
	验证	yàn zhèng	옌 정
검토하다	检讨	jiǎn tǎo	찌엔 타오
겁쟁이	胆小鬼	dǎn xiǎo guǐ	딴 씨아오 꾸이
겉, 표면, 면목	面子	miàn zi	미엔 쯔
겉모습	外表	wài biǎo	와이 삐아오
게걸스럽다	馋	chán	찬
게으르다	懒	lǎn	란
게임	游戏	yóu xì	여우 씨
겨누다	针对	zhēn duì	전 뚜이
겨루다	较量	jiào liàng	찌아오 리양
겨우	才	cái	차이
겨울	冬	dōng	뚱
겨울방학	寒假	hán jià	한 찌아
격동하다	激动	jī dòng	찌 뚱
격려하다	激励	jī lì	찌 리
	勉励	miǎn lì	미엔 리
격렬하게 싸우다, 격투하다	搏斗	bó dòu	뿨 떠우
격렬하다	激烈	jī liè	찌 리에

격리하다	隔离	gé lí	끄어 리
격식	格式	gé shì	끄어 스
격정	激情	jī qíng	찌 칭
격차	差距	chā jù	차 쮜
격화되다, 심해지다	加剧	jiā jù	찌야 쮜
견고하다	牢固	láo gù	라오 꾸
	坚固	jiān gù	찌엔 꾸
견딜 수 없다	不堪	bù kān	뿌 칸
견본	样品	yàng pǐn	양 핀
견습생, 제자	徒弟	tú dì	투 띠
견실하다	坚实	jiān shí	찌엔 스
견제하다	牵制	qiān zhì	치엔 즈
견지하다	坚持	jiān chí	찌엔 츠
견해	看法	kàn fǎ	칸 파
	见解	jiàn jiě	찌엔 찌에
결과	结果	jié guǒ	찌에 꿔
	后果	hòu guǒ	허우 꿔
결국, 결말	结局	jié jú	찌에 쮜
결국, 필경	终究	zhōng jiū	중 쪄우
결단력이 있다	果断	guǒ duàn	꿔 뚠

결론	结论	jié lùn	찌에 룬
결산 받다	报销	bào xiāo	빠오 씨아오
결산 보다	结算	jié suàn	찌에 쏸
결석하다	缺席	quē xí	취에 씨
결속하다, 끝나다	结束	jié shù	찌에 수
결손을 보다	亏损	kuī sǔn	쿠이 쑨
결승전	决赛	jué sài	쮜에 싸이
결심	决心	jué xīn	쮜에 씬
결연하다	坚定	jiān dìng	찌엔 띵
결점	缺点	quē diǎn	취에 띠엔
결정	结晶	jié jīng	찌에 찡
결정하다	决定	jué dìng	쮜에 띵
결코 ~않다	绝不	jué bù	쮜에 뿌
결코 ~하지 않다	并非	bìng fēi	삥 페이
결탁하다	勾结	gōu jié	꺼우 찌에
결핍하다	缺乏	quē fá	취에 파
결함	缺陷	quē xiàn	취에 씨엔
결함, 흠집	缺口	quē kǒu	취에 커우
결합하다	结合	jié hé	찌에 흐어
결혼	结婚	jié hūn	찌에 훈

겸손하다	谦虚	qiān xū	치엔 쒸
겸직하다	兼职	jiān zhí	찌엔 즈
겸허하다	谦逊	qiān xùn	치엔 쒼
경각심을 가지다	警惕	jǐng tì	찡 티
경건하게 바라보다	瞻仰	zhān yǎng	잔 양
경계	境界	jìng jiè	찡 찌에
	界限	jiè xiàn	찌에 씨엔
경계선	边界	biān jiè	삐엔 찌에
경고	警告	jǐng gào	찡 까오
경고하다	告诫	gào jiè	까오 찌에
경과하다	经过	jīng guò	찡 꿔
경극	京剧	jīng jù	찡 쮜
경기	竞赛	jìng sài	찡 싸이
경력	经历	jīng lì	찡 리
경력이 오랜, 베테랑의	资深	zī shēn	쯔 선
경례하다	敬礼	jìng lǐ	찡 리
경로, 방법	渠道	qú dào	취 따오
경멸하다	看不起	kàn bu qǐ	칸 뿌 치
경멸하다, 경시하다, 무시하다	鄙视	bǐ shì	삐 스

경복하다, 탄복하다	钦佩	qīn pèi	친 페이
경비	经费	jīng fèi	찡 페이
경사지다	倾斜	qīng xié	칭 씨에
경선하다, 선거 운동을 하다	竞选	jìng xuǎn	찡 쒸엔
경솔하다	疏忽	shū hu	수 후
경시하다, 얕잡아보다	轻视	qīng shì	칭 스
	歧视	qí shì	치 스
	藐视	miǎo shì	미아오 스
경영하다	经营	jīng yíng	찡 잉
경쟁하다	竞争	jìng zhēng	찡 정
경전, 전형적인	经典	jīng diǎn	찡 띠엔
경제	经济	jīng jì	찡 찌
경지	耕地	gēng dì	껑 띠
경찰	警察	jǐng chá	찡 차
경찰에 신고하다	报警	bào jǐng	빠오 찡
경축하다	庆祝	qìng zhù	칭 주
경치	景色	jǐng sè	찡 쓰어
경향	倾向	qīng xiàng	칭 씨양
경험	经验	jīng yàn	찡 옌

곁, 부근	跟前	gēn qián	껀 치엔
계기	仪器	yí qì	이 치
계란	鸡蛋	jī dàn	찌 딴
계몽하다	启蒙	qǐ méng	치 멍
계발하다	启发	qǐ fā	치 파
계산	计算	jì suàn	찌 쏸
계산하다	算	suàn	쏸
계산하다, 결산하다	结账	jié zhàng	찌에 장
계속하다	继续	jì xù	찌 쒸
계속하여, 연이어	连	lián	리엔
계승하다	继承	jì chéng	찌 청
계시하다	启示	qǐ shì	치 스
계약서	合同	hé tong	흐어 퉁
계열, 시리즈	系列	xì liè	씨 리에
계절	季节	jì jié	찌 찌에
계좌	账户	zhàng hù	장 후
계층	阶层	jiē céng	찌에 청
계통	系统	xì tǒng	씨 퉁
계통, 학부	系	xì	씨
계획, 계획하다	计划	jì huà	찌 화

	规划	guī huà	꾸이 화
고고학	考古	kǎo gǔ	카오 꾸
고급의	高档	gāo dàng	까오 땅
	高级	gāo jí	까오 찌
고대	古代	gǔ dài	꾸 따이
고독하다	孤独	gū dú	꾸 뚜
고려, 염려	顾虑	gù lǜ	꾸 뤼
고려하다	考虑	kǎo lǜ	카오 뤼
고려하지 않다, 꺼리지 않다	不顾	bú gù	뿌 꾸
고르다, 균일하다	均匀	jūn yún	쮠 윈
고르다, 선택하다	拣	jiǎn	찌엔
고명하다, 출중하다	高明	gāo míng	까오 밍
고모	姑姑	gū gu	꾸 꾸
고무	橡胶	xiàng jiāo	씨양 찌아오
고무하다, 격려하다	鼓励	gǔ lì	꾸 리
	鼓舞	gǔ wǔ	꾸 우
	鼓励	gǔ lì	꾸 리
고문(옛 문장)	古文	gǔ wén	꾸 원
고문	顾问	gù wèn	꾸 원

고별하다	告别	gào bié	까오 삐에
고봉	高峰	gāo fēng	까오 펑
고상하다	高尚	gāo shàng	까오 상
고생하다	辛苦	xīn kǔ	씬 쿠
	受苦	shòu kǔ	서우 쿠
고생하다, 고난을 당하다	受罪	shòu zuì	서우 쭈이
고생하다, 참아내다	刻苦	kè kǔ	크어 쿠
고소하다, 신고하다	投诉	tóu sù	터우 쑤
고속도로	高速公路	gāo sù gōng lù	까오 쑤 꿍 루
고양이	猫	māo	마오
고요하다	寂静	jì jìng	찌 찡
고용하다	雇佣	gù yōng	꾸 융
고유의	固有	gù yǒu	꾸 여우
고의로	故意	gù yì	꾸 이
고장	故障	gù zhàng	꾸 장
	毛病	máo bìng	마오 삥
고전	古典	gǔ diǎn	꾸 띠엔
고정시키다	固定	gù dìng	꾸 띵

고조	高潮	gāo cháo	까오 차오
고집하다	固执	gù zhí	꾸 즈
고찰하다	考察	kǎo chá	카오 차
고체	固体	gù tǐ	꾸 티
고추	辣椒	là jiāo	라 찌아오
고치다	改变	gǎi biàn	까이 삐엔
고통스럽다	痛苦	tòng kǔ	퉁 쿠
고함치다	喊	hǎn	한
고향	故乡	gù xiāng	꾸 씨양
	家乡	jiā xiāng	찌야 씨양
곡, 노래, 악보	曲子	qǔ zi	취 쯔
곡예	杂技	zá jì	짜 찌
곤란	困难	kùn nan	쿤 난
곤충	昆虫	kūn chóng	쿤 충
곧	马上	mǎ shàng	마 상
곧, 머지 않아	即将	jí jiāng	찌 찌양
곧, 바로	就	jiù	쪄우
곧다	直	zhí	즈
골간	骨干	gǔ gàn	꾸 깐
골동품	古董	gǔ dǒng	꾸 뚱

골머리 앓다	伤脑筋	shāng nǎo jīn	상 나오 찐
골목	胡同	hú tong	후 퉁
	巷	xiàng	씨양
공간	空间	kōng jiān	쿵 찌엔
공개하다	公开	gōng kāi	꿍 카이
공격, 공격하다	攻击	gōng jī	꿍 찌
공경하다	恭敬	gōng jìng	꿍 찡
공고	公告	gōng gào	꿍 까오
	启事	qǐ shì	치 스
공고하다	巩固	gōng gù	꿍 꾸
공공버스	公共汽车	gōng gòng qì chē	꿍 꿍 치 츠어
공공연히	公然	gōng rán	꿍 란
공관	公关	gōng guān	꿍 꽌
공구	工具	gōng jù	꿍 쮜
공급하다	供给	gòng jǐ	꿍 찌
공기	空气	kōng qì	쿵 치
공동으로	共同	gòng tóng	꿍 퉁
공로, 공훈	功劳	gōng láo	꿍 라오
공명	共鸣	gòng míng	꿍 밍
공무	公务	gōng wù	꿍 우

ㄱ ㄴ ㄷ ㄹ ㅁ ㅂ ㅅ ㅇ ㅈ ㅊ ㅋ ㅌ ㅍ ㅎ

공민, 국민	公民	gōng mín	꿍 민
공백	空白	kòng bái	쿵 빠이
공상	空想	kōng xiǎng	쿵 씨양
공식	公式	gōng shì	꿍 스
공업	工业	gōng yè	꿍 예
공연하다	表演	biǎo yǎn	삐아오 옌
공원	公园	gōng yuán	꿍 위엔
공인하다	公认	gōng rèn	꿍 런
공장	工厂	gōng chǎng	꿍 창
공정하다	公道	gōng dào	꿍 따오
	公正	gōng zhèng	꿍 정
공제하다	控制	kòng zhì	쿵 즈
공증	公证	gōng zhèng	꿍 정
공평하다	公平	gōng píng	꿍 핑
공포스럽다	恐怖	kǒng bù	쿵 뿌
공포하다	公布	gōng bù	꿍 뿌
공포하다, 반포하다	颁布	bān bù	빤 뿌
공허하다	空虚	kōng xū	쿵 쒸
공헌하다	贡献	gòng xiàn	꿍 씨엔

공화국	共和国	gòng hé guó	꿍 흐어 꿔
과거	过去	guò qù	꿔 취
과도하다	过度	guò dù	꿔 뚜
	过于	guò yú	꿔 위
과로하다	操劳	cāo láo	차오 라오
과분하다	过分	guò fèn	꿔 펀
과시하다	显示	xiǎn shì	씨엔 스
과실, 실수, 잘못	过失	guò shī	꿔 스
과실, 열매	果实	guǒ shí	꿔 스
과연	果然	guǒ rán	꿔 란
과연, 어쩐지	难怪	nán guài	난 꽈이
과일	水果	shuǐ guǒ	수이 꿔
과일 주스	果汁	guǒ zhī	꿔 즈
과자	饼干	bǐng gān	삥 깐
과자, 간식	点心	diǎn xin	띠엔 씬
과장하다	夸张	kuā zhāng	콰 장
과장하다, 칭찬하다	夸	kuā	콰
과정	过程	guò chéng	꿔 청
과제	课题	kè tí	크어 티

과찬이십니다	过奖	guò jiǎng	궈 찌양
과학	科学	kē xué	크어 쒸에
관개하다	灌溉	guàn gài	꽌 까이
관건	关键	guān jiàn	꽌 찌엔
관계	关系	guān xi	꽌 씨
관광하다	观光	guān guāng	꽌 꽝
관념	观念	guān niàn	꽌 니엔
관련되다	相关	xiāng guān	씨양 꽌
관리하다	管理	guǎn lǐ	꽌 리
관심, 관심을 가지다	关心	guān xīn	꽌 씬
관여하다	干预	gān yù	깐 위
관점	观点	guān diǎn	꽌 띠엔
관중	观众	guān zhòng	꽌 중
관찰하다	观察	guān chá	꽌 차
관철하다	贯彻	guàn chè	꽌 츠어
관할하다	管辖	guǎn xiá	꽌 씨아
~에 관해	关于	guān yú	꽌 위
광고	广告	guǎng gào	꽝 까오
광대하다	广大	guǎng dà	꽝 따

광명	光明	guāng míng	꽝 밍
광범하다	广泛	guǎng fàn	꽝 판
광산물	矿产	kuàng chǎn	쾅 찬
광장	广场	guǎng chǎng	꽝 창
광주리	筐	kuāng	쾅
광채	光彩	guāng cǎi	꽝 차이
광활하다	广阔	guǎng kuò	꽝 쿼
괜찮다	不要紧	bú yào jǐn	뿌 야오 찐
	不错	bú cuò	뿌 춰
괜찮다, ~해도 된다	可以	kě yǐ	크어 이
괴롭다	难过	nán guò	난 꿔
괴상하다, 이상하다	奇怪	qí guài	치 꽈이
교란하다, 희롱하다, 폐를 끼치다	骚扰	sāo rǎo	싸오 라오
교량	桥梁	qiáo liáng	치아오 리양
교류하다	交流	jiāo liú	찌아오 려우
교만하다, 오만하다	骄傲	jiāo 'ào	찌아오 아오
교묘하다	巧妙	qiǎo miào	치아오 미아오
교섭하다	交涉	jiāo shè	찌아오 스어

교수	教授	jiào shòu	찌아오 서우
교실	教室	jiào shì	찌아오 스
교양	教养	jiào yǎng	찌아오 양
교역, 무역	交易	jiāo yì	찌아오 이
교외	郊区	jiāo qū	찌아오 취
교육	教育	jiào yù	찌아오 위
교육과정	课程	kè chéng	크어 청
교자, 만두	饺子	jiǎo zi	찌아오 즈
교장	校长	xiào zhǎng	씨아오 장
교정하다	纠正	jiū zhèng	쪄우 정
교정하다, 보완하다	补救	bǔ jiù	뿌 쪄우
교재	教材	jiào cái	찌아오 차이
교제	交际	jiāo jì	찌아오 찌
교제하다	交往	jiāo wǎng	찌아오 왕
교통	交通	jiāo tōng	찌아오 퉁
교환하다	交换	jiāo huàn	찌아오 환
교활하다	狡猾	jiǎo huá	찌아오 화
교훈	教训	jiào xùn	찌아오 쒼
9, 아홉	九	jiǔ	쪄우
구강	口腔	kǒu qiāng	커우 치앙

구급차	救护车	jiù hù chē	쪄우 후 츠어
구덩이	坑	kēng	컹
구두, 말로 나타내다	口头	kǒu tóu	커우 터우
구두점	标点	biāo diǎn	삐아오 띠엔
구름	云	yún	윈
구리	铜	tóng	퉁
구리다(냄새)	臭	chòu	처우
구매하다	购买	gòu mǎi	꺼우 마이
구멍	孔	kǒng	쿵
	洞	dòng	뚱
구박하다, 괴롭히다	折磨	zhé mó	즈어 뭐
	折腾	zhē teng	즈어 텅
구별	区别	qū bié	취 삐에
구별하다	分辨	fēn biàn	펀 삐엔
구분하다	区分	qū fēn	취 펀
구불구불하다	曲折	qǔ zhé	취 즈어
구비하다	具备	jù bèi	쮜 빼이
구상하다	构思	gòu sī	꺼우 쓰
구석, 모퉁이	角落	jiǎo luò	찌아오 뤄
구성, 구조, 짜임새	布局	bù jú	뿌 쮜

	结构	jié gòu	찌에 꺼우
구성하다	组成	zǔ chéng	쭈 청
	构成	gòu chéng	꺼우 청
구속하다	拘束	jū shù	쮜 수
구실	借口	jiè kǒu	찌에 커우
구역	区域	qū yù	취 위
구제하다	救济	jiù jì	쪄우 찌
구조하다	救	jiù	쪄우
구조하다, 응급처치하다	抢救	qiǎng jiù	치앙 쪄우
구체적이다	具体	jù tǐ	쮜 티
구타하다	殴打	ōu dǎ	어우 따
구태여	何必	hé bì	흐어 삐
구토하다	呕吐	ǒu tù	어우 투
구해내다	挽救	wǎn jiù	완 쪄우
국, 탕	汤	tāng	탕
국가	国家	guó jiā	꿔 찌아
국경절	国庆节	guó qìng jié	꿔 칭 찌에
국무원	国务院	guó wù yuàn	꿔 우 위엔
국부, 부분	局部	jú bù	쮜 뿌

국수	面条	miàn tiáo	미엔 티아오
국왕	国王	guó wáng	꿔 왕
국적	国籍	guó jí	꿔 찌
국제	国际	guó jì	꿔 찌
국한하다	局限	jú xiàn	쮜 씨엔
군대	军队	jūn duì	쮠 뚜이
군사	军事	jūn shì	쮠 스
굳다, 단단하다	硬	yìng	잉
굳세다	坚强	jiān qiáng	찌엔 치양
굳센 의지, 완강한 의지	毅力	yì lì	이 리
굴복하다	屈服	qū fú	취 푸
굴복하다, 진심으로 탄복하다	服气	fú qì	푸 치
굶다	饿	è	으어
굶주리다	饥饿	jī 'è	찌 으어
굽이를 돌다, 방향을 틀다	拐弯	guǎi wān	꽈이 완
궁전	宫殿	gōng diàn	꿍 띠엔
궁지에 빠지다	狼狈	láng bèi	랑 뻬이
권력	权力	quán lì	취엔 리

권리	权利	quán lì	취엔 리
권위	权威	quán wēi	취엔 웨이
권하다	劝	quàn	취엔
궤도	轨道	guǐ dào	꾸이 따오
귀가 먹고 말도 못하다	聋哑	lóng yǎ	롱 야
귀고리	耳环	ěr huán	얼 환
귀납하다	归纳	guī nà	꾸이 나
귀족	贵族	guì zú	꾸이 쭈
귀찮다	麻烦	má fan	마 판
	不耐烦	bú nài fán	뿌 나이 판
귀하다, 비싸다	贵	guì	꾸이
귀한 손님, 귀빈	嘉宾	jiā bīn	찌아 삔
규격	规格	guī gé	꾸이 끄어
규명하다, 추궁하다	追究	zhuī jiū	주이 쪄우
규모	规模	guī mó	꾸이 뭐
규범, 규범적인	规范	guī fàn	꾸이 판
규율	规律	guī lǜ	꾸이 뤼
규정하다	规定	guī dìng	꾸이 띵
규칙	规则	guī zé	꾸이 쯔어

규칙, 규범	则	zé	쯔어
규탄하다, 견책하다	谴责	qiǎn zé	치엔 쯔어
귤	桔子	jú zi	쮜 쯔
그, 그대	他	tā	타
그, 저	那	nà	나
그 다음에	然后	rán hòu	란 허우
그 밖에	另外	lìng wài	링 와이
그 중	其中	qí zhōng	치 중
그것, 저것	它	tā	타
그녀	她	tā	타
그래서	于是	yú shì	위 스
그램	克	kè	크어
그러나	可是	kě shì	크어 스
	然而	rán 'ér	란 얼
	却	què	취에
	但是	dàn shì	딴 스
그러나, 그리고	而	ér	얼
그러므로, 저, 저것	怪不得	guài bu dé	꽈이 뿌 뜨어
그런대로 ~할 만 하다	凑合	còu he	처우 흐어

그런데	不过	bú guò	뿌 꿔
그렇지 않으면	不然	bù rán	뿌 란
	否则	fǒu zé	퍼우 쯔어
그렇지만, 그렇지 않으면	要不	yào bù	야오 뿌
그루	株	zhū	주
그루, 포기	棵	kē	크어
그리고, 게다가	并且	bìng qiě	삥 치에
그리워하다	念	niàn	니엔
	想念	xiǎng niàn	씨양 니엔
	留恋	liú liàn	려우 리엔
	怀念	huái niàn	화이 니엔
	思念	sī niàn	쓰 니엔
그림	画儿	huàr	활
그림을 그리다	画	huà	화
그림자	影子	yǐng zi	잉 쯔
그치지 않다, 멈추지 않다	不止	bù zhǐ	뿌 즈
극, 연극	喜剧	xǐ jù	씨 쮜
극단적이다	极端	jí duān	찌 똰
극렬하다	剧烈	jù liè	쮜 리에

극복하다	克服	kè fú	크어 푸
극본	剧本	jù běn	쮜 뻔
극히	万分	wàn fēn	완 펀
극히, 매우	极其	jí qí	찌 치
	极	jí	찌
극히 적다	丝毫	sī háo	쓰 하오
근거, 근거하다	依据	yī jù	이 쮜
	根据	gēn jù	껀 쮜
근대	近代	jìn dài	찐 따이
근래	近来	jìn lái	찐 라이
근면하다	勤俭	qín jiǎn	친 찌엔
근본	根本	gēn běn	껀 뻔
근심하다, 걱정하다	发愁	fā chóu	파 처우
	担心	dān xīn	딴 씬
근원	根源	gēn yuán	껀 위엔
	来源	lái yuán	라이 위엔
근육	肌肉	jī ròu	찌 러우
근처에	就近	jiù jìn	쪄우 찐
글을 쓰다	写作	xiě zuò	씨에 쭤
글자, 문자	字	zì	쯔

금기하다, 기피하다	忌讳	jì huì	찌 후이
금방	刚才	gāng cái	깡 차이
금속	金属	jīn shǔ	찐 수
금액을 지불하다	付款	fù kuǎn	푸 콴
금융	金融	jīn róng	찐 룽
금지를 명하다	取缔	qǔ dì	취 띠
금지하다	禁止	jìn zhǐ	찐 즈
급격히	急剧	jí jù	찌 쮜
급박하다	短促	duǎn cù	똰 추
급하다	仓促	cāng cù	창 추
	急	jí	찌
급하다, 조급해 하다	着急	zháo jí	자오 찌
급히	急忙	jí máng	찌 망
긋다, 구분하다	划	huà	화
긍정적이다	肯定	kěn dìng	컨 띵
기, 깃발	旗帜	qí zhì	치 즈
기, 회, 차	届	jiè	찌에
기간	期间	qī jiān	치 찌엔
기강, 법도	纪律	jì lǜ	찌 뤼

기개	气概	qì gài	치 까이
기계	机械	jī xiè	찌 씨에
기계, 기구	机器	jī qì	찌 치
기공	气功	qì gōng	치 꿍
기관	器官	qì guān	치 꽌
기괴하다, 괴상하다	古怪	gǔ guài	꾸 꽈이
기교	技巧	jì qiǎo	찌 치아오
기구	机构	jī gòu	찌 꺼우
기꺼이 ~하다, ~하기를 원하다	乐意	lè yì	르어 이
기념 테이프를 끊다	剪彩	jiǎn cǎi	찌엔 차이
기념으로 남기다	留念	liú niàn	려우 니엔
기념하다	纪念	jì niàn	찌 니엔
기능, 솜씨	技能	jì néng	찌 넝
기능, 작용	功能	gōng néng	꿍 넝
기다리다	等候	děng hòu	떵 허우
	等待	děng dài	떵 따이
기다리다, 등급, 등등	等	děng	떵
기대하다	期待	qī dài	치 따이

	期望	qī wàng	치 왕
	指望	zhǐ wàng	즈 왕
기동적인	机动	jī dòng	찌 뚱
기록, 기록하다	记录	jì lù	찌 루
기르다, 재배하다	培育	péi yù	페이 위
기름에 튀기다	油炸	yóu zhá	여우 자
기름지다, 느끼하다	油腻	yóu nì	여우 니
기묘하다	奇妙	qí miào	치 미아오
기밀	机密	jī mì	찌 미
기백, 패기	气魄	qì pò	치 풔
기복 / (정서 · 감정 등이) 변화하다	起伏	qǐ fú	치 푸
기본적인	起码	qǐ mǎ	치 마
	基本	jī běn	찌 뻔
기부하다, 헌납하다	捐	juān	쮜엔
기분	气氛	qì fēn	치 펀
기쁘고 안심이 되다, 기쁘고 위안이 되다	欣慰	xīn wèi	씬 워이
기쁘다	开心	kāi xīn	카이 씬
	高兴	gāo xìng	까오 씽
기쁘다, 즐겁다	喜悦	xǐ yuè	씨 위에

기사, 운전사	司机	sī jī	쓰 찌
기상	气象	qì xiàng	치 씨양
기상하다	起床	qǐ chuáng	치 촹
기선, 선박	轮船	lún chuán	룬 촨
기세	气势	qì shì	치 스
기소하다, 고소하다	起诉	qǐ sù	치 쑤
기압	气压	qì yā	치 야
기어코, 굳이	偏偏	piān piān	피엔 피엔
기억, 기억하다	记忆	jì yì	찌 이
기억력	记性	jì xing	찌 씽
기억하고 있다	记得	jì de	찌 뜨어
기울다	斜	xié	씨에
기원	起源	qǐ yuán	치 위엔
기자	记者	jì zhě	찌 즈어
기자재	器材	qì cái	치 차이
기재하다	记载	jì zǎi	찌 짜이
기적	奇迹	qí jì	치 찌
기지	基地	jī dì	찌 띠
기지가 있다, 슬기롭다	机智	jī zhì	찌 즈

기차역	火车站	huǒ chē zhàn	훠 츠어 잔
기초	基础	jī chǔ	찌 추
기침하다	咳嗽	ké sou	크어 써우
기타	其他	qí tā	치 타
기타(악기)	吉他	jí tā	찌 타
기탁하다	寄托	jì tuō	찌 퉈
기한	期限	qī xiàn	치 씨엔
기한으로 하다	为期	wéi qī	웨이 치
기한이 지나다	过期	guò qī	꿔 치
기회	机会	jī huì	찌 후이
기회, 시기	时机	shí jī	스 찌
기획하고 준비하다	筹备	chóu bèi	처우 뻬이
기후	气候	qì hòu	치 허우
긴급하다	紧急	jǐn jí	찐 찌
긴박하다	紧迫	jǐn pò	찐 풔
긴장하다	紧张	jǐn zhāng	찐 장
길	路	lù	루
길을 잃다	迷路	mí lù	미 루
길다	长	cháng	창

길들다, 적응하다, 협의하다	磨合	mó hé	뭐 흐어
길하다, 상서롭다	吉祥	jí xiáng	찌 씨양
깊다	深	shēn	선
깊다, 침착하고 신중하다	深沉	shēn chén	선 천
(인상이) 깊다	深刻	shēn kè	선 크어
깊이 생각하다	沉思	chén sī	천 쓰
깊이 연구하다, 몰두하다	钻研	zuān yán	쫜 옌
깊이 후회하다	悔恨	huǐ hèn	후이 헌
깎다	削	xiāo	씨아오
깔다	垫	diàn	띠엔
(눈을) 깜박거리다	眨	zhǎ	자
깜짝 놀라게 하다	震惊	zhèn jīng	전 찡
깜짝 놀라다	吃惊	chī jīng	츠 찡
깡통, 단지	罐	guàn	꽌
깨끗이 없애다	清除	qīng chú	칭 추
깨끗이 정리하다	清理	qīng lǐ	칭 리
깨끗하다	干净	gān jìng	깐 찡
깨닫다, 이해하다	领会	lǐng huì	링 후이
깨뜨리다	破	pò	풔

깨물다	咬	yǎo	야오
깨어나다	醒	xǐng	씽
꺼내다	掏	tāo	타오
꺾다, 부러뜨리다	折	zhé	즈어
꼬리	尾巴	wěi ba	워이 빠
꼬집다	掐	qiā	치야
꼭 맞다, 마침	正好	zhèng hǎo	정 하오
꼭대기, 정상	顶	dǐng	띵
꽂다, 끼우다	插	chā	차
꽃	花	huā	화
꽃봉우리	花蕾	huā lěi	화 러이
꽃잎	花瓣	huā bàn	화 빤
꽉 쥐다	抓紧	zhuā jǐn	좌 찐
꽤	挺	tǐng	팅
꿀벌	蜜蜂	mì fēng	미 펑
꿈	梦	mèng	멍
꿈, 몽상, 이상	梦想	mèng xiǎng	멍 씨양
꿰다	串	chuàn	촨
끈, 밧줄	绳子	shéng zi	성 쯔
끊다	断	duàn	똰

끊다, 떼다 / 반지	戒	jiè	찌에
끊다, 자르다	切	qiē	치에
끊임없이	接连	jiē lián	찌에 리엔
	陆续	lù xù	루 쒸
끌다, 당기다	拉	lā	라
끌다, 잡아당기다	牵	qiān	치엔
끌어올리다	提	tí	티
끓이다	熬	áo	아오
끓인 물	开水	kāi shuǐ	카이 수이
끝(나뭇가지)	梢	shāo	사오
끝나다	完毕	wán bì	완 삐
끝나다, 마치다	完	wán	완
끝내, 결국	终于	zhōng yú	중 위
끝없이 넓다	辽阔	liáo kuò	리아오 쿼
끼, 바탕 / 잠시 멈추다	顿	dùn	뚠
끼워 넣다	镶嵌	xiāng qiàn	씨양 치엔

ㄴ

나날이 더욱, 날로	日益	rì yì	르 이
나누다	分	fēn	펀
	划分	huà fēn	화 펀
나머지	其余	qí yú	치 위
나무	树	shù	수
나무, 목재	木头	mù tou	무 터우
나무라다	怪	guài	꽈이
나부끼다	飘	piāo	피아오
나비	蝴蝶	hú dié	후 띠에
나쁘다	坏	huài	화이
나이	年纪	nián jì	니엔 찌
	年龄	nián líng	니엔 링
나침반	指南针	zhǐ nán zhēn	즈 난 전
나타나다, 드러나다	透露	tòu lù	터우 루
	呈现	chéng xiàn	청 씨엔
	出现	chū xiàn	추 씨엔

나태하다	懒惰	lǎn duò	란 뚸
나팔	喇叭	lǎ ba	라 빠
낙관적이다	乐观	lè guān	르어 꽌
낙심하다	灰心	huī xīn	후이 씬
낙후하다	落后	luò hòu	뤄 허우
낚다	钓	diào	띠아오
난처하다	难堪	nán kān	난 칸
	为难	wéi nán	워이 난
날개	翼	yì	이
	翅膀	chì bǎng	츠 빵
날다	飞翔	fēi xiáng	퍼이 씨양
날씨	天气	tiān qì	티엔 치
날씬하다, 호리호리하다	苗条	miáo tiao	미아오 티아오
날짜	日子	rì zi	르 쯔
날짜, 기간	日期	rì qī	르 치
낡다, 망가지다	烂	làn	란
낡다, 오래 되다	陈旧	chén jiù	천 쪄우
	旧	jiù	쪄우
남, 타인	别人	bié rén	삐에 런

ㄱ ㄴ ㄷ ㄹ ㅁ ㅂ ㅅ ㅇ ㅈ ㅊ ㅋ ㅌ ㅍ ㅎ

	人家	rén jiā	런 찌야
남겨놓다	遗留	yí liú	이 려우
남다, 남기다	剩	shèng	성
남동생	弟弟	dì di	띠 띠
남몰래, 비밀리에	私自	sī zì	쓰 쯔
남색의	蓝	lán	란
남아 있다	残留	cán liú	찬 려우
남자	男	nán	난
남쪽	南	nán	난
남편	丈夫	zhàng fu	장 푸
납부하다	缴纳	jiǎo nà	찌아오 나
납작하다	扁	biǎn	삐엔
낭독하다	朗读	lǎng dú	랑 뚜
낭만적이다	浪漫	làng màn	랑 만
낭비하다	浪费	làng fèi	랑 페이
낮다	低	dī	띠
낮추다	降低	jiàng dī	찌앙 띠
낯설다	陌生	mò shēng	뭐 성
내과	内科	nèi kē	너이 크어
내다, 제출하다	交	jiāo	찌아오

내던지다	扔	rēng	렁
내디디다	迈	mài	마이
내막	内幕	nèi mù	너이 무
내부	内部	nèi bù	너이 뿌
내용	内容	nèi róng	너이 룽
내일	明天	míng tiān	밍 티엔
내재적인	内在	nèi zài	너이 짜이
내포	内涵	nèi hán	너이 한
냄새	气味	qì wèi	치 워이
냉각하다	冷却	lěng què	렁 취에
냉담하다, 냉대하다	冷淡	lěng dàn	렁 딴
냉장고	冰箱	bīng xiāng	삥 씨양
냉정하다	冷静	lěng jìng	렁 찡
	镇静	zhèn jìng	전 찡
냉혹하다	冷酷	lěng kù	렁 쿠
너, 당신	你	nǐ	니
너무, 몹시	太	tài	타이
널리 구하다	征求	zhēng qiú	정 쳐우
널리 보급하다	推广	tuī guǎng	투이 꽝
널리 팔다	推销	tuī xiāo	투이 씨아오

널리 퍼지다	遍布	biàn bù	삐엔 뿌
넓다	宽敞	kuān chǎng	콴 창
	宽	kuān	콴
넘겨주다	递	dì	띠
넘다	越	yuè	위에
넘어지다	跌	diē	띠에
	摔倒	shuāi dǎo	쇄이 따오
넘쳐흐르다, 왕성하다	充沛	chōng pèi	충 페이
네트워크	网络	wǎng luò	왕 뤄
넥타이를 매다	系领带	jì lǐng dài	찌 링 따이
녀석, 놈	家伙	jiā huo	찌야 훠
년, 해	年	nián	니엔
년대	年代	nián dài	니엔 따이
노(배의)	桨	jiǎng	찌양
노동	劳动	láo dòng	라오 뚱
노동자	工人	gōng rén	꿍 런
노래하다	唱歌	chàng gē	창 끄어
노려보다, 눈을 크게 뜨다	瞪	dèng	떵

노력을 아끼지 않다	力争	lì zhēng	리 정
노력하다	努力	nǔ lì	누 리
	用功	yòng gōng	용 꿍
노쇠하다	衰老	shuāi lǎo	쏴이 라오
노예	奴隶	nú lì	누 리
노을	霞	xiá	씨야
노점	摊	tān	탄
노트	笔记本	bǐ jì běn	삐 찌 뻔
녹 슬다	生锈	shēng xiù	성 쎠우
녹다	融化	róng huà	룽 화
녹음하다	录音	lù yīn	루 인
논길	田径	tián jìng	티엔 찡
논리	逻辑	luó ji	뤄 찌
논문	论文	lùn wén	룬 원
논증하다	论证	lùn zhèng	룬 정
놀다	玩	wán	완
놀라게 하다	惊动	jīng dòng	찡 뚱
	吓	xià	씨야
놀라다, 경악하다	震惊	zhèn jīng	전 찡

	吃惊	chī jīng	츠 찡
놀랍고도 이상하다	惊奇	jīng qí	찡 치
놀랍다	惊讶	jīng yà	찡 야
놀리다, 조롱하다	起哄	qǐ hòng	치 훙
농구를 하다	打篮球	dǎ lán qiú	따 란 쳐우
농담	笑话	xiào hua	씨아오 화
농담하다	开玩笑	kāi wán xiào	카이 완 씨아오
농민	农民	nóng mín	눙 민
농업	农业	nóng yè	눙 예
농작물	庄稼	zhuāng jia	좡 찌아
농촌	农村	nóng cūn	눙 춘
농후하다	浓厚	nóng hòu	눙 허우
높다	高	gāo	까오
놓다	搁	gē	끄어
놓아주다	放	fàng	팡
누구	谁	shéi	서이
누나	姐姐	jiě jie	찌에 찌에
누설하다	透露	tòu lù	터우 루
	走漏	zǒu lòu	쩌우 러우

누차, 여러 번	屡次	lǚ cì	뤼 츠
눈	雪	xuě	쒸에
눈	眼	yǎn	옌
	眼睛	yǎn jing	옌 찡
눈을 뜨다	睁	zhēng	정
눈이 멀다, 실명하다	瞎	xiā	씨야
눈길, 시선	眼光	yǎn guāng	옌 꽝
눈물을 흘리다	流泪	liú lèi	려우 러이
눈부시다	耀眼	yào yǎn	야오 옌
눈빛	眼神	yǎn shén	옌 선
눈썹	眉毛	méi mao	머이 마오
눈짓, 윙크	眼色	yǎn sè	옌 쓰어
눕다	躺	tǎng	탕
~이라고 느끼다	觉得	jué de	쮜에 뜨어
느슨하게 하다	放松	fàng sōng	팡 쑹
늘	总是	zǒng shì	쭝 스
	经常	jīng cháng	찡 창
늙다	老	lǎo	라오
능력	能力	néng lì	넝 리

	本事	běn shì	뻔 스
	本领	běn lǐng	뻔 링
능력이 있다	能干	néng gàn	넝 깐
늦다, 지각하다	迟到	chí dào	츠 따오
늦지 않다	来得及	lái de jí	라이 뜨어 찌

ㄷ

다리	腿	tuǐ	투이
다리	桥	qiáo	치아오
다만	只	zhǐ	즈
다스리다	治理	zhì lǐ	즈 리
다시	重新	chóng xīn	충 씬
다시 만납시다	再见	zài jiàn	짜이 찌엔
다운로드하다	下载	xià zǎi	씨야 짜이
다음	其次	qí cì	치 츠
다이아몬드	钻石	zuàn shí	쫜 스
다지다	奠定	diàn dìng	띠엔 띵
다투다	吵架	chǎo jià	차오 찌야
다행히	幸亏	xìng kuī	씽 쿠이
닦다	擦	cā	차
단결하다	团结	tuán jié	퇀 찌에
단계	阶段	jiē duàn	찌에 똰
단단하다	坚硬	jiān yìng	찌엔 잉
단독으로	单独	dān dú	딴 뚜
단락	段	duàn	똰

단련하다	锻炼	duàn liàn	똰 리엔
단백질	蛋白质	dàn bái zhì	딴 빠이 즈
단번에	一下	yí xià	이 씨야
단속하다, 규제하다	约束	yuē shù	위에 수
단순하다	单纯	dān chún	딴 춘
단어와 구	词语	cí yǔ	츠 위
단위	单位	dān wèi	딴 워이
단원	单元	dān yuán	딴 위안
단절하다	断绝	duàn jué	똰 쮜에
단정하다	断定	duàn dìng	똰 띵
단조롭다	单调	dān diào	딴 띠아오
단지(아파트)	社区	shè qū	스어 취
단체	团	tuán	퇀
	团体	tuán tǐ	퇀 티
단추	纽扣	niǔ kòu	녀우 커우
단축하다	缩短	suō duǎn	쒀 똰
단호하다	坚决	jiān jué	찌엔 쮜에
닫다	关	guān	꽌
	关闭	guān bì	꽌 삐
달, 월	月	yuè	위에
	月亮	yuè liang	위에 리앙

달다	甜	tián	티엔
달리다	跑步	pǎo bù	파오 뿌
달성하다	达成	dá chéng	따 청
	达到	dá dào	따 따오
닮다	像	xiàng	씨양
담그다	浸泡	jìn pào	찐 파오
담다	装	zhuāng	쫭
담당하다	承担	chéng dān	청 딴
	当	dāng	땅
	担任	dān rèn	딴 런
담배를 피우다	抽烟	chōu yān	처우 옌
담보하다	担保	dān bǎo	딴 빠오
담판	谈判	tán pàn	탄 판
답답하다	纳闷儿	nà mènr	나 멀
답변하다	答辩	dá biàn	따 삐엔
	答复	dá fù	따 푸
답안	答案	dá 'àn	따 안
당, 당파	党	dǎng	땅
당대	当代	dāng dài	땅 따이
당사자	当事人	dāng shì rén	땅 스 런
당선되다	当选	dāng xuǎn	땅 쒸엔

당시	当时	dāng shí	땅 스
당신, 너	您	nín	닌
당연하다	当然	dāng rán	땅 란
당장	立刻	lì kè	리 크어
당장, 즉석에서	当场	dāng chǎng	땅 창
당직을 맡다	值班	zhí bān	즈 빤
당하다	遭受	zāo shòu	짜오 서우
당황하다	慌张	huāng zhāng	황 장
대(차량)	辆	liàng	리양
대가, 물건값	代价	dài jià	따이 찌야
대강의	大概	dà gài	따 까이
대강하다	敷衍	fū yan	푸 옌
대기압	气压	qì yā	치 야
대나무	竹子	zhú zi	주 쯔
대단하다	厉害	lì hai	리 하이
	不得了	bù dé liǎo	뿌 뜨어 리아오
	了不起	liǎo bu qǐ	리아오 뿌 치
대단히 놀라다	震惊	zhèn jīng	전 찡
대답하다	回答	huí dá	후이 따
	答应	dā ying	따 잉
	响应	xiǎng yìng	씨양 잉

대등하다	平行	píng xíng	핑 씽
대략	大约	dà yuē	따 위에
대리하다	代理	dài lǐ	따이 리
대립시키다	对立	duì lì	뚜이 리
대면하다	面对	miàn duì	미엔 뚜이
대비	对比	duì bǐ	뚜이 삐
대사관	大使馆	dà shǐ guǎn	따 스 꽌
대상	对象	duì xiàng	뚜이 씨양
대신, 중신	大臣	dà chén	따 천
대신하다	代替	dài tì	따이 티
대오, 대열	队伍	duì wu	뚜이 우
대우	待遇	dài yù	따이 위
대응하다	对应	duì yìng	뚜이 잉
	应付	yìng fu	잉 푸
대조하다	对照	duì zhào	뚜이 자오
대중	群众	qún zhòng	췬 중
대중매체	媒体	méi tǐ	머이 티
대책	对策	duì cè	뚜이 츠어
대처하다	对付	duì fu	뚜이 푸
대체	大体	dà tǐ	따 티
대체로	大致	dà zhì	따 즈

ㄱ ㄴ ㄷ ㄹ ㅁ ㅂ ㅅ ㅇ ㅈ ㅊ ㅋ ㅌ ㅍ ㅎ

대출하다	贷款	dài kuǎn	따이 콴
대충 훑어보다, 대충 읽어 보다	浏览	liú lǎn	려우 란
대칭되다	对称	duì chèn	뚜이 천
~에 대하여	对于	duì yú	뚜이 위
대항하다	对抗	duì kàng	뚜이 캉
대형의	大型	dà xíng	따 씽
대화하다	对话	duì huà	뚜이 화
댐과 뚝	堤坝	dī bà	띠 빠
더럽다	脏	zāng	짱
더럽히다	污蔑	wū miè	우 미에
더욱 더	更加	gèng jiā	껑 찌야
	更	gèng	껑
더하다, 보태다	增添	zēng tiān	쩡 티엔
덕을 보다	沾光	zhān guāng	잔 꽝
덕분에	多亏	duō kuī	뚸 쿠이
던지다	投掷	tóu zhì	터우 즈
던지다, 뿌리다	撇	piě	피에
덥다	热	rè	르어
덩어리	块	kuài	콰이
덮어 가리다	掩盖	yǎn gài	옌 까이

덮어 숨기다	掩饰	yǎn shì	옌 스
덮어씌우다	笼罩	lǒng zhào	룽 자오
덮치다, 달려들다	扑	pū	푸
~도	也	yě	예
도달하다	到达	dào dá	따오 따
도대체	究竟	jiū jìng	쪄우 찡
	到底	dào dǐ	따오 띠
도덕	道德	dào dé	따오 뜨어
도둑	贼	zéi	쩌이
도리	道理	dào lǐ	따오 리
	情理	qíng lǐ	칭 리
도리에 맞다	合理	hé lǐ	흐어 리
도망치다	逃	táo	타오
도매하다	批发	pī fā	피 파
도박하다	赌博	dǔ bó	뚜 뿨
도발하다	挑衅	tiǎo xìn	티아오 씬
도살하다	宰	zǎi	짜이
도서관	图书馆	tú shū guǎn	투 수 꽌
도안	图案	tú ’àn	투 안
도약하다	跳跃	tiào yuè	티아오 위에
도우며 지도하다	辅导	fǔ dǎo	푸 따오

도움을 빌다	借助	jiè zhù	찌에 주
도자기	陶瓷	táo cí	타오 츠
도전하다	挑战	tiǎo zhàn	티아오 잔
도착하다	抵达	dǐ dá	띠 따
	到	dào	따오
도처에	到处	dào chù	따오 추
도취하다	陶醉	táo zuì	타오 쭈이
도태하다	淘汰	táo tài	타오 타이
도피하다	逃避	táo bì	타오 삐
독립하다	独立	dú lì	뚜 리
독재하다	独裁	dú cái	뚜 차이
독촉하다	督促	dū cù	뚜 추
독특하다	独特	dú tè	뚜 트어
돈	钱	qián	치엔
돈을 벌다	挣	zhèng	정
	赚	zhuàn	좐
돈을 헤프게 쓰다	挥霍	huī huò	후이 훠
돌	石头	shí tou	스 터우
돌려주다	归还	guī huán	꾸이 환
돌리다	拨	bō	뿨
돌보다	照顾	zhào gù	자오 꾸

돌진하다	闯	chuǎng	촹
돌출하다	突出	tū chū	투 추
돌파하다	突破	tū pò	투 풔
돕다	帮忙	bāng máng	빵 망
	帮助	bāng zhù	빵 주
돕다, 보조하다	辅助	fǔ zhù	푸 주
동(건물을 세는 단위)	栋	dòng	뚱
	幢	zhuàng	좡
동결되다	冻结	dòng jié	뚱 찌에
동경하다	向往	xiàng wǎng	씨양 왕
동굴	洞	dòng	뚱
동등하다	相等	xiāng děng	씨양 떵
동력	动力	dòng lì	뚱 리
동료	同事	tóng shì	퉁 스
	伙伴	huǒ bàn	훠 빤
동맥	动脉	dòng mài	뚱 마이
동물	动物	dòng wù	뚱 우
동시에	同时	tóng shí	퉁 스
동업하다	合伙	hé huǒ	흐어 훠
동원하다	动员	dòng yuán	뚱 위엔
동의하다	同意	tóng yì	퉁 이

동일하다	相同	xiāng děng	씨양 동
동작	动作	dòng zuò	뚱 쭤
	举动	jǔ dòng	쥐 뚱
동정, 동태	动静	dòng jing	뚱 찡
동정하다	同情	tóng qíng	퉁 칭
동지	同志	tōng zhì	퉁 즈
동쪽	东	dōng	뚱
동창	同学	tóng xué	퉁 쒸에
동태	动态	dòng tài	뚱 타이
동포	同胞	tóng bāo	퉁 빠오
동행하다	伴随	bàn suí	빤 쑤이
돼지	猪	zhū	주
~이 되다, ~에 이르다	以致	yǐ zhì	이 즈
되도록	尽量	jǐn liàng	찐 리양
되도록 빨리	尽快	jìn kuài	찐 콰이
두 사람	俩	liǎ	리야
두껍다	厚	hòu	허우
두려워하다	畏惧	wèi jù	워이 쮜
두부	豆腐	dòu fu	떠우 푸
두절하다, 제지하다	杜绝	dù jué	뚜 쮜에

둘, 2	两	liǎng	리양
	二	èr	얼/알
둘러싸다	围绕	wéi rào	워이 라오
둥글다	圆	yuán	위엔
둥지	窝	wō	워
뒤	后面	hòu mian	허우 미엔
뒤따르다	跟随	gēn suí	껀 쑤이
뒤섞이다	夹杂	jiā zá	찌야 짜
	混淆	hùn xiáo	훈 씨아오
뒤집다	翻	fān	판
뒤집어엎다	推翻	tuī fān	투이 판
뒤쫓다	追	zhuī	주이
드러나다, ~하게 보이다	显得	xiǎn de	씨엔 뜨어
듣건대	据说	jù shuō	쮜 숴
듣다	听	tīng	팅
듣다, 맡다(냄새)	闻	wén	원
들	田野	tián yě	티엔 예
들다	抬	tái	타이
	举	jǔ	쮜
들어가다	进	jìn	찐

등(램프)	灯	dēng	떵
등(신체)	背	bèi	뻬이
등급	等级	děng jí	떵 찌
	档次	dàng cì	땅 츠
	等	děng	떵
등급, 단계	级别	jí bié	찌 삐에
등기하다	登记	dēng jì	떵 찌
등록하다	挂号	guà hào	꽈 하오
	注册	zhù cè	주 츠어
등불, 초롱	灯笼	dēng long	떵 룽
등산하다	爬山	pá shān	파 산
디젤유	柴油	chái yóu	차이 여우
따다	摘	zhāi	자이
따뜻하다	暖和	nuǎn huo	놘 훠
	温暖	wēn nuǎn	원 놘
~에 따라, ~에 뒤이어	随着	suí zhe	쑤이 즈어
따라서	从而	cóng 'ér	충 얼
따라잡다	赶	gǎn	깐
따르다	遵循	zūn xún	쭌 쒼
따져 묻다, 참견하다	过问	guò wèn	꿔 원

따지다	计较	jì jiào	찌 찌아오
딸	女儿	nǚ 'ér	뉘 얼
땀	汗	hàn	한
땅콩	花生	huā shēng	화 성
땋은 머리	辫子	biàn zi	삐엔 쯔
때	时候	shí hou	스 허우
	之际	zhī jì	즈 찌
때때로	时而	shí 'ér	스 얼
때리다	揍	zòu	쩌우
때마침	恰巧	qià qiǎo	치야 치아오
	正好	zhèng hǎo	정 하오
때문에	因为	yīn wèi	인 워이
	所以	suǒ yǐ	쒀 이
떠나다	离开	lí kāi	리 카이
	动身	dòng shēn	뚱 선
떠들썩하다	喧哗	xuān huá	쒸엔 화
떨다	颤抖	chàn dǒu	찬 떠우
	哆嗦	duō suo	뚸 쒀
	发抖	fā dǒu	파 떠우
떨어지다	掉	diào	띠아오
떨어지다, 추락하다	坠	zhuì	주이

ㄱ ㄴ ㄷ ㄹ ㅁ ㅂ ㅅ ㅇ ㅈ ㅊ ㅋ ㅌ ㅍ ㅎ

또, 다시	再	zài	짜이
또, ~도	又	yòu	여우
또한	亦	yì	이
똑똑하다	机灵	jī ling	찌 링
뚜껑	盖	gài	까이
뚜렷하다	清晰	qīng xī	칭 씨
	清楚	qīng chu	칭 추
뚱뚱하다	胖	pàng	팡
뛰다, 달리다	跑步	pǎo bù	파오 뿌
뛰어나다	拿手	ná shǒu	나 서우
뛰어넘다	跨	kuà	콰
뛰어오르다	跳跃	tiào yuè	티아오 위에
	蹦	bèng	뻥
(물에) 뜨다	漂浮	piāo fú	피아오 푸
뜯다, 떼어내다	拆	chāi	차이
뜻, 의미	意义	yì yì	이 이
뜻대로	随意	suí yì	쑤이 이
뜻밖에	不料	bú liào	뿌 리아오
	居然	jū rán	쮜 란
	意外	yì wài	이 와이

ㄹ

라디오	收音机	shōu yīn jī	서우 인 찌
레이더	雷达	léi dá	러이 따
렌즈	镜头	jìng tóu	찡 터우
로켓	火箭	huǒ jiàn	훠 찌엔
로큰롤	摇滚	yáo gǔn	야오 꾼
리허설하다	排练	pái liàn	파이 리엔

ㅁ

~까지 마감이다	截至	jié zhì	찌에 즈
마감하다	截止	jié zhǐ	찌에 즈
마구	大肆	dà sì	따 쓰
마귀	魔鬼	mó guǐ	뭐 꾸이
마누라	媳妇	xí fu	씨 푸
마늘	蒜	suàn	쏸
~마다	每	měi	머이
마땅하다	活该	huó gāi	훠 까이
마땅히 ~해야 한다	应该	yīng gāi	잉 까이
마리	条	tiáo	티아오
마비되다	麻木	má mù	마 무
마비시키다	麻痹	má bì	마 삐
마술	魔术	mó shù	뭐 수
마시다	喝	hē	흐어
마약	毒品	dú pǐn	뚜 핀
마우스	鼠标	shǔ biāo	수 삐아오
마음에 두다	在乎	zài hu	짜이 후

	在意	zài yì	짜이 이
마음에 맞다	称心	chèn xīn	천 씬
마음을 놓다	放心	fàng xīn	팡 씬
마음을 모질게 먹다	狠心	hěn xīn	헌 씬
마음을 쓰다	操心	cāo xīn	차오 씬
마음대로	随便	suí biàn	쑤이 삐엔
마음대로, 뜻대로	随意	suí yì	쑤이 이
마이크	话筒	huà tǒng	화 퉁
	麦克风	mài kè fēng	마이 크어 펑
마주치다	遇到	yù dào	위 따오
마중하다 / 받다	接	jiē	찌에
마찰하다	摩擦	mó cā	뭐 차
마취하다	麻醉	má zuì	마 쭈이
마치 ~와 같다	犹如	yóu rú	여우 루
마치 ~인 듯하다	似乎	sì hū	쓰 후
마침 ~할 때	正当	zhèng dāng	정 땅
마침내	总算	zǒng suàn	쭝 쏸
막	膜	mó	뭐
막다	挡	dǎng	땅

	遮挡	zhē dǎng	즈어 땅
	抵制	dǐ zhì	띠 즈
막대기	棒	bàng	빵
막론하고	无论	wú lùn	우 룬
~을 막론하고	不管	bù guǎn	뿌 관
막연하다	茫然	máng rán	망 란
막히다	堵塞	dǔ sè	뚜 쓰어
	闭塞	bì sè	삐 쓰어
만, 10000	万	wàn	완
만나다	会晤	huì wù	후이 우
	遇到	yù dào	위 따오
	见面	jiàn miàn	찌엔 미엔
만두	包子	bāo zi	빠오 쯔
만리장성	长城	cháng chéng	창 청
만성적인	慢性	màn xìng	만 씽
만약	如果	rú guǒ	루 꿔
	要是	yào shi	야오 스
	假如	jiǎ rú	찌야 루
만약 ~한다면	倘若	tǎng ruò	탕 뤄
만연하다	蔓延	màn yán	만 옌

만일에	万一	wàn yī	완 이
만족스럽다	满意	mǎn yì	만 이
만족하다	满足	mǎn zú	만 쭈
만지다	摸	mō	뭐
만화	漫画	màn huà	만 화
만화 영화, 애니메이션	动画片	dòng huà piàn	뚱 화 피엔
만회하다	挽回	wǎn huí	완 후이
많이 생산하다	盛产	shèng chǎn	성 찬
말	马	mǎ	마
말도 안 된다	不像话	bú xiàng huà	뿌 씨양 화
말다, 감다	卷	juǎn	쮜엔
(그늘에) 말리다	晾	liàng	리양
(불에) 말리다	烘	hōng	홍
말살하다	抹杀	mǒ shā	뭐 사
말투	语气	yǔ qì	위 치
말하다	说	shuō	숴
	说话	shuō huà	숴 화
	谈	tán	탄
맑고 투명하다	清澈	qīng chè	칭 츠어

맑다	晴	qíng	칭
맛	味道	wèi dao	워이 따오
	口味	kǒu wèi	커우 워이
	滋味	zī wèi	쯔 워이
맛보다	品尝	pǐn cháng	핀 창
	尝	cháng	창
맛있는 요리	佳肴	jiā yáo	찌야 야오
맛있다	可口	kě kǒu	크어 커우
	好吃	hǎo chī	하오 츠
망상, 공상	妄想	wàng xiǎng	왕 씨양
망설이다	犹豫	yóu yù	여우 위
망신당하다	丢人	diū rén	떠우 런
망치	锤	chuí	추이
맞은편	对面	duì miàn	뚜이 미엔
맡다	充当	chōng dāng	충 땅
맡아 처리하다	承办	chéng bàn	청 빤
매, 장, 개	枚	méi	머이
매개	媒介	méi jiè	머이 찌에
매끌매끌하다	光滑	guāng huá	꽝 화
매다, 묶다	系	jì	찌

매몰되다	埋没	mái mò	마이 뭐
매우	非常	fēi cháng	페이 창
	十分	shí fēn	스 펀
	挺	tǐng	팅
	很	hěn	헌
매우 귀여워하다	疼爱	téng 'ài	텅 아이
매우 많은	许多	xǔ duō	쒸 뚸
매우 용감하다	英勇	yīng yǒng	잉 융
매장되다	蕴藏	yùn cáng	윈 창
맥박	脉搏	mài bó	마이 뿨
맥주	啤酒	pí jiǔ	피 쪄우
맨 처음, 당초	当初	dāng chū	땅 추
맵다	辣	là	라
맹렬하다	猛烈	měng liè	멍 리에
맹목적이다	盲目	máng mù	망 무
맺히다	凝聚	níng jù	닝 쮜
머리	脑袋	nǎo dai	나오 따이
머리카락	头发	tóu fa	터우 파
머리카락이 없다	秃	tū	투
머무르다	留	liú	려우

ㄱ ㄴ ㄷ ㄹ ㅁ ㅂ ㅅ ㅇ ㅈ ㅊ ㅋ ㅌ ㅍ ㅎ

	呆	dāi	따이
먹, 잉크	墨水	mò shuǐ	뭐 수이
먹다	吃	chī	츠
먹여주다	喂	wèi	워이
먼저	首先	shǒu xiān	서우 씨엔
	先	xiān	씨엔
먼지	灰尘	huī chén	후이 천
멀다	远	yuǎn	위엔
멀다, 길다	漫长	màn cháng	만 창
멈추다	停顿	tíng dùn	팅 뚠
멋대로	胡乱	hú luàn	후 롼
멋스럽다, 자연스럽고 품위가 있다	潇洒	xiāo sǎ	씨아오 싸
멋지다, 잘생기다	帅	shuài	쏴이
멍하다	发呆	fā dāi	파 따이
멍해지다	愣	lèng	렁
메뉴	菜单	cài dān	차이 딴
메다(어깨)	扛	káng	캉
매력	魅力	mèi lì	머이 리
면목	面目	miàn mù	미엔 무

면밀하다, 치밀하다	周密	zhōu mì	저우 미
면역이 되다	免疫	miǎn yì	미엔 이
면적	面积	miàn jī	미엔 찌
면할 수 없다	不免	bù miǎn	뿌 미엔
멸망하다	灭亡	miè wǎng	미에 왕
명령하다	命令	mìng lìng	밍 링
명백하다	显然	xiǎn rán	씨엔 란
명백하게 알다	明白	míng bai	밍 빠이
명백히 논술하다	阐述	chǎn shù	찬 수
명성, 명예	名誉	míng yù	밍 위
	声誉	shēng yù	성 위
명절	节日	jié rì	찌에 르
	节	jié	찌에
명쾌하다	干脆	gàn cuì	깐 추이
명함	名片	míng piàn	밍 피엔
명확하다	明确	míng què	밍 취에
몇	几	jǐ	찌
모국어	母语	mǔ yǔ	무 위
모델	模特	mó tè	뭐 트어

	型号	xíng hào	씽 하오
모두	统统	tǒng tǒng	퉁 퉁
	皆	jiē	찌에
	总共	zǒng gòng	쭝 꿍
	都	dōu	떠우
	一共	yí gòng	이 꿍
모든, 다	凡是	fán shì	판 스
모든 사람	大家	dà jiā	따 찌아
모래사장	沙滩	shā tān	사 탄
모방하다	模仿	mó fǎng	뭐 팡
모범	模范	mó fàn	뭐 판
모색하다	摸索	mō suǒ	뭐 쒀
모서리	边缘	biān yuán	삐엔 위엔
모순	矛盾	máo dùn	마오 뚠
모식	模式	mó shì	뭐 스
모양	模样	mú yàng	무 양
	形状	xíng zhuàng	씽 쫭
	样子	yàng zi	양 쯔
모욕하다	污蔑	wū miè	우 미에
	侮辱	wǔ rǔ	우 루

모으다	凑	còu	처우
	存	cún	춘
모임을 갖다	聚会	jù huì	쮜 후이
모자	帽子	mào zi	마오 쯔
모자라다	缺少	quē shǎo	취에 사오
모집하다	招收	zhāo shōu	자오 서우
	招聘	zhāo pìn	자오 핀
모함하다	诬陷	wū xiàn	우 씨엔
	陷害	xiàn hài	씨엔 하이
모험하다	冒险	mào xiǎn	마오 씨엔
모형	模型	mó xíng	뭐 씽
모호하다	含糊	hán hu	한 후
	模糊	mó hu	뭐 후
목	脖子	bó zi	뿨 쯔
	嗓子	sǎng zi	쌍 쯔
목걸이	项链	xiàng liàn	씨양 리엔
목격하다	目睹	mù dǔ	무 뚜
목구멍	喉咙	hóu long	허우 룽
목도리	围巾	wéi jīn	워이 찐
목록	目录	mù lù	무 루

목욕하다	沐浴	mù yù	무 위
목재	木材	mù cái	무 차이
목적	目的	mù dì	무 띠
목전, 지금	目前	mù qián	무 치엔
목축	畜牧	xù mù	쒸 무
목표	目标	mù biāo	무 삐아오
목화	棉花	mián hua	미엔 화
몰두하다	专心	zhuān xīn	쫜 씬
몰아내다	驱逐	qū zhú	취 주
몸	身体	shēn tǐ	선 티
몸을 씻다, 샤워하다	洗澡	xǐ zǎo	씨 짜오
몸매	身材	shēn cái	선 차이
몸조리하다, 돌보다	调理	tiáo lǐ	티아오 리
몸조심하다	保重	bǎo zhòng	빠오 중
몹시	颇	pō	풔
못 쓰게 만들다, 망치다	糟蹋	zāo tà	짜오 타
~만 못하다	不如	bù rú	뿌 루
몽둥이	棒	bàng	빵
	棍棒	gùn bàng	꾼 빵

몽상	梦想	mèng xiǎng	멍 씨양
묘	坟墓	fén mù	펀 무
묘사하다	描绘	miáo huì	미아오 후이
	描写	miáo xiě	미아오 씨에
무겁다	重新	chóng xīn	충 씬
무고하다, 죄가 없다	无辜	wú gū	우 꾸
무기	武器	wǔ qì	우 치
무단결석하다	旷课	kuàng kè	쾅 크어
무더기	堆	duī	뚜이
무덥다	炎热	yán rè	옌 르어
무뢰한	无赖	wú lài	우 라이
무료하다	无聊	wú liáo	우 리아오
무릎	膝盖	xī gài	씨 까이
무릎을 꿇다	跪	guì	꾸이
무리, 떼	群	qún	췬
무리하다	勉强	miǎn qiǎng	미엔 치양
무미건조하다	枯燥	kū zào	쿠 짜오
무방하다	不妨	bù fáng	뿌 팡
무상의	无偿	wú cháng	우 창

무서워하다	害怕	hài pà	하이 파
	怕	pà	파
무섭다	可怕	kě pà	크어 파
무성하다	茂盛	mào shèng	마오 성
무수하다	无数	wú shù	우 수
무술	武术	wǔ shù	우 수
무엇	什么	shén me	선 므어
무엇 때문에, 왜	为什么	wèi shén me	워이 선 므어
무역	贸易	mào yì	마오 이
무의식중에 나타나다	流露	liú lù	려우 루
무장	武装	wǔ zhuāng	우 좡
무지하다	无知	wú zhī	우 즈
무협	武侠	wǔ xiá	우 씨야
무효로 하다	作废	zuò fèi	쭤 퍼이
묵묵히	默默	mò mò	뭐 뭐
묶다	捆绑	kǔn bǎng	쿤 빵
묶음, 다발	束	shù	수
문, 입구	门	mén	먼
문건	文件	wén jiàn	원 찌엔

문득	突然	tū rán	투 란
문명	文明	wén míng	원 밍
문물	文物	wén wù	원 우
문법	语法	yǔ fǎ	위 파
문안하다	探望	tàn wàng	탄 왕
문예	文艺	wén yì	원 이
문외한	外行	wài háng	와이 항
문자	文字	wén zì	원 쯔
문자 메시지	短信	duǎn xìn	똰 씬
문장	文章	wén zhāng	원 장
	句子	jù zi	쮜 쯔
문제	问题	wèn tí	원 티
문학	文学	wén xué	원 쒸에
문헌	文献	wén xiàn	원 씨엔
문화	文化	wén huà	원 화
물을 주다	浇	jiāo	찌아오
물건	东西	dōng xi	뚱 씨
물고기	鱼	yú	위
물들이다	染	rǎn	란
물러나다, 후퇴하다	退	tuì	투이

물론 ~이지만	固然	gù rán	꾸 란
물리	物理	wù lǐ	우 리
물어보다	询问	xún wèn	쒼 원
물자	物资	wù zī	우 쯔
물질	物质	wù zhì	우 즈
미끄러지다	溜	liū	려우
미끄럽다	滑	huá	화
미래	未来	wèi lái	워이 라이
미루다	推迟	tuī chí	투이 츠
미리	事先	shì xiān	스 씨엔
	预先	yù xiān	위 씨엔
미묘하다	美妙	měi miào	머이 미아오
미소 짓다	微笑	wēi xiào	워이 씨아오
미술	美术	měi shù	머이 수
미시적	微观	wēi guān	워이 꽌
미신	迷信	mí xìn	미 씬
미안하다	抱歉	bào qiàn	빠오 치엔
미안합니다	对不起	duì bu qǐ	뚜이 뿌 치
미움을 사다	得罪	dé zuì	뜨어 쭈이
미워하다	恨	hèn	헌

미친 듯하다	疯狂	fēng kuáng	펑 쾅
미터	米	mǐ	미
미혹되다	迷惑	mí huò	미 훠
민간	民间	mín jiān	민 찌엔
민감하다, 예민하다	敏感	mǐn gǎn	민 깐
민족	民族	mín zú	민 쭈
민주	民主	mín zhǔ	민 주
민첩하다	敏捷	mǐn jié	민 찌에
믿다	相信	xiāng xìn	씨양 씬
믿을 만하다	可靠	kě kào	크어 카오
밀	小麦	xiǎo mài	씨아오 마이
밀다	推	tuī	투이
밀도	密度	mì dù	미 뚜
밀리미터	毫米	háo mǐ	하오 미
밀봉하다	密封	mì fēng	미 펑
밀수하다	走私	zǒu sī	쩌우 쓰
밀접하다	密切	mì qiè	미 치에
및	以及	yǐ jí	이 찌
밑, 바닥	底	dǐ	띠

ㅂ

바꾸다	换	huàn	환
바나나	香蕉	xiāng jiāo	씨양 찌아오
바다	海洋	hǎi yáng	하이 양
바라다	盼望	pàn wàng	판 왕
바람이 불다	刮风	guā fēng	꽈 펑
바로잡다	扭转	niǔ zhuǎn	녀우 좐
바르다	正	zhèng	정
바르다, 칠하다	涂抹	tú mǒ	투 뭐
바른 말	实话	shí huà	스 화
바쁘다	忙	máng	망
	忙碌	máng lù	망 루
	繁忙	fán máng	판 망
바이러스	病毒	bìng dú	삥 뚜
바치다	奉献	fèng xiàn	펑 씨엔
	贡献	gòng xiàn	꿍 씨엔
바탕, 차례	阵	zhèn	전
박람회	博览会	bó lǎn huì	뿨 란 후이

박력, 패기	魄力	pò lì	풔 리
박물관	博物馆	bó wù guǎn	뿨 우 꽌
박사	博士	bó shì	뿨 스
박수 치다	鼓掌	gǔ zhǎng	꾸 장
박약하다	薄弱	bó ruò	뿨 뤄
박해하다	迫害	pò hài	풔 하이
밖	外	wài	와이
반	半	bàn	빤
반, 조, 그룹	班	bān	빤
반감	反感	fǎn gǎn	판 깐
반대로	相反	xiāng fǎn	씨양 판
반대하다	反对	fǎn duì	판 뚜이
반드시	必须	bì xū	삐 쒸
	势必	shì bì	스 삐
	务必	wù bì	우 삐
	一定	yí dìng	이 띵
반드시 ~이다	无非	wú fēi	우 퍼이
반드시 ~한 것은 아니다	未必	wèi bì	워이 삐
반려, 동반자	伴侣	bàn lǚ	빤 뤼

반면	反面	fǎn miàn	판 미엔
반문하다	反问	fǎn wèn	판 원
반박하다	反驳	fǎn bó	판 뿨
반복하다	反复	fǎn fù	판 푸
반사하다	反射	fǎn shè	판 스어
반성	反思	fǎn sī	판 쓰
반신불수가 되다	瘫痪	tān huàn	탄 환
반영하다	反映	fǎn yìng	판 잉
반응	反应	fǎn ying	판 잉
반죽하다	搅拌	jiǎo bàn	찌아오 빤
반짝이다	闪烁	shǎn shuò	산 숴
반포하다	颁布	bān bù	빤 뿌
반항하다	反抗	fǎn kàng	판 캉
받다	受到	shòu dào	서우 따오
받아들이다, 접수하다	接受	jiē shòu	찌에 서우
	收	shōu	서우
받침대	台	tái	타이
발	脚	jiǎo	찌아오
발로 디디다	蹬	dēng	떵

발각하다	发觉	fā jué	파 쮜에
발견하다	发现	fā xiàn	파 씨엔
발굴하다	发掘	fā jué	파 쮜에
발달하다	发达	fā dá	파 따
발동하다	发动	fā dòng	파 뚱
발명하다	发明	fā míng	파 밍
발사하다	发射	fā shè	파 스어
발산하다	散发	sàn fā	싼 파
발생하다	发生	fā shēng	파 성
발악하다	挣扎	zhēng zhá	정 자
발언하다	发言	fā yán	파 옌
발육하다	发育	fā yù	파 위
발전	发展	fā zhǎn	파 잔
발전성	出息	chū xi	추 씨
발전시키다	发扬	fā yáng	파 양
발탁하다	提拔	tí bá	티 빠
발표되다	问世	wèn shì	원 스
발표하다	发表	fā biǎo	파 뻬아오
발행하다	发行	fā xíng	파 씽
발휘하다	发挥	fā huī	파 후이

ㄱ ㄴ ㄷ ㄹ ㅁ ㅂ ㅅ ㅇ ㅈ ㅊ ㅋ ㅌ ㅍ ㅎ

밝게 비추다	照耀	zhào yào	자오 야오
밝다	亮	liàng	리양
밝히다, 표명하다	表明	biǎo míng	뻬아오 밍
밟다	践踏	jiàn tà	찌엔 타
밤	夜	yè	예
밤새다	熬夜	áo yè	아오 예
밥	米饭	mǐ fàn	미 판
밥 짓는 연기	炊烟	chuī yān	추이 옌
방	房间	fáng jiān	팡 찌엔
	屋子	wū zi	우 쯔
방금	刚	gāng	깡
	刚才	gāng cái	깡 차이
방대하다	庞大	páng dà	팡 따
방면	方面	fāng miàn	팡 미엔
방문하다	访问	fǎng wèn	팡 원
	看望	kàn wàng	칸 왕
방법	方法	fāng fǎ	팡 파
	办法	bàn fǎ	빤 파
	途径	tú jìng	투 찡
	窍门	qiào mén	치아오 먼

방불케 하다	仿佛	fǎng fú	팡 푸
방사하다	放射	fàng shè	팡 스어
	辐射	fú shè	푸 스어
방송국	电台	diàn tái	띠엔 타이
방송하다	播放	bō fàng	뿨 팡
	广播	guǎng bō	꽝 뿨
방식	方式	fāng shì	팡 스
방안	方案	fāng 'àn	팡 안
방어하다	防御	fáng yù	팡 위
방울(양사)	滴	dī	띠
방울, 종, 벨	铃	líng	링
방지하다	防止	fáng zhǐ	팡 즈
방직	纺织	fǎng zhī	팡 즈
방침	方针	fāng zhēn	팡 전
방해하다	妨碍	fáng 'ài	팡 아이
방향	方向	fāng xiàng	팡 씨양
배(사람 · 동물)	肚子	dù zi	뚜 쯔
배(과일)	梨	lí	리
배	船	chuán	촨
	舟	zhōu	저우

배, 곱절, 갑절	倍	bèi	뻬이
배경	背景	bèi jǐng	뻬이 찡
배고프다	饿	è	으어
배드민턴	羽毛球	yǔ máo qiú	위 마오 쳐우
배려하다, 보살피다	关怀	guān huái	꽌 화이
배부르다	饱	bǎo	빠오
배상하다	赔偿	péi cháng	페이 창
배신하다	背叛	bèi pàn	뻬이 판
배양하다	培养	péi yǎng	페이 양
	孕育	yùn yù	윈 위
배역, 역할	角色	jué sè	쮜에 쓰어
배열하다	摆	bǎi	빠이
	排列	pái liè	파이 리에
배우	演员	yǎn yuán	옌 위엔
배우다	学习	xué xí	쒸에 씨
배우자	配偶	pèi 'ǒu	페이 어우
배척하다	排斥	pái chì	파이 츠
배치하다	布置	bù zhì	뿌 즈
	部署	bù shǔ	뿌 수
	配备	pèi bèi	페이 뻬이

배합하다	搭配	dā pèi	따 페이
배회하다	徘徊	pái huái	파이 화이
백, 100	百	bǎi	빠이
백성	老百姓	lǎo bǎi xìng	라오 빠이 씽
뱀	蛇	shé	스어
버스	公共汽车	gōng gòng qì chē	꿍 꿍 치 츠어
버티다	支撑	zhī chēng	즈 청
번	次	cì	츠
	遍	biàn	삐엔
번개	闪电	shǎn diàn	산 띠엔
번뇌하다, 걱정하다	烦恼	fán nǎo	판 나오
번식하다	繁殖	fán zhí	판 즈
번역하다	翻译	fān yì	판 이
번영하다	繁荣	fán róng	판 룽
번쩍이다	闪烁	shǎn shuò	산 숴
번창하다	昌盛	chāng shèng	창 성
번체자	繁体字	fán tǐ zì	판 티 쯔
번호	号码	hào mǎ	하오 마
번화하다	热闹	rè nao	르어 나오

	繁华	fán huá	판 화
벌금을 부과하다	罚款	fá kuǎn	파 콴
벌꿀	蜜蜂	mì fēng	미 펑
벌목하다	砍伐	kǎn fá	칸 파
벌여 놓다, 전개하다	演绎	yǎn yì	옌 이
범, 호랑이	老虎	lǎo hǔ	라오 후
범람하다	泛滥	fàn làn	판 란
범위	范围	fàn wéi	판 워이
범인	罪犯	zuì fàn	쭈이 판
범주	范畴	fàn chóu	판 처우
범하다, 위반하다	触犯	chù fàn	추 판
법률	法律	fǎ lǜ	파 뤼
법원	法院	fǎ yuàn	파 위엔
법인	法人	fǎ rén	파 런
벗다	脱	tuō	퉈
벗어나다	摆脱	bǎi tuō	빠이 퉈
베개	枕头	zhěn tou	전 터우
베끼다	抄	chāo	차오
베다, 자르다	割	gē	끄어

베이징	北京	běi jīng	뻐이 찡
벼	稻谷	dào gǔ	따오 꾸
벽	墙	qiáng	치양
벽돌	砖	zhuān	좐
변경	边疆	biān jiāng	삐엔 찌양
	边境	biān jìng	삐엔 찡
변론하다	辩论	biàn lùn	삐엔 룬
변명하다	辩解	biàn jiě	삐엔 찌에
변증하다	辩证	biàn zhèng	삐엔 정
변질하다	变质	biàn zhì	삐엔 즈
변천	变迁	biàn qiān	삐엔 치엔
변하다	改变	gǎi biàn	까이 삐엔
변함없이	照常	zhào cháng	자오 창
변호사	律师	lǜ shī	뤼 스
변호하다	辩护	biàn hù	삐엔 후
변화	变化	biàn huà	삐엔 화
변화하여 발전하다	演变	yǎn biàn	옌 삐엔
별장	别墅	bié shù	삐에 수
병	瓶子	píng zi	핑 쯔

병	丙	bǐng	삥
병, 증상	症状	zhèng zhuàng	정 좡
병이 들다	生病	shēng bìng	성 삥
병렬하다	并列	bìng liè	삥 리에
병상	病床	bìng chuáng	삥 촹
병원	医院	yī yuàn	이 위엔
병음	拼音	pīn yīn	핀 인
볕에 말리다	晒	shài	사이
보고	报告	bào gào	빠오 까오
보관하다	保管	bǎo guǎn	빠오 꽌
보급하다	普及	pǔ jí	푸 찌
보기 드물다	罕见	hǎn jiàn	한 찌엔
보내다	送	sòng	쑹
	发	fā	파
(시간을) 보내다	度过	dù guò	뚜 꿔
보내다, 부치다	寄	jì	찌
보다	阅读	yuè dú	위에 뚜
	看	kàn	칸
	瞧	qiáo	치아오
보답하다	报答	bào dá	빠오 따

보도하다	报道	bào dào	빠오 따오
보따리, 부담, 짐	包袱	bāo fu	빠오 푸
보모, 가정부	保姆	bǎo mǔ	빠오 무
보물	宝贝	bǎo bèi	빠오 뻬이
보복하다	报复	bào fù	빠오 푸
보살피다	关照	guān zhào	꽌 자오
보상하다	补偿	bǔ cháng	뿌 창
보수, 사례금	报酬	bào chou	빠오 처우
보수가 없는	无偿	wú cháng	우 창
보수적이다	保守	bǎo shǒu	빠오 서우
보수하다	维修	wéi xiū	워이 쎠우
보양하다	保养	bǎo yǎng	빠오 양
보완하다	补救	bǔ jiù	뿌 쪄우
보위하다	保卫	bǎo wèi	빠오 워이
보유하다	拥有	yōng yǒu	융 여우
보이다	看见	kàn jiàn	칸 찌엔
보잘것없다	渺小	miǎo xiǎo	미아오 씨아오
보장하다	保障	bǎo zhàng	빠오 장
보조, 걸음걸이	步伐	bù fá	뿌 파
보조금	补贴	bǔ tiē	뿌 티에

보조하다	助理	zhù lǐ	주 리
	辅助	fǔ zhù	푸 주
보존하다	保存	bǎo cún	빠오 춘
보증하다	保证	bǎo zhèng	빠오 정
보충하다	补充	bǔ chōng	뿌 충
보태다	增添	zēng tiān	쩡 티엔
보통	通常	tōng cháng	퉁 창
보편적인	普遍	pǔ biàn	푸 삐엔
보험	保险	bǎo xiǎn	빠오 씨엔
보호하다	保护	bǎo hù	빠오 후
복, 행운	福气	fú qi	푸 치
복도	走廊	zǒu láng	쩌우 랑
복리	福利	fú lì	푸 리
복무하다	服务	fú wù	푸 우
복사하다	复印	fù yìn	푸 인
복수를 하다	报仇	bào chóu	빠오 처우
복숭아	桃	táo	타오
복습하다	复习	fù xí	푸 씨
복잡하다	复杂	fù zá	푸 짜
복장	服装	fú zhuāng	푸 쫭

복제하다	复制	fù zhì	푸 즈
복종하다	服从	fú cóng	푸 충
볶다	炒	chǎo	차오
본능	本能	běn néng	뻔 넝
본보기	榜样	bǎng yàng	빵 양
본인	本人	běn rén	뻔 런
본전	本钱	běn qián	뻔 치엔
본질	本质	běn zhì	뻔 즈
봄	春	chūn	춘
봉건	封建	fēng jiàn	펑 찌엔
봉급, 급여	薪水	xīn shuǐ	씬 수이
봉쇄하다	封闭	fēng bì	펑 삐
	封锁	fēng suǒ	펑 쒀
부결하다	否决	fǒu jué	퍼우 쮜에
부근	附近	fù jìn	푸 찐
부글부글 끓다	沸腾	fèi téng	페이 텅
부끄럽다	惭愧	cán kuì	찬 쿠이
부녀	妇女	fù nǚ	푸 뉘
부단히	不断	bú duàn	뿌 똰
부담	负担	fù dān	푸 딴

부두	码头	mǎ tóu	마 터우
부드럽다	软	ruǎn	롼
	柔和	róu hé	러우 흐어
부드럽다, 상냥하다	温柔	wēn róu	원 러우
부득불, 어쩔 수 없다	不得不	bù dé bù	뿌 뜨어 뿌
부득이	只好	zhǐ hǎo	즈 하오
부득이하다	不得已	bù dé yǐ	뿌 뜨어 이
부들부들 떨다	颤抖	chàn dǒu	찬 떠우
부딪치다	碰撞	pèng zhuàng	펑 쫭
	碰	pèng	펑
	磕	kē	크어
부뚜막	炉灶	lú zào	루 짜오
부러워하다	羡慕	xiàn mù	씨엔 무
부문, 부서	部门	bù mén	뿌 먼
부부	夫妇	fū fù	푸 푸
부분	部分	bù fen	뿌 펀
부서지다, 깨지다	碎	suì	쑤이
부속되다	附属	fù shǔ	푸 수
부속품	零件	líng jiàn	링 찌엔

부스러기, 찌꺼기	屑	xiè	씨에
부식하다	腐蚀	fŭ shí	푸 스
부양하다	抚养	fŭ yăng	푸 양
부엌, 주방	厨房	chú fáng	추 팡
부여하다	赋予	fù yŭ	푸 위
부위	部位	bù wèi	뿌 워이
부유하다	富	fù	푸
	富裕	fù yù	푸 위
부인	夫人	fū rén	푸 런
	太太	tài tai	타이 타이
부인하다	否认	fŏu rèn	퍼우 런
부자가 되다	发财	fā cái	파 차이
부정의 의미	贬义	biăn yì	삐엔 이
부정하다	否定	fŏu dìng	퍼우 띵
부족하다	少	shăo	사오
	缺少	quē shăo	취에 사오
	不足	bù zú	뿌 쭈
부지런하다	勤奋	qín fèn	친 펀
	辛勤	xīn qín	씬 친
	勤劳	qín láo	친 라오

부차적	次要	cì yào	츠 야오
	其次	qí cì	치 츠
부채	扇子	shàn zi	산 쯔
부추기다	挑拨	tiǎo bō	티아오 뿨
부축하다	扶	fú	푸
	搀	chān	찬
부탁드립니다	拜托	bài tuō	빠이 퉈
부탁하다	请求	qǐng qiú	칭 쳐우
~부터	从	cóng	충
부패하다	腐败	fǔ bài	푸 빠이
부하, 하급 직원	下属	xià shǔ	씨야 수
부합하다	符合	fú hé	푸 흐어
부호	符号	fú hào	푸 하오
부화하다	附和	fù hè	푸 흐어
부활하다	复活	fù huó	푸 훠
부흥하다	复兴	fù xīng	푸 씽
북극	北极	běi jí	빠이 찌
북방	北方	běi fāng	빠이 팡
분(시간)	分	fēn	펀
	分钟	fēn zhōng	펀 중

분개하다	气氛	qì fēn	치 펀
분규, 다툼	纠纷	jiū fēn	쪄우 펀
분노하다	愤怒	fèn nù	펀 누
분량	分量	fèn liàng	펀 리앙
분말	粉末	fěn mò	펀 뭐
분명하다, 뚜렷하다	明显	míng xiǎn	밍 씨엔
분명하다, 분명히	分明	fēn míng	펀 밍
분명히	明明	míng míng	밍 밍
분발하게 하다	鼓舞	gǔ wǔ	꾸 우
분배하다	分配	fēn pèi	펀 퍼이
분부하다	嘱咐	zhǔ fù	주 푸
	吩咐	fēn fù	펀 푸
분분하다, 흩날리다	纷纷	fēn fēn	펀 펀
분비하다	分泌	fēn mì	펀 미
분산하다	分散	fēn sàn	펀 싼
분석하다	分析	fēn xī	펀 씨
분쇄하다	粉碎	fěn suì	펀 쑤이
분수, 한계, 한도	分寸	fēn cùn	펀 춘
분열하다	分裂	fēn liè	펀 리에

분장하다	打扮	dǎ ban	따 빤
	装	zhuāng	좡
분쟁의 실마리	争端	zhēng duān	정 똰
분주하다, 바쁘다	奔波	bēn bō	뻔 뿨
분지	盆地	pén dì	펀 띠
분포하다	分布	fēn bù	펀 뿌
분해하다	分解	fēn jiě	펀 찌에
불	火	huǒ	훠
불을 끄다	熄灭	xī miè	씨 미에
불을 붙이다	点燃	diǎn rán	띠엔 란
불구자	残疾	cán jí	찬 찌
불나다, 불붙다	着火	zháo huǒ	자오 훠
(입으로) 불다	吹	chuī	추이
불량품	次品	cì pǐn	츠 핀
불러일으키다, 들어올리다	掀起	xiān qǐ	씨엔 치
불러일으키다, 분발시키다	激发	jī fā	찌 파
불면증에 걸리다	失眠	shī mián	스 미엔
불안하다	动荡	dòng dàng	뚱 땅
	不安	bù 'ān	뿌 안

불편하다	难受	nán shòu	난 서우
불평, 불만	牢骚	láo sao	라오 싸오
붉다	红	hóng	훙
붐비다	拥挤	yōng jǐ	융 찌
붕괴되다	崩溃	bēng kuì	뻥 쿠이
붕괴하다	塌	tā	타
붙들다, 체포하다	逮捕	dài bǔ	따이 뿌
붙이다	粘贴	zhān tiē	잔 티에
붙잡다	捕捉	bǔ zhuō	뿌 줘
브랜드, 상표	名牌	míng pái	밍 파이
비가 오다	下雨	xià yǔ	씨야 위
비겁하다	胆怯	dǎn qiè	딴 치에
비관하다	悲观	bēi guān	뻬이 꽌
비교적, 비교하다	比较	bǐ jiào	삐 찌아오
비교하다, 따지다	权衡	quán héng	취엔 헝
비누	肥皂	féi zào	페이 짜오
비닐봉지	塑料袋	sù liào dài	쑤 리아오 따이
비다, 텅 비다	空	kōng	쿵
비단	丝绸	sī chóu	쓰 처우
비둘기	鸽子	gē zi	끄어 쯔

ㄱ ㄴ ㄷ ㄹ ㅁ ㅂ ㅅ ㅇ ㅈ ㅊ ㅋ ㅌ ㅍ ㅎ

비뚤다	歪	wāi	와이
비례	比例	bǐ lì	삐 리
비록 ~하지만	虽然	suī rán	쑤이 란
비린내가 나다	腥	xīng	씽
비밀	秘密	mì mì	미 미
비밀을 지키다	保密	bǎo mì	빠오 미
비밀번호	密码	mì mǎ	미 마
비방하다	诽谤	fěi bàng	페이 빵
비비다	搓	cuō	춰
	揉	róu	러우
비서	秘书	mì shū	미 수
비속하다, 저속하다	庸俗	yōng sú	융 쑤
비수기	淡季	dàn jì	딴 찌
비슷하다	差不多	chà bu duō	차 뿌 뚸
	相似	xiāng sì	씨앙 쓰
	类似	lèi sì	러이 쓰
비싸다	贵	guì	꾸이
	昂贵	áng guì	앙 꾸이
비약하다	飞跃	fēi yuè	페어 위에

비열하다	卑鄙	bēi bǐ	뻬이 삐
비옥하다	肥沃	féi wò	페이 워
비웃다	讥笑	jī xiào	찌 씨아오
비유	比方	bǐ fang	삐 팡
비유하다	比喻	bǐ yù	삐 위
비자	签证	qiān zhèng	치엔 정
비정상적이다	反常	fǎn cháng	판 창
비준하다, 허가하다	批准	pī zhǔn	피 준
비중	比重	bǐ zhòng	삐 중
비참하다	悲惨	bēi cǎn	뻬이 찬
비추다	照	zhào	자오
비축하다	储备	chǔ bèi	추 뻬이
비타민	维生素	wéi shēng sù	웨이 셩 쑤
비탈	坡	pō	풔
비틀다	拧	nǐng	닝
비판하다	批判	pī pàn	피 판
	批	pī	피
	批评	pī píng	피 핑
비할 바 없다	无比	wú bǐ	우 삐

ㄱ ㄴ ㄷ ㄹ ㅁ ㅂ ㅅ ㅇ ㅈ ㅊ ㅋ ㅌ ㅍ ㅎ

비합법적인, 불법적인	非法	fēi fǎ	페이 파
비행기	飞机	fēi jī	페이 찌
비행장, 공항	机场	jī chǎng	찌 창
비호하다, 감싸주다	包庇	bāo bì	빠오 삐
빈곤하다	贫困	pín kùn	핀 쿤
빈궁하다	贫乏	pín fá	핀 파
빈번하다	频繁	pín fán	핀 판
빌딩	大厦	dà shà	따 사
빌리다	借	jiè	찌에
빗	梳子	shū zi	수 쯔
빙빙 돌다	盘旋	pán xuán	판 쒸엔
빚어서 만들다	塑造	sù zào	쑤 짜오
빚지다	欠	qiàn	치엔
빛	光	guāng	꽝
	光明	guāng míng	꽝 밍
	光芒	guāng máng	꽝 망
빠르다	快	kuài	콰이
빠지다	陷入	xiàn rù	씨엔 루
빨다, 빨아들이다	吸收	xī shōu	씨 서우

빨리	赶快	gǎn kuài	깐 콰이
빵	面包	miàn bāo	미엔 빠오
뻔뻔스럽다	无耻	wú chǐ	우 츠
뻣뻣하다	僵	jiāng	찌양
뼈	骨头	gǔ tou	꾸 터우
뾰족하다	尖锐	jiān ruì	찌엔 루이
뿌리	根	gēn	껀
뿌리다	洒	sǎ	싸
	撇	piě	피에
뿐만 아니라	不但	bú dàn	뿌 딴
	而且	ér qiě	얼 치에
	不仅	bù jǐn	뿌 찐
뿔	角	jiǎo	찌아오

ㅅ

4, 넷	四	sì	쓰
사건	事件	shì jiàn	스 찌엔
사격하다	射击	shè jī	스어 찌
사고	事故	shì gù	스 꾸
사고하다	思考	sī kǎo	쓰 카오
사과	苹果	píng guǒ	핑 꿔
사과하다	道歉	dào qiàn	따오 치엔
사납다, 무섭다	厉害	lì hai	리 하이
사냥하다	打猎	dǎ liè	따 리에
사다, 구매하다	购买	gòu mǎi	꺼우 마이
사라지다	消失	xiāo shī	씨아오 스
사람, 인간	人	rén	런
사람을 홀리다	迷人	mí rén	미 런
사랑스럽다, 귀엽다	可爱	kě 'ài	크어 아이
사랑하는 마음	爱心	ài xīn	아이 씬
사랑하다	爱	ài	아이

사령관	司令	sī lìng	쓰 링
사막	沙漠	shā mò	사 뭐
사망하다	死亡	sǐ wáng	쓰 왕
사명	使命	shǐ mìng	스 밍
사무	事务	shì wù	스 우
사무실	办公室	bàn gōng shì	빤 꿍 스
사물	事物	shì wù	스 우
사발, 그릇	碗	wǎn	완
사범	师范	shī fàn	스 판
사법	司法	sī fǎ	쓰 파
사병, 병사	士兵	shì bīng	스 삥
사부, 선생님	师傅	shī fu	스 푸
사상	思想	sī xiǎng	쓰 씨양
사색하다	思索	sī suǒ	쓰 쒀
사실	其实	qí shí	치 스
사양하지 않다	不客气	bú kè qi	뿌 크어 치
사업	工作	gōng zuò	꿍 쭤
	事业	shì yè	스 예
사용자	用户	yòng hù	융 후
사용하다	使用	shǐ yòng	스 융

	用	yòng	융
사원, 절	寺庙	sì miào	쓰 미아오
사유	思维	sī wéi	쓰 워이
사육하다	饲养	sì yǎng	쓰 양
사이, 간격	间隔	jiān gé	찌엔 끄어
사이트	网站	wǎng zhàn	왕 잔
사자	狮子	shī zi	스 쯔
사장, 매니저	经理	jīng lǐ	찡 리
사적	事迹	shì jì	스 찌
사적인 비밀, 프라이버시	隐私	yǐn sī	인 쓰
사전	词典	cí diǎn	츠 띠엔
사절하다	谢绝	xiè jué	씨에 쮜에
사지	四肢	sì zhī	쓰 즈
사직하다	辞职	cí zhí	츠 즈
사진	照片	zhào piàn	자오 피엔
사진을 찍다	照相	zhào xiàng	자오 씨양
사진기	照相机	zhào xiàng jī	자오 씨양 찌
사체	尸体	shī tǐ	스 티
사치스럽다	奢侈	shē chǐ	스어 츠

사태	事态	shì tài	스 타이
사항	事项	shì xiàng	스 씨양
사회	社会	shè huì	스어 후이
삭제하다	删除	shān chú	산 추
산맥	山脉	shān mài	산 마이
산문	散文	sǎn wén	싼 원
산보하다	散步	sàn bù	싼 뿌
산소	氧气	yǎng qì	양 치
산업	产业	chǎn yè	찬 예
살을 빼다	减肥	jiǎn féi	찌엔 페이
살다	生活	shēng huó	성 훠
살다, 거주하다	住	zhù	주
	居住	jū zhù	쮜 주
살인범	凶手	xiōng shǒu	쓩 서우
살찌다, 뚱뚱하다	胖	pàng	팡
살피다	探望	tàn wàng	탄 왕
삶다	煮	zhǔ	주
3, 셋	三	sān	싼
삼가 바치다, 공헌하다	奉献	fèng xiàn	펑 씨엔

3등	季军	jì jūn	찌 쥔
삼림	森林	sēn lín	썬 린
삼촌	叔叔	shū shu	수 수
상을 주다	奖赏	jiǎng shǎng	찌양 상
상관없다	没关系	méi guān xi	머이 꽌 씨
	无所谓	wú suǒ wèi	우 쒀 워이
상금	奖金	jiǎng jīn	찌양 찐
상급	上级	shàng jí	상 찌
상냥하다	和蔼	hé 'ǎi	흐어 아이
상담하다	洽谈	qià tán	치야 탄
상당하다	相当	xiāng dāng	씨양 땅
상대방	对方	duì fāng	뚜이 팡
상대적으로	相对	xiāng duì	씨양 뚜이
상대하다	对待	duì dài	뚜이 따이
상례를 깨다	破例	pò lì	풔 리
상류	上游	shàng yóu	상 여우
상륙하다	登陆	dēng lù	떵 루
상반되다	相反	xiāng fǎn	씨양 판
상봉하다, 만나다	逢	féng	펑
상상하다	设想	shè xiǎng	스어 씨양

	想象	xiǎng xiàng	씨양 씨양
상세하다	详细	xiáng xì	씨양 씨
상식	常识	cháng shí	창 스
상실하다	丧失	sàng shī	쌍 스
상심하다	伤心	shāng xīn	상 씬
상업	商业	shāng yè	상 예
상업에 종사하다	经商	jīng shāng	찡 상
상응하다	相应	xiāng yìng	씨양 잉
상의하다	商量	shāng liang	상 리양
상점	商店	shāng diàn	상 띠엔
상점 주인	老板	lǎo bǎn	라오 빤
상징	象征	xiàng zhēng	씨양 정
상처를 입다	受伤	shòu shāng	서우 상
상쾌하다	舒畅	shū chàng	수 창
상태	状态	zhuàng tài	쫭 타이
상표	商标	shāng biāo	상 뻬아오
상품	商品	shāng pǐn	상 핀
	产品	chǎn pǐn	찬 핀
상해하다	伤害	shāng hài	상 하이
상호, 서로	互相	hù xiāng	후 씨양

상환하다	偿还	cháng huán	창 환
상황	状况	zhuàng kuàng	쫭 쾅
	情况	qíng kuàng	칭 쾅
	情形	qíng xíng	칭 씽
상황, 정세	局势	jú shì	쮜 스
새기다, 조각하다	刻	kè	크어
새까맣다	乌黑	wū hēi	우 허이
새다, 빠지다	漏	lòu	러우
새롭다	新	xīn	씬
색깔	颜色	yán sè	옌 쓰어
	色彩	sè cǎi	쓰어 차이
색다르다, 독특하다	别致	bié zhì	삐에 즈
생각하다	想	xiǎng	씨양
	着想	zhuó xiǎng	줘 씨양
	认为	rèn wéi	런 워이
생각하다, 고려하다	考虑	kǎo lǜ	카오 뤼
생기	生机	shēng jī	성 찌
생기다	产生	chǎn shēng	찬 성
생동하다	生动	shēng dòng	성 뚱

생략하다	省略	shěng lüè	성 뤼에
생리, 생리학	生理	shēng lǐ	성 리
생명	生命	shēng mìng	성 밍
	性命	xìng mìng	씽 밍
생물	生物	shēng wù	성 우
생산품	产品	chǎn pǐn	찬 핀
생소하다	生疏	shēng shū	성 수
생수	矿泉水	kuàng quán shuǐ	쾅 취엔 수이
생일	生日	shēng rì	성 르
생장하다, 자라다	生长	shēng zhǎng	성 장
생존하다	生存	shēng cún	성 춘
생중계하다	直播	zhí bō	즈 뿨
생태	生态	shēng tài	성 타이
서, 서쪽	西	xī	씨
서가, 책꽂이	暑假	shǔ jià	수 찌야
서거하다	去世	qù shì	취 스
	逝世	shì shì	스 스
서기	书记	shū jì	수 찌
서기	公元	gōng yuán	꿍 위엔

서늘하다, 시원하다	凉快	liáng kuai	리앙 콰이
서다	停	tíng	팅
	站	zhàn	잔
서둘다	笨拙	bèn zhuō	뻔 줘
서둘러	赶紧	gǎn jǐn	깐 찐
서랍	抽屉	chōu ti	처우 티
서면	书面	shū miàn	수 미엔
서면보고를 하다	申报	shēn bào	선 빠오
서명하다	签署	qiān shǔ	치엔 수
서법, 서예	书法	shū fǎ	수 파
서술하다, 기술하다	叙述	xù shù	쒸 수
서스펜스	悬念	xuán niàn	쒸엔 니엔
서언	序言	xù yán	쒸 옌
서적	书籍	shū jí	수 찌
석방하다	释放	shì fàng	스 팡
석사	硕士	shuò shì	숴 스
석양	夕阳	xī yáng	씨 양
석유	石油	shí yóu	스 여우
석차, 등수	名次	míng cì	밍 츠

석탄	煤炭	méi tàn	머이 탄
선거하다	选举	xuǎn jǔ	쒸엔 쮜
선동하다, 부추기다	鼓动	gǔ dòng	꾸 뚱
선량하다	善良	shàn liáng	산 리양
선명하다	鲜明	xiān míng	씨엔 밍
선박	船舶	chuán bó	촨 뿨
선발하다	选拔	xuǎn bá	쒸엔 빠
선별하다	筛选	shāi xuǎn	사이 쒸엔
선생	先生	xiān sheng	씨엔 성
선생님	老师	lǎo shī	라오 스
선서하다	宣誓	xuān shì	쒸엔 스
선수	选手	xuǎn shǒu	쒸엔 서우
선양하다	宣扬	xuān yáng	쒸엔 양
선율	旋律	xuán lǜ	쒸엔 뤼
선전하다	宣传	xuān chuán	쒸엔 촨
선조	祖先	zǔ xiān	쭈 씨엔
선진의, 진보적인	先进	xiān jìn	씨엔 찐
선택하다	选择	xuǎn zé	쒸엔 쯔어
선포하다	宣布	xuān bù	쒸엔 뿌
	发布	fā bù	파 뿌

ㄱ ㄴ ㄷ ㄹ ㅁ ㅂ ㅅ ㅇ ㅈ ㅊ ㅋ ㅌ ㅍ ㅎ

섣달그믐날	除夕	chú xī	추 씨
설계하다	设计	shè jì	스어 찌
설득하다	说服	shuō fú	슈어 푸
설령	哪怕	nă pà	나 파
설령 ~일지라도	即使	jí shǐ	찌 스
설립하다	设立	shè lì	스어 리
설마	难道	nán dào	난 따오
설명하다	说明	shuō míng	슈어 밍
설비	设备	shè bèi	스어 뻬이
설사하다	腹泻	fù xiè	푸 씨에
설치하다	安装	ān zhuāng	안 쭈앙
	设置	shè zhì	스어 즈
설탕	糖	táng	탕
섬	岛屿	dăo yǔ	따오 위
섬유	纤维	xiān wéi	씨엔 웨이
섭씨	摄氏度	shè shì dù	스어 스 뚜
성	姓	xìng	씽
성격	性格	xìng gé	씽 끄어
	脾气	pí qi	피 치
성공하다	成功	chéng gōng	청 꿍

성내다, 화내다	恼火	nǎo huǒ	나오 훠
성냥	火柴	huǒ chái	훠 차이
성능	性能	xìng néng	씽 넝
성대하다	隆重	lóng zhòng	룽 중
성립하다	成立	chéng lì	청 리
성명하다, 성명서	声明	shēng míng	성 밍
성별	性别	xìng bié	씽 삐에
성분	成分	chéng fèn	청 펀
성세, 기세	声势	shēng shì	성 스
성숙하다	成熟	chéng shú	청 수
성실하고 진지하다	诚挚	chéng zhì	청 즈
성실하다	诚实	chéng shí	청 스
성원, 구성원	成员	chéng yuán	청 위엔
성인	成人	chéng rén	청 런
성인 남자, 네 번째	丁	dīng	띵
성장하다	成长	chéng zhǎng	청 장
성적	成绩	chéng jì	청 찌
성조	声调	shēng diào	성 띠아오
성질	性质	xìng zhì	씽 즈
성취	成就	chéng jiù	청 쪄우

성행하다	盛行	shèng xíng	성 씽
세계	世界	shì jiè	스 찌에
세관	海关	hǎi guān	하이 꽌
세균	细菌	xì jūn	씨 쥔
세금	税	shuì	수이
세기	世纪	shì jì	스 찌
세다	数	shǔ	수
세대	世代	shì dài	스 따이
세력	势力	shì lì	스 리
세밀하다	细致	xì zhì	씨 즈
세배하다	拜年	bài nián	빠이 니엔
세뱃돈	压岁钱	yā suì qián	야 쑤이 치엔
세부사항	细节	xì jié	씨 찌에
세심하다	仔细	zǐ xì	쯔 씨
세심하지 않다, 부주의하다	粗心	cū xīn	추 씬
세우다, 널다	搭	dā	따
세월	岁月	suì yuè	쑤이 위에
세트	套	tào	타오
세트를 만들다	配套	pèi tào	페이 타오

세포	细胞	xì bāo	씨 빠오
섹시하다	性感	xìng gǎn	씽 깐
센티미터	厘米	lí mǐ	리 미
셔츠	衬衫	chèn shān	천 산
소	牛	niú	녀우
(만두 등의) 소	馅儿	xiànr	씨얄
소각하다	销毁	xiāo huǐ	씨아오 후이
소개하다	介绍	jiè shào	찌에 사오
소극적이다	消极	xiāo jí	씨아오 찌
소금	盐	yán	옌
소독하다	消毒	xiāo dú	씨아오 뚜
소란을 일으키다	捣乱	dǎo luàn	따오 롼
소량이다, 자질구레하다	零星	líng xīng	링 씽
소리	声音	shēng yīn	셩 인
소리가 크고 맑다	响亮	xiǎng liàng	씨양 리양
소리가 크다	响	xiǎng	씨양
소망	愿望	yuàn wàng	위엔 왕
소멸하다	消灭	xiāo miè	씨아오 미에
소모하다	消耗	xiāo hào	씨아오 하오

소박하다	朴素	pǔ sù	푸 쑤
소방	消防	xiāo fáng	씨아오 팡
소비하다	消费	xiāo fèi	씨아오 페이
소비하다, 사용하다	花	huā	화
소설	小说	xiǎo shuō	씨아오 숴
소송하다	诉讼	sù sòng	쑤 쏭
	打官司	dǎ guān si	따 꽌 쓰
소시지	香肠	xiāng cháng	씨양 창
소식, 정보	消息	xiāo xi	씨아오 씨
	信息	xìn xī	씬 씨
소식하다	素食	sù shí	쑤 스
소양, 소질	素质	sù zhì	쑤 즈
소원	愿望	yuàn wàng	위엔 왕
소원하다, 멀다	疏远	shū yuǎn	수 위엔
소음	噪音	zào yīn	짜오 인
소중히 여기다	爱护	ài hù	아이 후
소집하다, 개최하다	召开	zhào kāi	자오 카이
소택, 소택지	沼泽	zhǎo zé	자오 쩌어
소통하다	沟通	gōu tōng	꺼우 퉁
소파	沙发	shā fā	사 파

소포	包裹	bāo guǒ	빠오 꿔
소프트웨어	软件	ruǎn jiàn	롼 찌엔
소홀하다	马虎	mǎ hu	마 후
소홀히 하다	忽略	hū lüè	후 뤼에
소화하다	消化	xiāo huà	씨아오 화
속이 메스껍다	恶心	ě xīn	으어 씬
속다, 사기를 당하다	上当	shàng dàng	상 땅
속담	俗话	sú huà	쑤 화
속도	速度	sù dù	쑤 뚜
속마음, 슬기	心眼儿	xīn yǎnr	씬 얄
속박하다	束缚	shù fù	수 푸
속이다	欺骗	qī piàn	치 피엔
	骗	piàn	피엔
	诈骗	zhà piàn	자 피엔
속하다	属于	shǔ yú	수 위
손에 넣다, 장만하다	弄	nòng	눙
손가락	手指	shǒu zhǐ	서우 즈
손님, 고객	顾客	gù kè	꾸 크어
손님, 방문객	客人	kè rén	크어 런

손님을 반가이 대하다	好客	hào kè	하오 크어
손대다, 착수하다	动手	dòng shǒu	뚱 서우
손목시계	手表	shǒu biǎo	서우 삐아오
손상시키다	败坏	bài huài	빠이 화이
손색이 없다	不愧	bú kuì	뿌 쿠이
손실되다	损失	sǔn shī	쑨 스
손자	孙子	sūn zi	쑨 쯔
손잡이	把手	bǎ shǒu	빠 서우
손짓	手势	shǒu shì	서우 스
손톱	指甲	zhǐ jia	즈 찌아
손해를 보다	吃亏	chī kuī	츠 쿠이
손해를 입히다	损坏	sǔn huài	쑨 화이
솔직하게 말하다	坦白	tǎn bái	탄 빠이
솔직하다, 정직하다	坦率	tǎn shuài	탄 솨이
솟아나다, 내뿜다, 분출하다	迸发	bèng fā	뻥 파
송이	朵	duǒ	뚸
솥	锅	guō	꿔
쇠퇴하다	衰退	shuāi tuì	솨이 투이

수, 숫자	数字	shù zì	수 쯔
수를 세다	算数	suàn shù	쏸 수
수공	手工	shǒu gōng	서우 꿍
수놓다	绣	xiù	쎠우
수도	首都	shǒu dū	서우 뚜
수도꼭지	水龙头	shuǐ lóng tóu	수이 룽 터우
수량	数量	shù liàng	수 리양
수령, 지도자	领袖	lǐng xiù	링 쎠우
수리하다, 고치다	修理	xiū lǐ	쎠우 리
수립하다, 세우다	树立	shù lì	수 리
수명	寿命	shòu mìng	서우 밍
수박	西瓜	xī guā	씨 꽈
수법	手法	shǒu fǎ	서우 파
수복하다, 원상 복구하다	修复	xiū fù	쎠우 푸
수비하다, 방어하다	防守	fáng shǒu	팡 서우
수사하다, 수색하다	搜索	sōu suǒ	써우 쒀
	搜查	sōu chá	써우 차
수색하여 체포하다	查获	chá huò	차 훠
수속	手续	shǒu xù	서우 쒸

수수께끼	谜语	mí yǔ	미 위
수술	手术	shǒu shù	서우 수
수시로, 불시에	不时	bù shí	뿌 스
수시로, 언제나	随时	suí shí	쑤이 스
수양	修养	xiū yǎng	쎠우 양
수업, 강의	课	kè	크어
수여하다	颁发	bān fā	빤 파
	授予	shòu yǔ	서우 위
수영하다	游泳	yóu yǒng	여우 융
수예	手艺	shǒu yì	서우 이
수요	需求	xū qiú	쒸 쳐우
수월하다	轻易	qīng yì	칭 이
	轻松	qīng sōng	칭 쑹
수익	收益	shōu yì	서우 이
수입	收入	shōu rù	서우 루
수입하다	进口	jìn kǒu	찐 커우
수장하다	收藏	shōu cáng	서우 창
수정하다	修改	xiū gǎi	쎠우 까이
수줍어하다	害羞	hài xiū	하이 쎠우
수지가 맞다	合算	hé suàn	흐어 쏸

수직의	垂直	chuí zhí	추이 즈
	竖	shù	수
수축하다	收缩	shōu suō	서우 쒀
수출하다	出口	chū kǒu	추 커우
수치스럽다	羞耻	xiū chǐ	쎠우 츠
수평	水平	shuǐ píng	수이 핑
수표	支票	zhī piào	즈 피아오
수학	数学	shù xué	수 쒸에
수행하다, 동반하다, 모시다	陪	péi	페이
수확	收获	shōu huò	서우 훠
숙련하다, 능숙하다	熟练	shú liàn	수 리엔
숙사, 기숙사	宿舍	sù shè	쑤 스어
숙제	作业	zuò yè	쭤 예
순간, 눈 깜짝하는 사이	瞬间	shùn jiān	순 찌엔
순결하다	纯洁	chún jié	춘 찌에
순서, 차등	层次	céng cì	청 츠
순서, 차례	顺序	shùn xù	순 쒸
	次序	cì xù	츠 쒸
순서, 절차	步骤	bù zhòu	뿌 저우

	程序	chéng xù	청 쒸
순수하다	纯粹	chún cuì	춘 추이
순조롭다	顺利	shùn lì	순 리
순찰하다	巡逻	xún luó	쒼 뤄
순환하다	循环	xún huán	쒼 환
숟가락, 수저	勺子	sháo zi	사오 쯔
술에 취하다	醉	zuì	쭈이
숨기다, 속이다	隐瞒	yǐn mán	인 만
숨다, 피하다	躲藏	duǒ cáng	뚸 창
숭경하다	崇敬	chóng jìng	충 찡
숭고하다	崇高	chóng gāo	충 까오
숭배하다	崇拜	chóng bài	충 빠이
숲	丛	cóng	충
쉬다, 휴식하다	歇	xiē	씨에
쉽다	容易	róng yì	룽 이
	轻易	qīng yì	칭 이
슈퍼마켓	超市	chāo shì	차오 스
스며들다	渗透	shèn tòu	선 터우
스크린	屏幕	píng mù	핑 무
스타	明星	míng xīng	밍 씽

슬퍼하다	伤心	shāng xīn	상 씬
슬프다	悲哀	bēi 'āi	뻬이 아이
습격하다	袭击	xí jī	씨 찌에
습관	习惯	xí guàn	씨 꽌
습관이 되다	养成	yǎng chéng	양 청
습기 차다	潮湿	cháo shī	차오 스
습속, 풍습	习俗	xí sú	씨 쑤
승리하다	胜利	shèng lì	성 리
승인하다	承认	chéng rèn	청 런
승진하다	晋升	jìn shēng	찐 성
승패	胜负	shèng fù	성 푸
시	点	diǎn	띠엔
시각	时候	shí hou	스 허우
	时刻	shí kè	스 크어
시간	小时	xiǎo shí	씨아오 스
	时间	shí jiān	스 찌엔
시간, 세월	时光	shí guāng	스 꽝
시간을 정확히 지키다, 정시에	准时	zhǔn shí	준 스
시간이 짧다	短暂	duǎn zàn	똰 짠

ㄱ ㄴ ㄷ ㄹ ㅁ ㅂ ㅅ ㅇ ㅈ ㅊ ㅋ ㅌ ㅍ ㅎ

시간이 부족하여 틈이 없다, 생각할 겨를이 없다	来不及	lái bu jí	라이 뿌 찌
시공하다	修建	xiū jiàn	쎠우 찌엔
시끄럽다	吵	chǎo	차오
시끌벅적하다	热闹	rè nao	르어 나오
	嘈杂	cáo zá	차오 짜
시기	时期	shí qī	스 치
시다, 시큼하다	酸	suān	쏸
시대	时代	shí dài	스 따이
시도하다	试图	shì tú	스 투
시들다	枯萎	kū wěi	쿠 웨이
시디, CD	光盘	guāng pán	꽝 판
시력	视力	shì lì	스 리
시리즈	系列	xì liè	씨 리에
시멘트	水泥	shuǐ ní	수이 니
시범하다	示范	shì fàn	스 판
시비, 옳고 그름	是非	shì fēi	스 페이
시사	时事	shí shì	스 스
시선	视线	shì xiàn	스 씨엔

시설	设施	shè shī	스어 스
시야	视野	shì yě	스 예
시야, 식견	目光	mù guāng	무 꽝
시원스럽다	大方	dà fang	따 팡
시원시원하다, 호쾌하다	爽快	shuǎng kuai	쐉 콰이
시원하다	凉快	liáng kuai	리양 콰이
시위하다	示威	shì wēi	스 웨이
시작, 최초, 처음	首	shǒu	서우
시작하다	开始	kāi shǐ	카이 스
시장	市场	shì chǎng	스 창
시종, 처음과 끝	始终	shǐ zhōng	스 중
시중 들다, 돌보다	伺候	cì hou	츠 허우
시집가다	嫁	jià	찌야
시차	时差	shí chā	스 차
시체를 묻다	埋葬	mái zàng	마이 짱
시합하다	竞赛	jìng sài	찡 싸이
	比赛	bǐ sài	삐 싸이
시험을 치다	考试	kǎo shì	카오 스
시험 삼아 해보다	试	shì	스

시험지	试卷	shì juàn	스 쮜엔
시험하다	试验	shì yàn	스 옌
	测试	cè shì	츠어 스
시험해 보다	尝试	cháng shì	창 스
식당	餐厅	cān tīng	찬 팅
	饭店	fàn diàn	판 띠엔
식물	植物	zhí wù	즈 우
식민지	殖民地	zhí mín dì	즈 민 띠
식별하다	识别	shí bié	스 삐에
식별해내다	辨认	biàn rèn	삐엔 런
식욕	胃口	wèi kǒu	워이 커우
식초	醋	cù	추
신경	神经	shén jīng	선 찡
신기하다	神奇	shén qí	선 치
신념	信念	xìn niàn	씬 니엔
신랑	新郎	xīn láng	씬 랑
신뢰하다	信赖	xìn lài	씬 라이
신문	新闻	xīn wén	씬 원
	报纸	bào zhǐ	빠오 즈
신문사	报社	bào shè	빠오 스어

신부	新娘	xīn niáng	씬 니양
신분	身份	shēn fèn	선 펀
신비	奥秘	ào mì	아오 미
신비하다	神秘	shén mì	선 미
신사, 젠틀맨	绅士	shēn shì	선 스
신선, 선인	神仙	shén xiān	선 씨엔
신선하다	新鲜	xīn xiān	씬 씨엔
신성하다	神圣	shén shèng	선 성
신속하다	迅速	xùn sù	쒼 쑤
신신당부하다	叮嘱	dīng zhǔ	띵 주
신앙	信仰	xìn yǎng	씬 양
신용과 명예	信誉	xìn yù	씬 위
신용카드	信用卡	xìn yòng kǎ	씬 융 카
신음소리	哼	hēng	헝
신음하다	呻吟	shēn yín	선 인
신임하다, 믿다	信任	xìn rèn	씬 런
신중하다	慎重	shèn zhòng	선 중
	谨慎	jǐn shèn	찐 선
신청하다	申请	shēn qǐng	선 칭
	报名	bào míng	빠오 밍

신체	身体	shēn tǐ	션 티
신호	信号	xìn hào	씬 하오
신화	神话	shén huà	션 화
싣고 부리다, 하역하다	装卸	zhuāng xiè	쫭 씨에
실눈을 뜨다	眯	mī	미
실력	实力	shí lì	스 리
실마리	线索	xiàn suǒ	씨엔 쒀
실망하다	失望	shī wàng	스 왕
	灰心	huī xīn	후이 씬
실물	实物	shí wù	스 우
실속 있다, 실익	实惠	shí huì	스 후이
실수	失误	shī wù	스 우
실습하다	实习	shí xí	스 씨
실업하다	失业	shī yè	스 예
실용적이다	切实	qiè shí	치에 스
	实用	shí yòng	스 융
실은, 사실상	其实	qí shí	치 스
실제	实际	shí jì	스 찌
실제적이다	实在	shí zài	스 짜이

실종하다	失踪	shī zōng	스 쫑
실질	实质	shí zhì	스 즈
실천하다	实践	shí jiàn	스 찌엔
실패	失败	shī bài	스 빠이
실행하다	实施	shí shī	스 스
	实行	shí xíng	스 씽
실험하다	试验	shì yàn	스 옌
	实验	shí yàn	스 옌
실현하다	实现	shí xiàn	스 씨엔
싫다	讨厌	tǎo yàn	타오 옌
싫어하다	嫌	xián	씨엔
심각하다	深刻	shēn kè	선 크어
심득, 느낌	心得	xīn dé	씬 뜨어
심령	心灵	xīn líng	씬 링
심리	心理	xīn lǐ	씬 리
심리 상태	心态	xīn tài	씬 타이
심리하다	审理	shěn lǐ	선 리
심미하다 (아름다움을 감상하고 평가하다)	审美	shěn měi	선 머이
심사하다	考核	kǎo hé	카오 흐어

	审查	shěn chá	선 차
심심하다	无聊	wú liáo	우 리아오
심오하다	深奥	shēn 'ào	선 아오
심장	心脏	xīn zàng	씬 짱
심정	心情	xīn qíng	씬 칭
심지어	甚至	shèn zhì	선 즈
심판	裁判	cái pàn	차이 판
심판하다	审判	shěn pàn	선 판
심하다	沉重	chén zhòng	천 중
심한 손상을 주다	摧残	cuī cán	추이 찬
심혈	心血	xīn xuè	씬 쒸에
십, 10	十	shí	스
싱겁다	淡	dàn	딴
(값이) 싸다	便宜	pián yi	피엔 이
싸다, 싸매다	包	bāo	빠오
싸우다	打仗	dǎ zhàng	따 장
	打架	dǎ jià	따 찌아
싸우다, 투쟁하다	斗争	dòu zhēng	떠우 정
싹트다, 움트다	萌芽	méng yá	멍 야
쌀	米	mǐ	미

쌀밥	米饭	mǐ fàn	미 판
쌀쌀하다, 냉담하다	冷淡	lěng dàn	렁 딴
쌍	双	shuāng	쐉
쌍둥이	双胞胎	shuāng bāo tāi	쐉 빠오 타이
쌍방	双方	shuāng fāng	쐉 팡
쌓아 가다	酝酿	yùn niàng	윈 니양
쌓여 있다	堆积	duī jī	뚜이 찌
쌓이다	积累	jī lěi	찌 러이
썩다	腐烂	fǔ làn	푸 란
	腐朽	fǔ xiǔ	푸 쎠우
	腐败	fǔ bài	푸 빠이
(글을) 쓰다	写	xiě	씨에
쓰다, 고생스럽다	苦	kǔ	쿠
쓰다, 사용하다	用	yòng	융
쓰다, 착용하다	戴	dài	따이
쓰레기통	垃圾桶	lā jī tǒng	라 찌 퉁
쓸데없는 말	废话	fèi huà	페이 화
쓸쓸하다, 외롭다	寂寞	jì mò	찌 뭐
쓸쓸하다, 조용하다	冷落	lěng luò	렁 뤄

씨, 종자	种子	zhǒng zi	중 쯔
씹다	咀嚼	jǔ jué	쮜 쮜에
씻다	洗	xǐ	씨

ㅇ

아가씨	小姐	xiǎo jiě	씨아오 찌에
	姑娘	gū niang	꾸 니앙
아기	娃娃	wá wa	와 와
아까워하다	心疼	xīn téng	씬 텅
	舍不得	shě bu dé	스어 뿌 뜨어
아끼다	省	shěng	성
	节省	jié shěng	찌에 성
	爱护	ài hù	아이 후
아끼지 않다	不惜	bù xī	뿌 씨
아내	老婆	lǎo po	라오 풔
	太太	tài tai	타이 타이
아내를 얻다	娶	qǔ	취
아는 바에 의하면	据悉	jù xī	쮜 씨
아니다, 없다	非	fēi	페이
아니면	不然	bù rán	뿌 란
아동	儿童	ér tóng	얼 퉁
아득하다	茫茫	máng máng	망 망

아득히 멀다	遥远	yáo yuǎn	야오 위엔
아들	儿子	ér zi	얼 쯔
아래	下	xià	씨아
아름답다	美丽	měi lì	머이 리
아마	或许	huò xǔ	훠 쒸
	也许	yě xǔ	예 쒸
아마 ~일 것이다	恐怕	kǒng pà	쿵 파
아마도, 어쩌면	说不定	shuō bu dìng	숴 뿌 띵
	可能	kě néng	크어 넝
아무래도	未免	wèi miǎn	워이 미엔
아마추어	业余	yè yú	예 위
아버지	父亲	fù qin	푸 친
아쉬운대로 하다	应付	yīng fu	잉 푸
아쉽다	可惜	kě xī	크어 씨
아시아주	亚洲	yà zhōu	야 저우
아예, 차라리	索性	suǒ xìng	쒀 씽
아이	孩子	hái zi	하이 쯔
아이스크림	冰激凌	bīng jī líng	삥 찌 링
아주, 매우	要命	yào mìng	야오 밍
아주 춥다	严寒	yán hán	옌 한

아주머니	阿姨	ā yí	아 이
아첨하다	巴结	bā jie	빠 찌에
아침	早上	zǎo shang	짜오 상
아파트	公寓	gōng yù	꿍 위
아프다	疼	téng	텅
아픔	痛苦	tòng kǔ	퉁 쿠
악기	乐器	yuè qì	위에 치
악당	歹徒	dǎi tú	따이 투
악보	乐谱	yuè pǔ	위에 푸
악수하다	握手	wò shǒu	워 서우
악화하다	恶化	è huà	으어 화
안, 안쪽	里	li	리
	内	nèi	너이
안개	雾	wù	우
안건	案件	àn jiàn	안 찌엔
안경	眼镜	yǎn jìng	옌 찡
안내 사항	须知	xū zhī	쒸 즈
안내하다, 인도하다	引导	yǐn dǎo	인 따오
안녕	再见	zài jiàn	짜이 찌엔

안다, 껴안다	抱	bào	빠오
안마하다	按摩	àn mó	안 뭐
안배하다	安排	ān pái	안 파이
안부를 묻다	问候	wèn hòu	원 허우
안전하다	保险	bǎo xiǎn	빠오 씨엔
	安全	ān quán	안 취엔
안정되다	稳定	wěn dìng	원 띵
안정되지 못하다, 불안하다	不安	bù 'ān	뿌 안
안정적이다, 조용하다	安静	ān jìng	안 찡
안치하다	安置	ān zhì	안 즈
안타까워하다	惋惜	wǎn xī	완 씨
앉다	坐	zuò	쭤
않다, 아니다	不	bù	뿌
알	丸	wán	완
알다	认识	rèn shi	런 스
	了解	liǎo jiě	리아오 찌에
	明白	míng bai	밍 빠이
	知道	zhī dào	즈 따오
	懂	dǒng	뚱

~을 알 수 있다	可见	kě jiàn	크어 찌엔
알레르기 반응을 보이다	过敏	guò mǐn	꿔 민
알리다	通知	tōng zhī	퉁 즈
	告诉	gào su	까오 쑤
알맞다	恰当	qià dàng	치아 땅
알아맞히다	猜	cāi	차이
알아보다	打听	dǎ ting	따 팅
알코올	酒精	jiǔ jīng	쪄우 찡
암의 통칭	癌症	ái zhèng	아이 정
암석	岩石	yán shí	옌 스
암송하다, 외우다	背诵	bèi sòng	뻬이 쑹
암시하다	暗示	àn shì	안 스
암컷과 수컷	雌雄	cí xióng	츠 쓩
압력	压力	yā lì	야 리
압착하다	压榨	yā zhà	야 자
압축하다	压缩	yā suō	야 쒀
앙앙, 엉엉	哇	wā	와
앞	前面	qián mian	치엔 미엔
앞당기다	提前	tí qián	티 치엔

ㄱ ㄴ ㄷ ㄹ ㅁ ㅂ ㅅ ㅇ ㅈ ㅊ ㅋ ㅌ ㅍ ㅎ

앞서다	领先	lǐng xiān	링 씨엔
애매하다, 불확실하다	暧昧	ài mèi	아이 머이
애써 추구하다	力求	lì qiú	리 쳐우
애쓰다	争气	zhēng qì	정 치
애정	爱情	ài qíng	아이 칭
애호하다	爱护	ài hù	아이 후
액수	数额	shù 'é	수 으어
액체	液体	yè tǐ	예 티
야기하다	导致	dǎo zhì	따오 즈
	引起	yǐn qǐ	인 치
	造成	zào chéng	자오 청
야만스럽다	野蛮	yě mán	예 만
야심	野心	yě xīn	예 씬
야채	菜	cài	차이
	蔬菜	shū cài	수 차이
약	药	yào	야오
약간	些	xiē	씨에
	一点儿	yì diǎnr	이 띠얄
	若干	ruò gān	뤄 깐

약속	约会	yuē huì	위에 후이
약점	弱点	ruò diǎn	뤄 띠엔
약탈하다	掠夺	lüè duó	뤼에 뚸
약하다	弱	ruò	뤄
약하다, 취약하다	脆弱	cuì ruò	추이 뤄
약해지다	削弱	xuē ruò	쒸에 뤄
얇다	薄	báo	빠오
양고기	羊肉	yáng ròu	양 러우
양말	袜子	wà zi	와 쯔
양보하다	让步	ràng bù	랑 뿌
양보하다, ~하게 하다	让	ràng	랑
양보하다, 영합하다	迁就	qiān jiù	치엔 쪄우
양식, 식량	粮食	liáng shi	리양 스
양식, 형식	样式	yàng shì	양 스
양심	良心	liáng xīn	리양 씬
양쪽	彼此	bǐ cǐ	삐 츠
양초, 초	蜡烛	là zhú	라 주
양해하다	体谅	tǐ liàng	티 리양
	原谅	yuán liàng	위엔 리양

ㄱ ㄴ ㄷ ㄹ ㅁ ㅂ ㅅ ㅇ ㅈ ㅊ ㅋ ㅌ ㅍ ㅎ

	谅解	liàng jiě	리양 찌에
양호하다	良好	liáng hǎo	리양 하오
얕다	浅	qiǎn	치엔
얕보다	欺负	qī fu	치 푸
얕잡아보다	贬低	biǎn dī	삐엔 띠
어긋나다, 불일치하다	分歧	fēn qí	펀 치
어깨	肩膀	jiān bǎng	찌엔 빵
어느	哪	nǎ	나
어둡다	暗	àn	안
어디	哪儿	nǎr	날
어떠한	任何	rèn hé	런 흐어
어떠한가	怎么样	zěn me yàng	쩐 므어 양
어떤	某	mǒu	머우
어떤 결과를 초래하다	以至	yǐ zhì	이 즈
어떻게	如何	rú hé	루 흐어
	怎么	zěn me	쩐 므어
어떻게 할 방법이 없다	无奈	wú nài	우 나이
어렵고 힘들다	艰巨	jiān jù	찌엔 쮜

어렵다	艰难	jiān nán	찌엔 난
	难	nán	난
	困难	kùn nan	쿤 난
어리석다	傻	shǎ	사
	愚蠢	yú chǔn	위 춘
	糊涂	hú tu	후 투
어머니	妈妈	mā ma	마 마
	母亲	mǔ qin	무 친
어민	渔民	yú mín	위 민
어색하다	别扭	biè niu	삐에 녀우
어제	昨天	zuó tiān	쭤 티엔
어조, 말투	口气	kǒu qì	커우 치
어지럽다, 기절하다	晕	yūn	윈
어지럽다, 혼란하다	乱	luàn	롼
어질고 총명하다	贤惠	xián huì	씨엔 후이
어째서, 왜	咋	zǎ	짜
어쨌든	反正	fǎn zhèng	판 정
어휘	词汇	cí huì	츠 후이
억, 100,000,000	亿	yì	이
억누르다	压抑	yā yì	야 이

억압하다	压迫	yā pò	야 풔
억울하다	冤枉	yuān wang	위엔 왕
억제하다	压制	yā zhì	야 즈
언급되다	涉及	shè jí	스어 찌
언론	言论	yán lùn	옌 룬
언어	语言	yǔ yán	위 옌
언제나, 늘, 자주	经常	jīng cháng	찡 창
언제나, 수시로	随时	suí shí	쑤이 스
얻기 어렵다	难得	nán dé	난 뜨어
얻다	得	dé	뜨어
얼굴	脸	liǎn	리엔
얼굴을 마주하다	迎面	yíng miàn	잉 미엔
얼다	冻	dòng	뚱
	冻结	dòng jié	뚱 찌에
얼룩	斑	bān	빤
얼른	连忙	lián máng	리엔 망
얼마	多少	duō shao	뚸 사오
얼마나	多么	duō me	뚸 므어
	多	duō	뚸
얼마든지	尽管	jǐn guǎn	찐 꽌

엄격하다	严格	yán gé	옌 끄어
엄금하다	严禁	yán jìn	옌 찐
엄밀하다	严密	yán mì	옌 미
엄밀히 점검하다	把关	bǎ guān	빠 꽌
엄숙하다	严肃	yán sù	옌 쑤
	严峻	yán jùn	옌 쮠
엄중하다	严重	yán zhòng	옌 중
엄호하다	掩护	yǎn hù	옌 후
업무	业务	yè wù	예 우
없다	无	wú	우
	没有	méi yǒu	머이 여우
엉덩이	屁股	pì gu	피 꾸
엉엉, 왝왝, 앙앙, (구토나 울음소리)	哇	wā	와
엉터리없다	荒谬	huāng miù	황 며우
엎드리다	趴	pā	파
에너지	能量	néng liàng	넝 리앙
	能源	néng yuán	넝 위엔
~에서, ~부터, ~한 후	自从	zì cóng	쯔 충
에어컨	空调	kōng tiáo	쿵 티아오

엔지니어	工程师	gōng chéng shī	꿍 청 스
엔진	引擎	yǐn qíng	인 칭
엘리베이터	电梯	diàn tī	띠엔 티
여가	空闲	kòng xián	쿵 씨엔
여과하다	过滤	guò lǜ	꿔 뤼
여권	护照	hù zhào	후 자오
여기다, 간주하다	以为	yǐ wéi	이 워이
~로 여기다, ~로 삼다, ~로 간주하다	作为	zuò wéi	쭤 워이
여동생	妹妹	mèi mei	머이 머이
여러	各	gè	끄어
여러분	诸位	zhū wèi	주 워이
여러분, 모두들	大伙儿	dà huǒr	따 훨
여론	舆论	yú lùn	위 룬
여름	夏	xià	씨야
여름방학을 하다	放暑假	fàng shǔ jiǎ	팡 수 찌야
여름 캠프	夏令营	xià lìng yíng	씨야 링 잉
여리다, 부드럽다	嫩	nèn	넌
여리다, 연약하다	娇气	jiāo qì	찌아오 치

여명	黎明	lí míng	리 밍
여보세요	喂	wèi /wéi	워이
여분의	多余	duō yú	뚸 위
여사	女士	nǚ shì	뉘 스
여위다, 마르다	瘦	shòu	서우
여자	女	nǚ	뉘
여전히	仍然	réng rán	렁 란
	还	hái	하이
	仍旧	réng jiù	렁 쪄우
	照样	zhào yàng	자오 양
	依然	yī rán	이 란
	依旧	yī jiù	이 쪄우
	尚且	shàng qiě	상 치에
여행하다	旅行	lǚ xíng	뤼 씽
	旅游	lǚ yóu	뤼 여우
역, 정류소	站	zhàn	잔
역대	历代	lì dài	리 따이
역량, 힘	力量	lì liang	리 리양
역사	历史	lì shǐ	리 스
역시	还是	hái shi	하이 스

역행하다	逆行	nì xíng	니 씽
연결하다	连	lián	리엔
연고, 원인	缘故	yuán gù	위엔 꾸
연구 토론하다	探讨	tàn tǎo	탄 타오
연구하다	研究	yán jiū	옌 쪄우
연기자	演员	yǎn yuán	옌 위엔
연기하다, 공연하다	表演	biǎo yǎn	삐아오 옌
연기하다, 뒤로 미루다	延期	yán qī	옌 치
연도	年度	nián dù	니엔 뚜
연락하다	联系	lián xì	리엔 씨
	联络	lián luò	리엔 뤄
연루되다	牵扯	qiān chě	치엔 츠어
연맹	联盟	lián méng	리엔 멍
(작은) 연못	池塘	chí táng	츠 탕
연산하다, 운산하다	运算	yùn suàn	윈 쏸
연상하다	联想	lián xiǎng	리엔 씨양
연설, 연설하다	演讲	yǎn jiǎng	옌 찌양
연속하다	连续	lián xù	리엔 쒸
연쇄적이다	连锁	lián suǒ	리엔 쒀

연습하다	演习	yǎn xí	옌 씨
	练习	liàn xí	리엔 씨
연애	恋爱	liàn 'ài	리엔 아이
연연해 하다	留恋	liú liàn	려우 리엔
연장자, 어른	长辈	zhǎng bèi	장 뻬이
연장하다, 늘이다	延长	yán cháng	옌 창
연장하다, 지속하다	延续	yán xù	옌 쒸
연주하다	演奏	yǎn zòu	옌 쩌우
연출하다	演出	yǎn chū	옌 추
연필	铅笔	qiān bǐ	치엔 삐
연합하다	联合	lián hé	리엔 흐어
연해	沿海	yán hǎi	옌 하이
연회	宴会	yàn huì	옌 후이
열이 나다	发烧	fā shāo	파 사오
열거하다	列举	liè jǔ	리에 쮜
열독하다	阅读	yuè dú	위에 뚜
열등감	自卑	zì bēi	쯔 뻬이
열렬하다	踊跃	yǒng yuè	융 위에
	热烈	rè liè	르어 리에
열쇠	钥匙	yào shi	야오 스

열악하다	恶劣	è liè	으어 리에
열애에 빠지다	热爱	rè 'ài	르어 아이
열정	热情	rè qíng	르어 칭
열차	列车	liè chē	리에 츠어
염증이 생기다	发炎	fā yán	파 옌
영, 0	零	líng	링
영광	光荣	guāng róng	꽝 룽
영광스럽다	荣幸	róng xìng	룽 씽
영리하다	机灵	jī ling	찌 링
	伶俐	líng lì	링 리
영명하다	英明	yīng míng	잉 밍
영사관	领事馆	lǐng shì guǎn	링 스 꽌
영수증	发票	fā piào	파 피아오
	收据	shōu jù	서우 쮜
영아, 갓난아이	婴儿	yīng 'ér	잉 얼
영양	营养	yíng yǎng	잉 양
영업하다	营业	yíng yè	잉 예
영역	领域	lǐng yù	링 위
영예, 명예	荣誉	róng yù	룽 위
영웅	英雄	yīng xióng	잉 쓩

영원하다	永恒	yǒng héng	융 헝
영원히	永远	yǒng yuǎn	융 위엔
영접하다, 마중하다	迎接	yíng jiē	잉 찌에
영준하다	英俊	yīng jùn	잉 쮠
영토	领土	lǐng tǔ	링 투
영합하다	迁就	qiān jiù	치엔 쪄우
영향	影响	yǐng xiǎng	잉 씨앙
영혼	灵魂	líng hún	링 훈
영화	电影	diàn yǐng	띠엔 잉
옆	旁边	páng biān	팡 삐엔
옆집	隔壁	gé bì	끄어 삐
옆쪽	侧面	cè miàn	츠어 미엔
예를 들다	例如	lì rú	리 루
	譬如	pì rú	피 루
예를 들어	比如	bǐ rú	삐 루
예견하다	预期	yù qī	위 치
예리하다	锋利	fēng lì	펑 리
예민하다	敏锐	mǐn ruì	민 루이
	灵敏	líng mǐn	링 민
예방 치료하다	防治	fáng zhì	팡 즈

ㄱ ㄴ ㄷ ㄹ ㅁ ㅂ ㅅ ㅇ ㅈ ㅊ ㅋ ㅌ ㅍ ㅎ

예방하다	预防	yù fáng	위 팡
예방하다, 삼가 방문하다	拜访	bài fǎng	빠이 팡
예보	预报	yù bào	위 빠오
예비분을 복사하다	备份	bèi fèn	뻬이 펀
예쁘다	漂亮	piào liang	피아오 리앙
예산	预算	yù suàn	위 쏸
예상, 예측	意料	yì liào	이 리아오
예상하다	预料	yù liào	위 리아오
예술	艺术	yì shù	이 수
예습하다	预习	yù xí	위 씨
예약하다	预定	yù dìng	위 띵
예언하다	预言	yù yán	위 옌
예외로 하다	例外	lì wài	리 와이
예의, 예의범절	礼貌	lǐ mào	리 마오
예절	礼节	lǐ jié	리 찌에
옛날, 이전	昔日	xī rì	씨 르
오!	哦	ò	어우
5, 다섯	五	wǔ	우
오늘	今天	jīn tiān	찐 티엔

오늘날	如今	rú jīn	루 찐
오다	来	lái	라이
~에서 오다	来自	lái zì	라이 쯔
오락	娱乐	yú lè	위 르어
오래 쓰다	耐用	nài yòng	나이 융
오래 지속되다	持久	chí jiǔ	츠 쪄우
오랫동안	久	jiǔ	쪄우
오르다	涨	zhǎng	장
오르다, 등반하다	攀登	pān dēng	판 떵
오른쪽	右边	yòu bian	여우 삐엔
오리구이	烤鸭	kǎo yā	카오 야
오리지널의	地道	dì dao	띠 따오
오리털 재킷	羽绒服	yǔ róng fú	위 룽 푸
오염되다	污染	wū rǎn	우 란
오전	上午	shàng wǔ	상 우
오직	只	zhǐ	즈
오직 ~하여야	除非	chú fēi	추 페이
오차	误差	wù chā	우 차
	偏差	piān chā	피엔 차
오토바이	摩托车	mó tuō chē	뭐 퉈 츠어

ㄱ ㄴ ㄷ ㄹ ㅁ ㅂ ㅅ ㅇ ㅈ ㅊ ㅋ ㅌ ㅍ ㅎ

오해	误会	wù huì	우 후이
오해하다	误解	wù jiě	우 찌에
오후	下午	xià wǔ	씨아 우
오히려	反而	fǎn 'ér	판 얼
옥	玉	yù	위
옥수수	玉米	yù mǐ	위 미
온, 완정한 것	整个	zhěng gè	정 끄어
온난하다	温暖	wēn nuǎn	원 놘
온대	温带	wēn dài	원 따이
온도	温度	wēn dù	원 뚜
온몸	浑身	hún shēn	훈 선
온종일	成天	chéng tiān	청 티엔
온화하다	温和	wēn hé	원 흐어
올가미	圈套	quān tào	취엔 타오
올라가다	升	shēng	성
옮겨 가다	迁徙	qiān xǐ	치엔 씨
옮기다	挪	nuó	눠
	搬	bān	빤
	转移	zhuǎn yí	좐 이
	移动	yí dòng	이 뚱

옳다	对	duì	뚜이
옷	衣服	yī fu	이 푸
	衣裳	yī shang	이 상
옹호하다	拥护	yōng hù	융 후
~와, ~과	和	hé	흐어
	跟	gēn	껀
	与	yǔ	위
와해하다	瓦解	wǎ jiě	와 찌에
완강하다	顽强	wán qiáng	완 치양
완고하다	顽固	wán gù	완 꾸
완구, 장난감	玩具	wán jù	완 쮜
	玩意儿	wán yìr	완 열
완벽하다	完善	wán shàn	완 산
완비되어 있다, 완전히 갖추다	完备	wán bèi	완 뻐이
	齐全	qí quán	치 취엔
완비하다, 건강하고 온전하다	健全	jiàn quán	찌엔 취엔
완성하다	完成	wán chéng	완 청
완전하다	完整	wán zhěng	완 정
완전히	完全	wán quán	완 취엔

	简直	jiǎn zhí	찌엔 즈
왕래하다	打交道	dǎ jiāo dao	따 찌아오 따오
왕복하다	往返	wǎng fǎn	왕 판
왕성하다	兴旺	xīng wàng	씽 왕
왕자	王子	wáng zǐ	왕 쯔
왜곡하다	歪曲	wāi qū	와이 취
외계	外界	wài jiè	와이 찌에
외관, 겉모양	外观	wài guān	와이 꽌
외삼촌	舅舅	jiù jiu	쪄우 쪄우
외지다	闭塞	bì sè	삐 쓰어
	偏僻	piān pì	피엔 피
외치다	叫	jiào	찌아오
	呼叫	hū jiào	후 찌아오
외할머니	姥姥	lǎo lao	라오 라오
외향적이다	外向	wài xiàng	와이 씨양
왼쪽	左边	zuǒ bian	쭤 삐엔
요구	要求	yāo qiú	야오 쳐우
요구하다, 구하다	索取	suǒ qǔ	쒀 취
요리하다	烹饪	pēng rèn	펑 런
요소	因素	yīn sù	인 쑤

	要素	yào sù	야오 쑤
요일	星期	xīng qī	씽 치
요점	要点	yào diǎn	야오 띠엔
요청하다	邀请	yāo qǐng	야오 칭
	请	qǐng	칭
욕망	欲望	yù wàng	위 왕
욕하다	骂	mà	마
용	龙	lóng	룽
용감하게 ~하다	勇于	yǒng yú	융 위
용감하다	勇敢	yǒng gǎn	융 깐
용기	勇气	yǒng qì	융 치
용기	容器	róng qì	룽 치
용납하다	容纳	róng nà	룽 나
용도	用途	yòng tú	융 투
용돈	零钱	líng qián	링 치엔
용모	面貌	miàn mào	미엔 마오
	容貌	róng mào	룽 마오
용서하다	原谅	yuán liàng	위엔 리앙
	饶恕	ráo shù	라오 수
(물이) 용솟음치다	汹涌	xiōng yǒng	쓩 융

용해하다	溶解	róng jiě	룽 찌에
우대의	优惠	yōu huì	여우 후이
우둔하다	笨	bèn	뻔
	愚蠢	yú chǔn	위 춘
우뚝하다	挺拔	tǐng bá	팅 빠
우러러보다	瞻仰	zhān yǎng	잔 양
우리	我们	wǒ men	워 먼
	咱们	zán men	짠 먼
우매하다	愚昧	yú mèi	위 머이
우물	井	jǐng	찡
우박	冰雹	bīng báo	삥 빠오
우산	伞	sǎn	싼
우상	偶像	ǒu xiàng	어우 씨양
우선하다	优先	yōu xiān	여우 씨엔
우세	优势	yōu shì	여우 스
우수하다	优秀	yōu xiù	여우 쎠우
우승, 챔피언	冠军	guàn jūn	꽌 쮠
우아하고 아름답다	优美	yōu měi	여우 머이
우아하다	文雅	wén yǎ	원 야
우악스럽다	粗鲁	cū lǔ	추 루

우여곡절	周折	zhōu zhé	저우 즈어
우연히	偶然	ǒu rán	어우 란
우울하다	忧郁	yōu yù	여우 위
우월하다	优越	yōu yuè	여우 위에
우유	牛奶	niú nǎi	녀우 나이
우정	友谊	yǒu yì	여우 이
우주	宇宙	yǔ zhòu	위 저우
	太空	tài kōng	타이 쿵
우주비행의	航天	háng tiān	항 티엔
우체국	邮局	yóu jú	여우 쥐
우호적이다	友好	yǒu hǎo	여우 하오
우화	寓言	yù yán	위 옌
운, 운수	运气	yùn qi	윈 치
운이 좋다	幸运	xìng yùn	씽 윈
운동장	操场	cāo chǎng	차오 창
운동하다	运动	yùn dòng	윈 뚱
운명	命运	mìng yùn	밍 윈
운송하다	运输	yùn shū	윈 수
운전하다	驾驶	jià shǐ	찌야 스
운행하다	运行	yùn xíng	윈 씽

ㄱ ㄴ ㄷ ㄹ ㅁ ㅂ ㅅ ㅇ ㅈ ㅊ ㅋ ㅌ ㅍ ㅎ

울다	哭	kū	쿠
울퉁불퉁하다	凹凸	āo tū	아오 투
움직이다	活动	huó dòng	훠 뚱
웃다	笑	xiào	씨아오
웃음거리, 농담	笑话	xiào hua	씨아오 화
웅대하다	宏伟	hóng wěi	훙 웨이
	雄伟	xióng wěi	쓩 웨이
원, 고리, 테	圈	quān	취엔
원가	成本	chéng běn	청 뻔
원격조종하다	遥控	yáo kòng	야오 쿵
원고, 작품	稿件	gǎo jiàn	까오 찌엔
원고(법률)	原告	yuán gào	위엔 까오
원단, 양력 1월 1일	元旦	yuán dàn	위엔 딴
원래, 본래	原来	yuán lái	위엔 라이
원료	原料	yuán liào	위엔 리아오
원리	原理	yuán lǐ	위엔 리
원림, 정원	园林	yuán lín	위엔 린
원만하다	圆满	yuán mǎn	위엔 만
원망하다	埋怨	mán yuàn	만 위엔
	抱怨	bào yuàn	빠오 위엔

원망하다, 억울하다	委屈	wěi qu	워이 취
원소(수학)	元素	yuán sù	위엔 쑤
원수, 임금, 군주	元首	yuán shǒu	위엔 서우
원숭이	猴子	hóu zi	허우 쯔
원시의	原始	yuán shǐ	위엔 스
원인	原因	yuán yīn	위엔 인
원천	源泉	yuán quán	위엔 취엔
원칙	原则	yuán zé	위엔 쯔어
원하다, 바라다	愿意	yuàn yì	위엔 이
원하다, 필요하다/ ~할 것이다, ~을 하려고 하다	要	yào	야오
원활하다	灵活	líng huó	링 훠
위, 위장	胃	wèi	워이
위, 위쪽	上	shàng	상
위기	危机	wēi jī	워이 찌
위대하다	伟大	wěi dà	워이 따
위력	威力	wēi lì	워이 리
위로하다	安慰	ān wèi	안 워이
위문하다	慰问	wèi wèn	워이 원

위반하다, 어기다	违反	wéi fǎn	워이 판
	违背	wéi bèi	워이 뻐이
위성	卫星	wèi xīng	워이 씽
위신, 체면	威信	wēi xìn	워이 씬
위안(중국의 화폐 단위)	元	yuán	위엔
위약금	罚款	fá kuǎn	파 콴
위엄과 명망	威望	wēi wàng	워이 왕
위원	委员	wěi yuán	워이 위엔
위조하다	伪造	wěi zào	워이 짜오
위치	位置	wèi zhi	워이 즈
~에 위치하다	位于	wèi yú	워이 위
위탁하다	委托	wěi tuō	워이 퉈
위풍, 위엄, 콧대	威风	wēi fēng	워이 펑
~을 위하여	为	wèi	워이
위험	风险	fēng xiǎn	펑 씨엔
위험하다	危险	wēi xiǎn	워이 씨엔
위협하다	威胁	wēi xié	워이 씨에
유가, 유학자	儒家	rú jiā	루 찌아
유감스럽다	遗憾	yí hàn	이 한

유구하다	悠久	yōu jiǔ	여우 쪄우
유능하다	得力	dé lì	뜨어 리
유도탄, 미사일	导弹	dǎo dàn	따오 딴
유도하다	导向	dǎo xiàng	따오 씨양
유독	唯独	wéi dú	워이 뚜
유람하다	游览	yóu lǎn	여우 란
유랑하다, 방랑하다	流浪	liú làng	려우 랑
유럽	欧洲	ōu zhōu	어우 저우
유리	玻璃	bō li	뿨 리
유리하다	有利	yǒu lì	여우 리
유머러스한	幽默	yōu mò	여우 뭐
유명하다	有名	yǒu míng	여우 밍
유사하다, 비슷하다	类似	lèi sì	러이 쓰
유산	遗产	yí chǎn	이 찬
유언비어, 헛소문	谣言	yáo yán	야오 옌
유일하다	唯一	wéi yī	워이 이
유전되다	遗传	yí chuán	이 촨
유전하다	流传	liú chuán	려우 촨
유지하다	保持	bǎo chí	빠오 츠

	维持	wéi chí	웨이 츠
유창하다	流利	liú lì	려우 리
유치원	幼儿园	yòu 'ér yuán	여우 얼 위엔
유치하다, 수준이 낮다	幼稚	yòu zhì	여우 즈
유쾌하다	愉快	yú kuài	위 콰이
유통하다	流通	liú tōng	려우 퉁
유학하다	留学	liú xué	려우 쒜에
유한하다, 한계가 있다	有限	yǒu xiàn	여우 씨엔
유행하다	时髦	shí máo	스 마오
	流行	liú xíng	려우 씽
유형	类型	lèi xíng	러이 씽
유혹하다	诱惑	yòu huò	여우 훠
6, 여섯	六	liù	려우
육지	陆地	lù dì	루 띠
윤곽	轮廓	lún kuò	룬 쿼
융통하다, 회전시키다	周转	zhōu zhuǎn	저우 좐
으뜸의, 수뇌	首要	shǒu yào	서우 야오
~으로	把	bǎ	빠

~으로부터, ~에서, ~을 통하여, ~으로 인하여	由	yóu	여우
은	银	yín	인
은원, 은혜와 원한	恩怨	ēn yuàn	언 위엔
은폐하다	隐蔽	yǐn bì	인 삐
은행	银行	yín háng	인 항
을	乙	yǐ	이
음력	农历	nóng lì	눙 리
음료	饮料	yǐn liào	인 리아오
음모	阴谋	yīn móu	인 머우
음식	饮食	yǐn shí	인 스
음식물	食物	shí wù	스 우
음악	音乐	yīn yuè	인 위에
음울하다	沉闷	chén mèn	천 먼
음향	音响	yīn xiǎng	인 씨양
응!, 그래	嗯	èng	엉
응고하다	凝固	níng gù	닝 꾸
응급 진료	急诊	jí zhěn	찌 전
응답하다	答应	dā ying	따 잉

응대하다	应酬	yìng chou	잉 처우
응시하다, 주시하다	盯	dīng	띵
	凝视	níng shì	닝 스
응용하다	应用	yīng yòng	잉 융
	运用	yùn yòng	윈 융
~의, ~한	之	zhī	즈
의거하다	依据	yī jù	이 쮜
의견	意见	yì jiàn	이 찌엔
	主意	zhǔ yi	주 이
의기양양하다	得意	dé yì	뜨어 이
의논하다	议论	yì lùn	이 룬
의도	意图	yì tú	이 투
의무	义务	yì wù	이 우
의문, 의혹	疑问	yí wèn	이 원
의미	意思	yì si	이 쓰
의미하다	意味着	yì wèi zhe	이 웨이 즈어
의사	医生	yī shēng	이 성
	大夫	dài fu	따이 푸
의사를 나타내다	示意	shì yì	스 이
의식	意识	yì shi	이 스

의식, 행사	典礼	diǎn lǐ	띠엔 리
의식을 회복하다	苏醒	sū xǐng	쑤 씽
의식불명이다, 혼미하다	昏迷	hūn mí	훈 미
의심, 혐의	嫌疑	xián yí	씨엔 이
의심하다	怀疑	huái yí	화이 이
의아하게 여기다	诧异	chà yì	차 이
의연히	毅然	yì rán	이 란
의욕	干劲	gàn jìn	깐 찐
의외의	意外	yì wài	이 와이
의외의 사고가 발생하다	失事	shī shì	스 스
의자	椅子	yǐ zi	이 쯔
의지	意志	yì zhì	이 즈
의지하다	依托	yī tuō	이 퉈
	凭	píng	핑
	依靠	yī kào	이 카오
	依赖	yī lài	이 라이
의향	意向	yì xiàng	이 씨양
의혹을 품다	疑惑	yí huò	이 훠
2, 둘	二	èr	얼/알

ㄱ ㄴ ㄷ ㄹ ㅁ ㅂ ㅅ ㅇ ㅈ ㅊ ㅋ ㅌ ㅍ ㅎ

	两	liǎng	량
이, 이것	这	zhè	즈어
~이다	是	shì	스
이로 인하여	因此	yīn cǐ	인 츠
이를 닦다	刷牙	shuā yá	쇄 야
이겨내다	忍受	rěn shòu	런 서우
이기다	赢	yíng	잉
이기적이다	自私	zì sī	쯔 쓰
이끌다	带领	dài lǐng	따이 링
이동하다	移动	yí dòng	이 뚱
이동하다, 동원하다	调动	diào dòng	띠아오 뚱
이래	以来	yǐ lái	이 라이
이로부터	从此	cóng cǐ	충 츠
이론	理论	lǐ lùn	리 룬
이륙하다	起飞	qǐ fēi	치 페이
~의 정도에 이르다	至于	zhì yú	즈 위
이른 아침	凌晨	líng chén	링 천
	清晨	qīng chén	칭 천
이름	名字	míng zi	밍 쯔

이름을 짓다	命名	mìng míng	밍 밍
이메일	电子邮件	diàn zǐ yóu jiàn	띠엔 쯔 여우 찌엔
이모, 아주머니	阿姨	ā yí	아 이
이미	已经	yǐ jīng	이 찡
이미 만들어지다	现成	xiàn chéng	씨엔 청
이미 이렇게 된 바에	既然	jì rán	찌 란
이미지, 형상	造型	zào xíng	짜오 씽
이민	移民	yí mín	이 민
이밖에	此外	cǐ wài	츠 와이
이발하다	理发	lǐ fà	리 파
이별하다	别	bié	삐에
이봐, 어이	嘿	hēi	허이
이불	被子	bèi zi	뻬이 쯔
이산화탄소	二氧化碳	èr yǎng huà tàn	얼 양 화 탄
이상	理想	lǐ xiǎng	리 씨양
이상하고 특별하다	奇特	qí tè	치 트어
이상하다	异常	yì cháng	이 창
이야기	故事	gù shi	꾸 스
이어서, 계속하여	接着	jiē zhe	찌에 즈어

이와 반대로	反之	fǎn zhī	판 즈
이왕	以往	yǐ wǎng	이 왕
이웃	邻居	lín jū	린 쮜
이유	理由	lǐ yóu	리 여우
이윤	利润	lì rùn	리 룬
이익	盈利	yíng lì	잉 리
	利益	lì yì	리 이
이익을 배당하다	分红	fēn hóng	펀 홍
이자	利息	lì xi	리 씨
이전	以前	yǐ qián	이 치엔
	先前	xiān qián	씨엔 치엔
이점, 장점	好处	hǎo chù	하오 추
이제부터	从此	cóng cǐ	충 츠
이지, 이성과 지혜	理智	lǐ zhì	리 즈
이탈하다	脱离	tuō lí	퉈 리
이해하다	理解	lǐ jiě	리 찌에
이행하다	履行	lǚ xíng	뤼 씽
이혼하다	离婚	lí hūn	리 훈
이후	以后	yǐ hòu	이 허우
익숙하다	熟悉	shú xī	수 씨

인가하다, 승낙하다	认可	rèn kě	런 크어
인간	人间	rén jiān	런 찌엔
인간성, 휴머니티	人道	rén dào	런 따오
인격	人格	rén gé	런 끄어
인공	人工	rén gōng	런 꽁
인구	人口	rén kǒu	런 커우
인기 있는 것, 유행하는 것	热门	rè mén	르어 먼
인내성이 있다	耐心	nài xīn	나이 씬
인내하다	忍耐	rěn nài	런 나이
인도하다	引导	yǐn dǎo	인 따오
인류	人类	rén lèi	런 러이
인물	人物	rén wù	런 우
인민폐	人民币	rén mín bì	런 민 삐
인사	人事	rén shì	런 스
인사	人士	rén shì	런 스
인사말을 나누다	寒暄	hán xuān	한 쒸엔
인사하다	打招呼	dǎ zhāo hu	따 자오 후
인상	印象	yìn xiàng	인 씨양
인상, 이미지	形象	xíng xiàng	씽 씨양

인색하다, 쩨쩨하다	小气	xiǎo qi	씨아오 치
	吝啬	lìn sè	린 쓰어
인생	人生	rén shēng	런 성
인성	人性	rén xìng	런 씽
인솔하다	率领	shuài lǐng	쏴이 링
인쇄하다	印刷	yìn shuā	인 쏴
인쇄하다, 프린트하다	打印	dǎ yìn	따 인
인용하다	引用	yǐn yòng	인 융
인원	人员	rén yuán	런 위엔
인원수	名额	míng 'é	밍 으어
인위적인	人为	rén wéi	런 워이
인자하다	仁慈	rén cí	런 츠
인재	人才	rén cái	런 차이
인접하다	挨	āi/ái	아이
인접하다, 가까이 하다	濒临	bīn lín	삔 린
인정하다	认定	rèn dìng	런 띵
~인지 아닌지	是否	shì fǒu	스 퍼우
인질	人质	rén zhì	런 즈
인질로 잡다	绑架	bǎng jià	빵 찌아

인터넷	互联网	hù lián wǎng	후 리엔 왕
인터넷을 하다	上网	shàng wǎng	상 왕
인편에 전하다	捎	shāo	사오
1, 하나	一	yī	이
일	日	rì	르
일, 사건	事情	shì qing	스 칭
일 · 사건 · 개체 등의 수량 단위	件	jiàn	찌엔
일, 일하다	工作	gōng zuò	꿍 쭤
일을 저지르다	惹祸	rě huò	르어 훠
일관되다	一贯	yí guàn	이 꽌
일기, 일지	日记	rì jì	르 찌
일깨우다	提醒	tí xǐng	티 씽
일단 ~한다면	一旦	yí dàn	이 딴
일력	日历	rì lì	르 리
일류	一流	yī liú	이 려우
일률적이다	一律	yí lǜ	이 뤼
일반적이다	一般	yì bān	이 빤
	通常	tōng cháng	퉁 창
일부러	偏偏	piān piān	피엔 피엔

일상의, 평소의, 일상적인	日常	rì cháng	르 창
일상적인	家常	jiā cháng	찌아 창
일어나다	起来	qǐ lai	치 라이
일요일	礼拜天	lǐ bài tiān	리 빠이 티엔
일용품	日用品	rì yòng pǐn	르 융 핀
일정	日程	rì chéng	르 청
일찌감치	及早	jí zǎo	찌 짜오
일찍이	曾经	céng jīng	청 찡
일체, 모든	一切	yí qiè	이 치에
	所有	suǒ yǒu	쒀 여우
일치하다	一致	yí zhì	이 즈
일터, 근무처, 부서	岗位	gǎng wèi	깡 웨이
일하고 휴식하다	作息	zuò xī	쭤 씨
일하다	做	zuò	쭤
	干活儿	gàn huór	깐 훨
읽다	读	dú	뚜
	念	niàn	니엔
잃다	失	shī	스
	丢	diū	떠우

잃어버리다	丢失	diū shī	떠우 스
	失去	shī qù	스 취
	遗失	yí shī	이 스
임금, 월급	工资	gōng zī	꿍 쯔
임명하다	任命	rèn mìng	런 밍
임무	任务	rèn wù	런 우
임상 치료하다	临床	lín chuáng	린 촹
임시적인	临时	lín shí	린 스
임신하다	怀孕	huái yùn	화이 윈
임차하다, 임대하다	租	zū	쭈
	租赁	zū lìn	쭈 린
입	嘴	zuǐ	쭈이
	口	kǒu	커우
입구	入口	rù kǒu	루 커우
입다	穿	chuān	촨
입맞춤, 키스하다	吻	wěn	원
입방, 세제곱	立方	lì fāng	리 팡
입술	嘴唇	zuǐ chún	쭈이 춘
입장, 태도, 관점	立场	lì chǎng	리 창
입체, 입체의	立体	lì tǐ	리 티

ㅇ

잇다, 이어지다	衔接	xián jiē	씨엔 찌에
잇달아, 연이어	陆续	lù xù	루 쒸
있다	有	yǒu	여우
~만 있다	只有	zhǐ yǒu	즈 여우
~에 있다, 존재하다	在	zài	짜이
잉크	墨水儿	mò shuǐr	뭐 술
잎, 잎사귀	叶子	yè zi	예 쯔

ㅈ

자	尺子	chǐ zi	츠 쯔
자각하다	自觉	zì jué	쯔 쮜에
자격	资格	zī gé	쯔 끄어
자극하다	刺激	cì jī	츠 찌
자금	资金	zī jīn	쯔 찐
자기	瓷器	cí qì	츠 치
자기, 자신	自己	zì jǐ	쯔 찌
자동적인	自动	zì dòng	쯔 뚱
자라다	长	zhǎng	장
자료	资料	zī liào	쯔 리아오
자루	支	zhī	즈
자리	座	zuò	쭤
자리, 좌석	座位	zuò wèi	쭤 워이
자막	字幕	zì mù	쯔 무
자만하다	自满	zì mǎn	쯔 만
자모, 알파벳	字母	zì mǔ	쯔 무
자문하다	咨询	zī xún	쯔 쒼

자물쇠	锁	suǒ	쒀
자발적인	自发	zì fā	쯔 파
자본	资本	zī běn	쯔 뻔
자부하다	自豪	zì háo	쯔 하오
자산	资产	zī chǎn	쯔 찬
자살하다	自杀	zì shā	쯔 사
자상하다	慈祥	cí xiáng	츠 씨양
자상하게 돌보다	体贴	tǐ tiē	티 티에
자색의, 보라색의	紫	zǐ	쯔
자세	姿势	zī shì	쯔 스
자신, 자신감	信心	xìn xīn	씬 씬
자신하다	自信	zì xìn	쯔 씬
자연	自然	zì rán	쯔 란
자욱하다	弥漫	mí màn	미 만
자원	资源	zī yuán	쯔 위엔
자원하다	自愿	zì yuàn	쯔 위엔
자유	自由	zì yóu	쯔 여우
자전	字典	zì diǎn	쯔 띠엔
자전거	自行车	zì xíng chē	쯔 씽 츠어
자주	时常	shí cháng	스 창

	往往	wǎng wǎng	왕 왕
자주적이다	自主	zì zhǔ	쯔 주
자태	姿态	zī tài	쯔 타이
작가	作家	zuò jiā	쭤 찌야
작년	去年	qù nián	취 니엔
작문	作文	zuò wén	쭤 원
작별을 고하다	告别	gào bié	까오 삐에
작용	作用	zuò yòng	쭤 융
작은 상자	盒子	hé zi	흐어 쯔
작자, 저자	作者	zuò zhě	쭤 즈어
작품	作品	zuò pǐn	쭤 핀
잔돈	零钱	líng qián	링 치엔
잔소리하다	唠叨	lāo dao	라오 따오
잔인하다	残忍	cán rěn	찬 런
잔인하다, 모질다	狠心	hěn xīn	헌 씬
잔혹하다	残酷	cán kù	찬 쿠
잘못	错误	cuò wù	취 우
잠을 자다	睡觉	shuì jiào	수이 찌아오
잠기다	淹没	yān mò	옌 뭐
잠깐	一会儿	yí huìr	이 훨

	一旦	yí dàn	이 딴
	片刻	piàn kè	피엔 크어
잠복하다	潜伏	qián fú	치엔 푸
잠복해 있는 병	隐患	yǐn huàn	인 환
잠수하다	潜水	qián shuǐ	치엔 수이
잠시	暂且	zàn qiě	짠 치에
	姑且	gū qiě	꾸 치에
	暂时	zàn shí	짠 스
잠재력	潜力	qián lì	치엔 리
잡기, 곡예	杂技	zá jì	짜 찌
잡다	抓	zhuā	좌
	拿	ná	나
	捕捉	bǔ zhuō	뿌 줘
잡아당기다	拽	zhuài	좌이
잡지	杂志	zá zhì	짜 즈
장 (종이 등을 세는 단위)	张	zhāng	장
장갑	手套	shǒu tào	서우 타오
장강(양쯔강)	长江	cháng jiāng	창 찌양
장거리	长途	cháng tú	창 투

장관이다	壮观	zhuàng guān	좡 꽌
장군	将军	jiāng jūn	찌양 쮠
장기	象棋	xiàng qí	씨양 치
장난이 심하다	调皮	tiáo pí	티아오 피
	淘气	táo qì	타오 치
장난치다	耍	shuǎ	솨
장단, 리듬, 템포	节奏	jié zòu	찌에 쩌우
장래	前景	qián jǐng	치엔 찡
	将来	jiāng lái	찌양 라이
장려하다	奖励	jiǎng lì	찌양 리
장려하다, 웅장하고 아름답다	壮丽	zhuàng lì	좡 리
장렬하다	壮烈	zhuàng liè	좡 리에
장면	场面	chǎng miàn	창 미엔
장모	岳母	yuè mǔ	위에 무
장미	玫瑰	méi guī	머이 꾸이
장벽	屏障	píng zhàng	핑 장
장비	装备	zhuāng bèi	좡 뻬이
장사, 사업	生意	shēng yi	성 이
장소	场所	chǎng suǒ	창 쒀

	场合	chǎng hé	창 흐어
	所	suǒ	쒀
장식품	首饰	shǒu shì	서우 스
장식하고 꾸미다	装修	zhuāng xiū	쫭 쎠우
장식하다	装饰	zhuāng shì	쫭 스
	点缀	diǎn zhuì	띠엔 주이
장악하다	掌握	zhǎng wò	장 워
	把握	bǎ wò	빠 워
장애물	障碍	zhàng 'ài	장 아이
장엄하다	庄严	zhuāng yán	쫭 옌
장점	优点	yōu diǎn	여우 띠엔
장정, 규약	章程	zhāng chéng	장 청
	规章	guī zhāng	꾸이 장
장중하다	庄重	zhuāng zhòng	쫭 중
재	灰	huī	후이
재간, 재주	才干	cái gàn	차이 깐
재난	灾难	zāi nàn	짜이 난
재난을 당하다	遭殃	zāo yāng	짜오 양
재능	才	cái	차이
재담, 만담	相声	xiàng sheng	씨앙 성

재료	材料	cái liào	차이 리아오
재무	财务	cái wù	차이 우
재물로 돕다	资助	zī zhù	쯔 주
재미있다	有趣	yǒu qù	여우 취
	风趣	fēng qù	펑 취
재배하다	栽培	zāi péi	짜이 페이
재봉사	裁缝	cái feng	차이 펑
재부, 재산	财富	cái fù	차이 푸
재빨리	赶紧	gǎn jǐn	깐 찐
재산	财产	cái chǎn	차이 찬
재삼, 거듭	再三	zài sān	짜이 싼
재수가 없다	倒霉	dǎo méi	따오 메이
재정	财政	cái zhèng	차이 정
재차, 다시	重新	chóng xīn	충 씬
재채기를 하다	打喷嚏	dǎ pēn tì	따 펀 티
~하도록 재촉하다	促使	cù shǐ	추 스
재해	灾害	zāi hài	짜이 하이
쟁론하다	争论	zhēng lùn	정 룬
쟁반	盘子	pán zi	판 쯔

쟁의하다, 논쟁하다	争议	zhēng yì	정 이
쟁취하다	争取	zhēng qǔ	정 취
쟁탈하다	争夺	zhēng duó	정 뚸
저, 나	我	wǒ	워
저것	那	nà	나
저녁	晚上	wǎn shang	완 상
저녁, 무렵	傍晚	bàng wǎn	빵 완
저도 모르게	不由得	bù yóu de	뿌 여우 뜨어
저명하다, 유명하다	著名	zhù míng	주 밍
저버리다	辜负	gū fù	꾸 푸
저울	秤	chèng	청
저작	著作	zhù zuò	주 쭤
저지하다	阻挠	zǔ náo	쭈 나오
	阻止	zǔ zhǐ	쭈 즈
저축하다	储存	chǔ cún	추 춘
	储蓄	chǔ xù	추 쒸
저항하다	抵抗	dǐ kàng	띠 캉
적	敌人	dí rén	띠 런
적극적이다	积极	jī jí	찌 찌

적다	少	shǎo	사오
적당하다	恰当	qià dàng	치아 땅
	适宜	shì yí	스 이
적대시하다	敌视	dí shì	띠 스
적발하다	揭发	jiē fā	찌에 파
적요, 개요	摘要	zhāi yào	자이 야오
적응하다	适应	shì yìng	스 잉
적자, 결손	赤字	chì zì	츠 쯔
적자 나다	亏损	kuī sǔn	쿠이 쑨
적합하다	适合	shì hé	스 흐어
	合适	hé shì	흐어 스
전개하다	展开	zhǎn kāi	잔 카이
	开展	kāi zhǎn	카이 잔
전공	专业	zhuān yè	좐 예
전기	传记	zhuàn jì	좐 찌
전기(electronic)	电	diàn	띠엔
전단지	传单	chuán dān	촨 딴
전달하다	传达	chuán dá	촨 따
	转达	zhuǎn dá	좐 따
전도	前途	qián tú	치엔 투

ㄱ ㄴ ㄷ ㄹ ㅁ ㅂ ㅅ ㅇ ㅈ ㅊ ㅋ ㅌ ㅍ ㅎ

	出息	chū xi	추 씨
전도하다, 뒤바뀌다	颠倒	diān dǎo	띠엔 따오
전람하다	展览	zhǎn lǎn	잔 란
전략	战略	zhàn lüè	잔 뤼에
전력을 다해 분투하다	拼搏	pīn bó	핀 뿨
전망하다	展望	zhǎn wàng	잔 왕
전면적이다	全面	quán miàn	취엔 미엔
전문가	专家	zhuān jiā	좐 찌아
전문적이다	专门	zhuān mén	좐 먼
전변하다, 바꾸다	转变	zhuǎn biàn	좐 삐엔
전부	全部	quán bù	취엔 뿌
전설	传说	chuán shuō	촨 숴
전수하다	传授	chuán shòu	촨 서우
전술	战术	zhàn shù	잔 수
전시하다	展示	zhǎn shì	잔 스
전역	战役	zhàn yì	잔 이
전염하다	传染	chuán rǎn	촨 란
전우	战友	zhàn yǒu	잔 여우
전원	电源	diàn yuán	띠엔 위엔

전이하다	转移	zhuǎn yí	좐 이
전쟁	战争	zhàn zhēng	잔 정
전제, 전제조건	前提	qián tí	치엔 티
전지, 배터리	电池	diàn chí	띠엔 츠
전체	整个	zhěng gè	정 끄어
	整体	zhěng tǐ	정 티
전체 국면	全局	quán jú	취엔 쮜
전통	传统	chuán tǒng	촨 퉁
전투	战斗	zhàn dòu	잔 떠우
전파하다	传播	chuán bō	촨 뿨
전하여 알리다	转告	zhuǎn gào	좐 까오
전형적인	典型	diǎn xíng	띠엔 씽
전화하다	打电话	dǎ diàn huà	따 띠엔 화
전환하다	转折	zhuǎn zhé	좐 즈어
절, 사원	寺庙	sì miào	쓰 미아오
절대적인	绝对	jué duì	쮜에 뚜이
절도하다	盗窃	dào qiè	따오 치에
절뚝거리다	瘸	qué	취에
절망하다	绝望	jué wàng	쮜에 왕
절박하다	急切	jí qiè	찌 치에

ㄱ ㄴ ㄷ ㄹ ㅁ ㅂ ㅅ ㅇ ㅈ ㅊ ㅋ ㅌ ㅍ ㅎ

	迫切	pò qiè	퍼 치에
절반	半	bàn	빤
절약하다	节约	jié yuē	찌에 위에
젊다	年轻	nián qīng	니엔 칭
점	点	diǎn	띠엔
점령하다	占领	zhàn lǐng	잔 링
	占	zhàn	잔
	攻克	gōng kè	꿍 크어
점심	中午	zhōng wǔ	중 우
점유하다	占据	zhàn jù	잔 쮜
점잖다	安详	ān xiáng	안 씨앙
	斯文	sī wén	쓰 원
점차	逐步	zhú bù	주 뿌
	逐渐	zhú jiàn	주 찌엔
점차 증가하다	递增	dì zēng	띠 쩡
접근하다	接近	jiē jìn	찌에 찐
접대하다	接待	jiē dài	찌에 따이
	招待	zhāo dài	자오 따이
접수하다	接受	jiē shòu	찌에 서우
접촉하다	接触	jiē chù	찌에 추

젓가락	筷子	kuài zi	콰이 쯔
정, 감정, 느낌	情感	qíng gǎn	칭 깐
정가	定价	dìng jià	띵 찌아
정경	情景	qíng jǐng	칭 찡
정교하고 섬세하다	精细	jīng xì	찡 씨
정교하고 치밀하다	精致	jīng zhì	찡 즈
정권	政权	zhèng quán	정 취엔
정규의, 표준의	正规	zhèng guī	정 꾸이
정기	正气	zhèng qì	정 치
정기적인	定期	dìng qī	띵 치
정당하다	正经	zhèng jing	정 찡
정도	程度	chéng dù	청 뚜
정력	精力	jīng lì	찡 리
정련하다	提炼	tí liàn	티 리엔
정리하다	整理	zhěng lǐ	정 리
정말로	真	zhēn	전
정면을 향하다	迎面	yíng miàn	잉 미엔
정밀하다	精密	jīng mì	찡 미
정박하다	停泊	tíng bó	팅 뿨
정보	情报	qíng bào	칭 빠오

정복하다	征服	zhēng fú	정 푸
정부	政府	zhèng fǔ	정 푸
정부 관리	官	guān	꽌
정부측, 정부당국	官方	guān fāng	꽌 팡
정비하다, 바로잡다	整顿	zhěng dùn	정 뚠
정산하다	报销	bào xiāo	빠오 씨아오
정상적인	正常	zhèng cháng	정 창
정서, 감정, 기분	情绪	qíng xù	칭 쒸
정선하다	精简	jīng jiǎn	찡 찌엔
정성을 들이다	精心	jīng xīn	찡 씬
정수, 정화	精华	jīng huá	찡 화
정시에	准时	zhǔn shí	준 스
정식의	正式	zhèng shì	정 스
정신	精神	jīng shén	찡 선
정신을 차리다	清醒	qīng xǐng	칭 씽
정신적 긴장을 풀다	放松	fàng sōng	팡 쑹
정액, 액수	数额	shù 'é	수 으어
정액 외의	额外	é wài	으어 와이
정연하다	整齐	zhěng qí	정 치

정월	正月	zhēng yuè	정 위에
정월 대보름	元宵节	yuán xiāo jié	위엔 씨아오 찌에
정의	定义	dìng yì	띵 이
정의	正义	zhèng yì	정 이
정자	亭子	tíng zi	팅 쯔
정정하다	更正	gēng zhèng	껑 정
정종, 정통	正宗	zhèng zōng	정 쭝
정중하다	郑重	zhèng zhòng	정 중
	恭敬	gōng jìng	꿍 찡
정지하다	终止	zhōng zhǐ	중 즈
	停止	tíng zhǐ	팅 즈
정책	政策	zhèng cè	정 츠어
정체하다	停滞	tíng zhì	팅 즈
정치	政治	zhèng zhì	정 즈
정통하다	精通	jīng tōng	찡 퉁
정확하다	精确	jīng què	찡 취에
	准确	zhǔn què	준 취에
	正确	zhèng què	정 취에
정황, 상황	情形	qíng xíng	칭 씽
젖을 먹이다	哺乳	bǔ rǔ	뿌 루

ㄱ ㄴ ㄷ ㄹ ㅁ ㅂ ㅅ ㅇ ㅈ ㅊ ㅋ ㅌ ㅍ ㅎ

제거하다	解除	jiě chú	찌에 추
제고하다	提高	tí gāo	티 까오
제공하다	提供	tí gòng	티 꽁
제도	制度	zhì dù	즈 뚜
제때에	及时	jí shí	찌 스
	按时	àn shí	안 스
제멋대로	任意	rèn yì	런 이
제멋대로, 내키는 대로	瞎	xiā	씨야
제멋대로 하다	任性	rèn xìng	런 씽
	擅自	shàn zì	산 쯔
제목, 문제	题	tí	티
	题目	tí mù	티 무
제발	千万	qiān wàn	치엔 완
제복	制服	zhì fú	즈 푸
제시하다	提示	tí shì	티 스
제안	提案	tí 'àn	티 안
제약하다	制约	zhì yuē	즈 위에
제의하다	提议	tí yì	티 이
	倡议	chàng yì	창 이

제작하다	制作	zhì zuò	즈 쭤
제재, 소재	题材	tí cái	티 차이
제재를 하다	制裁	zhì cái	즈 차이
제정하다	制定	zhì dìng	즈 띵
제조하다	制造	zhì zào	즈 짜오
제지하다	制止	zhì zhǐ	즈 즈
제창하다	提倡	tí chàng	티 창
제출하다	交	jiāo	찌아오
제한하다	限制	xiàn zhì	씨엔 즈
조, 그룹, 팀	组	zǔ	쭈
조가비	贝壳	bèi ké	뻬이 크어
조각	雕塑	diāo sù	띠아오 쑤
조각하다	雕刻	diāo kè	띠아오 크어
조건	条件	tiáo jiàn	티아오 찌엔
조국	祖国	zǔ guó	쭈 꿔
조금	些	xiē	씨에
	一点儿	yī diǎnr	이 띠알
	稍微	shāo wēi	사오 워이
조금도 ~없다	毫无	háo wú	하오 우
조대, 왕조의 연대	朝代	cháo dài	차오 따이

ㄱ ㄴ ㄷ ㄹ ㅁ ㅂ ㅅ ㅇ ㅈ ㅊ ㅋ ㅌ ㅍ ㅎ

조류	潮流	cháo liú	차오 려우
조만간	迟早	chí zǎo	츠 짜오
조미료, 양념	调料	tiáo liào	티아오 리아오
조밀하다	稠密	chóu mì	처우 미
조바심이 나다	急躁	jí zào	찌 짜오
조부	祖父	zǔ fù	쭈 푸
조사하다	调查	diào chá	띠아오 차
조소하다, 비웃다	嘲笑	cháo xiào	차오 씨아오
조수, 보조원	助手	zhù shǒu	주 서우
조수(날짐승과 길짐승)	飞禽走兽	fēi qín zǒu shòu	페이 친 쩌우 서우
조심하다	小心	xiǎo xīn	씨아오 씬
	注意	zhù yì	주 이
조약	条约	tiáo yuē	티아오 위에
조언을 구하다	请教	qǐng jiào	칭 찌아오
조용하게	悄悄	qiāo qiāo	치아오 치아오
조용하다	从容	cóng róng	충 룽
	安静	ān jìng	안 찡
	平静	píng jìng	핑 찡
조우하다, 만나다	遭遇	zāo yù	짜오 위

조작하다	操作	cāo zuò	차오 쭤
조절하다	调节	tiáo jié	티아오 찌에
	调整	tiáo zhěng	티아오 정
조정하다	调解	tiáo jiě	티아오 찌에
조제하다	调剂	tiáo jì	티아오 찌
조종하다	操纵	cāo zòng	차오 쭝
조직	组织	zǔ zhī	쭈 즈
조짐	预兆	yù zhào	위 자오
	迹象	jì xiàng	찌 씨양
조치	措施	cuò shī	춰 스
조카	侄子	zhí zi	즈 쯔
조합하다	组合	zǔ hé	쭈 흐어
조항	条款	tiáo kuǎn	티아오 콴
조항, 편	则	zé	쯔어
조화롭다	融洽	róng qià	룽 치야
	和谐	hé xié	흐어 씨에
	协调	xié tiáo	씨에 티아오
존경하다	尊敬	zūn jìng	쭌 찡
존엄	尊严	zūn yán	쭌 옌
존재하다	存在	cún zài	춘 짜이

존중하다	尊重	zūn zhòng	쭌 중
졸업장	文凭	wén píng	원 핑
졸업하다	毕业	bì yè	삐 예
좀 ~하다	一下	yí xià	이 씨아
좁다	狭窄	xiá zhǎi	씨아 자이
	狭隘	xiá 'ài	씨아 아이
	窄	zhǎi	자이
종교	宗教	zōng jiào	쫑 찌아오
종기	疙瘩	gē da	끄어 따
종류	番	fān	판
	品种	pǐn zhǒng	핀 중
	种	zhǒng	중
	种类	zhǒng lèi	중 러이
종사하다	从事	cóng shì	충 스
종신, 평생	终身	zhōng shēn	중 선
종양	肿瘤	zhǒng liú	중 려우
종업원	服务员	fú wù yuán	푸 우 위엔
종자	种子	zhǒng zi	중 쯔
종자를 심다	种植	zhòng zhí	중 스
종적	踪迹	zōng jì	쫑 찌

종전, 이전	从前	cóng qián	충 치엔
	原先	yuán xiān	위엔 씨엔
종점	终点	zhōng diǎn	중 띠엔
종족	种族	zhǒng zú	중 쭈
종지, 취지	宗旨	zōng zhǐ	쫑 즈
종합하다	综合	zōng hé	쫑 흐어
종횡	纵横	zòng héng	쫑 헝
좋다	好	hǎo	하오
	良好	liáng hǎo	리양 하오
좋아하다	喜欢	xǐ huan	씨 환
좋은 기회	机遇	jī yù	찌 위
좋지 않다	差	chà	차
좌, 왼쪽	左边	zuǒ bian	쭤 삐엔
좌석	座位	zuò wèi	쭤 워이
좌우	左右	zuǒ yòu	쭤 여우
좌우명	座右铭	zuò yòu míng	쭤 여 밍
좌절하다	挫折	cuō zhé	춰 즈어
죄를 저지르다	犯罪	fàn zuì	판 쭈이
죄송합니다	劳驾	láo jià	라오 찌야
주	州	zhōu	저우

주관	主观	zhǔ guān	주 꽌
주관하다	主持	zhǔ chí	주 츠
	主管	zhǔ guǎn	주 꽌
주권	主权	zhǔ quán	주 취엔
주기	周期	zhōu qī	저우 치
주년	周年	zhōu nián	저우 니엔
주다	给	gěi	께이
	给予	jǐ yǔ	찌 위
주도의	主导	zhǔ dǎo	주 따오
주도면밀하다	周到	zhōu dào	저우 따오
주동적인	主动	zhǔ dòng	주 뚱
주둔하다, 주재하다	驻扎	zhù zhā	주 자
주련	对联	duì lián	뚜이 리엔
주류	主流	zhǔ liú	주 려우
주름	皱纹	zhòu wén	저우 원
주말	周末	zhōu mò	저우 뭐
주먹	拳头	quán tou	취엔 터우
주문하다	订货	dìng huò	띵 훠
주밀하다	周密	zhōu mì	저우 미

주변	方圆	fāng yuán	팡 위엔
주사하다	注射	zhù shè	주 스어
	打针	dǎ zhēn	따 전
주석	注释	zhù shì	주 스
주석, 위원장	主席	zhǔ xí	주 씨
주소	地址	dì zhǐ	띠 즈
주시하다	注视	zhù shì	주 스
주식	股份	gǔ fèn	꾸 펀
	股票	gǔ piào	꾸 피아오
주야	昼夜	zhòu yè	저우 예
주요한	主要	zhǔ yào	주 야오
주위	周围	zhōu wéi	저우 웨이
주유소	加油站	jiā yóu zhàn	찌아 여우 잔
주의	主义	zhǔ yì	주 이
주의 깊게 듣다, 경청하다	倾听	qīng tīng	칭 팅
주의사항	须知	xū zhī	쒸 즈
주의하다	当心	dāng xīn	땅 씬
	留神	liú shén	려우 선
	注意	zhù yì	주 이

주인	东道主	dōng dào zhǔ	뚱 따오 주
	主人	zhǔ rén	주 런
주인이 되다	做主	zuò zhǔ	쭤 주
주임	主任	zhǔ rèn	주 런
주장하다	主张	zhǔ zhāng	주 장
주저앉다	蹲	dūn	뚠
주전자	壶	hú	후
주정하다	酗酒	xù jiǔ	쒸 쪄우
주제	主题	zhǔ tí	주 티
주조하다	铸造	zhù zào	주 짜오
주주	股东	gǔ dōng	꾸 뚱
주최하다	主办	zhǔ bàn	주 빤
주택	住宅	zhù zhái	주 자이
주파수, 빈도	频率	pín lǜ	핀 뤼
죽	粥	zhōu	저우
죽다	死	sǐ	쓰
죽이다	杀	shā	사
준공되다	落成	luò chéng	뤄 청
준비하다	准备	zhǔn bèi	준 뻬이
준수하다	遵守	zūn shǒu	쭌 서우

준엄하다	严厉	yán lì	옌 리
준우승(자)	亚军	yà jūn	야 쮠
준칙	准则	zhǔn zé	준 쯔어
줄을 서다	排队	pái duì	파이 뚜이
줄곧	一直	yì zhí	이 즈
	历来	lì lái	리 라이
	向来	xiàng lái	씨양 라이
	一向	yí xiàng	이 씨양
줄거리	情节	qíng jié	칭 찌에
줄기	茎	jīng	찡
줍다	捡	jiǎn	찌엔
줍다, 집다	拾	shí	스
중간	中间	zhōng jiān	중 찌엔
중국	中国	zhōng guó	중 꿔
중국의 언어와 문자	中文	zhōng wén	중 원
중국식 신선로(샤브샤브)를 먹다	涮火锅	shuàn huǒ guō	솬 훠 꿔
중단하다	中断	zhōng duàn	중 똰
중대하다	重大	zhòng dà	중 따

중독되다, 인이 박이다	上瘾	shàng yǐn	상 인
중량	重量	zhòng liàng	중 리양
중립하다	中立	zhōng lì	중 리
중복되다	重复	chóng fù	충 푸
중순	中旬	zhōng xún	중 쒼
중시하다	注重	zhù zhòng	주 중
	重视	zhòng shì	중 스
중심	中心	zhōng xīn	중 씬
중심(무게)	重心	zhòng xīn	중 씬
중앙	中央	zhōng yāng	중 양
중요시하다	讲究	jiǎng jiu	찌양 쪄우
중요하다	重要	zhòng yào	중 야오
중재하다	调和	tiáo hé	티아오 흐어
중점	重点	zhòng diǎn	중 띠엔
중지하다	终止	zhōng zhǐ	중 즈
중첩되다	重叠	chóng dié	충 띠에
쥐	老鼠	lǎo shǔ	라오 수
즉시	立即	lì jí	리 찌
	随即	suí jí	쑤이 찌

즐거움	乐趣	lè qù	르어 취
즐겁다	欢乐	huān lè	환 르어
	喜悦	xǐ yuè	씨 위에
	快乐	kuài lè	콰이 르어
증가하다	增加	zēng jiā	쩡 찌아
증거	证据	zhèng jù	정 쮜
증명서	证件	zhèng jiàn	정 찌엔
증명하다	证明	zhèng míng	정 밍
	证实	zhèng shí	정 스
증발하다	蒸发	zhēng fā	정 파
증서	证书	zhèng shū	정 수
증정하다	赠送	zèng sòng	쩡 쑹
지각, 감각	知觉	zhī jué	즈 쮜에
지각하다	迟到	chí dào	츠 따오
지구	地球	dì qiú	띠 쳐우
지구, 지역	地区	dì qū	띠 취
지금 ~하고 있다	正在	zhèng zài	정 짜이
지금까지	至今	zhì jīn	즈 찐
	从来	cóng lái	충 라이
지나가다	过	guò	꿔

	过去	guò qù	꿔 취
	穿越	chuān yuè	촨 위에
지난 일, 옛일	往事	wǎng shì	왕 스
지남침, 나침반	指南针	zhǐ nán zhēn	즈 난 전
지능	智能	zhì néng	즈 넝
지능지수의 약칭	智商	zhì shāng	즈 상
지니다, 휴대하다	带	dài	따이
	携带	xié dài	씨에 따이
지도	地图	dì tú	띠 투
지도하다	指导	zhǐ dǎo	즈 따오
지레, 지렛대	杠杆	gàng gǎn	깡 깐
지력	智力	zhì lì	즈 리
지령	指令	zhǐ lìng	즈 링
지루하다	枯燥	kū zào	쿠 짜오
지류	支流	zhī liú	즈 려우
지리	地理	dì lǐ	띠 리
지명하다	提名	tí míng	티 밍
지방	脂肪	zhī fáng	즈 팡
지방	地方	dì fang	띠 팡

지방의 특색과 풍습	风土人情	fēng tǔ rén qíng	펑 투 런 칭
지배하다	支配	zhī pèi	즈 페이
지불하다	付款	fù kuǎn	푸 콴
	支付	zhī fù	즈 푸
지세, 땅의 형세	地势	dì shì	띠 스
지속하다	持续	chí xù	츠 쒸
지시를 바라다	请示	qǐng shì	칭 스
지식	知识	zhī shi	즈 스
지연하다	拖延	tuō yán	퉈 옌
지우개	橡皮	xiàng pí	씨양 피
지원자	志愿者	zhì yuàn zhě	즈 위엔 즈어
지원하다	支援	zhī yuán	즈 위엔
지위	地位	dì wèi	띠 워이
지점	地点	dì diǎn	띠 띠엔
지정하다	指定	zhǐ dìng	즈 띵
지주, 받침대	支柱	zhī zhù	즈 주
지지다	煎	jiān	찌엔
지지하다	支持	zhī chí	즈 츠
지진	地震	dì zhèn	띠 전

지질	地质	dì zhì	띠 즈
지체하다	耽误	dān wù	딴 우
지쳐버리다	疲惫	pí bèi	피 뻬이
지출	开支	kāi zhī	카이 즈
지출하다	支出	zhī chū	즈 추
지키다	守护	shǒu hù	서우 후
	捍卫	hàn wèi	한 웨이
지탱하다	支撑	zhī chēng	즈 청
지폐	钞票	chāo piào	차오 피아오
지표, 수치	指标	zhǐ biāo	즈 뻬아오
지하	地下	dì xià	띠 씨야
지하철	地铁	dì tiě	띠 티에
지혜	智慧	zhì huì	즈 후이
지휘하다	指挥	zhǐ huī	즈 후이
직경	直径	zhí jìng	즈 찡
직능	职能	zhí néng	즈 넝
직면하다	面临	miàn lín	미엔 린
직무	职务	zhí wù	즈 우
직업	职业	zhí yè	즈 예
직위	职位	zhí wèi	즈 웨이

직접 맞대어	当面	dāng miàn	땅 미엔
직접적인	直接	zhí jiē	즈 찌에
직종	行业	háng yè	항 예
진공하다	进攻	jìn gōng	찐 꿍
진귀하게 아끼다	珍惜	zhēn xī	전 씨
진귀하다	珍贵	zhēn guì	전 꾸이
진단하다	诊断	zhěn duàn	전 똰
진동시키다	震撼	zhèn hàn	전 한
진료하다	临床	lín chuáng	린 촹
진리	真理	zhēn lǐ	전 리
진보하다	上进	shàng jìn	상 찐
	进步	jìn bù	찐 뿌
진상	真相	zhēn xiàng	전 씨양
진술하다	陈述	chén shù	천 수
진실하다	真实	zhēn shí	전 스
진압하다	镇压	zhèn yā	전 야
진열하다	陈列	chén liè	천 리에
진용, 짜임새	阵容	zhèn róng	전 룽
진일보하여	进而	jìn 'ér	찐 얼
진전	进展	jìn zhǎn	찐 잔

진정시키다	镇定	zhèn dìng	전 띵
진정한	真正	zhēn zhèng	전 정
진주	珍珠	zhēn zhū	전 주
진지	阵	zhèn	전
	阵地	zhèn dì	전 띠
진지하다	诚恳	chéng kěn	청 컨
진행하다	进行	jìn xíng	찌 씽
진화하다	进化	jìn huà	찐 화
진흥시키다	振兴	zhèn xīng	전 씽
질, 품질	质量	zhì liàng	즈 리앙
질기다	耐用	nài yòng	나이 융
	结实	jiē shi	찌에 스
질문하다	提问	tí wèn	티 원
질병	疾病	jí bìng	찌 삥
질서	秩序	zhì xù	즈 쒸
질주하다	奔驰	bēn chí	뻔 츠
질투하다	嫉妒	jí dù	찌 뚜
짐작하다	意料	yì liào	이 리아오
(새나 짐승의) 집	巢穴	cháo xué	차오 쒸에
집	家	jiā	찌야

집게	夹子	jiā zi	찌야 쯔
집다	捏	niē	니에
집단	集团	jí tuán	찌 퇀
	集体	jí tǐ	찌 티
집주인	房东	fáng dōng	팡 뚱
집중하다	集中	jí zhōng	찌 중
집착하다	执着	zhí zhuó	즈 줘
집합하다	集合	jí hé	찌 흐어
집행하다	执行	zhí xíng	즈 씽
짓밟다	践踏	jiàn tà	찌엔 타
징벌하다	惩罚	chéng fá	청 파
징수하다	征收	zhēng shōu	정 서우
짙다	浓	nóng	눙
	浓厚	nóng hòu	눙 허우
짙푸른, 짙은 남색의	蔚蓝	wèi lán	웨이 란
짚다	拄	zhǔ	주
짜다	咸	xián	씨엔
짜임새	格局	gé jú	끄어 쮜
짝, 마리	只	zhī	즈

짧다	短	duǎn	똰
쪼개다	掰	bāi	빠이
쪽, 페이지	页	yè	예
쪽지	便条	biàn tiáo	삐엔 티아오
찌꺼기	渣	zhā	자
찌다	蒸	zhēng	정
찌르다	刺	cì	츠
	扎	zhā	자
찍다	砍	kǎn	칸
찐빵	馒头	mán tou	만 터우
찢다	撕	sī	쓰
찧다	砸	zá	짜

ㅊ

차	车	chē	츠어
차를 세우다	刹车	shā chē	사 츠어
차고	车库	chē kù	츠어 쿠
차라리	干脆	gān cuì	깐 추이
차라리 ~할지언정	宁肯	nìng kěn	닝 컨
	宁愿	nìng yuàn	닝 위엔
	宁可	nìng kě	닝 크어
차례, 번	趟	tàng	탕
차례로	轮流	lún liú	룬 려유
차별	差别	chā bié	차 삐에
차실, 객실	车厢	chē xiāng	츠어 씨양
차이가 있다	相差	xiāng chà	씨양 차
차이가 크다, 큰 차가 있다	悬殊	xuán shū	쒸엔 수
착수하다	着手	zhuó shǒu	줘 서우
착실하다	踏实	tā shi	타 스
	认真	rèn zhēn	런 쩐

착오	错误	cuò wù	춰 우
착취하다	剥削	bō xuē	뿨 쒸에
찬란하다	灿烂	càn làn	찬 란
찬란하다, 빛나다	光辉	guāng huī	꽝 후이
찬미하다	赞美	zàn měi	짠 머이
찬성하다	赞成	zàn chéng	짠 청
찬양하다	歌颂	gē sòng	끄어 쑹
찬조하다	赞助	zàn zhù	짠 주
찬탄하다	赞叹	zàn tàn	짠 탄
찰나	刹那	chà nà	차 나
참가하다	参加	cān jiā	찬 찌야
참고 견디다	容忍	róng rěn	룽 런
참고로 하다	借鉴	jiè jiàn	찌에 찌엔
참고하다	参考	cān kǎo	찬 카오
참관하다	参观	cān guān	찬 꽌
참다	忍耐	rěn nài	런 나이
	憋	biē	삐에
참을 수 없다	忍不住	rěn bu zhù	런 뿌 주
참지 못하고	不禁	bù jīn	뿌 찐
참모	参谋	cān móu	찬 머우

참신하다	新颖	xīn yǐng	씬 잉
	崭新	zhǎn xīn	잔 씬
참여하다	参与	cān yù	찬 위
참조하다	参照	cān zhào	찬 자오
참혹하다	残酷	cán kù	찬 쿠
창고	仓库	cāng kù	창 쿠
창립하다	创立	chuàng lì	촹 리
창문	窗户	chuāng hu	촹 후
창백하다	苍白	cāng bái	창 빠이
창성하다, 흥성하다	兴隆	xīng lóng	씽 룽
창업하다	创业	chuàng yè	촹 예
창작하다	创作	chuàng zuò	촹 쭤
창조성	创新	chuàng xīn	촹 씬
창조하다	创造	chuàng zào	촹 짜오
창피를 당하다	丢人	diū rén	뗘우 런
찾다	谋求	móu qiú	머우 쳐우
	找	zhǎo	자오
	寻找	xún zhǎo	쒼 자오
	寻觅	xún mì	쒼 미

채굴하다	开采	kāi cǎi	카이 차이
채권	债券	zhài quàn	자이 취엔
채널	频道	pín dào	핀 따오
채소	菜	cài	차이
	蔬菜	shū cài	수 차이
채용하다	录取	lù qǔ	루 취
채집하다	采集	cǎi jí	차이 찌
채찍질하다, 독려하고 재촉하다	鞭策	biān cè	삐엔 츠어
채택하다	采纳	cǎi nà	차이 나
책	书	shū	수
책, 권	本	běn	뻔
책략	策略	cè lüè	츠어 뤼에
책략을 결정하다	决策	jué cè	쮜에 츠어
책망하다	责备	zé bèi	쯔어 뻬이
	责怪	zé guài	쯔어 꽈이
책임	责任	zé rèn	쯔어 런
책임지다	把关	bǎ guān	빠 꽌
	负责	fù zé	푸 쯔어
책장	书架	shū jià	수 찌아

처, 아내	妻子	qī zi	치 쯔
처량하다	凄凉	qī liáng	치 량
처리하다	处理	chǔ lǐ	추 리
	办理	bàn lǐ	빤 리
처분하다	处分	chǔ fèn	추 펀
처음	起初	qǐ chū	치 추
처음과 끝	始终	shǐ zhōng	스 중
처지	处境	chǔ jìng	추 찡
처치하다	处置	chǔ zhì	추 즈
척	艘	sōu	써우
천, 1000	千	qiān	치엔
천, 베, 포	布	bù	뿌
천당	天堂	tiān táng	티엔 탕
천둥	雷	léi	러이
천문	天文	tiān wén	티엔 원
천부적이다, 타고나다/타고난 자질	天赋	tiān fù	티엔 푸
천성적인	天生	tiān shēng	티엔 성
천연가스	天然气	tiān rán qì	티엔 란 치

ㄱ ㄴ ㄷ ㄹ ㅁ ㅂ ㅅ ㅇ ㅈ ㅊ ㅋ ㅌ ㅍ ㅎ

천재	天才	tiān cái	티엔 차이
천진하다	天真	tiān zhēn	티엔 전
철수하다	撤退	chè tuì	츠어 투이
철저히 하다	彻底	chè dǐ	츠어 띠
철학	哲学	zhé xué	즈어 쒸에
첨단	尖端	jiān duān	찌엔 뙨
청결하다	清洁	qīng jié	칭 찌에
청렴결백하다	廉洁	lián jié	리엔 찌에
청부 맡다	承包	chéng bāo	청 빠오
청소하다	打扫	dǎ sǎo	따 싸오
청첩장	请帖	qǐng tiě	칭 티에
	请柬	qǐng jiǎn	칭 찌엔
청춘	青春	qīng chūn	칭 춘
체계	体系	tǐ xì	티 씨
체득하다	体会	tǐ huì	티 후이
체류하다, ~에 머물다	滞留	zhì liú	즈 려우
체면	面子	miàn zi	미엔 쯔
체면이 서다, 근사하다	体面	tǐ miàn	티 미엔
체육	体育	tǐ yù	티 위

체적	体积	tǐ jī	티 찌
체포하다	捕捉	bǔ zhuō	뿌 줘
	逮捕	dài bǔ	따이 뿌
체험하다	体验	tǐ yàn	티 옌
체현하다	体现	tǐ xiàn	티 씨엔
초	秒	miǎo	미아오
초과근무하다	加班	jiā bān	찌야 빤
초과하다	超过	chāo guò	차오 꿔
초급의	初级	chū jí	추 찌
초대하다	招待	zhāo dài	자오 따이
초라하다	简陋	jiǎn lòu	찌엔 러우
~을 초래하다, ~을 야기하다	致使	zhì shǐ	즈 스
초보적인	初步	chū bù	추 뿌
초빙에 응하다	应聘	yìng pìn	잉 핀
초빙하다	招聘	zhāo pìn	자오 핀
초상	肖像	xiāo xiàng	씨아오 씨양
초안	草案	cǎo 'àn	차오 안
초안을 세우다	拟定	nǐ dìng	니 띵
초안을 작성하다	起草	qǐ cǎo	치 차오

초월하다	超越	chāo yuè	차오 위에
초점	焦点	jiāo diǎn	찌아오 띠엔
초조해 하다	焦急	jiāo jí	찌아오 찌
초청에 응하다	应邀	yìng yāo	잉 야오
초청하다	邀请	yāo qǐng	야오 칭
촉박하다	仓促	cāng cù	창 추
촉박하다, 급박하다	短促	duǎn cù	뚠 추
촉진하다	促进	cù jìn	추 찐
촉촉하다	湿润	shī rùn	스 룬
	滋润	zī rùn	쯔 룬
총	枪	qiāng	치양
총각	小伙子	xiǎo huǒ zi	씨아오 훠 쯔
총계	总和	zǒng hé	쫑 흐어
총괄적으로 말하면	总之	zǒng zhī	쫑 즈
총괄하다	总结	zǒng jié	쫑 찌에
총리	总理	zǒng lǐ	쫑 리
총망하다	匆忙	cōng máng	총 망
총명하다	聪明	cōng ming	총 밍
총재	总裁	zǒng cái	쫑 차이

총통, 대통령	总统	zǒng tǒng	쭝 퉁
촬영하다	摄影	shè yǐng	스어 잉
최근	最近	zuì jìn	쭈이 찐
최대한도	极限	jí xiàn	찌 씨엔
최선을 다하다	尽力	jìn lì	찐 리
최소한	至少	zhì shǎo	즈 사오
최초	最初	zuì chū	쭈이 추
최후	最后	zuì hòu	쭈이 허우
추격하다	追击	zhuī jī	주이 찌
추구하다	追求	zhuī qiú	주이 쳐우
추대하다	爱戴	ài dài	아이 따이
추도하다	追悼	zhuī dào	주이 따오
추론하다	推论	tuī lùn	투이 룬
추리	推理	tuī lǐ	투이 리
추상적이다	抽象	chōu xiàng	처우 씨양
추세	趋势	qū shì	취 스
추악하다	丑恶	chǒu 'è	처우 으어
추적하다	跟踪	gēn zōng	껀 쭝
추천하다	推荐	tuī jiàn	투이 찌엔
추측하다	推测	tuī cè	투이 츠어

	估计	gū jì	꾸 찌
추하다	丑	chǒu	처우
축구를 하다	踢足球	tī zú qiú	티 쭈 쳐우
축복하다	祝福	zhù fú	주 푸
축사를 하다	致辞	zhì cí	즈 츠
축적되다	积累	jī lěi	찌 러이
축적하다	攒	zǎn	짠
축하하다	祝贺	zhù hè	주 흐어
	恭喜	gōng xǐ	꿍 씨
출구	出口	chū kǒu	추 커우
출근하다	上班	shàng bān	상 빤
출로	出路	chū lù	추 루
출발하다	启程	qǐ chéng	치 청
	出发	chū fā	추 파
출산하다	生育	shēng yù	성 위
출생지, 고향	籍贯	jí guàn	찌 꽌
출생하다, 태어나다	出生	chū shēng	추 성
출석하다	出席	chū xí	추 씨
출신	出身	chū shēn	추 선

출연하다	扮演	bàn yǎn	빤 옌
출장 가다	出差	chū chāi	추 차이
출중하다	高超	gāo chāo	까오 차오
출판하다	出版	chū bǎn	추 빤
춤	舞蹈	wǔ dǎo	우 따오
춤추다	跳舞	tiào wǔ	티아오 우
춥다	冷	lěng	렁
충격	冲击	chōng jī	충 찌
충돌	冲突	chōng tū	충 투
충만하다	充满	chōng mǎn	충 만
충분하다	雄厚	xióng hòu	쓩 허우
	十足	shí zú	스 쭈
	充分	chōng fèn	충 펀
	够	gòu	꺼우
충분히 ~할 수 있다	足以	zú yǐ	쭈 이
충성하다	忠诚	zhōng chéng	중 청
충실하다	忠实	zhōng shí	중 스
충실히	充实	chōng shí	충 스
충심의	衷心	zhōng xīn	중 씬

충족하다	充足	chōng zú	충 쭈
취미	趣味	qù wèi	취 웨이
	爱好	ài hào	아이 하오
취소하다	撤销	chè xiāo	츠어 씨아오
	取消	qǔ xiāo	취 씨아오
취약하다	脆弱	cuì ruò	추이 뤄
취업하다, 취직하다	就业	jiù yè	쪄우 예
취임하다	上任	shàng rèn	상 런
	就职	jiù zhí	쪄우 즈
취하다, 채택하다	采取	cǎi qǔ	차이 취
측량하다	测量	cè liáng	츠어 리앙
측면	侧面	cè miàn	츠어 미엔
층	层	céng	청
층, 계층, 집단	阶层	jiē céng	찌에 청
층계	台阶	tái jiē	타이 찌에
층집, 층	楼	lóu	러우
치다	拍	pāi	파이
치다, 두드리다	敲	qiāo	치아오
치료하다	治疗	zhì liáo	즈 리아오

치마, 스커트	裙子	qún zi	췬 쯔
치솟다	耸	sǒng	쑹
치아	牙齿	yá chǐ	야 츠
치안	治安	zhì 'ān	즈 안
치약	牙膏	yá gāo	야 까오
치우다	收拾	shōu shi	서우 스
치켜세우다	吹捧	chuī pěng	추이 펑
	捧	pěng	펑
치파오	旗袍	qí páo	치 파오
친구	朋友	péng you	펑 여우
친밀하다	亲密	qīn mì	친 미
친애하다	亲爱	qīn 'ài	친 아이
친절하다	热心	rè xīn	르어 씬
	亲切	qīn qiè	친 치에
	亲热	qīn rè	친 르어
친척	亲戚	qīn qi	친 치
7, 일곱	七	qī	치
칠판	黑板	hēi bǎn	허이 빤
칠하다	涂抹	tú mǒ	투 뭐
침대 시트	床单	chuáng dān	촹 딴

침략하다	侵略	qīn lüè	친 뤼에
침묵하다	沉默	chén mò	천 뭐
침범하다	侵犯	qīn fàn	친 판
침실	卧室	wò shì	워 스
침전하다	沉淀	chén diàn	천 띠엔
침착하다	沉着	chén zhuó	천 줘
침투하다	渗透	shèn tòu	선 터우
칭찬하다	称赞	chēng zàn	청 짠
칭호	称号	chēng hào	청 하오

ㅋ

칼	刀	dāo	따오
칼슘	钙	gài	까이
커튼	窗帘	chuāng lián	촹 리엔
커피	咖啡	kā fēi	카 페이
컴퓨터	电脑	diàn nǎo	띠엔 나오
컵	杯子	bēi zi	뻬이 쯔
케이크	蛋糕	dàn gāo	딴 까오
코	鼻子	bí zi	삐 쯔
코끼리	大象	dà xiàng	따 씨양
코치, 감독	教练	jiào liàn	찌아오 리엔
콘센트	插座	chā zuò	차 쭤
콧물	鼻涕	bí ti	삐 티
쾌청하다	晴朗	qíng lǎng	칭 랑
크다	大	dà	따
큰 소리로 부르다	嚷	rǎng	랑
큰어머니	伯母	bó mǔ	뿨 무
클럽	俱乐部	jù lè bù	쮜 르어 뿌

키	个子	gè zi	끄어 쯔
키가 작다	矮	ǎi	아이
키보드	键盘	jiàn pán	찌엔 판
킬로그램	公斤	gōng jīn	꿍 찐
킬로미터	公里	gōng lǐ	꿍 리

ㅌ

타격을 주다	打击	dǎ jī	따 찌
타고 오르다	攀登	dēng	판떵
타다	乘	chéng	청
	乘坐	chéng zuò	청 쭤
타다	骑	qí	치
타다, 연소하다	燃烧	rán shāo	란 사오
타당하다	妥善	tuǒ shàn	퉈 산
	妥当	tuǒ dàng	퉈 땅
타락하다	堕落	duò luò	뚸 뤄
타산, 계획	打算	dǎ suan	따 쏸
타원형	椭圆	tuǒ yuán	퉈 위엔
타월, 수건	毛巾	máo jīn	마오 찐
타협하다	妥协	tuǒ xié	퉈 씨에
탁구	乒乓球	pīng pāng qiú	핑 팡 쳐우
탁송하다, 운송을 위탁하다	托运	tuō yùn	퉈 윈
탁월하다	卓越	zhuó yuè	줘 위에

탁자, 책상	桌子	zhuō zi	줘 쯔
탄복하다	佩服	pèi fú	페우 푸
탄생하다	诞生	dàn shēng	딴 성
탄성, 탄력성	弹性	tán xìng	탄 씽
탄신, 생일	诞辰	dàn chén	딴 천
탄알	子弹	zǐ dàn	쯔 딴
탐구하다	钻研	zuān yán	쫜 옌
탐방하다	采访	cǎi fǎng	차이 팡
탐방하여 구하다	征求	zhēng qiú	정 쳐우
탐사하다	勘探	kān tàn	칸 탄
탐색하다	探索	tàn suǒ	탄 쒀
탐오하다	贪污	tān wū	탄 우
탐욕스럽다	贪婪	tān lán	탄 란
탐정	侦探	zhēn tàn	전 탄
탐측하다, 감지하다	探测	tàn cè	탄 츠어
탑	塔	tǎ	타
탑승권	登机牌	dēng jī pái	떵 찌 파이
탓하다	赖	lài	라이
태극권	太极拳	tài jí quán	타이 찌 취엔
태도	态度	tài du	타이 뚜

태도를 표명하다, 입장을 밝히다	表态	biǎo tài	뻬아오 타이
태두, 권위자, 대가	泰斗	tài dǒu	타이 떠우
태만하다	怠慢	dài màn	따이 만
태양	太阳	tài yáng	타이 양
태어나다	诞生	dàn shēng	딴 성
태연자약하다	从容	cóng róng	충 룽
태풍	台风	tái fēng	타이 펑
택시	出租车	chū zū chē	추 쭈 츠어
터널	隧道	suì dào	쑤이 따오
털	毛	máo	마오
테니스	网球	wǎng qiú	왕 쳐우
테이프	磁带	cí dài	츠 따이
테이프를 자르다	剪彩	jiǎn cǎi	찌엔 차이
텔레비전	电视	diàn shì	띠엔 스
토끼	兔子	tù zi	투 쯔
토론하다	讨论	tǎo lùn	타오 룬
토마토	西红柿	xī hóng shì	씨 훙 스
토막, 부분, 단락	片段	piàn duàn	피엔 똰
토양	土壤	tǔ rǎng	투 랑

토지	土地	tǔ dì	투 띠
톤(ton)	吨	dūn	뚠
통계 수치, 데이터	数据	shù jù	수 쮜
통계하다	统计	tǒng jì	퉁 찌
통고하다	通告	tōng gào	퉁 까오
통과하다	通过	tōng guò	퉁 꿔
통속적이다	通俗	tōng sú	퉁 쑤
통신	通讯	tōng xùn	퉁 쒼
통용하다	通用	tōng yòng	퉁 융
통일하다	统一	tǒng yī	퉁 이
통지하다	通知	tōng zhī	퉁 즈
통치하다	统治	tǒng zhì	퉁 즈
통쾌하다	痛快	tòng kuai	퉁 콰이
통화 중이다	占线	zhàn xiàn	잔 씨엔
통화팽창	通货膨胀	tōng huò péng zhàng	퉁 훠 펑 장
퇴보하다	退步	tuì bù	투이 뿌
퇴직하다	退休	tuì xiū	투이 쎠우
투기하다	投机	tóu jī	터우 찌
투명하다	透明	tòu míng	터우 밍
투입하다	投入	tóu rù	터우 루

투자하다	投资	tóu zī	터우 쯔
투쟁하다	斗争	dòu zhēng	떠우 정
투표하다	投票	tóu piào	터우 피아오
투항하다	投降	tóu xiáng	터우 씨앙
튀다	溅	jiàn	찌엔
트럭	卡车	kǎ chē	카 츠어
트렁크	行李箱	xíng lǐ xiāng	씽 리 씨양
트집 잡다	挑剔	tiāo tī	티아오 티
특기, 장기	特长	tè cháng	트어 창
특기, 특수 기능	专长	zhuān cháng	좐 창
특별하다	特殊	tè shū	트어 수
특별히, 각별히	格外	gé wài	끄어 와이
특별히, 일부러	特意	tè yì	트어 이
특별히, 특별하다	特别	tè bié	트어 삐에
특별히 ~에 가다	专程	zhuān chéng	좐 청
특별히 좋다	出色	chū sè	추 쓰어
특색	特色	tè sè	트어 쓰어
특정한	特定	tè dìng	트어 띵
특정한 제목	专题	zhuān tí	좐 티
특징	特征	tè zhēng	트어 정

ㅌ

특징, 특색, 특성	特点	tè diǎn	트어 띠엔
특허	专利	zhuān lì	쫜 리
특히	尤其	yóu qí	여우 치
특히 우수하다	优异	yōu yì	여우 이
튼튼하다	扎实	zhā shi	자 스
틀리다, 착오	错	cuò	춰
틈	空隙	kòng xì	쿵 씨

ㅍ

파, 파벌	派	pài	파이
파견하다	派遣	pài qiǎn	파이 치엔
파괴하다	破坏	pò huài	풔 화이
파다, 캐다	挖掘	wā jué	와 쮜에
파도	波涛	bō tāo	뿨 타오
	波浪	bō làng	뿨 랑
파별, 유파	派别	pài bié	파이 삐에
파산하다	破产	pò chǎn	풔 찬
파손되다	破	pò	풔
파업하다	罢工	bà gōng	빠 꿍
파운드	磅	bàng	빵
파이프 라인, 수송관로	管道	guǎn dào	꽌 따오
파종하다	播种	bō zhǒng	뿨 중
판결하다	判决	pàn jué	판 쮜에
판다	熊猫	xióng māo	숑 마오
판단하다	判断	pàn duàn	판 뚜안

판로가 넓다	畅销	chàng xiāo	창 씨아오
판매원	售货员	shòu huò yuán	서우 훠 위엔
판매하다, 팔다	销售	xiāo shòu	씨아오 서우
	卖	mài	마이
	出卖	chū mài	추 마이
판본	版本	bǎn běn	빤 뻔
8, 여덟	八	bā	빠
팔	臂	bì	삐
	胳膊	gē bo	끄어 뿨
팔에 메다	挎	kuà	콰
패기	志气	zhì qì	즈 치
패다, 쪼개다	劈	pī	피
패도	霸道	bà dào	빠 따오
패하다, 지다, 잃다	输	shū	수
팩스	传真	chuán zhēn	촨 전
팬, 광	球迷	qiú mí	쳐우 미
퍼뜨리다, 유포하다, 퍼져 있다	散布	sàn bù	싼 뿌
퍼센트	百分之	bǎi fēn zhī	빠이 펀 즈
페인트	油漆	yóu qī	여우 치

펴다, 깔다	铺	pū	푸
펴다, 펼치다	伸	shēn	선
펴다, 확장하다	延伸	yán shēn	옌 선
편, 장	篇	piān	피엔
편견	偏见	piān jiàn	피엔 찌엔
편리하다	方便	fāng biàn	팡 삐엔
	便利	biàn lì	삐엔 리
	便	biàn	삐엔
	便于	biàn yú	삐엔 위
편안하다	舒适	shū shì	수 스
편지봉투	信封	xìn fēng	씬 펑
편집하다	编辑	biān jí	삐엔 찌
편파적이다	片面	piàn miàn	피엔 미엔
편하다	舒服	shū fu	수 푸
편하다, 안정되다	安宁	ān níng	안 닝
펼치다, 발휘하다	施展	shī zhǎn	스 잔
평가하다	评价	píng jià	핑 찌야
	评估	píng gū	핑 꾸
평균의	平均	píng jūn	핑 쮠
평등하다	平等	píng děng	핑 떵

평론하다	评论	píng lùn	핑 룬
평면	平面	píng miàn	핑 미엔
평방	平方	píng fāng	핑 팡
평범하다	平凡	píng fán	핑 판
평범하다, 용속하다	平庸	píng yōng	핑 융
평상시	平常	píng cháng	핑 창
	往常	wǎng cháng	왕 창
	平时	píng shí	핑 스
평생	一辈子	yí bèi zi	이 뻬이 쯔
평안하다	平安	píng 'ān	핑 안
평원	平原	píng yuán	핑 위엔
평평하다	平	píng	핑
평행	平行	píng xíng	핑 씽
평형	平衡	píng héng	핑 헝
평화	和平	hé píng	흐어 핑
폐	肺	fèi	퍼이
폐를 끼치다	打扰	dǎ rǎo	따 라오
폐단	弊端	bì duān	삐 똰
폐지하다	废除	fèi chú	퍼이 추

폐해	弊病	bì bìng	삐 삥
폐허	废墟	fèi xū	퍼이 쒸
포고문	布告	bù gào	뿌 까오
포괄하다	包括	bāo kuò	빠오 쿼
포기하다	抛弃	pāo qì	파오 치
	放弃	fàng qì	팡 치
포도	葡萄	pú táo	푸 타오
포로	俘虏	fú lǔ	푸 루
포부	抱负	bào fù	빠오 푸
	胸怀	xiōng huái	쓩 화이
포상하다	奖赏	jiǎng shǎng	찌양 상
포옹하다	拥抱	yōng bào	융 빠오
포위하다	困	kùn	쿤
	包围	bāo wéi	빠오 워이
포장하다	包装	bāo zhuāng	빠오 쫭
포크	叉子	chā zi	차 쯔
포함하다	包含	bāo hán	빠오 한
포화 상태에 이르다	饱和	bǎo hé	빠오 흐어
포효하다	吼	hǒu	허우
폭	幅	fú	푸

	幅度	fú dù	푸 뚜
폭력	暴力	bào lì	빠오 리
폭로하다	暴露	bào lù	빠오 루
	揭露	jiē lù	찌에 루
	泄露	xiè lòu	씨에 러우
폭발하다	爆炸	bào zhà	빠오 자
	爆发	bào fā	빠오 파
폭죽	鞭炮	biān pào	삐엔 파오
	烟花爆竹	yān huā bào zhú	옌 화 빠오 주
폭포	瀑布	pù bù	푸 뿌
폭풍	风暴	fēng bào	펑 빠오
표, 양식	表格	biǎo gé	삐아오 끄어
표, 티켓	票	piào	피아오
표결하다	表决	biǎo jué	삐아오 쮜에
표기하다	标记	biāo jì	삐아오 찌
표류하다, 뜨다	漂浮	piāo fú	피아오 푸
표면	表面	biǎo miàn	삐아오 미엔
표본	标本	biāo běn	삐아오 뻔
표시하다	表示	biǎo shì	삐아오 스
표정	神态	shén tài	선 타이

	神气	shén qì	선 치
	表情	biǎo qíng	삐아오 칭
표제, 제목	标题	biāo tí	삐아오 티
표준	标准	biāo zhǔn	삐아오 준
표준, 법칙	规矩	guī ju	꾸이 쮜
표지, 상징	标志	biāo zhì	삐아오 즈
표창하다	表彰	biǎo zhāng	삐아오 장
	表扬	biǎo yáng	삐아오 양
표현하다	表现	biǎo xiàn	삐아오 씨엔
	表达	biǎo dá	삐아오 따
푸대접하다	亏待	kuī dài	쿠이 따이
푸르다	绿	lǜ	뤼
풀	胶水	jiāo shuǐ	찌아오 수이
풀	草	cǎo	차오
풀이 죽다, 자신감을 잃다	泄气	xiè qì	씨에 치
	无精打采	wú jīng dǎ cǎi	우 찡 따 차이
품성	品德	pǐn dé	핀 뜨어
품종	品种	pǐn zhǒng	핀 중
품질	品质	pǐn zhì	핀 즈
풍격, 기풍	作风	zuò fēng	쭤 펑

풍격, 성격	风格	fēng gé	펑 끄어
풍경	风景	fēng jǐng	펑 찡
	风光	fēng guāng	펑 꽝
풍기, 풍조	风气	fēng qì	펑 치
풍년이 들다	丰收	fēng shōu	펑 서우
풍만하다	丰满	fēng mǎn	펑 만
풍모, 품격	风度	fēng dù	펑 뚜
풍미	风味	fēng wèi	펑 워이
풍부하다	丰富	fēng fù	펑 푸
풍속	风俗	fēng sú	펑 쑤
	习俗	xí sú	씨 쑤
풍자하다	讽刺	fěng cì	펑 츠
프라이버시	隐私	yǐn sī	인 쓰
프레임	框架	kuàng jià	쾅 찌아
프로그램	节目	jié mù	찌에 무
플라스틱	塑料	sù liào	쑤 리아오
플러스 마이너스, 양전자와 음전자	正负	zhèng fù	정 푸
피	血	xiě	씨에
피고(인)	被告	bèi gào	뻬이 까오

피곤하다	疲倦	pí juàn	피 쮜엔
피동적이다	被动	bèi dòng	뻬이 뚱
피로하다	疲劳	pí láo	피 라오
피부	皮肤	pí fū	피 푸
피아노를 치다	弹钢琴	tán gāng qín	탄 깡 친
피하다	回避	huí bì	후이 삐
	避免	bì miǎn	삐 미엔
	躲藏	duǒ cáng	뚸 창
필경	毕竟	bì jìng	삐 찡
필사적으로 하다	拼命	pīn mìng	핀 밍
필연적이다	必然	bì rán	삐 란
필요로 하다	必要	bì yào	삐 야오
필요하다	需要	xū yào	쒸 야오
핍박하다	逼迫	bī pò	삐 풔

ㅎ

하강하다	下降	xià jiàng	씨아 찌앙
하다	做	zuò	쭤
	干	gàn	깐
	搞	gǎo	까오
~을 하기 위하여	为了	wèi le	웨이 르어
~하기보다는 ~하느니 차라리 ~하다	与其	yǔ qí	위 치
~하고 있다	正在	zhèng zài	정 짜이
~하는 김에	随手	suí shǒu	쑤이 서우
	顺便	shùn biàn	순 삐엔
~하도록, ~하기 위하여	以便	yǐ biàn	이 삐엔
~하지 마라	别	bié	삐에
~하지 마라, ~할 필요가 없다	甭	béng	뻥
~하지 못해 안타깝다	恨不得	hèn bu dé	헌 뿌 뜨어
하드웨어	硬件	yìng jiàn	잉 찌엔

하물며	况且	kuàng qiě	쾅 치에
	何况	hé kuàng	흐어 쾅
하순	下旬	xià xún	씨아 쒼
하지만	但是	dàn shì	딴 스
	可是	kě shì	크어 스
	不过	bú guò	뿌 꿔
하하(웃음)	呵	hē	흐어
학교	学校	xué xiào	쒸에 씨아오
학기	学期	xué qī	쒸에 치
학년	年级	nián jí	니엔 찌
학력	学历	xué lì	쒸에 리
학문, 지식	学问	xué wèn	쒸에 원
학부과정	本科	běn kē	뻔 크어
학생	学生	xué sheng	쒸에 성
학설	学说	xué shuō	쒸에 숴
학술	学术	xué shù	쒸에 수
학습하다	学习	xué xí	쒸에 씨
학우, 동창생	同学	tóng xué	퉁 쒸에
학위	学位	xué wèi	쒸에 워이
~한 것은 당연하다	活该	huó gāi	훠 까이

~한 적이 있다	过	guo	꿔
한 곳으로 밀리다, 붐비다	拥挤	yōng jǐ	융 찌
한 번, 한 차례	一度	yí dù	이 뚜
한 세트	成套	chéng tào	청 타오
한가하게 지내다	休闲	xiū xián	쎠우 씨엔
한계	界限	jiè xiàn	찌엔 씨엔
한꺼번에 나타나다	涌现	yǒng xiàn	융 씨엔
한담하다, 이야기하다	聊天	liáo tiān	리아오 티엔
한도	限度	xiàn dù	씨엔 뚜
한동안, 일정한 시간	阵	zhèn	전
한숨 쉬다	叹气	tàn qì	탄 치
한어, 중국어	汉语	hàn yǔ	한 위
한쪽	一边	yì biān	이 뻬엔
~을 할 수 있다	会	huì	후이
	能	néng	넝
	可以	kě yǐ	크어 이
할머니	奶奶	nǎi nai	나이 나이
할아버지	爷爷	yé ye	예 예

할인하다	打折	dǎ zhé	따 즈어
핥다	舔	tiǎn	티엔
함께	一起	yì qǐ	이 치
함께 모여 즐기다	联欢	lián huān	리엔 환
함께 살다	相处	xiāng chǔ	씨양 추
함부로	胡乱	hú luàn	후 롼
	随便	suí biàn	쑤이 삐엔
함의, 내포된 뜻	含义	hán yì	한 이
함정	陷阱	xiàn jǐng	씨엔 찡
합격하다	合格	hé gé	흐어 끄어
	及格	jí gé	찌 끄어
합계하다	共计	gòng jì	꿍 찌
합리적이다	合理	hé lǐ	흐어 리
합법적이다	合法	hé fǎ	흐어 파
합병하다	合并	hé bìng	흐어 삥
합성하다	合成	hé chéng	흐어 청
합작하다	合作	hé zuò	흐어 쭤
항공의	航空	háng kōng	항 쿵
항공편	航班	háng bān	항 빤
항구	港口	gǎng kǒu	깡 커우

항만	港湾	gǎng wān	깡 완
항목	项目	xiàng mù	씨양 무
항아리	罐	guàn	꽌
항의하다	抗议	kàng yì	캉 이
항해를 유도하다	导航	dǎo háng	따오 항
항해하다	航行	háng xíng	항 씽
해를 끼치다	危害	wēi hài	워이 하이
해결하다	解决	jiě jué	찌에 쮜에
해고하다	开除	kāi chú	카이 추
	解雇	jiě gù	찌에 꾸
해마다	连年	lián nián	리엔 니엔
해마다, 한 해 한 해	逐年	zhú nián	주 니엔
해발	海拔	hǎi bá	하이 빠
해방하다	解放	jiě fàng	찌에 팡
해변	海滨	hǎi bīn	하이 삔
해부하다	解剖	jiě pōu	찌에 퍼우
해산하다	解散	jiě sàn	찌에 싼
해석하다	解释	jiě shì	찌에 스
해소하다	消除	xiāo chú	씨아오 추

~해야 한다	应该	yīng gāi	잉 까이
해양	海洋	hǎi yáng	하이 양
핵심	核心	hé xīn	흐어 씬
핸드폰, 휴대폰	手机	shǒu jī	서우 찌
햇빛	阳光	yáng guāng	양 꽝
행동	作为	zuò wéi	쭤 워이
행동하다	行动	xíng dòng	씽 뚱
행렬	行列	háng liè	항 리에
행복하다	幸福	xìng fú	씽 푸
행위	行为	xíng wéi	씽 워이
행인	行人	xíng rén	씽 런
행정	行政	xíng zhèng	씽 정
향과 진	乡镇	xiāng zhèn	씨양 전
향기롭다	香	xiāng	씨양
향유하다, 즐기다	享受	xiǎng shòu	씨양 서우
~을 향하여	向	xiàng	씨양
	冲	chòng	충
	朝	cháo	차오
~을 향해, ~쪽으로	往	wǎng	왕

ㄱ ㄴ ㄷ ㄹ ㅁ ㅂ ㅅ ㅇ ㅈ ㅊ ㅋ ㅌ ㅍ ㅎ

허가증	执照	zhí zhào	즈 자오
허가하다	许可	xǔ kě	쒸 크어
허둥대다	慌张	huāng zhāng	황 장
허락하다	允许	yǔn xǔ	윈 쒸
허리	腰	yāo	야오
허리 굽혀 절하다	鞠躬	jū gōng	쮜 꿍
허심하다, 겸손하다	虚心	xū xīn	쒸 씬
허영, 헛된 영화	虚荣	xū róng	쒸 룽
허위의, 위선의	虚假	xū jiǎ	쒸 찌야
	虚伪	xū wěi	쒸 워이
허튼 소리	废话	fèi huà	페이 화
허풍을 떨다	吹牛	chuī niú	추이 녀우
헌법	宪法	xiàn fǎ	씨엔 파
험담, 뒷공론	闲话	xián huà	씨엔 화
헛소리하다	胡说	hú shuō	후 쉬
헤아리다, 짐작하다, 고려하다	斟酌	zhēn zhuó	전 줘
헤엄치다	游泳	yóu yǒng	여우 융
혀	舌头	shé tou	스어 터우
혁명	革命	gé mìng	끄어 밍

현(행정 구역)	县	xiàn	씨엔
현, 줄, 선	弦	xián	씨엔
현금	现金	xiàn jīn	씨엔 찐
현금으로 바꾸다	兑换	duì huàn	뚜이 환
	兑现	duì xiàn	뚜이 씨엔
현대	现代	xiàn dài	씨엔 따이
현대 중국의 표준어	普通话	pǔ tōng huà	푸 퉁 화
현상	现象	xiàn xiàng	씨엔 씨양
현상, 현황	现状	xiàn zhuàng	씨엔 쫭
현실	现实	xiàn shí	씨엔 스
현장	现场	xiàn chǎng	씨엔 창
현재	当前	dāng qián	땅 치엔
	现在	xiàn zài	씨엔 짜이
현저하다	显著	xiǎn zhù	씨엔 주
혈압	血压	xuè yā	쒸에 야
혐오하다	唾弃	tuò qì	퉈 치
협곡	峡谷	xiá gǔ	씨야 꾸
협력하다	配合	pèi hé	퍼이 흐어
협상하다	协商	xié shāng	씨에 상
협의, 합의	协议	xié yì	씨에 이

협의하다	磋商	cuō shāng	춰 상
협조하다	协助	xié zhù	씨에 주
협회	协会	xié huì	씨에 후이
형, 오빠	哥哥	gē ge	끄어 끄어
형사(법률)	刑事	xíng shì	씽 스
형상	形象	xíng xiàng	씽 씨양
형성되다	形成	xíng chéng	씽 청
형세	形势	xíng shì	씽 스
형수	嫂子	sǎo zi	싸오 쯔
형식	形式	xíng shì	씽 스
형용하다, 묘사하다	形容	xíng róng	씽 룽
형제	兄弟	xiōng dì	쓩 띠
형태	形态	xíng tài	씽 타이
형편	地步	dì bù	띠 뿌
호기심을 갖다	好奇	hào qí	하오 치
호루라기	哨	shào	사오
호소하다	呼吁	hū yù	후 위
	号召	hào zhào	하오 자오
호수	湖泊	hú bó	후 뿨
호응하다	相应	xiāng yìng	씨양 잉

호전되다	好转	hǎo zhuǎn	하오 좐
호칭	称号	chēng hào	청 하오
호텔	宾馆	bīn guǎn	삔 꽌
호화롭다	豪华	háo huá	하오 화
호흡하다	喘气	chuǎn qì	촨 치
	呼吸	hū xī	후 씨
혹시	或者	huò zhě	훠 즈어
혼란시키다	扰乱	rǎo luàn	라오 롼
혼란하다	混乱	hùn luàn	훈 롼
혼미하다	昏迷	hūn mí	훈 미
혼인	婚姻	hūn yīn	훈 인
혼합하다	混合	hùn hé	훈 흐어
홀시하다	忽视	hū shì	후 스
홍수	洪水	hóng shuǐ	훙 수이
화교	华侨	huá qiáo	화 치아오
화려하다	华丽	huá lì	화 리
화려하다, 산뜻하고 아름답다	鲜艳	xiān yàn	씨엔 옌
화내다	生气	shēng qì	성 치
화목하다	和睦	hé mù	흐어 무

ㄱ ㄴ ㄷ ㄹ ㅁ ㅂ ㅅ ㅇ ㅈ ㅊ ㅋ ㅌ ㅍ ㅎ

화물	货物	huò wù	훠 우
화분	盆	pén	펀
화석	化石	huà shí	화 스
화약	火药	huǒ yào	훠 야오
화염	火焰	huǒ yàn	훠 옌
화장실	厕所	cè suǒ	츠어 쒀
	洗手间	xǐ shǒu jiān	씨 서우 찌엔
	卫生间	wèi shēng jiān	워이 성 찌엔
화장하다	化妆	huà zhuāng	화 쫭
화제	话题	huà tí	화 티
화폐	货币	huò bì	훠 삐
화학	化学	huà xué	화 쒸에
화학 실험을 하다	化验	huà yàn	화 옌
화해하다	和解	hé jiě	흐어 찌에
확대하다	扩大	kuò dà	쿼 따
	放大	fàng dà	팡 따
확립하다	确立	què lì	취에 리
확보하다	确保	què bǎo	취에 빠오
확산하다	扩散	kuò sàn	쿼 싼

확신하다, 조금도 의심하지 않다	确信	què xìn	취에 씬
확실하다	确切	què qiè	취에 치에
확실히	确实	què shí	취에 스
	的确	dí què	띠 취에
확인하다	确认	què rèn	취에 런
확장하다	扩张	kuò zhāng	쿼 장
확정하다	确定	què dìng	취에 띵
환경	环境	huán jìng	환 찡
환상	幻想	huàn xiǎng	환 씨양
환심을 사다, 비위를 맞추다	讨好	tǎo hǎo	타오 하오
환영하다	欢迎	huān yíng	환 잉
환원하다	还原	huán yuán	환 위엔
환율	汇率	huì lǜ	후이 뤼
환자	患者	huàn zhě	환 즈어
환절, 고리마디	环节	huán jié	환 찌에
활동적이다	活跃	huó yuè	훠 위에
활동하다	活动	huó dòng	훠 뚱
활력	活力	huó lì	훠 리

활발하다	活泼	huó po	훠 풔
활짝 피다	盛开	shèng kāi	성 카이
황금	黄金	huáng jīn	황 찐
황당무계하다	荒谬	huāng miù	황 며우
황당하다	荒唐	huāng táng	황 탕
황량하다	荒凉	huāng liáng	황 리양
황망하다	慌忙	huāng máng	황 망
황송합니다	不敢当	bù gǎn dāng	뿌 깐 땅
황제	皇帝	huáng dì	황 띠
황하	黄河	huáng hé	황 흐어
황혼	黄昏	huáng hūn	황 훈
황후	皇后	huáng hòu	황 허우
회계	会计	kuài jì	콰이 찌
회고하다	回顾	huí gù	후이 꾸
회답하다, 대답하다	回答	huí dá	후이 따
회보하다	汇报	huì bào	후이 빠오
회복하다	恢复	huī fù	후이 푸
회사	公司	gōng sī	꿍 쓰
회상하다	回忆	huí yì	후이 이

회색의	灰	huī	후이
회수하다	回收	huí shōu	후이 서우
회의	会议	huì yì	후이 이
회의록	备忘录	bèi wàng lù	뻬이 왕 루
회전하다	转	zhuàn	좐
	旋转	xuán zhuǎn	쒸엔 좐
획득하다	获得	huò dé	훠 뜨어
획책하다	策划	cè huà	츠어 화
효과	成效	chéng xiào	청 씨아오
	效果	xiào guǒ	씨아오 꿔
효과와 수익	效益	xiào yì	씨아오 이
효능	功效	gōng xiào	꿍 씨아오
효도하다	孝顺	xiào shùn	씨아오 순
효력이 생기다	生效	shēng xiào	성 씨아오
효율	效率	xiào lǜ	씨아오 뤼
후각	嗅觉	xiù jué	쎠우 쮜에
후대	后代	hòu dài	허우 따이
후방 근무	后勤	hòu qín	허우 친
후의	盛情	shèng qíng	성 칭
후회하다	后悔	hòu huǐ	허우 후이

ㄱ ㄴ ㄷ ㄹ ㅁ ㅂ ㅅ ㅇ ㅈ ㅊ ㅋ ㅌ ㅍ ㅎ

	悔恨	huǐ hèn	후이 헌
훈계하다	教训	jiào xùn	찌아오 쒼
훈도하다, 영향을 끼치다	熏陶	xūn táo	쒼 타오
훈련시키다	培训	péi xùn	페이 쒼
훈련하다	操练	cāo liàn	차오 리엔
	训练	xùn liàn	쒼 리엔
훑어보다	打量	dǎ liang	따 리앙
훔치다	偷	tōu	터우
	盗窃	dào qiè	따오 치에
훼멸시키다	毁灭	huǐ miè	후이 미에
휘감다	缠绕	chán rào	찬 라오
휘날리다	飘扬	piāo yáng	피아오 양
휘두르다	甩	shuǎi	쏴이
휘발유	汽油	qì yóu	치 여우
휘저어 섞다	搅拌	jiǎo bàn	찌아오 빤
휘황찬란하다	辉煌	huī huáng	후이 황
휴가를 신청하다	请假	qǐng jià	칭 찌아
휴대하다	携带	xié dài	씨에 따이
휴식하다	休息	xiū xi	씨우 씨

흉악하다	凶恶	xiōng 'è	쓩 으어
흉터	疤	bā	빠
흐느껴 울다	哭泣	kū qì	쿠 치
흐리다	阴	yīn	인
흔들거리다	摇摆	yáo bǎi	야오 빠이
흔들다	挥	huī	후이
	摇	yáo	야오
	摇晃	yáo huàng	야오 황
흔들리다	颠簸	diān bǒ	띠엔 뿨
흔적	痕迹	hén jì	헌 찌
흡수하다	吸收	xī shōu	씨 서우
	吸取	xī qǔ	씨 취
흡인하다	吸引	xī yǐn	씨 인
흥미를 갖다	感兴趣	gǎn xìng qu	깐 씽 취
흥분하다	兴奋	xīng fèn	씽 펀
흥성하다, 번성하다	盛	shèng	성
흩어지게 하다	分散	fēn sàn	펀 싼
희극	戏剧	xì jù	씨 쮜
희다, 하얗다	白	bái	빠이

희롱하다, 놀리다	玩弄	wán nòng	완 눙
	逗	dòu	떠우
희망	希望	xī wàng	씨 왕
희미하다, 어렴풋하다	隐约	yǐn yuē	인 위에
희생하다	牺牲	xī shēng	씨 성
힘	力气	lì qi	리 치
힘을 다하다	使劲儿	shǐ jìnr	스 찌열
힘들다	苦	kǔ	쿠
	吃力	chī lì	츠 리
힘쓰다, 진력하다	致力	zhì lì	즈 리

조사

관형어 뒤에 쓰여, 관형어와 중심어 사이가 종속 관계임을 나타냄	的 de 뜨어
관형어로 쓰이는 단어나 구 뒤에 쓰여, 그 단어나 구가 동사 또는 형용사와 같은 중심어를 수식하고 있음을 나타냄	地 de 뜨어
동사 또는 형용사 뒤에 쓰여 동작 또는 변화가 이미 완료되었음을 나타냄	了 le 르어
동사와 보어 사이에 쓰여 가능을 나타냄	得 de 뜨어
문장 끝에 쓰여 의문의 어기를 나타냄	吗 ma 마
문장 맨 끝에 쓰여, 상의 · 제의 · 청유 · 기대 · 명령 등의 어기를 나타냄	吧 ba 빠
서술문 뒤에 쓰여 동작이나 상황이 지속됨을 나타냄	呢 ne 느어

서술문 뒤에 쓰여 당연함을 나타냄	嘛 ma 마
아(문장 끝에 쓰여 긍정을 나타냄)	啊 a 아
어기조사 '啊(· a)'가 앞 음절의 모음(a · e · i · o · u)의 영향을 받아 변화된 음을 표기하기 위한 글자	呀 ya 야
피동구에서 주어가 동작의 대상임을 나타냄	被 bèi 뻬이
~하고 있다, ~하고 있는 중이다(동사 뒤에 쓰여 동작이 진행되고 있음을 나타냄)	着 zhe 즈어

실생활에서 많이 쓰이는

사자성어

각자의 의견을 발표하다	各抒己见	gè shū jǐ jiàn 끄어 수 찌 찌엔
갖은 방법을 다 써 보다	千方百计	qiān fāng bǎi jì 치엔 팡 빠이 찌
게걸스럽게 먹다	狼吞虎咽	láng tūn hǔ yān 랑 툰 후 옌
결국, 결말	归根到底	guī gēn dào dǐ 꾸이 껀 따오 띠
결단력이 있다	斩钉截铁	zhǎn dīng jié tiě 잔 띵 찌에 티에
결단성 있고 단호하다	斩钉截铁	zhǎn dīng jié tiě 잔 띵 찌에 티에
공급이 부족하다	供不应求	gōng bù yìng qiú 꿍 뿌 잉 쳐우
기꺼이 하다	心甘情愿	xīn gān qíng yuàn 씬 깐 칭 위엔
기쁜 마음으로 듣고 보다, 즐겨 듣고 즐겨 보다	喜闻乐见	xǐ wén lè jiàn 씨 원 르어 찌엔

기초가 튼튼하여 쉽게 흔들리지 않다	根深蒂固	gēn shēn dì gù 껀 선 띠 꾸
깊고 돈독한 정	深情厚谊	shēn qíng hòu yì 선 칭 허우 이
깎아지른 듯한 절벽	悬崖峭壁	xuán yá qiào bì 쒸엔 야 치아오 삐
끊임없이 나타나다, 꼬리를 물고 나타나다	层出不穷	céng chū bù qióng 청 추 뿌 츙
나날이 새로워지다	日新月异	rì xīn yuè yì 르 씬 웨 이
나태함 없이 끈기있게 끝까지 해내다	锲而不舍	qiè 'ér bù shě 치에 얼 뿌 스어
날로 늘어나다	与日俱增	yǔ rì jù zēng 위 르 쮜 쩡
내심 만족해 하며 달가워하다, 기꺼이 원하다	心甘情愿	xīn gān qíng yuàn 씬 깐 칭 위엔
(행인 · 차량 등이) 냇물처럼 끊임없이 오가다, 꼬리에 꼬리를 물고 이어지다	川流不息	chuān liú bù xī 촨 려우 뿌 씨
너무나 좋아하여 차마 손에서 떼어 놓지 못하다	爱不释手	ài bú shì shǒu 아이 뿌 스 서우
누구나 다 알고 있다	家喻户晓	jiā yù hù xiǎo 찌야 위 후 씨아오

당당하고 차분하게 말하다	侃侃而谈	kǎn kǎn 'ér tán 칸 칸 얼 탄
당연하다	理所当然	lǐ suǒ dāng rán 리 쒀 땅 란
당장 급히 처리해야 하는 일, 급선무	当务之急	dāng wù zhī jí 땅 우 즈 찌
더욱 더 힘쓰다	再接再厉	zài jiē zài lì 짜이 찌에 짜이 리
더 잘 하려고 애쓰다	精益求精	jīng yì qiú jīng 찡 이 쳐우 찡
뒤질세라 앞을 다투다	争先恐后	zhēng xiān kǒng hòu 정 씨엔 쿵 허우
뒷걱정, 뒷근심	后顾之忧	hòu gù zhī yōu 허우 꾸 즈 여우
떳떳하다	理直气壮	lǐ zhí qì zhuàng 리 즈 치 좡
뜨거운 눈물이 눈에 그렁그렁하다	热泪盈眶	rè lèi yíng kuàng 르어 러이 잉 쾅
마음에 꼭 들다, 자기 마음에 완전히 부합되다	称心如意	chèn xīn rú yì 천 씬 루 이
만족함을 알면 항상 즐겁다	知足常乐	zhī zú cháng lè 즈 쭈 창 르어

말이 끝이 없다, 쉴새없이 말하다	滔滔不绝	tāo tāo bù jué 타오 타오 뿌 쮜에
말하지 않아도 안다	不言而喻	bù yán 'ér yù 뿌 옌 얼 위
맡은 바 책임은 무겁고, 갈 길은 멀기만 하다	任重道远	rèn zhòng dào yuǎn 런 중 따오 위엔
매우 흥겹다	兴高采烈	xìng gāo cǎi liè 씽 까오 차이 리에
면밀한 계산	精打细算	jīng dǎ xì suàn 찡 따 씨 쏸
명성과 실상이 서로 부합되다, 명실상부하다	名副其实	míng fù qí shí 밍 푸 치 스
모든 사람이 다 알고 있다	众所周知	zhòng suǒ zhōu zhī 중 쒀 저우 즈
모든 힘을 다 기울이다	全力以赴	quán lì yǐ fù 취엔 리 이 푸
모든 힘을 다하다	竭尽全力	jié jìn quán lì 찌에 찐 취엔 리
목적을 달성하기 위하여 수단 방법을 가리지 않다	不择手段	bù zé shǒu duàn 뿌 쯔어 서우 똰
무궁무진하다, 한이 없다	无穷无尽	wú qióng wú jìn 우 츙 우 찐

(초목이) 무성하다, 무럭무럭 자라다	欣欣向荣	xīn xīn xiàng róng 씬 씬 씨양 룽
문득 모든 것을 깨치다, 갑자기 모두 알게 되다	恍然大悟	huǎng rán dà wù 황 란 따 우
반드시 ~한 것은 아니다, 반드시 ~라고는 할 수 없다	不见得	bú jiàn de 뿌 찌엔 뜨어
뱀을 그리는 데 다리를 그려 넣다, 쓸데없는 짓을 하여 도리어 일을 잘못되게 하다	画蛇添足	huà shé tiān zú 화 스어 티엔 쭈
보잘것없다	微不足道	wēi bù zú dào 워이 뿌 쭈 따오
불가사의하다	不可思议	bù kě sī yì 뿌 크어 쓰 이
사상 · 학식이 넓고 심오하다	博大精深	bó dà jīng shēn 뿨 따 찡 선
사소한 데까지 신경을 쓰다	无微不至	wú wēi bú zhì 우 워이 뿌 즈
상품의 질이 좋고 값도 저렴하다	物美价廉	wù měi jià lián 우 머이 찌야 리엔
생기발랄하다	朝气蓬勃	zhāo qì péng bó 자오 치 펑 뿨
서둘러 목적을 달성하려 하다	急于求成	jí yú qiú chéng 찌 위 쳐우 청

서로 보완하고 도와서 일을 완성하다, 서로 도와서 일이 잘 되어 나가도록 하다	相辅相成	xiāng fǔ xiāng chéng 씨양 푸 씨양 청
설상가상	雪上加霜	xuě shàng jiā shuāng 쒸에 상 찌야 쐉
세상만사의 변화를 실컷 경험하다	饱经沧桑	bǎo jīng cāng sāng 빠오 찡 창 쌍
속으로는 남쪽으로 가려 하면서 수레는 도리어 북쪽으로 몰다	南辕北辙	nán yuán běi zhé 난 위엔 뻬이 즈어
순차적으로 진행하다	循序渐进	xún xù jiàn jìn 쒼 쒸 찌엔 찐
순풍에 돛을 단 듯하다	一帆风顺	yì fān fēng shùn 이 판 펑 순
쉽지 않은 일을 해내어 대견스럽다, 매우 장하다	难能可贵	nán néng kě guì 난 넝 크어 꾸이
신중하고 조심스럽게 맡은 일을 부지런하고 성실하게 하다	兢兢业业	jīng jīng yè yè 찡 찡 예 예
신진대사	新陈代谢	xīn chén dài xiè 씬 천 따이 씨에
실력자가 두 강자 사이에서 한쪽으로 조금만 치우쳐도 세력의 균형이 깨진다	举足轻重	jǔ zú qīng zhòng 쮜 쭈 칭 중
실사구시, 사실에 토대로 하여 진리를 탐구하다	实事求是	shí shì qiú shì 스 스 쳐우 스

아무런 걱정이 없다	无忧无虑	wú yōu wú lǜ 우 여우 우 뤼
아무런 느낌이 없다, 마음에 전혀 와닿지 않다	无动于衷	wú dòng yú zhōng 우 뚱 위 중
아무런 이유 없이 남과 다투다	无理取闹	wú lǐ qǔ nào 우 리 취 나오
아주 적절하다, 적당하다	恰到好处	qià dào hǎo chù 치야 따오 하오 추
어쩔 수가 없다	无能为力	wú néng wéi lì 우 넝 웨이 리
어찌 이럴 수가 있는가?	岂有此理	qǐ yǒu cǐ lǐ 치 여우 츠 리
언행이 단호하다	斩钉截铁	zhǎn dīng jié tiě 잔 띵 찌에 티에
얻는 것보다 잃는 것이 더 많다	得不偿失	dé bù cháng shī 뜨어 뿌 창 스
엄숙하고 경건하다	小心翼	xiǎo xīn yì yì 씨아오 씬 이 이
여기저기 두리번거리다	东张西望	dōng zhāng xī wàng 뚱 장 씨 왕
여러 방면을 통일적으로 계획하고 두루 돌보다	统筹兼顾	tǒng chóu jiān gù 퉁 처우 찌엔 꾸

영문을 알 수 없다	莫名其妙	mò míng qí miào 뭐 밍 치 미아오
예는 서로 왕래하면서 교제하는 것을 귀히 여긴다	礼尚往来	lǐ shàng wǎng lái 리 상 왕 라이
온갖 방법을 다하다	千方百计	qiān fāng bǎi jì 치엔 팡 빠이 찌
	想方设法	xiǎng fāng shè fǎ 씨양 팡 스어 파
왕래가 빈번해 끊이지 않다	络绎不绝	luò yì bù jué 뤄 이 뿌 쮜에
우승열패하다	优胜劣汰	yōu shèng liè tài 여우 성 리에 타이
우열을 가릴 수 없다, 막상막하	不相上下	bù xiāng shàng xià 뿌 씨양 상 씨야
우월한 자연 조건을 갖고 있다	得天独厚	dé tiān dú hòu 뜨어 티엔 뚜 허우
이유가 충분하여 하는 말이 당당하다	理直气壮	lǐ zhí qì zhuàng 리 즈 치 좡
일각도 지체할 수 없다	刻不容缓	kè bù róng huǎn 크어 뿌 룽 환
	迫不及待	pò bù jí dài 풔 뿌 찌 따이

일거양득	一举两得	yì jǔ liǎng dé 이 쥐 량 뜨어
일목요연하다, 한눈에 환히 알다	一目了然	yí mù liǎo rán 이 무 리아오 란
일을 급하게 이루려고 하다가 도리어 그르치다	拔苗助长	bá miáo zhù zhǎng 빠 미아오 주 장
자기 능력으로 해낼 수 있다, 힘이 닿는 데까지	力所能及	lì suǒ néng jí 리 쒀 넝 찌
자력갱생하다	自力更生	zì lì gēng shēng 쯔 리 껑 성
전력투구하다	全力以赴	quán lì yǐ fù 취엔 리 이 푸
전무후무하다	空前绝后	kōng qián jué hòu 쿵 치엔 쥐에 허우
전 세계 사람이 주목하다	举世瞩目	jǔ shì zhǔ mù 쥐 스 주 무
전심전력하다	废寝忘食	fèi qǐn wàng shí 페이 친 왕 스
점차 앞으로 나가다	循序渐进	xún xù jiàn jìn 쒼 쒸 찌엔 찐
정신을 집중하다	聚精会神	jù jīng huì shén 쮜 찡 후이 선

정의로운 일을 보고 용감하게 뛰어들다, 불의를 보면 참지 못하다	见义勇为	jiàn yì yǒng wéi 찌엔 이 융 워이
제멋대로 굴고 거리낌이 없다	肆无忌惮	sì wú jì dàn 쓰 우 찌 딴
조금도 소홀히 하지 않다, 조금도 빈틈이 없다	一丝不苟	yì sī bù gǒu 이 쓰 뿌 꺼우
조급한 성공과 눈앞의 이익에만 급급하다	急功近利	jí gōng jìn lì 찌 꽁 찐 리
(말 · 행동이) 조리 있고 질서 정연하다	有条不紊	yǒu tiáo bù wěn 여우 티아오 뿌 원
중도에서 그만두다	半途而废	bàn tú 'ér fèi 빤 투 얼 퍼이
쥐 죽은 듯이 조용하다	鸦雀无声	yā què wú shēng 야 취에 우 성
즐겨 듣고 즐겨 보다	喜闻乐见	xǐ wén lè jiàn 씨 원 르어 찌엔
지금에 이르기까지	迄今为止	qì jīn wéi zhǐ 치 찐 워이 즈
지난날과 다름없다	一如既往	yì rú jì wǎng 이 루 찌 왕
총괄적으로 말하면, 요컨대, 결론적으로 말하자면	总而言之	zǒng 'ér yán zhī 쭝 얼 옌 즈

한마음 한뜻으로 함께 노력하다	齐心协力	qí xīn xié lì 치 씬 씨에 리
한번 돌아볼 필요도 없다	不屑一顾	bú xiè yí gù 뿌 씨에 이 꾸
한 사람의 사상이나 성격 등이 어떤 영향을 받아 부지불식간에 변화가 생기다	潜移默化	qián yí mò huà 치엔 이 뭐 화
한층 더 분발하다	再接再厉	zài jiē zài lì 짜이 찌에 짜이 리
힘을 제대로 쓰지 못하다, 능력이 없다, 능력이 미치지 못하다,	无能为力	wú néng wéi lì 우 넝 웨이 리
활기차게 발전하다	欣欣向荣	xīn xīn xiàng róng 씬 씬 씨양 룽
흐리멍덩하다	丢三落四	diū sān là sì 떠우 싼 라 쓰
흥미진진하다	津津有味	jīn jīn yǒu wèi 찐 찐 여우 웨이
	兴致勃勃	xìng zhì bó bó 씽 즈 뿨 뿨
흥정하다	讨价还价	tǎo jià huán jià 타오 찌야 환 찌야

| 부록 |

기본 용어

숫자

0	零 líng 링
1	一 yī 이
2	二 èr 얼
3	三 sān 싼
4	四 sì 쓰
5	五 wǔ 우
6	六 liù 려우
7	七 qī 치
8	八 bā 빠
9	九 jiǔ 쪄우
10	十 shí 스
11	十一 shí yī 스 이
12	十二 shí 'èr 스 얼
13	十三 shí sān 스 싼
14	十四 shí sì 스 쓰
15	十五 shí wǔ 스 우
16	十六 shí liù 스 려우
17	十七 shí qī 스 치
18	十八 shí bā 스 빠
19	十九 shí jiǔ 스 쪄우
20	二十 èr shí 얼 스

30	三十 sān shí 싼 스
40	四十 sì shí 쓰 스
50	五十 wǔ shí 우 스
60	六十 liù shí 려우 스
70	七十 qī shí 치 스
80	八十 bā shí 빠 스
90	九十 jiǔ shí 쪄우 스
100	一百 yì bǎi 이 빠이
1000	一千 yì qiān 이 치엔
10000	一万 yí wàn 이 완
100,000	十万 shí wàn 스 완
1,000,000	一百万 yì bǎi wàn 이 빠이 완
10,000,000	一千万 yì qiān wàn 이 치엔 완
0.3	零点三 líng diǎn sān 링 띠엔 싼
70%	百分之七十 bǎi fēn zhī qī shí 빠이 펀 즈 치 스

단위

□ 距离 jù lí 쮜 리 거리

□ 面积 miàn jī 미엔 찌 넓이, 면적

□ 高低 gāo dù 까오 뚜 높이

□ 深度 sh ēn dù 선 뚜 깊이

□ 重量 zhòng liàng 중 리양 무게

□ 厚度 hòu dù 호우 뚜 두께

□ 体积 tǐ jī 티 찌 부피

□ 米 mǐ 미 미터(m)

□ 毫米 háo mǐ 하오 미 밀리미터(mm)

□ 厘米 lí mǐ 리 미 센티미터(cm)

□ 公里 gōnglǐ 꿍 리 킬로미터(km)

방향·위치

□ 东边 dōng bian 뚱 삐엔 동쪽
□ 西边 xī bian 시 삐엔 서쪽
□ 南边 nán bian 난 삐엔 남쪽
□ 北边 běi bian 뻐이 삐엔 북쪽

□ 左边 zuǒ bian
쭤 삐엔 왼쪽

□ 右边 yòu bian
여우 삐엔 오른쪽

□ 中间 zhōng jiān
쭝 찌엔 가운데

□ 前面 qián bian
치엔 삐엔 앞

□ 后面 hòu bian
허우 삐엔 뒤

□ 旁边 páng biān
팡 삐엔 옆

□ 上面 shàng bian 상 삐엔 위 ↔ 下面 xià bian 씨야 삐엔 아래
□ 之间 zhī jiān 즈 찌엔 사이
□ 里面 lǐ bian 리 삐엔 안 ↔ 外面 wài bian 와이 삐엔 밖

계절 • 월 • 요일

□ 春天 chūn tiān 춘 티엔 봄

□ 夏天 xià tiān 쌰 티엔 여름

□ 秋天 qiū tiān 쳐우 티엔 가을

□ 冬天 dōng tiān 뚱 티엔 겨울

□ 一月 yī yuè 이 위에 1월
□ 二月 èr yuè 얼 위에 2월
□ 三月 sān yuè 싼 위에 3월
□ 四月 sì yuè 쓰 위에 4월
□ 五月 wǔ yuè 우 위에 5월
□ 六月 liù yuè 려우 위에 6월
□ 七月 qī yuè 치 위에 7월
□ 八月 bā yuè 빠 위에 8월
□ 九月 jiǔ yuè 쪄우 위에 9월
□ 十月 shí yuè 스 위에 10월
□ 十一月 shí yī yu 스 이 위에 11월
□ 十二月 shí 'èr yuè 스 얼 위에 12월

□ 星期天 xīng qī tiān 씽 치 티엔 일요일
□ 星期一 xīng qī yī 씽 치 이 월요일
□ 星期二 xīng qī 'èr 씽 치 얼 화요일
□ 星期三 xīng qī sān 씽 치 싼 수요일
□ 星期四 xīng qī sì 씽 치 쓰 목요일
□ 星期五 xīng qī wǔ 씽 치 우 금요일
□ 星期六 xīng qī liù 씽 치 려우 토요일

□ 早上 zǎo shang
자오 상 아침

□ 中午 zhōng wǔ
중 우 정오

□ 白天 bái tiān
빠이 티엔 낮

□ 下午 xià wǔ
씨아 우 오후

□ 晚上 wǎn shang
완 상 저녁

□ 夜 yè 예 밤

□ 深夜 shēn yè
선 예 한밤중, 심야

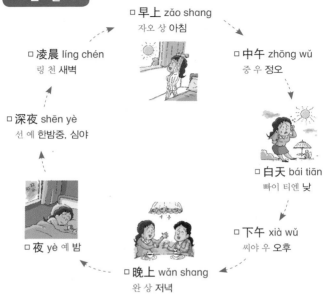

□ 凌晨 líng chén
링 천 새벽

□ 前天 qián tiān 치엔 티엔 그저께
□ 昨天 zuó tiān 쭤 티엔 어제
□ 今天 jīn tiān 찐 티엔 오늘
□ 明天 míng tiān 밍 티엔 내일
□ 后天 hòu tiān 허우 티엔 모레
□ 上星期 shàng xīng qī 상 씽 치 지난주
□ 这个星期 zhè ge xīng qī 즈어 끄어 씽 치 이번 주
□ 下星期 xià xīng qī 씨아 씽 치 다음 주
□ 每天 měi tiān 머이 티엔 매일
□ 每周 měi zhōu 머이 저우 매주
□ 每月 měi yuè 머이 위에 매월
□ 每年 měi nián 머이 니엔 매년

초보자를 위한 컴팩트 중한+한중 단어

초판 3쇄 발행 | 2021년 1월 15일

엮은이 | 설태걸
편　집 | 이말숙
디자인 | 유형숙, 이지숙
제　작 | 선경프린테크
펴낸곳 | Vitamin Book
펴낸이 | 박영진

등　록 | 제318-2004-00072호
주　소 | 07251 서울특별시 영등포구 영신로 40길 18 윤성빌딩 405호
전　화 | 02) 2677-1064
팩　스 | 02) 2677-1026
이메일 | vitaminbooks@naver.com

ISBN 978-89-92683-78-4 (13720)

이 도서의 국립중앙도서관 출판예정도서목록(CIP)은 서지정보유통지원시스템 홈페이지(http://seoji.nl.go.kr)와 국가자료공동목록시스템(http://www.nl.go.kr/kolisnet)에서 이용하실 수 있습니다.(CIP제어번호: CIP2016030307)